ZHONGGUO WENHUA HE LÜYOU
TONGJI NIANJIAN

中国文化和旅游统计年鉴

中华人民共和国文化和旅游部　编

2019

国家图书馆出版社
National Library of China Publishing House

图书在版编目（CIP）数据

中国文化和旅游统计年鉴. 2019 / 中华人民共和国文化和旅游部编. 一北京 ：国家图书馆出版社, 2019.12
ISBN 978-7-5013-6909-6

Ⅰ. ①中… Ⅱ. ①中… Ⅲ. ①文化事业一统计资料一中国一2019一年鉴②旅游业一统计资料一中国一2019一年鉴 Ⅳ. ①G12-66②F592-66

中国版本图书馆 CIP 数据核字(2019)第 292375 号

书　　名　中国文化和旅游统计年鉴（2019）
著　　者　中华人民共和国文化和旅游部　编
责任编辑　王炳乾

出版发行　国家图书馆出版社（北京市西城区文津街 7 号　100034）
（原书目文献出版社　北京图书馆出版社）
010-66114536　63802249　nlcpress@nlc. cn（邮购）
网　　址　http://www.nlcpress.com
印　　装　北京华艺斋古籍印务有限公司
版次印次　2019 年 12 月第 1 版　2019 年 12 月第 1 次印刷

开　　本　880×1230（毫米）　1/16
印　　张　26.5
字　　数　830 千字
书　　号　ISBN 978-7-5013-6909-6
定　　价　220.00 元

《中国文化和旅游统计年鉴 2019》

编者说明

一、《中国文化和旅游统计年鉴 2019》系统收录了全国和各省、自治区、直辖市 2018 年文化和旅游发展各方面的统计数据，以及其他重要历史年份的全国统计数据，是一部全面反映我国文化建设和旅游发展情况的综合性统计资料。

二、本年鉴正文内容共分为九个部分：一、综合；二、图书馆业；三、群众文化业；四、艺术业；五、旅游业；六、文化市场；七、文物业；八、教育、科技、动漫及其他；附录资料。为方便读者使用，多数篇末附有《主要统计指标解释》。

三、本资料尚缺香港、澳门特别行政区及台湾省的资料。

四、符号使用说明：资料中的空缺项表示该项统计指标数据不足本表最小单位数、数据不详或无该项数据，“#”表示主要项。

五、因时间仓促，年鉴中若有遗漏和不足之处，请读者批评指正，以便在内容上不断完善和充实。

编　　者

2019 年 12 月

目　　录

一、综合

二、图书馆业

三、群众文化业

四、艺术业

五、旅游业

六、文化市场

七、文物业

八、教育、科技、动漫及其他

附录资料

综　合

1

2018年全国文化和旅游发展主要统计数据

指　　标	单位	总量指标		增长速度(%)
		2017年	2018年	
机构和人员				
机构数	个	376143	364447	-3.1
从业人员数	人	5266939	5189389	-1.5
文化投入				
文化事业费	亿元	855.80	928.33	8.5
人均文化事业费	元	61.57	66.53	8.1
公共图书馆				
机构数	个	3166	3176	0.3
总藏量	万册	96953	103716	7.0
总流通人次	万人次	74450	82032	10.2
群众文化				
机构数	个	44521	44464	-0.1
#文化站	个	41193	41138	-0.1
提供文化服务次数	万次	197.86	219.48	10.9
文化服务惠及人次	万人次	63951	70570	10.4
艺术表演团体				
机构数	个	15742	17123	8.8
演出场次	万场次	293.77	312.46	6.4
#农村演出场次	万场次	184.44	178.82	-3.0
国内演出观众人次	万人次	124863	117569	-5.8
#农村观众人次	万人次	83038	77898	-6.2
演出收入	万元	1478239	1522685	3.0
艺术表演场馆				
机构数	个	2455	2478	0.9
艺术演出场次	万场次	21.18	17.89	-15.5
艺术演出观众人次	万人次	3234.22	5861.69	81.2
艺术演出收入	万元	432754	374392	-13.5
旅游业				
国内旅游人数	亿人次	50.01	55.39	10.8
入境旅游人数	万人次	13948	14120	1.2
出境旅游人数	万人次	13051	14972	14.7
星级饭店客房数	间/套	1470606	1365170	-7.2
星级饭店客房出租率	%	54.80	56.18	2.5
A级景区接待人次	亿人次	53.95	60.24	11.7
A级景区旅游总收入	亿元	4339.83	4707.54	8.5
文化市场				
机构数	个	257327	237055	-7.9
从业人员数	个	1733114	1667316	-3.8
文物业				
机构数	个	9931	10160	2.3
总藏品	万件/套	4851	4960	2.3
参观人次	万人次	114773	122352	6.6

按年份全国主要文化和旅游机构数

单位：个

年　份	公共图书馆	文化馆	博物馆	旅行社	星级饭店	A级景区
1949年	55	896	21			
1952年	83	2430	35			
1957年	400	2748	72			
1962年	541	2575	230			
1965年	562	2660	214			
1970年	323	2332	182			
1975年	629	2670	242			
1978年	1218	2840	349			
1980年	1732	3130	365			
1985年	2344	3295	711			
1986年	2406	3330	777			
1987年	2440	3321	827	1245		
1988年	2485	3333	903	1573		
1989年	2512	3321	967	1617		
1990年	2527	3321	1013	1561		
1991年	2535	3265	1075	1603	853	
1992年	2558	3272	1106	2592	1029	
1993年	2572	3256	1130	3238	1186	
1994年	2589	3261	1161	4382	1556	
1995年	2615	3259	1194	3826	1913	
1996年	2620	3284	1219	4252	2349	
1997年	2628	3286	1282	4986	2724	
1998年	2662	3287	1339	6222	3248	
1999年	2669	3294	1363	7326	3856	
2000年	2675	3297	1392	8993	6029	
2001年	2696	3241	1461	10532	7358	
2002年	2697	3243	1511	11552	8880	
2003年	2709	3228	1515	13361	9751	
2004年	2720	3221	1548	14927	10888	
2005年	2762	3226	1581	16245	11828	
2006年	2778	3214	1617	17957	12751	
2007年	2799	3217	1722	18943	13583	
2008年	2820	3218	1893	20110	14099	
2009年	2850	3223	2252	20399	14237	
2010年	2884	3264	2435	22691	11779	4521
2011年	2952	3285	2650	23690	11676	5573
2012年	3076	3301	3069	24944	11367	6042
2013年	3112	3315	3473	26054	11687	7104
2014年	3117	3313	3658	26650	11180	8026
2015年	3139	3315	3852	27621	10550	8954
2016年	3153	3322	4109	27939	9861	9845
2017年	3166	3328	4721	29717	9566	10496
2018年	3176	3326	4918	37309	8962	11924

按年份全国文化事业费基本情况

单位：亿元、%

	文化事业费	国家财政总支出	文化事业费总支出占国家财政比重
1978年	4.44	1122.09	0.40
1979年	5.84	1281.79	0.46
1980年	5.61	1228.83	0.46
“六五”时期	**36.03**	**7483.18**	**0.48**
1985年	9.32	2004.25	0.47
“七五”时期	**62.45**	**12865.67**	**0.49**
1986年	10.74	2204.91	0.49
1987年	10.77	2262.18	0.48
1988年	12.18	2491.21	0.49
1989年	13.57	2823.78	0.48
1990年	15.19	3083.59	0.49
“八五”时期	**121.33**	**24387.46**	**0.50**
1991年	17.28	3386.62	0.51
1992年	19.46	3742.20	0.52
1993年	22.37	4642.30	0.48
1994年	28.83	5792.62	0.50
1995年	33.39	6823.72	0.49
“九五”时期	**254.51**	**57043.46**	**0.45**
1996年	38.77	7937.55	0.49
1997年	46.19	9233.56	0.50
1998年	50.78	10798.18	0.47
1999年	55.61	13187.67	0.42
2000年	63.16	15886.50	0.40
“十五”时期	**496.13**	**128022.85**	**0.39**
2001年	70.99	18902.58	0.38
2002年	83.66	22053.15	0.38
2003年	94.03	24649.95	0.38
2004年	113.63	28486.89	0.40
2005年	133.82	33930.28	0.39
“十一五”时期	**1220.40**	**318970.83**	**0.38**
2006年	158.03	40422.73	0.39
2007年	198.96	49781.35	0.40
2008年	248.04	62592.66	0.40
2009年	292.31	76299.93	0.38
2010年	323.06	89874.16	0.36
“十二五”时期	**2669.62**	**703076.19**	**0.38**
2011年	392.62	109247.79	0.36
2012年	480.10	125952.97	0.38
2013年	530.49	140212.10	0.38
2014年	583.44	151785.56	0.38
2015年	682.97	175877.77	0.39
2016年	770.69	187755.21	0.41
2017年	855.80	203085.50	0.42
2018年	928.33	220906.38	0.42

注：①国家财政总支出系国家财政决算数。
②文化事业费：1953年—1980年系国家财政决算数(“一五”至“四五”时期含文物、出版经费，“五五”时期不含文物、出版经费)，1981年以后系文化事业统计年报数(不含文物、出版及科学研究费；不含基本建设的财政拨款和行政运行经费，以下各表同)。

按年份各地区文化事业费

单位：万元

地　区	1995年	2000年	2005年	2010年	2015年	2016年	2017年	2018年
全　国	**333853**	**631591**	**1338193**	**3230646**	**6829708**	**7706876**	**8558022**	**9283333**
中　央	20973	55498	113028	152787	369620	341006	300954	364487
北　京	8427	24008	64587	161693	275832	352798	361972	348420
天　津	5098	9796	31592	56348	153744	158048	186858	179249
河　北	11393	18984	39626	70307	185348	184922	251894	270383
山　西	9215	12347	29832	78000	182007	197818	222493	233500
内蒙古	8624	14515	30543	112982	228905	259572	276846	278556
辽　宁	17525	26790	47578	113430	165405	194196	212426	168389
吉　林	10613	15711	26566	90327	156425	159929	177986	216221
黑龙江	10722	16598	33742	74631	152601	175482	180777	165654
上　海	15431	42608	79201	186266	365523	422148	438826	478666
江　苏	18234	38527	77658	163123	403417	470804	578084	620416
浙　江	14764	35334	110397	242002	488225	544516	593470	668737
安　徽	8836	15849	30541	76813	146252	175603	183018	198574
福　建	11023	22174	42949	101855	187522	215770	242920	280744
江　西	7404	10696	23398	73401	127094	128944	152603	159461
山　东	16315	30944	61687	138876	299770	320980	388222	423072
河　南	12447	20948	37708	95143	206034	222776	251487	277635
湖　北	11268	19367	43585	114389	235648	290408	343992	421351
湖　南	10525	16564	34771	86133	193798	241901	277967	313189
广　东	27486	58321	128095	269940	539257	656969	814334	994681
广　西	8617	14608	28089	80097	172230	199327	194955	209235
海　南	2965	3468	6007	27356	57512	70204	90745	71151
重　庆		9151	17505	77350	169727	204828	207405	212048
四　川	16905	20500	44523	143902	395788	403685	413220	430242
贵　州	4785	9131	18731	53676	119936	151128	193288	177391
云　南	14563	23945	42036	86881	191211	218728	241003	299680
西　藏	2124	4264	8003	21050	57816	72824	83889	100867
陕　西	8583	13976	23462	89457	205168	216685	208454	219126
甘　肃	6935	9130	20882	55563	113802	143170	166608	180010
青　海	2574	3696	7349	41114	65393	78467	88383	83738
宁　夏	2108	3625	9646	24483	58611	67681	63793	69172
新　疆	7371	10518	24877	71273	160088	165558	169152	169293

按年份各地区文化事业费占财政支出比重

单位：%

地区	1995年		2000年		2005年		2010年		2017年		2018年	
	比重	位次	比重	位次	比重	位次	比重	位次	比重	位次	比重	位次
全　国	**0.49**		**0.40**		**0.39**		**0.36**		**0.42**		**0.42**	
北　京	0.55	28	0.54	14	0.61	4	0.60	2	0.53	10	0.47	16
天　津	0.55	28	0.53	15	0.71	3	0.41	14	0.57	7	0.58	6
河　北	0.60	23	0.46	28	0.40	24	0.25	31	0.38	27	0.35	26
山　西	0.82	7	0.55	11	0.44	14	0.40	15	0.59	4	0.54	9
内蒙古	0.84	5	0.59	8	0.44	15	0.50	7	0.61	3	0.58	4
辽　宁	0.64	15	0.52	17	0.39	25	0.35	22	0.44	19	0.32	28
吉　林	0.88	3	0.90	1	0.42	18	0.51	6	0.48	15	0.57	8
黑龙江	0.61	18	0.45	30	0.42	19	0.33	25	0.39	26	0.35	24
上　海	0.59	25	0.68	5	0.48	9	0.56	4	0.58	5	0.57	7
江　苏	0.72	10	0.61	6	0.46	12	0.33	26	0.54	8	0.53	10
浙　江	0.82	7	0.82	2	0.87	1	0.75	1	0.79	1	0.78	1
安　徽	0.65	14	0.49	23	0.42	20	0.30	29	0.29	31	0.30	29
福　建	0.64	15	0.69	4	0.72	2	0.60	3	0.52	11	0.58	5
江　西	0.67	13	0.48	26	0.41	22	0.38	18	0.30	30	0.28	31
山　东	0.59	25	0.51	18	0.42	21	0.34	23	0.42	21	0.42	20
河　南	0.60	23	0.47	27	0.33	31	0.28	30	0.31	29	0.30	30
湖　北	0.69	12	0.53	15	0.55	6	0.46	10	0.51	12	0.58	3
湖　南	0.61	18	0.49	23	0.39	26	0.32	28	0.40	24	0.42	21
广　东	0.52	30	0.55	11	0.55	7	0.50	8	0.54	9	0.63	2
广　西	0.61	18	0.57	10	0.45	13	0.40	16	0.40	25	0.39	23
海　南	0.70	11	0.51	18	0.39	27	0.47	9	0.63	2	0.42	19
重　庆			0.49	23	0.35	29	0.45	11	0.48	16	0.47	17
四　川	0.61	18	0.45	30	0.41	23	0.34	24	0.48	17	0.44	18
贵　州	0.56	27	0.46	28	0.35	30	0.33	27	0.42	22	0.35	25
云　南	0.62	17	0.58	9	0.54	8	0.38	19	0.42	23	0.49	13
西　藏	0.61	18	0.71	3	0.43	16	0.38	20	0.50	13	0.51	11
陕　西	0.84	5	0.51	18	0.36	28	0.40	17	0.43	20	0.41	22
甘　肃	0.85	4	0.50	22	0.48	10	0.38	21	0.50	14	0.48	15
青　海	0.89	2	0.55	11	0.43	17	0.55	5	0.58	6	0.51	12
宁　夏	0.92	1	0.60	7	0.60	5	0.44	12	0.46	18	0.48	14
新　疆	0.76	9	0.51	18	0.47	11	0.42	13	0.36	28	0.34	27

按年份各地区人均文化事业费及位次

单位：元

地区	1995年		2000年		2005年		2010年		2017年		2018年	
	人均经费	位次	人均经费	位次	人均经费	位次	人均经费	位次	人均经费	位次	人均经费	位次
全　国	**2.75**		**4.99**		**10.23**		**24.11**		**61.56**		**66.53**	
北　京	8.74	2	17.37	2	41.99	2	82.44	1	166.73	3	161.75	3
天　津	7.56	3	9.79	4	30.29	3	43.55	7	120.01	5	114.90	6
河　北	1.78	25	2.81	25	5.78	25	9.78	31	33.50	28	35.78	28
山　西	3.12	15	3.74	19	8.89	16	21.84	17	60.10	17	62.80	18
内蒙古	4.13	9	6.11	11	12.80	9	45.73	5	109.47	6	109.93	7
辽　宁	4.31	6	6.32	10	11.27	12	25.93	14	48.62	23	38.63	27
吉　林	4.21	8	5.76	12	9.78	14	32.89	9	65.51	14	79.96	10
黑龙江	2.95	16	4.50	16	8.83	17	19.48	21	47.71	24	43.91	24
上　海	13.10	1	25.45	1	44.54	1	80.92	2	181.48	2	197.47	2
江　苏	2.62	8	5.18	15	10.39	13	20.74	19	72.00	11	77.06	11
浙　江	3.26	13	7.55	5	22.54	5	44.46	6	104.91	7	116.57	5
安　徽	1.48	28	2.65	26	4.99	30	12.91	29	29.26	30	31.40	30
福　建	3.27	12	6.39	9	12.15	11	27.61	12	62.11	16	71.24	13
江　西	1.94	22	2.58	28	5.43	27	16.47	25	33.02	29	34.31	29
山　东	1.93	23	3.41	21	6.67	21	14.50	27	38.80	27	42.11	26
河　南	1.34	30	2.26	31	4.02	31	10.12	30	26.31	31	28.91	31
湖　北	2.04	21	3.21	23	7.63	19	19.98	20	58.28	18	71.21	14
湖　南	1.67	26	2.57	29	5.50	26	13.11	28	40.52	25	45.40	23
广　东	3.93	10	6.75	7	13.93	7	25.88	15	72.91	10	87.67	9
广　西	1.93	24	3.25	22	6.03	24	17.40	24	39.91	26	42.48	25
海　南	2.50	19	4.41	17	7.25	20	31.55	11	98.00	8	76.18	12
重　庆			2.96	24	6.09	23	26.81	13	67.45	13	68.36	15
四　川	1.56	27	2.46	30	5.42	28	17.89	23	49.77	22	51.58	21
贵　州	1.36	29	2.59	27	5.02	29	15.45	26	53.99	20	49.28	22
云　南	3.47	11	5.58	13	9.45	15	18.90	22	50.20	21	62.05	19
西　藏	3.22	14	16.27	3	28.89	4	70.12	4	248.93	1	293.22	1
陕　西	2.42	20	3.88	18	6.31	22	23.97	16	54.36	19	56.71	20
甘　肃	2.93	17	3.56	20	8.05	18	21.73	18	63.45	15	68.26	16
青　海	5.30	5	7.14	6	13.53	8	73.07	3	147.80	4	138.87	4
宁　夏	4.23	7	6.45	8	16.18	6	38.85	8	93.54	9	100.54	8
新　疆	5.39	4	5.46	14	12.38	10	32.67	10	69.18	12	68.07	17

2018年全国文化和旅游

	总　计				
	机构数(个)	从　业人员数(人)			
			专业技术人才		
				正高级职称	副高级职称
总　计	**364447**	**5189389**	**379376**	**11613**	**37916**
一、文化和旅游合计	354287	5026790	327520	9038	30808
艺术表演团体	17123	416374	163303	4949	13410
其中：公有制艺术表演团体	2163	119080	82806	4949	13410
艺术表演场馆	2478	51501	13627	241	780
其中：公有制艺术表演场馆	1317	24036	7434	241	780
公共图书馆	3176	57602	40708	863	5769
文化馆	3326	54557	40238	1025	5361
文化站	41138	131079	34813		
其中：乡镇综合文化站	33858	104924	30087		
艺术展览创作机构	714	5988	3979	399	702
其中：美术馆	528	4744	2976	266	491
艺术教育业	122	13037	8373	366	1957
文化和旅游科研机构	227	5195	4158	448	902
文化市场经营机构(不包括非公有制院团和场馆)	220934	1342557			
旅行社	37309	411384			
星级饭店	8962	1025435			
A级景区	11924	1344759			
文化和旅游行政主管部门	3253	83225			
其他文化和旅游机构	3601	84097	18321	747	1927
二、文物合计	10160	162599	51856	2575	7108
博物馆	4918	107506	38327	1990	5332
文物保护管理机构	3550	32400	9151	174	986
文物科研机构	122	4133	2691	319	588
文物商店	64	1139	518	5	42
其他文物机构	1506	17421	1169	87	160

机构数和从业人员情况

	按执行会计制度分类									
	事业						企业			
中级职称	机构数（个）	从业人员数（人）	专业技术人才	正高级职称	副高级职称	中级职称	机构数（个）	从业人员数（人）	专业技术人才	
101762	**67013**	**636996**	**253993**	**9370**	**32568**	**89286**	**297434**	**4552393**	**125383**	
81077	56971	477053	203255	6858	25569	69093	297316	4549737	124265	
29351	1541	80963	56557	3307	9359	20658	15582	335411	106746	
29351	1541	80963	56557	3307	9359	20658	622	38117	26249	
2653	921	14216	4651	159	502	1815	1557	37285	8976	
2653	921	14216	4651	159	502	1815	396	9820	2783	
18622	3176	57602	40708	863	5769	18622				
17245	3326	54557	40238	1025	5361	17245				
	41138	131079	34813							
	33858	104924	30087							
1468	714	5988	3979	399	702	1468				
1089	528	4744	2976	266	491	1089				
3719	122	13037	8373	366	1957	3719				
1801	227	5195	4158	448	902	1801				
							220934	1342557		
							37309	411384		
							8962	1025435		
							11924	1344759		
	3253	83225								
6218	2553	31191	9778	291	1017	3765	1048	52906	8543	
20685	10042	159943	50738	2512	6999	20193	118	2656	1118	
15167	4918	107506	38327	1990	5332	15167				
3804	3550	32400	9151	174	986	3804				
992	122	4133	2691	319	588	992				
224							64	1139	518	
498	1452	15904	569	29	93	230	54	1517	600	

续表

	正高级职称	副高级职称	中级职称	机构数（个）	从业人员数（人）
总　计	**2243**	**5348**	**12476**	**66835**	**670602**
一、文化和旅游合计	2180	5239	11984	58357	534307
艺术表演团体	1642	4051	8693	2078	114401
其中：公有制艺术表演团体	1642	4051	8693	2078	114401
艺术表演场馆	82	278	838	1236	21069
其中：公有制艺术表演场馆	82	278	838	1236	21069
公共图书馆				3173	57510
文化馆				3326	54557
文化站				41137	131078
其中：乡镇综合文化站				33858	104924
艺术展览创作机构				699	5768
其中：美术馆				514	4538
艺术教育业				122	13037
文化和旅游科研机构				227	5195
文化市场经营机构(不包括非公有制院团和场馆)					
旅行社					
星级饭店					
A级景区					
文化和旅游行政主管部门				3253	83225
其他文化和旅游机构	456	910	2453	3106	48467
二、文物合计	63	109	492	8478	136295
博物馆				3374	84958
文物保护管理机构				3473	29560
文物科研机构				122	4133
文物商店	5	42	224	59	922
其他文物机构	58	67	268	1450	16722

按单位所属部门分类									
文化部门				其他部门					
专业技术人才				机构数（个）	从业人员数（人）	专业技术人才			
	正高级职称	副高级职称	中级职称				正高级职称	副高级职称	中级职称
276569	**10458**	**36094**	**96416**	**296425**	**4528113**	**102807**	**1155**	**1822**	**5346**
232163	8623	30054	78458	295930	4492483	95357	415	754	2619
80726	4847	13159	28635	15045	301973	82577	102	251	716
80726	4847	13159	28635	85	4679	2080	102	251	716
6439	207	709	2322	1242	30432	7188	34	71	331
6439	207	709	2322	81	2967	995	34	71	331
40652	862	5762	18588	3	92	56	1	7	34
40238	1025	5361	17245						
34813				1	1				
30087									
3831	393	686	1445	15	220	148	6	16	23
2830	260	476	1067	14	206	146	6	15	22
8373	366	1957	3719						
4158	448	902	1801						
				220934	1342557				
				37309	411384				
				8962	1025435				
				11924	1344759				
12933	475	1518	4703	495	35630	5388	272	409	1515
44406	1835	6040	17958	1682	26304	7450	740	1068	2727
31678	1307	4394	12856	1544	22548	6649	683	938	2311
8717	158	893	3571	77	2840	434	16	93	233
2691	319	588	992						
438	5	35	185	5	217	80		7	39
882	46	130	354	56	699	287	41	30	144

2018年全国文化和旅游部门

	本年收入合计(千元)	财政补贴收入	上级补助收入	事业收入
总　计	**220217158**	**135681308**	**2447222**	**8377375**
一、文化和旅游合计	170238557	95848473	1385626	3973994
艺术表演团体	20413133	14766864	617115	1879340
艺术表演场馆	3843741	1503610	76608	434584
公共图书馆	18291586	17545118	128339	316776
文化馆	12664566	11955282	321098	105818
文化站	16885571	16107566		
其中：乡镇综合文化站	13088841	12483715		
艺术展览创作机构	2612853	2403757	21901	142845
其中：美术馆	2124263	1926756	19128	139351
艺术教育业	4104467	3271221	14982	638371
文化和旅游科研机构	1844658	1639269	11353	89165
文化和旅游行政主管部门	66381377	18969706		
其他文化和旅游机构	23196605	7686080	194230	367095
二、文物合计	49978601	39832835	1061596	4403381
博物馆	25672294	21396682	554769	1669240
文物保护管理机构	9239680	6358076	468824	1441944
文物科研机构	3330701	2061912	27185	1129796
文物商店	495718	18795		
其他文物机构	11240208	9997370	10818	162401

所属机构经费收支基本情况

经营收入	附属单位上缴收入	其他收入	本年支出合计(千元)	基本支出	项目支出	经营支出
2340746	**26980**	**71343527**	**215199667**	**81311406**	**102065108**	**1691489**
949252	14004	68067208	167394536	63371337	76155531	799503
64202	627	3084985	20255011	9457419	4901908	147404
384261	11588	1433090	3628522	1042425	499916	384512
29682	620	271051	18760154	9374433	8919458	15210
5167	311	276890	13573880	7905389	4132396	17473
		778005	17001837	8515826	6261067	
		605126	13141227	6769694	4396863	
8433	10	35907	2477865	1065301	1365646	12182
8433	10	30585	2027734	826510	1163870	12170
19709		160184	4068439	2677030	1366233	16984
20298	1	84572	1813636	893256	823219	40032
		47411671	65553182	17658473	44836312	
417500	847	14530853	20262010	4781785	3049376	165706
1391494	12976	3276319	47805131	17940069	25909577	891986
845181	5131	1201291	25171174	10970130	12704489	556839
462087	7845	500904	8600586	3686933	4077853	269444
77817		33991	3128458	836762	2198791	61441
		476923	470540			
6409		1063210	10434373	2446244	6928444	4262

续表

	工资福利支出	商品和服务支出	差旅费	劳务费
总　计	**55924768**	**59348967**	**1668854**	**5950107**
一、文化和旅游合计	43594861	41314099	1256372	3916899
艺术表演团体	7797843	4074871	298274	1009359
艺术表演场馆	627971	702094	6085	49030
公共图书馆	6768583	4321638	130884	383005
文化馆	6227006	3659068	132856	580504
文化站	6424099			
其中：乡镇综合文化站	5396056			
艺术展览创作机构	699645	1052469	30862	103805
其中：美术馆	524890	922488	22271	91015
艺术教育业	1918731	1056732	40196	184030
文化和旅游科研机构	598063	536175	22174	79350
文化和旅游行政主管部门	9312169	23972854	488572	1368846
其他文化和旅游机构	3220751	1938198	106469	158970
二、文物合计	12329907	18034868	412482	2033208
博物馆	7444795	9900722	214025	974298
文物保护管理机构	2948762	2535571	39815	294603
文物科研机构	520934	2125670	93921	524411
文物商店				
其他文物机构	1415416	3472905	64721	239896

		在支出合计中：			
福利费	各种税金支出	对个人和家庭补助支　出	抚恤金和生活补助	其他资本性支　出	各种设备购 置 费
528603	**368993**	**7812501**	**878741**	**21974866**	**6362235**
375284	248445	6583446	767192	16170033	5659085
57231	62729	996930	124578	779534	331291
11653	39716	82057	5623	187836	59447
55929	17482	803329	67275	5109370	3295434
76790	16582	897482	102146	812553	253191
6522	4491	110249	5680	200809	49080
5581	4195	78660	3733	175900	44956
21024	5935	316171	16690	638793	188730
6161	2205	167419	13233	59583	22854
112802	25564	2478252	386030	8129263	1391479
27172	73741	731557	45937	252292	67579
153319	120548	1229055	111549	5804833	703150
89015	46494	747685	63483	2841980	486895
44974	28510	205067	17787	1286733	46155
7580	38483	62912	5590	297062	103023
11750	7061	213391	24689	1379058	67077

2018年各地区主要文化和旅游机构数

单位：个

地区	公共图书馆	群众艺术馆	文化馆	文化站	博物馆	艺术表演团体	艺术表演场馆	旅行社	星级饭店	A级景区
总计	**3176**	**390**	**3326**	**41138**	**4918**	**17123**	**2478**	**37309**	**8962**	**11924**
北京	23	1	20	330	82	414	61	2859	377	254
天津	29	1	17	244	65	121	68	476	75	104
河北	173	13	180	2253	134	450	81	1478	305	420
山西	128	12	130	1409	152	795	125	890	185	204
内蒙古	117	13	120	1093	109	226	54	1129	217	386
辽宁	130	23	125	1460	65	192	121	1517	343	454
吉林	66	14	79	901	107	82	58	716	100	244
黑龙江	109	17	149	1486	191	90	56	829	173	451
上海	23	1	25	214	100	254	45	1691	203	113
江苏	116	14	115	1264	329	662	249	2835	481	630
浙江	103	12	101	1374	337	1573	336	2686	548	806
安徽	126	17	122	1437	201	2859	107	1436	278	613
福建	91	10	97	1126	128	454	54	1128	301	341
江西	113	14	118	1755	144	379	57	882	279	407
山东	154	18	157	1819	517	828	106	2511	544	1292
河南	160	19	204	2412	334	2017	155	1147	371	511
湖北	115	13	125	1281	200	489	61	1229	353	415
湖南	140	16	145	2395	121	510	105	1055	304	438
广东	143	24	145	1610	184	436	86	3045	598	381
广西	116	15	124	1173	131	112	57	819	386	507
海南	24	4	23	219	19	82	15	440	114	53
重庆	43	1	41	1027	100	1571	43	613	178	239
四川	204	22	207	4574	252	829	110	1148	329	565
贵州	98	10	99	1589	91	153	15	532	221	359
云南	151	17	149	1445	137	268	27	1185	458	233
西藏	81	8	82	692	7	86	14	310	85	116
陕西	111	12	123	1384	294	531	102	819	304	454
甘肃	103	17	103	1379	215	351	44	678	307	298
青海	51	9	55	361	24	84	27	491	162	110
宁夏	27	6	27	245	54	75	6	161	83	80
新疆	107	17	119	1187	91	134	26	574	300	446

2018年各地区主要文化和旅游机构从业人员数

单位：人

地　区	公共图书馆	群众艺术馆	文化馆	文化站	博物馆	艺术表演团体	艺术表演场馆	旅行社	星级饭店	A级景区
总　计	**57602**	**12167**	**54557**	**131079**	**107506**	**416374**	**51501**	**411384**	**1025435**	**1344759**
北　京	1229	54	918	2216	4433	23872	3151	37687	62149	36126
天　津	1047	50	531	924	1473	3270	902	2063	11807	9085
河　北	1921	519	2275	5267	4016	9758	1241	16950	37900	79374
山　西	1652	373	1768	2686	4506	23758	1683	12080	21612	19791
内蒙古	1873	528	1918	3066	1782	7993	931	12313	18370	20757
辽　宁	2588	639	2056	3432	1994	4651	2555	13009	30631	65274
吉　林	1556	512	2293	2112	1548	3690	874	6763	8538	8938
黑龙江	1659	399	2280	3405	2691	4317	822	8109	11061	26056
上　海	2110	73	976	4014	3036	9130	1513	33315	47154	11980
江　苏	3529	485	2161	5337	6923	14069	4467	22225	68876	73852
浙　江	3849	479	2241	5518	5724	45485	6030	16008	80410	51662
安　徽	1504	333	1470	4509	2995	43000	2066	11228	31651	65760
福　建	1599	208	979	3143	2642	13375	933	7326	47449	27385
江　西	1408	503	1908	7379	3418	9616	898	36281	24088	43634
山　东	2843	640	2950	5329	8059	17902	1902	24401	67695	181432
河　南	2914	547	3310	7623	6959	48338	3494	12457	37983	55009
湖　北	2128	486	2158	2941	4032	11853	1347	12224	33074	47023
湖　南	2110	499	2108	6487	3056	12018	2652	9396	34263	84039
广　东	4542	651	2456	9803	3670	12335	3410	38809	92312	70624
广　西	1675	536	2120	3059	2255	4727	1484	5971	28642	35957
海　南	319	120	316	478	526	3839	908	3745	18952	14549
重　庆	1002	69	1027	4648	2738	17282	1393	5811	22579	25283
四　川	2313	673	3003	8408	6201	14327	1911	17725	41362	88258
贵　州	1089	434	1582	4885	1636	3776	142	4113	14643	38713
云　南	1770	522	2437	4883	1719	8428	387	8852	38389	54806
西　藏	200	231	503	5203	204	2389	24	5845	6938	2954
陕　西	2085	456	2502	4555	9354	18567	2169	6361	30519	46196
甘　肃	1434	388	1634	4921	5017	9434	1220	6711	19854	24358
青　海	520	183	699	502	366	2089	261	3841	8894	3164
宁　夏	597	265	660	745	812	2804	91	737	5847	6276
新　疆	1093	312	1318	3601	1319	5484	436	9028	21793	26444

主要统计指标解释

一、行业、机构指标解释

调查机构指由文化和旅游部门主办或实行行业管理的各类机构。

文艺创作与表演：指文学、美术创造和表演艺术（如戏剧、戏曲、歌舞、舞蹈、音乐、曲艺、杂技、马戏、木偶、皮影等各种表演艺术）等活动。包括文学（含电影、电视剧剧本）、音乐、歌曲、舞蹈、戏曲、曲艺等的创作，美术（绘画、雕塑）、工艺品、书法、篆刻等的艺术创作，编导、演员的表演、创作活动，剧务、舞台美工、服装道具、灯光音响等活动，民族艺术创作，其他未列明的文艺创作、表演及辅助活动。

艺术创作机构：指有专职创作人员、独立建制的剧目创作室（组）、美术创作室（组）等专门从事艺术创作的机构。不包括业余性质的文艺创作机构。

艺术表演团体：指由文化和旅游部门主办或实行行业管理（经部门审批并领取营业性演出许可证），专门从事表演艺术等活动的各类专业艺术表演团体，含民间职业剧团（不包括群众业余文艺表演团队）。

艺术表演场馆：指由文化和旅游部门主办的或实行行业管理（经部门审批并领取营业性演出许可证），有观众席、舞台、灯光设备，公开售票、专供文艺团体演出的文化活动场所。包括附属于文化和旅游部门机构内非独立核算的剧场、排演场。

图书馆：指各类图书馆的管理与服务（对文献和信息的搜集、整理、存储、利用和管理，向社会公众开放并提供科学、文化等各种知识普及教育）。包括公共图书馆和各类机构内部举办的或单独举办的图书馆的管理与服务。不包括部队系统以及文化馆（文化中心、群众艺术馆）、文化站内设的图书室。

群众文化活动：指开展群众文化活动的场所的管理和组织活动。包括文化馆（含综合性文化中心、群众艺术馆）、文化站、文化宫、少年宫等群众文化活动。在本制度中，目前暂不统计文化和旅游部门以外的文化宫和少年宫。

文化馆（含综合性文化中心、群众艺术馆、文化站）：指专门从事群众文化活动的群众文化场馆。不包括临时抽调人员组成、没有编制的农村和街道文化工作队、服务站等。

美术馆：指由文化和旅游部门主办或实行行业管理的，具备展览、典藏、研究及公共教育和服务功能的、向公众开放的国有美术馆，以及在民政部门登记注册并在文化和旅游部门备案的，具备展览、典藏、研究及公共教育和服务功能的、向公众开放的、非营利性的民营美术馆。

画院：指由文化和旅游部门主办或实行行业管理的，各级国有和民营的非营利性的专门的美术创作、研究机构，有专职创作研究人员和独立建制，包括书画院、书法院、油画雕塑院等。不包括业余性质的美术创作机构。

文化艺术研究机构：指有明确的研究方向和任务，有一定水平的学术带头人和一定数量、质量的研究人员，有开展工作的基本条件，主要进行文化艺术研究（含科技）的机构。

文化和旅游部门教育机构：指文化和旅游部门主办的高等艺术职业院校和中等专业学校、文化干部院校、其他文化艺术教育机构。

其他文化和旅游企业：指不属于以上分类的文化和旅游部门所属各类文化事业机构和企业机构。

文化市场经营机构：指经文化市场行政部门审批或备案并领取相关许可或备案文件的、从事文化经营和文化服务活动的机构。

娱乐场所：指以营利为目的，并向公众开放、消费者自娱自乐的歌舞、游艺等场所，以及各地文化行政部门依据相关规定管理并发放《娱乐场所经营许可证》的其他娱乐场所。

互联网上网服务营业场所（网吧）：指通过计算机等设备向公众提供互联网上网服务的营业性娱乐文化服务场所。

旅行社：指以营利为目的，为旅游者代办出境、入境和签证手续，安排、接待旅游者，为旅游者安排食宿等有偿服务的企业。

星级饭店：经全国旅游饭店星级评定，为游客提供短期住宿的企业场所。

A 级景区：由国家旅游景区质量等级评定委员会依照《旅游景区质量等级的划分与评定》国家标准进行评审，颁发“国家 A 级旅游景区”标志牌，以旅游及其相关活动为主要功能或主要功能之一的空间或地域。

动漫企业：经文化和旅游部、财政部、国家税务总局三部门联合认定的从事漫画创作、动画创作、网络动漫（含手机动漫）创作、动漫舞台剧制作、动漫软件开发和动漫衍生产品研发等动漫业务的企业。

博物馆：指为了研究、教育、欣赏的目的，收藏、保护、展示人类活动和自然环境的见证物，向公众开放，非营利性、永久性社会服务机构，包括以博物馆（院）、纪念馆（舍）、科技馆、陈列馆等专有名称开展活动的单位。

文物考古研究所：是各省级文物行政管理部门领导下的文物保护和科学研究机构，承担有关文物的调查、保护、发掘、研究和宣传工作，对地、市、县的文物工作进行业务辅导。

文物商店：经各级文物行政部门依法批准设立的文物购销经营单位。

非物质文化遗产保护中心：指从事非物质文化遗产的调查、抢救、保护、研究、宣传、展示，以及其他相关保护活动的专业综合机构。

二、从业人员指标解释

调查的从业人员，指在文化和旅游部门主办或实行行业管理的各类机构工作并取得劳动报酬的全部人员。包括职工、再就业的离退休人员以及在各机构中工作的外方人员和港、澳、台方人员。

专业技术人员：指在专业技术岗位上工作的人员，不包括在管理岗位上工作具有专业技术职称（职务）的人员（包括正高级职称、副高级职称、中级职称以及初级及以下人员）。

安全保卫人员：指从事文物安全保卫工作和安全管理工作的人员，包括聘用人员。

在编人员：是指经当地编办批准、列入事业编制的人员。

专职人员：指长期从事业务工作的专业人员。

三、经费指标解释

（一）事业经费指标解释

资产合计：是指文化事业单位占有或者使用的能以货币计量的经济资源，包括各种财产、债权和其他权利。包括流动资产、固定资产、在建工程、无形资产和对外投资等。

固定资产原价：反映填表机构使用年限在一年以上、单位价值在1000元以上（其中：专用设备单位价值在1500元以上），并在使用过程中基本保持原来物质形态的资产，包括房屋及构筑物，专用设备，通用设备，文物和陈列品，图书、档案，家具、用具、装具及动植物等，按原值（计提折旧的，按净值）进行反映。

本年收入合计：反映行政事业单位在本年取得的全部收入，包括行政事业类资金收入和基本建设类收入，具体有财政拨款、上级补助收入、事业收入、经营收入、附属单位上缴收入和其他收入。

财政补贴收入：反映填表单位本年度实际收到的本级财政拨款。包括一般预算财政拨款和政府性基金预算财政拨款。一级预算单位收到的应拨给下级单位使用的款项，年终时尚未拨出的，在编制财务决算表和填报统计报表时，应列为本单位的财政拨款。

基建拨款：指财政部门按基本建设计划拨付的基本建设款项。

上级补助收入：反映填表单位从行政主管部门和上级单位取得的非财政补贴收入。

事业收入：反映事业单位开展专业业务活动及辅助活动取得的收入。

经营收入：反映事业单位在专业业务活动及辅助活动之外开展非独立核算经营活动取得的收入。

附属单位上缴收入：反映填表事业单位拥有附属的独立核算机构，按有关规定上缴的收入。

其他收入：反映取得的除上述规定以外的各项收入，包括投资收益、利息收入、捐赠收入等。

本年支出合计：反映填表机构在业务活动中发生的各项资产耗费和损失等支出情况，包括基本支出、项目支出、经营支出等内容。按经济功能分类，还可分为工资福利支出、商品和服务支出、对个人和家庭补助支出、其他资本性支出等内容。

基本支出：反映填表机构为保障其机构正常运转、完成日常工作任务而发生的人员支出和公用支出。

项目支出：反映填表机构为完成本机构特定的工作任务或事业发展目标，在基本支出之外发生的各项支出。

经营支出：反映填表机构开展专业业务活动及辅助活动之外开展非独立核算经营活动发生的支出。在经营活动中应正确归集实际发生的各项费用数，无法归集的，应按规定的比例合理分摊。

工资福利支出：反映填表机构支付给在职职工和编制外长期聘用人员的各类劳动报酬，以及为上述人员缴纳的各项社会保险费等。主要包括基本工资、津贴补贴、奖金、社会保障缴费、伙食费、伙食补助费、绩效工资、其他工资福利支出等。

商品和服务支出：反映填表机构在开展业务活动中购买商品和服务的支出（不包括用于购置固定资产的支出、战略性和应急储备支出等）。主要包括办公费、印刷费、咨询费、手续费、水费、电费、邮电费、取暖费、物业管理费、交通费、差旅费、出国费、维修（护）费、租赁费、会议费、培训费、招待费、专用材料费、专用燃料费、劳务费、委托业务费、工会经费、福利费等日常公用支出。

差旅费：反映填表机构工作人员出差的住宿费、旅费、伙食补助费、杂费，以及干部及大中专学生调遣费、调干家属旅费补助等方面的支出。

劳务费：反映填表机构支付给单位和个人的劳务费用。如：临时聘用人员、钟点工工资，翻译费，咨询费，评审费，手续费等。

福利费：反映填表机构根据国家规定按工资总额一定比例提取的福利费。

各种税金支出：反映填表机构向国家交纳的各种税金，如房产税、营业税、车船使用税、土地使用税、城市维护建设税、印花税、教育费附加、养路费、排污费等。从基本建设支出、结余和收益中支付的税金不包括在内。

对个人和家庭补助支出：反映政府对个人和家庭的补助支出，包括离休费、退休费、退职（役）费、抚恤金、生活补助、救济费、医疗费、助学金、奖励金、生产补贴、住房公积金、提租补贴、购房补贴以及其他对个人和家庭的补助支出等。

抚恤金和生活补助：抚恤金指按规定支付给烈士家属、牺牲病故人员家属的一次性和定期抚恤金，革命残疾人员的抚恤金，离退休人员等其他人员的各项抚恤金。生活补助指按规定支付给优抚对象、退伍军人的生活补助费，行政事业单位职工和家属生活补助，因公负伤等住院治疗、住疗养院期间的伙食补助费、长期赡养人员补助费等。

其他资本性支出：反映填表机构使用非各级发展与改革部门集中安排的用于购置固定资产、战略性和应急性储备、土地和无形资产，以及购建基础设施、大型修缮和财政支持企业更新改造所发生的支出，如房屋建筑物购建、办公设备购置、专用设备购置、交通工具购置、大型修缮、信息网络购建、物资储备、土地补偿、安置补助、拆迁补偿等。

各种设备、交通工具、图书购置费：反映填表机构用于购置不够基本建设投资额度，但按会计制度规定纳入固定资产核算范围的各种设备的支出，主要包括办公设备购置、专用设备购置、交通工具购置（含车辆购置税）、信息网络购建（计算机硬件和软件开发应用）、图书购置、档案设备购置费等。

（二）企业经费指标解释

资产总计：反映填表企业拥有或控制的能以货币计量的经济资源，包括各种财产、债权和其他权利。资产按其流动性(即资产的变现能力和支付能力)划分，有流动资产、长期投资、固定资产、无形资产、递延资产和其他资产等分类。

固定资产原价：反映填表企业在建造、购置、安装、改建、扩建、技术改造某项固定资产时所支出的全部货币总额。

当年提取的折旧总额：反映填表企业在报告年度内提取的固定资产折旧合计数。

负债合计：反映填表企业过去的交易、事项形成的现有义务合计数，履行该义务预期会导致经济利益流出企业。

所有者权益合计：反映所有者在填表企业资产中享有的经济利益，其金额为资产减去负债后的余额。

实收资本（股本）：反映填表企业的各投资者实际投入的资本（或股本）总额。

国家资本：反映有权代表国家投资的政府部门或机构、直属事业机构对填表企业投资形成的资本金。

营业收入：反映企业经营主要业务和其他业务所确认的收入总额。

营业成本：反映填表企业在报告期内从事销售商品、提供劳务及转让资产使用权等日常经营活动中所发生的各种耗费，包括营业成本（主营业务成本、其他业务成本）、营业税金及附加、销售费用、管理费用、财务费用等。

养老、医疗、失业等各种社会保险费：反映企业为职工缴纳的基本养老保险、基本医疗保险、失业保险费、工伤保险、生育保险费。

住房公积金和住房补贴：反映报告期内填报企业为职工缴纳的住房公积金和企业支付的职工住房补贴。

工会经费：反映填表企业按规定计提的拨交工会使用的费用。

营业利润：反映填表企业进行生产经营活动所实现的利润。

营业外收入：反映企业发生的与经营业务无直接关系的各项营业外收入，包括非流动资产处置利得、非货币性资产交换利得、债务重组利得、政府补助、盘盈利得、捐赠利得等。

政府补助（补贴收入）：反映填表企业从政府无偿取得的货币性资产或非货币性资产，但不包括政府作为企业所有者投入的资本。

营业外支出：反映企业发生的与经营业务无直接关系的各项营业外支出，包括非流动资产处置损失、非货币性资产交换损失、债务重组损失、公益性捐赠支出、非常损失、盘亏损失等。

利润总额：反映企业在生产经营过程中各种收入减去各种耗费后的盈余，反映填表企业在报告期内实现的亏盈总额，包括营业利润和营业外收支净额。

本年应发工资总额：反映填报企业在报告期内应发放支付给本单位全部职工的劳动报酬（含临时工和聘用人员），包括工资、奖金、津贴和补贴，反映企业报告期内累计应发放的工资总额。

本年支付的职工福利费：反映填报企业在报告期内根据国家有关规定开支的各项福利支出。

四、公用房屋建筑面积指标解释

实际使用房屋建筑面积：指文化和旅游部门实际使用办公和业务用房面积，包括租借房屋面积。

实际拥有产权面积：指文化和旅游部门实际拥有产权的各种办公和业务用房面积，包括出租产权房屋面积，具体以房屋产权证上登记产权面积为准。

2 图书馆业

按年份全国公共图书馆经费收支及设施情况

年 份	收入合计（万元）		支出合计（万元）		新购图书（万册）	实际使用房屋建筑面积（万平方米）			阅览室座席数（万个）
		财政拨款		新增藏量购置费			书库	阅览室	
1979年	5040	5040	5206	2163		86.6	38.1	21.1	
1980年	5476	5476	5486	2273		92.0	42.1	23.5	
1985年	15272	15272	13393	4164	1343	172.0	64.1	46.1	23.1
1986年	19891	19070	17242	5300	1359	210.2	73.0	53.4	33.7
1990年	32328	29292	30271	8474	895	326.0	98.4	76.1	32.1
1991年	36764	32593	34388	8927	771	349.1	104.3	80.0	34.0
1992年	45354	39010	41132	9916	740	363.6	105.3	84.3	34.4
1993年	50917	42975	48211	10698	631	368.0	108.0	85.0	34.3
1994年	74586	60639	63295	9252	556	409.1	113.6	85.7	34.8
1995年	79685	65829	74080	16788	551	415.5	117.8	88.3	35.2
1996年	93235	76582	88963	19626	577	441.4	120.8	94.0	35.6
1997年	114004	93177	113927	25527	680	471.5	124.9	98.0	37.4
1998年	129082	107521	127032	28067	700	492.5	131.7	101.8	39.9
1999年	137430	115830	135826	30473	678	506.0	137.4	105.7	41.6
2000年	163799	139321	157173	37141	692	598.2	139.0	109.7	41.6
2001年	183368	152732	187661	36489	819	561.8	146.4	114.4	43.7
2002年	213322	176882	208929	41853	946	582.8	151.6	122.6	43.9
2003年	242188	205252	235819	44407	1049	588.6	156.0	129.7	46.1
2004年	281234	238141	275034	50780	1228	625.1	158.4	138.6	47.2
2005年	325880	277848	312571	59781	1535	677.0	170.0	150.0	48.0
2006年	366089	319479	344076	66095	1686	718.9	175.5	159.0	50.0
2007年	450512	395441	431326	78262	1871	741.4	181.6	169.2	52.7
2008年	531926	477616	519841	83832	2071	780.0	183.5	179.3	55.4
2009年	613175	550808	606630	104404	2939	850.3	194.7	203.5	60.2
2010年	646085	583685	643629	111093	2956	900.4	204.5	220.6	63.1
2011年	813232	756357	794778	141477	3985	994.9	212.9	245.3	68.1
2012年	1002068	934890	977556	147785	5826	1058.4	230.1	281.9	73.5
2013年	1151163	1070575	1130035	165959	4865	1158.5	240.2	318.9	81.0
2014年	1212979	1137210	1163583	170133	4742	1231.6	252.4	331.8	85.6
2015年	1358370	1270354	1340481	197468	5151	1301.5	268.4	358.0	91.1
2016年	1494998	1415668	1451469	216020	6275	1424.3	281.9	398.2	98.6
2017年	1801356	1722791	1692580	236506	7034	1515.3	302.7	433.5	106.4
2018年	1829159	1754512	1876015	246475	6894	1596	318.5	458.4	111.7

按年份全国公共图书馆主要业务活动情况

年份	机构数（个）	从业人员（人）	总藏量（万册/件）	总流通人次（万人次）	外借人次	书刊文献外借册次（万册次）	书架单层总长度（万米）	发放借书证数（万个）	本年新购藏量（万册）
1979年	1651		18353	7787		9625			
1980年	1732		19904	9045		11830			
1985年	2344	29350	25573	11614		18942			1343
1986年	2406	31849	26133	11722		16205	504	523	1359
1990年	2527	40247	29064	12435		20242	772	603	895
1991年	2535	42037	30614	20496	7949	13325	758	631	771
1992年	2558	43051	31175	18495	7653	12625	748	563	740
1993年	2572	44656	31410	16973	6970	11685	797	562	631
1994年	2589	44367	32332	14451	7232	11852	776	552	556
1995年	2615	45323	32850	14142	7160	11814	899	540	551
1996年	2620	46457	33686	14793	7731	13544	967	527	577
1997年	2628	47882	37549	16114	8561	15685	817	556	680
1998年	2662	48313	38514	17058	8910	15422	873	582	700
1999年	2669	48792	39539	18040	9075	16290	934	596	678
2000年	2675	51342	40953	18854	9600	16913	978	623	692
2001年	2696	48579	42130	20757	9829	17559	945	792	819
2002年	2697	48447	42683	21950	10428	20021	995	918	946
2003年	2709	49646	43776	21440	10666	18775	1035	943	1049
2004年	2720	49069	46152	22095	10140	18536	1247	1056	1228
2005年	2762	50423	48056	23332	10821	20269	1320	1062	1535
2006年	2778	51311	50024	25218	11408	21039	1413	1160	1686
2007年	2799	51650	52053	26103	11454	21319	1318	1273	1871
2008年	2820	52021	55064	28141	12251	23129	1112	1454	2071
2009年	2850	52688	58521	32167	13277	25857	1216	1749	2939
2010年	2884	53564	61726	32823	13934	26392	1200	2020	2956
2011年	2952	54475	63896	37423	15316	28452	1218	2214	3985
2012年	3076	54997	68827	43437	17402	33191	1216	2485	5826
2013年	3112	56320	74896	49232	20552	40868	1191	2877	4865
2014年	3117	56071	79092	53036	22737	46734	1210	3944	4742
2015年	3139	56422	83844	58892	23085	50896	1262	5721	5151
2016年	3154	57219	90163	66037	24892	54725	1335	5593	6275
2017年	3166	57567	96953	74450	25503	55091	1432	6736	7034
2018年	3176	57602	103716	82032	25814	58010	1487	7263	6894

按年份各地区公共图书馆机构数

单位：个

地　区	1995年	2000年	2005年	2010年	2015年	2016年	2017年	2018年
总　计	**2615**	**2675**	**2762**	**2884**	**3139**	**3154**	**3166**	**3176**
北　京	22	24	25	24	24	24	23	23
天　津	31	31	32	31	31	31	32	29
河　北	134	145	153	165	172	172	173	173
山　西	119	121	122	126	126	127	128	128
内蒙古	107	108	110	113	117	117	117	117
辽　宁	127	128	126	128	129	130	130	130
吉　林	51	60	63	65	66	66	66	66
黑龙江	96	97	96	107	107	108	109	109
上　海	31	31	28	28	25	24	24	23
江　苏	94	101	103	111	114	114	115	116
浙　江	81	83	90	97	100	102	101	103
安　徽	83	84	88	88	122	123	124	126
福　建	78	81	84	86	90	90	90	91
江　西	104	104	104	108	114	113	113	113
山　东	130	133	145	149	154	154	154	154
河　南	132	134	136	142	158	158	158	160
湖　北	100	103	102	107	112	112	116	115
湖　南	116	115	120	124	137	137	139	140
广　东	114	124	129	132	140	142	143	143
广　西	99	94	95	108	112	114	115	116
海　南	19	19	20	20	21	23	23	24
重　庆		42	43	43	43	43	43	43
四　川	166	129	141	161	203	203	204	204
贵　州	87	89	91	93	96	99	98	98
云　南	148	148	149	150	151	151	151	151
西　藏	18	1	4	4	79	81	81	81
陕　西	114	114	111	112	110	110	110	111
甘　肃	86	91	92	94	103	103	103	103
青　海	41	38	43	44	49	49	49	51
宁　夏	20	22	20	20	26	26	26	27
新　疆	66	80	96	103	107	107	107	107

按年份各地区公共图书馆从业人员

单位：人

地　区	1995年	2000年	2005年	2010年	2015年	2016年	2017年	2018年
总　计	**45323**	**51342**	**50423**	**53564**	**56422**	**57219**	**57567**	**57602**
北　京	886	1080	1219	1307	1263	1249	1239	1229
天　津	1084	1111	1057	1077	1189	969	986	1047
河　北	1592	1711	1690	1789	1855	1875	1899	1921
山　西	1370	1527	1631	1575	1554	1676	1673	1652
内蒙古	2015	1833	1776	1804	1942	1944	1913	1873
辽　宁	2859	4916	2888	3152	2805	2761	2662	2588
吉　林	1596	1724	1783	1661	1628	1620	1600	1556
黑龙江	2014	1846	1669	1846	1693	1664	1688	1659
上　海	1686	2513	2597	2180	2113	2091	2101	2110
江　苏	1953	2092	2363	2838	3183	3439	3473	3529
浙　江	1565	1936	2122	3040	3577	3616	3607	3849
安　徽	1168	1241	1217	1239	1510	1559	1558	1504
福　建	1077	1172	1110	1190	1330	1409	1536	1599
江　西	1386	1462	1373	1406	1395	1379	1420	1408
山　东	2318	2506	2690	2680	2750	2828	2877	2843
河　南	2352	2626	2742	2762	2949	2955	2911	2914
湖　北	2054	2299	2253	2151	2212	2198	2204	2128
湖　南	1733	1925	1963	1993	2092	2094	2149	2110
广　东	2355	2837	3252	3761	4159	4360	4450	4542
广　西	1335	1540	1459	1509	1509	1589	1660	1675
海　南	252	250	250	374	325	323	313	319
重　庆		785	755	854	874	920	964	1002
四　川	2415	1719	1869	1972	2261	2371	2413	2313
贵　州	869	876	905	937	1046	1089	1081	1089
云　南	1429	1571	1661	1760	1826	1874	1814	1770
西　藏	50	42	62	64	187	189	216	200
陕　西	1317	1572	1691	1988	2121	2123	2020	2085
甘　肃	979	1110	1179	1306	1443	1450	1473	1434
青　海	400	378	365	398	411	425	483	520
宁　夏	498	537	509	543	558	555	565	597
新　疆	770	907	951	978	1083	1092	1102	1093

按年份各地区公共图书馆总藏量

单位：万册/件

地　区	1995年	2000年	2005年	2010年	2015年	2016年	2017年	2018年
总　计	**32850**	**40953**	**48056**	**61726**	**83844**	**90163**	**96953**	**103716**
北　京	670	767	1121	1715	2425	2594	2759	2876
天　津	677	786	869	1258	1697	1806	1662	1867
河　北	845	1081	1307	1611	2200	2340	2547	2717
山　西	777	867	963	1208	1548	1727	1751	1860
内蒙古	621	683	744	940	1513	1704	1787	1904
辽　宁	1786	1970	2326	2953	3736	3929	3964	4175
吉　林	921	1030	1202	1380	1768	1862	1973	2052
黑龙江	1094	1186	1291	1644	1827	1926	2158	2233
上　海	1586	5500	6049	6809	7568	7676	7773	7894
江　苏	2420	2669	3179	4370	6847	7602	8598	9323
浙　江	1511	1715	2324	3761	6250	6969	7813	8608
安　徽	752	787	847	1236	1942	2162	2537	2910
福　建	902	985	1274	1682	2821	3051	3322	3745
江　西	1070	1122	1282	1520	2159	2178	2429	2522
山　东	1724	1989	2746	3636	4727	5065	5539	6213
河　南	1062	1239	1429	1837	2472	2646	2874	3169
湖　北	1445	1678	1923	2361	3003	3318	3597	3910
湖　南	1362	1514	1667	1961	2555	2833	3050	3305
广　东	1651	2316	3119	4615	7008	7900	8708	9548
广　西	1243	1312	1491	1881	2606	2720	2786	2750
海　南	137	154	184	285	424	458	490	551
重　庆		811	768	1031	1304	1442	1672	1808
四　川	2356	1722	2002	2599	3328	3518	3793	3948
贵　州	616	681	764	812	1221	1258	1386	1467
云　南	1104	1254	1371	1566	1944	2091	2111	2154
西　藏	51	60	42	53	162	177	195	221
陕　西	733	837	887	1127	1506	1626	1733	1893
甘　肃	670	745	860	1042	1340	1394	1496	1560
青　海	280	286	324	358	415	451	459	479
宁　夏	338	380	378	462	706	687	721	732
新　疆	489	579	817	1113	1303	1418	1502	1420

按年份各地区人均拥有公共图书馆藏量

单位：册/件

地　区	1995年	2000年	2005年	2010年	2015年	2016年	2017年	2018年
全　国	**0.27**	**0.32**	**0.37**	**0.46**	**0.61**	**0.65**	**0.70**	**0.74**
北　京	0.54	0.55	0.73	0.87	1.12	1.19	1.27	1.34
天　津	0.72	0.79	0.83	0.97	1.10	1.16	1.07	1.20
河　北	0.13	0.16	0.19	0.22	0.30	0.31	0.34	0.36
山　西	0.25	0.26	0.29	0.34	0.42	0.47	0.47	0.50
内蒙古	0.27	0.29	0.31	0.38	0.60	0.68	0.71	0.75
辽　宁	0.44	0.46	0.55	0.68	0.85	0.90	0.91	0.96
吉　林	0.36	0.38	0.44	0.50	0.64	0.68	0.73	0.76
黑龙江	0.30	0.32	0.34	0.43	0.48	0.51	0.57	0.59
上　海	1.12	3.29	3.40	2.96	3.13	3.17	3.21	3.26
江　苏	0.34	0.36	0.43	0.56	0.86	0.95	1.07	1.16
浙　江	0.35	0.37	0.47	0.69	1.13	1.25	1.38	1.50
安　徽	0.13	0.13	0.14	0.21	0.32	0.35	0.41	0.46
福　建	0.28	0.28	0.36	0.46	0.73	0.79	0.85	0.95
江　西	0.26	0.27	0.30	0.34	0.47	0.47	0.53	0.54
山　东	0.20	0.22	0.30	0.38	0.48	0.51	0.55	0.62
河　南	0.12	0.13	0.15	0.20	0.26	0.28	0.30	0.33
湖　北	0.25	0.28	0.34	0.41	0.51	0.56	0.61	0.66
湖　南	0.21	0.24	0.26	0.30	0.38	0.42	0.44	0.48
广　东	0.24	0.27	0.34	0.44	0.65	0.72	0.78	0.84
广　西	0.27	0.29	0.32	0.41	0.54	0.56	0.57	0.56
海　南	0.19	0.20	0.22	0.33	0.47	0.50	0.53	0.59
重　庆		0.26	0.27	0.36	0.43	0.47	0.54	0.58
四　川	0.21	0.21	0.24	0.32	0.41	0.43	0.46	0.47
贵　州	0.18	0.19	0.20	0.23	0.35	0.35	0.39	0.41
云　南	0.28	0.29	0.31	0.34	0.41	0.44	0.44	0.45
西　藏	0.21	0.23	0.15	0.18	0.50	0.53	0.58	0.64
陕　西	0.21	0.23	0.24	0.30	0.40	0.43	0.45	0.49
甘　肃	0.27	0.29	0.33	0.41	0.52	0.53	0.57	0.59
青　海	0.58	0.55	0.60	0.64	0.70	0.76	0.77	0.79
宁　夏	0.66	0.68	0.63	0.73	1.06	1.02	1.06	1.06
新　疆	0.29	0.30	0.41	0.51	0.55	0.59	0.61	0.57

按年份各地区公共图书馆总流通人次

单位：万人次

地　区	1995年	2000年	2005年	2010年	2015年	2016年	2017年	2018年
总　计	**14142**	**18854**	**23332**	**32823**	**58892**	**66037**	**74450**	**82032**
北　京	272	320	715	775	1264	1402	1555	1903
天　津	265	461	483	606	789	851	1403	1226
河　北	473	736	635	736	1428	1622	2308	2371
山　西	227	261	256	374	830	981	1190	1620
内蒙古	282	270	380	312	649	743	1003	1252
辽　宁	829	1184	1133	1457	2068	2313	2580	2850
吉　林	385	409	505	503	732	806	867	812
黑龙江	631	608	505	622	968	986	1072	1131
上　海	687	1225	1249	1853	3931	4170	2993	3036
江　苏	883	1227	1735	3006	6001	6489	7975	8114
浙　江	555	1140	1398	3454	7942	9788	10847	11875
安　徽	372	561	461	760	1739	1994	2376	3341
福　建	466	647	734	1193	2396	2604	2970	3355
江　西	413	485	534	639	1258	1375	1722	1754
山　东	509	795	1422	1717	2729	3644	3972	4578
河　南	650	713	828	1026	2233	2539	2951	3360
湖　北	559	714	1145	1516	1955	2082	2388	2577
湖　南	618	808	787	1028	1617	1955	2177	2478
广　东	1447	2235	3543	4540	7855	8335	9147	10518
广　西	809	927	896	1343	2065	2067	2344	2385
海　南	94	121	115	172	445	377	524	578
重　庆		266	595	621	1235	1309	1524	1604
四　川	776	554	766	1168	2010	2358	2601	2562
贵　州	462	228	187	369	594	604	784	882
云　南	559	654	735	907	1223	1381	1261	1695
西　藏		2	2	3	20	25	25	35
陕　西	242	275	365	519	982	1156	1357	1525
甘　肃	225	185	317	468	678	724	775	834
青　海	39	58	68	89	112	111	159	156
宁　夏	140	142	167	163	282	319	465	512
新　疆	140	263	212	350	474	529	552	566

按年份各地区公共图书馆书刊文献外借册次

单位：万册次

地　区	1995年	2000年	2005年	2010年	2015年	2016年	2017年	2018年
总　计	**11814**	**16913**	**20269**	**26392**	**50896**	**54725**	**55091**	**58010**
北　京	283	442	678	804	940	1026	1047	1203
天　津	237	274	380	572	859	876	1058	1137
河　北	379	673	469	493	972	1054	1416	1413
山　西	204	207	272	282	547	650	810	961
内蒙古	239	233	243	312	574	705	780	830
辽　宁	856	1119	1173	1456	1708	1795	1900	1914
吉　林	332	387	794	412	748	737	766	757
黑龙江	500	527	789	479	688	647	794	929
上　海	507	970	1028	1461	8681	8624	2792	2505
江　苏	967	1269	1494	2542	4980	5088	5586	5956
浙　江	550	1054	1233	2924	5727	6520	6982	7149
安　徽	343	455	341	683	1481	1682	1899	2229
福　建	517	779	729	1097	2465	2659	3351	3497
江　西	383	543	723	562	1119	1302	1561	1584
山　东	573	718	1379	1514	2331	2810	3031	3329
河　南	517	695	647	915	1676	1862	2097	2271
湖　北	543	769	927	1846	1816	1882	2136	2210
湖　南	562	735	801	1059	1540	1701	1849	2275
广　东	687	1192	2037	2267	4377	5219	6851	7213
广　西	528	688	761	733	1155	1142	1183	1155
海　南	49	64	28	86	222	247	243	223
重　庆		435	472	706	949	1026	1223	1313
四　川	691	564	651	924	1617	1751	1845	1785
贵　州	133	189	118	222	476	493	551	615
云　南	529	680	701	702	1072	973	958	1142
西　藏		11	4	4	7	8	8	11
陕　西	238	305	264	305	681	707	795	888
甘　肃	173	153	261	345	588	619	662	662
青　海	51	52	58	42	91	81	103	99
宁　夏	125	265	212	182	302	295	363	345
新　疆	91	251	175	317	440	486	381	345

按年份各地区公共图书馆财政拨款

单位：万元

地　区	1995年	2000年	2005年	2010年	2015年	2016年	2017年	2018年
总　计	**65829**	**139321**	**277848**	**583685**	**1270354**	**1415668**	**1722791**	**1754512**
北　京	1683	8734	15554	32746	58565	59955	65390	76091
天　津	1295	2751	10980	18500	37294	39120	51189	56947
河　北	1827	2980	6717	10034	28569	30381	32945	37758
山　西	1184	2150	4862	9838	22710	35281	38397	37935
内蒙古	1432	2452	5086	17898	38852	35753	42464	39714
辽　宁	3737	6822	15446	31121	48542	50897	50929	52805
吉　林	1707	3364	5861	12385	28732	30517	36298	31933
黑龙江	2088	3104	7752	13616	28784	33679	30198	28322
上　海	5558	22870	30636	56345	85027	100740	211156	154282
江　苏	3620	6729	16075	34240	82558	99159	112375	131931
浙　江	2356	6509	20316	43536	94626	106823	124141	138967
安　徽	1165	2054	5436	10008	24786	28176	32914	37970
福　建	1778	3681	6579	14975	35015	37536	52259	53594
江　西	1184	2022	3780	9726	24660	26095	28194	30253
山　东	2814	6129	12039	22996	54919	58850	66482	68445
河　南	1766	3591	5987	12252	33275	34813	41625	51314
湖　北	1649	2896	6498	29240	47629	50865	67289	59781
湖　南	1816	2550	5376	12154	29914	39260	46874	46738
广　东	6110	11868	28592	58296	127501	156204	189105	206621
广　西	1563	2851	5469	12191	32734	29939	45983	37156
海　南	378	322	631	3373	9758	12639	15270	16011
重　庆		1491	2957	7650	23778	27377	28656	30273
四　川	2591	2877	7229	16955	64020	53607	54186	60482
贵　州	746	1259	3401	5939	15290	18763	23913	25871
云　南	2178	5134	6096	11763	24864	33464	34425	37120
西　藏	72	111	336	1145	6932	6095	7665	6306
陕　西	934	2038	3973	11547	25922	32442	33640	36487
甘　肃	985	1752	4438	9648	22858	27324	30646	24827
青　海	724	678	1237	3096	9340	12580	12178	11669
宁　夏	408	786	1504	5067	12731	10483	12381	12120
新　疆	1062	1476	3360	8089	21635	30234	29957	28263

按年份各地区公共图书馆总支出

单位：万元

地区	1995年	2000年	2005年	2010年	2015年	2016年	2017年	2018年
总计	**74080**	**157173**	**312571**	**643629**	**1340481**	**1451469**	**1692580**	**1876015**
北京	1851	5326	16840	26706	59616	61590	65118	74259
天津	2128	3074	7548	20119	35517	37285	53488	53025
河北	2044	3458	7208	11062	28024	30458	33234	37000
山西	1170	2270	5085	10787	23050	33899	38235	38156
内蒙古	1458	2536	4959	15124	39865	36627	37507	44126
辽宁	4392	7783	16225	32183	49577	51013	53537	52747
吉林	1835	3520	6295	12613	29390	30474	37538	32914
黑龙江	2139	3409	8602	13500	31318	34794	30724	28415
上海	7021	24425	36757	63728	93556	104749	133059	221557
江苏	4046	8400	20630	37964	86604	103891	111938	136250
浙江	3082	8500	22905	47316	100338	108932	129175	143649
安徽	1384	2641	5767	11788	26927	30155	35021	37629
福建	1710	3916	7446	15517	34971	41040	55251	54482
江西	1323	2343	4343	10432	25599	24551	29988	31080
山东	2968	6881	13242	23206	56509	60983	69331	66638
河南	2140	3902	6377	13452	32060	35681	42322	52348
湖北	2372	3952	8120	31444	50295	49833	58296	62461
湖南	2329	3399	6431	13378	30504	36364	44180	47505
广东	6807	14597	33777	61294	134518	156094	195714	202280
广西	1769	3077	6288	13369	35915	32947	45992	39978
海南	369	355	658	4320	9808	10830	17605	18571
重庆		2026	3856	9335	24115	27796	31118	31361
四川	3245	3462	8218	17841	59960	51872	55065	66352
贵州	810	1428	3497	6736	17210	18010	25116	28614
云南	2234	3928	6786	12632	27661	35625	35951	38999
西藏	61	110	336	689	5146	6262	6928	6037
陕西	951	2263	4405	11820	27944	34020	36020	39667
甘肃	1011	1799	4399	9592	25254	26657	30907	27939
青海	424	780	1315	3155	9074	10825	12440	15096
宁夏	430	783	1574	5786	12828	13422	14981	13959
新疆	1119	1677	3999	8890	26944	29828	30223	28480

按年份各地区公共图书馆新增藏量购置费

单位：万元

地　区	1995年	2000年	2005年	2010年	2015年	2016年	2017年	2018年
总　计	**16788**	**37141**	**59781**	**111093**	**197468**	**216020**	**236506**	**246475**
北　京	251	914	3413	4483	8392	8889	7364	10904
天　津	318	563	1527	3267	4870	4688	12399	9430
河　北	302	428	677	1524	4063	3636	5088	4754
山　西	131	292	385	1482	2466	4811	3103	3662
内蒙古	86	166	169	939	3209	3261	3489	7386
辽　宁	768	948	2027	5165	6801	5073	7008	5742
吉　林	250	459	777	1312	3877	3727	3406	3521
黑龙江	235	395	410	1584	2436	2256	2507	2213
上　海	2204	11210	10342	14950	19127	18595	16399	16829
江　苏	732	1780	3739	8279	15421	18287	18827	17566
浙　江	578	1577	3994	10908	17781	19658	21670	23273
安　徽	262	297	619	1454	4634	4818	3802	5410
福　建	311	716	1599	2801	6229	7781	8381	10053
江　西	99	302	646	1299	2624	3239	4168	3978
山　东	506	978	1868	4000	7665	10248	12023	10357
河　南	255	413	655	1449	4166	4342	5808	5500
湖　北	299	699	1296	1847	8752	8634	10579	11151
湖　南	207	415	900	1672	3933	4956	5380	6426
广　东	1186	2832	7394	12506	23670	29651	32870	33084
广　西	291	520	674	1863	5043	4537	5470	5117
海　南	59	41	92	874	873	656	1403	1381
重　庆		330	569	1626	3230	3958	4154	3796
四　川	431	485	1095	2129	4912	5201	6582	5739
贵　州	100	166	301	682	1446	1962	3769	2896
云　南	441	538	720	1700	2699	3001	2567	2697
西　藏	14	16	43	119	1176	265	370	473
陕　西	104	117	701	1527	3270	3749	4028	4728
甘　肃	170	289	594	1177	2382	2599	2929	2736
青　海	33	54	72	153	785	1298	544	660
宁　夏	41	68	136	501	1355	1068	1624	1596
新　疆	91	136	347	925	1480	3465	1657	1315

按年份各地区公共图书馆人均购书费

单位：元

地　区	1995年	2000年	2005年	2010年	2015年	2016年	2017年	2018年
全　国	**0.139**	**0.293**	**0.457**	**0.829**	**1.434**	**1.562**	**1.697**	**1.766**
北　京	0.201	0.661	2.219	2.286	3.866	4.091	3.392	5.062
天　津	0.338	0.562	1.464	2.525	3.148	3.001	7.964	6.045
河　北	0.047	0.063	0.099	0.212	0.547	0.487	0.677	0.629
山　西	0.043	0.089	0.115	0.415	0.673	1.306	0.838	0.985
内蒙古	0.039	0.070	0.071	0.380	1.278	1.294	1.380	2.915
辽　宁	0.188	0.224	0.480	1.181	1.552	1.159	1.604	1.317
吉　林	0.096	0.168	0.286	0.478	1.408	1.364	1.254	1.302
黑龙江	0.063	0.107	0.107	0.414	0.639	0.594	0.517	0.587
上　海	1.558	6.697	5.817	6.494	7.919	7.684	6.782	6.943
江　苏	0.104	0.239	0.500	1.052	1.933	2.286	2.345	2.182
浙　江	0.134	0.337	0.815	2.004	3.210	3.517	3.831	4.057
安　徽	0.044	0.050	0.101	0.244	0.754	0.778	0.608	0.855
福　建	0.096	0.206	0.452	0.759	1.623	2.009	2.143	2.551
江　西	0.024	0.073	0.150	0.291	0.575	0.705	0.902	0.856
山　东	0.058	0.108	0.202	0.418	0.778	1.030	1.202	1.031
河　南	0.028	0.045	0.070	0.154	0.439	0.456	0.608	0.573
湖　北	0.052	0.116	0.227	0.323	1.496	1.467	1.792	1.885
湖　南	0.032	0.064	0.142	0.254	0.580	0.726	0.784	0.931
广　东	0.173	0.328	0.804	1.199	2.182	2.696	2.943	2.916
广　西	0.064	0.116	0.145	0.405	1.051	0.938	1.120	1.039
海　南	0.081	0.052	0.111	1.008	0.538	0.716	1.515	1.479
重　庆		0.107	0.203	0.564	1.071	1.299	1.351	1.224
四　川	0.038	0.058	0.133	0.265	0.599	0.630	0.793	0.688
贵　州	0.029	0.047	0.081	0.196	0.410	0.552	1.053	0.804
云　南	0.111	0.125	0.162	0.370	0.569	0.629	0.535	0.558
西　藏	0.058	0.061	0.155	0.396	3.629	0.802	1.097	1.375
陕　西	0.030	0.032	0.188	0.409	0.862	0.983	1.050	1.224
甘　肃	0.070	0.113	0.229	0.460	0.916	0.996	1.115	1.038
青　海	0.069	0.104	0.133	0.271	1.334	2.188	0.909	1.095
宁　夏	0.080	0.121	0.228	0.796	2.029	1.582	2.381	2.320
新　疆	0.055	0.071	0.173	0.424	0.627	1.445	0.678	0.529

按年份各地区公共图书馆购书费支出占总支出的比重

单位：%

地　区	1995年	2000年	2005年	2010年	2015年	2016年	2018年
全　国	**22.7**	**23.6**	**19.1**	**17.3**	**14.7**	**14.0**	**13.1**
北　京	13.6	17.2	20.3	16.8	14.1	11.3	14.7
天　津	14.9	18.3	20.2	16.2	13.7	23.2	17.8
河　北	14.8	12.4	9.4	13.8	14.5	15.3	12.8
山　西	11.2	12.9	7.6	13.7	10.7	8.1	9.6
内蒙古	5.9	6.5	3.4	6.2	8.0	9.3	16.7
辽　宁	17.5	12.2	12.5	16.0	13.7	13.1	10.9
吉　林	13.6	13.0	12.3	10.4	13.2	9.1	10.7
黑龙江	11.0	11.6	4.8	11.7	7.8	8.2	7.8
上　海	31.4	45.9	28.1	23.5	20.4	12.3	7.6
江　苏	18.1	21.2	18.1	21.8	17.8	16.8	12.9
浙　江	18.8	18.6	17.4	23.1	17.7	16.8	16.2
安　徽	18.9	11.2	10.7	12.3	17.2	10.9	14.4
福　建	18.2	18.3	21.5	18.0	17.8	15.2	18.5
江　西	7.5	12.9	14.9	12.4	10.3	13.9	12.8
山　东	17.0	14.2	14.1	17.2	13.6	17.3	15.5
河　南	11.9	10.6	10.3	10.8	13.0	13.7	10.5
湖　北	12.6	17.7	16.0	5.9	17.4	18.1	17.9
湖　南	8.9	12.2	14.0	12.5	12.9	12.2	13.5
广　东	17.4	19.4	21.9	20.4	17.6	16.8	16.4
广　西	16.4	16.9	10.7	13.9	14.0	11.9	12.8
海　南	16.0	11.5	14.0	20.2	8.9	8.0	7.4
重　庆		16.3	14.8	17.4	13.4	13.4	12.1
四　川	13.3	14.0	13.3	11.9	8.2	12.0	8.6
贵　州	12.3	11.6	8.6	10.1	8.4	15.0	10.1
云　南	19.7	13.7	10.6	13.5	9.8	7.1	6.9
西　藏	23.0	14.5	12.8	17.2	22.8	5.3	7.8
陕　西	10.9	5.2	15.9	12.9	11.7	11.2	11.9
甘　肃	16.8	16.1	13.5	12.3	9.4	9.5	9.8
青　海	7.8	6.9	5.5	4.8	8.7	4.4	4.4
宁　夏	9.5	8.7	8.6	8.7	10.6	10.8	11.4
新　疆	8.1	8.1	8.7	10.4	5.5	5.5	4.6

按年份各地区公共图书馆新购图书册数

单位：万册

地　区	1995年	2000年	2005年	2010年	2015年	2016年	2017年	2018年
总　计	**551**	**692**	**1535**	**2956**	**5151**	**6275**	**7034**	**6894**
北　京	11	33	114	125	196	226	135	192
天　津	12	17	35	74	102	110	166	223
河　北	26	15	33	68	122	159	191	182
山　西	7	12	17	45	81	126	70	127
内蒙古	7	11	8	67	68	154	145	129
辽　宁	41	39	72	157	179	183	190	164
吉　林	14	14	32	52	96	94	88	85
黑龙江	17	17	26	71	88	127	183	91
上　海	44	67	100	176	242	151	222	184
江　苏	41	57	106	259	478	584	796	622
浙　江	33	54	142	337	643	711	753	673
安　徽	9	11	23	61	191	228	176	289
福　建	18	25	71	103	211	244	354	384
江　西	9	15	26	65	91	127	207	104
山　东	23	32	64	133	259	327	502	652
河　南	16	21	30	95	124	160	202	251
湖　北	23	28	43	60	185	296	284	359
湖　南	19	24	54	80	134	273	172	209
广　东	69	77	316	368	557	886	865	848
广　西	16	20	26	56	149	132	128	173
海　南	6	3	3	25	27	35	29	52
重　庆		12	23	52	104	153	203	124
四　川	25	21	47	95	211	202	257	191
贵　州	5	8	7	27	61	58	141	87
云　南	22	15	26	43	93	112	97	73
西　藏			2	2	39	18	16	26
陕　西	5	6	25	43	79	108	117	111
甘　肃	7	7	12	26	55	61	94	47
青　海	1	2	3	6	19	16	17	11
宁　夏	2	3	5	31	33	27	37	55
新　疆	6	5	15	32	93	58	64	45

按年份各地区公共图书馆阅览室座席数

单位：万个

地　区	1995年	2000年	2005年	2010年	2015年	2016年	2017年	2018年
总　计	**35.2**	**41.6**	**48.0**	**63.1**	**91.1**	**98.6**	**106.4**	**111.7**
北　京	0.5	0.8	1.1	1.3	1.5	1.7	1.8	1.6
天　津	0.5	0.7	1.0	0.9	1.5	1.5	1.7	1.9
河　北	1.4	1.8	2.0	2.2	3.3	3.8	4.1	4.3
山　西	0.9	1.1	1.2	1.6	2.7	3.2	3.4	3.7
内蒙古	1.2	1.3	1.4	1.7	2.6	2.8	3.2	3.1
辽　宁	1.7	2.0	2.3	3.0	3.5	3.8	3.8	4.0
吉　林	0.9	1.2	1.2	1.4	1.9	2.1	2.1	2.2
黑龙江	1.1	1.1	1.3	1.8	2.3	2.3	2.8	2.9
上　海	1.2	1.5	1.5	1.9	2.2	2.2	2.3	2.3
江　苏	1.8	2.2	2.5	3.9	5.1	5.4	6.5	7.0
浙　江	1.2	1.6	2.5	3.5	6.1	6.5	6.9	7.8
安　徽	0.9	0.8	1.0	1.6	3.3	3.6	4.0	4.3
福　建	1.3	1.3	1.7	2.5	3.2	3.3	3.7	4.0
江　西	1.6	1.6	1.7	2.2	3.1	3.5	3.6	3.7
山　东	1.4	2.0	2.7	3.7	5.6	6.1	6.3	6.4
河　南	1.2	1.6	1.7	2.4	4.2	4.9	5.0	5.4
湖　北	2.1	2.1	2.4	2.7	3.7	4.3	4.5	4.4
湖　南	2.2	2.5	2.3	3.0	3.3	3.6	3.8	4.0
广　东	2.6	3.0	4.0	5.9	9.0	9.4	9.5	10.0
广　西	1.8	2.0	1.8	2.5	2.8	2.9	3.3	3.3
海　南	0.3	0.3	0.3	0.4	0.6	0.6	0.6	0.7
重　庆		0.8	0.8	1.4	2.1	2.5	2.8	3.0
四　川	2.2	2.1	2.3	2.6	4.6	5.0	5.5	5.8
贵　州	0.8	1.0	1.1	1.2	2.0	2.1	2.5	2.5
云　南	1.5	1.9	1.9	2.1	2.6	2.7	3.1	3.2
西　藏					0.3	0.3	0.3	0.4
陕　西	0.9	0.9	1.3	1.4	2.0	2.2	2.4	2.6
甘　肃	0.7	0.8	1.0	1.3	1.9	2.0	2.2	2.3
青　海	0.2	0.2	0.2	0.3	0.4	0.4	0.4	0.5
宁　夏	0.4	0.4	0.5	0.5	0.9	0.9	1.2	1.2
新　疆	0.5	0.7	1.0	1.4	2.3	2.4	2.7	2.7

按年份各地区每万人公共图书馆建筑面积

单位：平方米

地　区	1995年	2000年	2005年	2010年	2015年	2016年	2018年
全　国	**34.3**	**47.3**	**51.8**	**67.2**	**94.7**	**109.0**	**114.4**
北　京	56.7	75.3	99.5	86.6	113.6	138.3	138.6
天　津	81.6	99.9	162.0	103.1	167.4	209.1	259.7
河　北	26.9	33.5	38.5	34.6	59.2	65.5	71.5
山　西	27.6	34.3	45.0	67.8	114.3	138.5	139.9
内蒙古	46.0	53.0	65.8	90.4	135.5	160.7	168.1
辽　宁	53.8	61.6	81.3	100.8	126.7	132.8	137.3
吉　林	35.5	39.6	50.1	53.3	98.9	105.9	106.5
黑龙江	33.6	36.6	48.2	65.0	76.6	86.2	89.0
上　海	85.8	132.6	137.2	160.9	173.2	177.4	180.7
江　苏	30.3	35.5	57.9	83.1	129.3	152.4	167.0
浙　江	34.8	57.7	83.7	106.7	171.7	190.4	208.8
安　徽	14.6	15.9	23.9	37.0	65.0	76.6	80.7
福　建	42.2	47.5	65.9	117.1	99.1	130.2	143.0
江　西	38.6	39.9	47.6	61.1	80.1	87.0	89.1
山　东	22.6	26.9	42.3	49.7	83.8	110.7	116.5
河　南	21.6	25.9	27.2	34.5	57.9	64.2	70.2
湖　北	35.1	39.3	49.9	57.3	91.9	125.8	116.8
湖　南	33.6	38.7	39.7	54.9	61.1	68.8	72.0
广　东	43.2	132.1	57.8	80.6	115.9	120.0	120.8
广　西	38.1	46.8	45.1	55.8	72.0	86.5	89.4
海　南	36.0	41.9	53.1	98.2	88.5	90.7	94.6
重　庆		37.5	47.2	70.8	97.6	110.6	116.7
四　川	22.6	27.3	34.2	42.1	68.5	75.6	79.2
贵　州	23.9	39.7	35.7	44.5	63.7	71.8	73.9
云　南	44.6	48.5	78.4	65.5	75.1	84.3	84.1
西　藏	52.1	61.1	104.7	89.6	156.2	165.2	170.0
陕　西	32.8	33.8	52.7	53.5	64.4	73.9	83.4
甘　肃	34.5	43.7	41.6	63.2	84.3	108.2	114.5
青　海	60.5	73.4	68.1	78.9	105.9	127.9	132.0
宁　夏	78.2	78.3	68.8	133.9	158.8	195.5	189.4
新　疆	43.1	44.7	54.7	82.0	100.6	113.3	113.1

2018年公共图书馆

	机构数（个）	从业人员（人）				
			专业技术人才	正高级职称	副高级职称	中级职称
总　计	**3176**	**57602**	**40708**	**863**	**5769**	**18622**
其中：少儿图书馆	123	2531	1825	44	294	795
按隶属关系分：						
中央	1	1444	1363	65	400	761
省区市	39	7537	6469	324	1310	2923
地市	376	15251	11685	329	1963	5446
县市区	2760	33370	21191	145	2096	9492
其中：县图书馆	1580	14868	9811	53	960	4458

续表 1

	在藏量中		电子图书（万册）			
	开架书刊	少儿文献		本馆自建	本馆外购	从其他机构免费共享
总　计	**51858.37**	**11465.75**	**80827.88**	**1977.69**	**51920.03**	**26930.15**
其中：少儿图书馆	2558.74	2292.91	2476.46	19.57	1787.97	668.92
按隶属关系分：						
中央	172.24	7.99	247.89	78.70	169.20	
省区市	5306.01	1120.29	9881.70	39.57	6275.35	3566.78
地市	15588.78	4099.68	24641.09	437.39	18601.29	5602.41
县市区	30791.33	6237.79	46057.20	1422.03	26874.20	17760.96
其中：县图书馆	9922.79	2064.76	17918.04	593.83	10540.59	6783.61

基本情况

总藏量(万册)	图书	盲文图书	古籍	善本	报刊	视听文献	缩微制品	其他
103716.17	**82081.99**	**104.36**	**2690.45**	**276.92**	**9542.98**	**1840.42**	**1526.37**	**6033.97**
4635.10	4143.20	3.28	44.60	6.97	217.23	133.36	2.91	93.79
3901.19	1472.13	0.31	195.47	28.71	1585.88	43.93	166.53	437.26
21123.07	13343.52	10.25	1351.79	168.70	2092.65	388.03	1291.84	2655.24
27358.89	23120.17	29.51	669.88	41.22	2241.43	658.78	12.73	655.90
51333.02	44146.17	64.29	473.31	38.30	3623.02	749.68	55.27	2285.57
18666.33	15344.56	30.46	226.10	21.14	1928.49	220.53	15.55	931.11

书架单层总长度(米)	本年新增藏量(万册)	本年新增电子图书(万册)	当年购买的报刊种类(种)	有效借书证数(个)	总流通人次(万人次)	书刊文献外借人次	书刊文献外借册次(万册次)	组织各类讲座次数(次)
14867625	**6893.69**	**6341.26**	**1129753**	**72628018**	**82031.55**	**25814.23**	**58009.52**	**79274**
387054	337.54	840.96	40525	4002905	3697.06	1212.86	3822.85	7972
	132.57	21.06	16679	4406071	545.85	37.16	64.99	506
2997662	652.80	577.01	153305	8851931	9059.53	1674.58	5207.62	4817
5422220	2034.20	2061.80	318600	27351646	25383.35	8007.39	17955.04	23514
6447743	4074.11	3681.39	641169	32018370	47042.82	16095.11	34781.87	50437
2701247	1233.68	1437.41	246476	9134490	15250.36	6525.30	11863.02	18412

续表 2

	为读者举办各种活动					
	参加人次（万人次）	举办展览（个）	参加人次（万人次）	举办培训班（个）	培训人次（万人次）	开展基层培训辅导人次（万人次）
总　计	**1481.94**	**33394**	**8742.64**	**66375**	**422.76**	**126.99**
其中：少儿图书馆	94.82	1396	385.73	4602	18.27	2.45
按隶属关系分：						
中央	6.29	24	79.78	1748	27.57	12.49
省区市	420.56	2116	1468.38	6195	36.61	10.28
地市	329.92	7500	3370.14	18649	125.09	19.53
县市区	725.17	23754	3824.34	39783	233.49	84.70
其中：县图书馆	263.94	11613	1451.95	15524	107.99	46.57

续表 3

	购书专项经费	上级补助收入	事业收入	经营收入	附属单位上缴收入	其他收入
总　计	**2148642**	**128339**	**316776**	**29682**	**620**	**271051**
其中：少儿图书馆	99482	2292	2800	103		9220
按隶属关系分：						
中央	185700		166993	9939		19420
省区市	567848	415	99453	8284		65287
地市	660528	11985	15093	4225		85612
县市区	734566	115939	35237	7234	620	100732
其中：县图书馆	177587	62852	11531	136	609	49655

本单位受训人次(万人次)	计算机(台)	供读者使用电子阅览室终端数	图书馆网站访问量(页次)	本年收入合计(千元)	财政补贴收入	免费开放资金	中央资金
40.19	**223521**	**146333**	**2049572257**	**18291586**	**17545118**	**1147089**	**411727**
2.10	8036	4555	38624056	832731	818316	66234	19058
0.27	3286	494	913557000	1061663	865311		
5.01	19098	8518	280136404	4242770	4069331	235860	21052
18.53	52166	31598	588922698	5352114	5235199	291006	103633
16.38	148971	105723	266956155	7635039	7375277	620223	287042
6.85	71508	51824	117057650	2478182	2353399	299106	169012

本年支出合计(千元)	基本支出	项目支出	经营支出	在支出合计中：			
				工资福利支出	商品和服务支出	差旅费	劳务费
18760154	**9378785**	**8925308**	**15210**	**6773352**	**4322506**	**130941**	**383041**
815570	439047	365268	193	320882	232047	3753	17080
1044399	429629	613440	1330	295726	325954	2915	7340
4839711	1748112	3084413	7182	1314833	1257217	19703	54701
5264436	2688099	2507429	2800	1992631	1068080	24216	115664
7611608	4512945	2720026	3898	3170162	1671255	84107	205336
2514019	1678572	648986	616	1169737	446533	63254	52746

续表 4

	福利费	各种税金支出	对个人和家庭补助支出	抚恤金和生活补助	其他资本性支出	各种设备、交通工具、图书购置费
总　计	**55929**	**17482**	**803347**	**67275**	**5111730**	**3297794**
其中：少儿图书馆	2356	895	42161	3364	169553	145337
按隶属关系分：						
中央	143	872	68316	1944	242990	234898
省区市	11978	5000	139398	17634	1888981	709476
地市	15039	4334	274289	21779	1318872	1098490
县市区	28769	7276	321344	25918	1660887	1254930
其中：县图书馆	7286	1117	120271	12474	462640	358081

续表 5

	电子阅览室面积	实际拥有产权面积（万平方米）	阅览室座席数（个）	少儿阅览室座席数	盲人阅览室座席数	志愿者服务队伍数（个）
总　计	**63.54**	**908.12**	**1116769**	**270865**	**27259**	**8598**
其中：少儿图书馆	1.76	24.62	38989	27207	754	499
按隶属关系分：						
中央	0.11	27.81	5427	300	12	9
省区市	3.11	113.73	76847	10628	1040	1135
地市	14.55	243.49	299548	63143	5852	1490
县市区	45.78	523.10	734947	196794	20355	5964
其中：县图书馆	22.77	239.84	325292	96833	9904	2631

新增藏量购置费	新增数字资源购置费	资产总计（千元）	固定资产原　值	实际使用公用房屋建筑面积（万平方米）	书库面积	阅览室面积	书刊阅览室面积
2046222	**418523**	**69863633**	**55023979**	**1595.98**	**318.47**	**458.36**	**339.94**
86717	20106	2172502	1766916	49.12	8.04	15.92	12.61
184199	36837	6415532	3726614	27.81	6.93	3.43	2.69
430779	101525	20643294	14872026	179.81	39.40	49.10	42.56
635542	178588	18025953	15266758	462.47	92.56	137.01	110.02
795702	101573	24778854	21158581	925.89	179.57	268.81	184.67
225640	26198	11063920	9716454	373.19	79.39	110.24	70.22

志愿者服务队伍人数（人）	图书馆延伸服务情况				文化创意产品情况		
	流动图书车数（辆）	流动服务书刊借阅人　次（万人次）	流动图书馆车书刊借阅册次（万册次）	分馆数量（个）	文化创意产品种类（个）	文化创意产品销售收　入（千元）	文化创意产品销售利　润（千元）
409676	**2665**	**2423.58**	**4353.12**	**25430**	**3349**	**310233**	**43946**
25160	34	266.28	625.13	1208	29		
406				16	126	10010	6237
86598	24	110.17	212.21	1161	712	63843	37230
121558	395	812.42	1596.72	4124	493	703	277
201114	2246	1501.00	2544.18	20129	2018	235677	202
49226	1608	748.27	1150.57	6426	229	344	210

2018年各地区公共

地区	机构数（个）	从业人员（人）	专业技术人才	正高级职称	副高级职称	中级职称	总藏量（万册）	图书
总计	**3176**	**57602**	**40708**	**863**	**5769**	**18622**	**103716.17**	**82081.99**
北京	23	1229	1018	13	88	372	2876.43	2639.96
天津	29	1047	902	18	141	371	1867.29	1662.13
河北	173	1921	1338	32	208	602	2717.47	2246.21
山西	128	1652	1055	17	95	445	1859.92	1482.94
内蒙古	117	1873	1558	10	362	620	1904.09	1609.05
辽宁	130	2588	1971	71	287	1105	4175.17	3396.69
吉林	66	1556	1272	53	288	540	2051.63	1711.55
黑龙江	109	1659	1348	111	394	597	2232.93	1827.59
上海	23	2110	1789	49	153	729	7894.21	3599.65
江苏	116	3529	2340	51	334	1071	9322.72	8171.23
浙江	103	3849	2106	58	285	989	8607.63	7612.89
安徽	126	1504	993	10	101	434	2909.68	2441.21
福建	91	1599	968	7	89	456	3744.99	3000.63
江西	113	1408	870	12	90	387	2522.12	2027.31
山东	154	2843	2325	58	396	1084	6212.90	5209.20
河南	160	2914	1667	20	178	700	3168.70	2633.49
湖北	115	2128	1662	23	199	874	3910.26	3258.72
湖南	140	2110	1503	10	142	762	3305.29	2734.03
广东	143	4542	2972	56	253	1445	9547.57	8120.99
广西	116	1675	1231	12	107	578	2749.94	2181.82
海南	24	319	234	1	6	94	551.29	493.90
重庆	43	1002	611	24	85	262	1807.94	1466.94
四川	204	2313	1388	9	122	600	3948.36	3221.60
贵州	98	1089	796	13	109	308	1467.02	1181.74
云南	151	1770	1563	16	464	741	2154.09	1654.91
西藏	81	200	111	2	13	14	221.06	185.30
陕西	111	2085	1303	12	83	569	1892.74	1583.54
甘肃	103	1434	882	10	85	394	1559.95	1179.59
青海	51	520	312	4	40	134	478.89	389.95
宁夏	27	597	426	10	52	200	732.30	529.04
新疆	107	1093	831	6	120	384	1420.40	1156.08

图书馆基本情况

盲文图书	古籍	善本	报刊	视听文献	缩微制品	其他	在藏量中		电子图书（万册）
							开架书刊	少儿文献	
104.36	**2690.45**	**276.92**	**9542.98**	**1840.42**	**1526.37**	**6033.97**	**51858.37**	**11465.75**	**80827.88**
0.37	46.98	7.03	57.54	94.44	0.24	37.27	1583.15	346.04	1412.67
1.18	58.89	11.14	81.45	27.51	1.24	36.08	999.64	255.54	2039.57
4.98	58.02	2.60	235.32	52.83	8.09	117.00	1535.98	269.47	2033.67
3.75	75.48	10.97	234.50	30.27	1.91	34.84	958.34	165.96	1069.37
2.80	37.93	2.50	144.69	16.12	1.35	94.96	1034.73	140.37	1222.30
2.87	136.91	16.24	299.62	82.90	2.72	256.33	2350.36	535.05	1881.04
1.80	45.54	7.11	175.57	37.79	2.87	78.31	780.18	219.18	5081.74
1.75	43.42	2.37	254.65	43.84	31.97	31.46	1193.07	163.46	1068.30
1.65	200.30	19.46	395.31	137.72	1235.94	2325.31	2171.68	371.61	2892.61
6.38	342.44	27.58	540.79	136.53	5.80	125.93	4935.68	1043.87	7036.86
5.13	195.30	21.98	488.54	225.34	0.82	84.73	5188.39	1286.81	7787.14
8.04	62.78	4.42	178.30	46.56	1.08	179.75	1406.14	366.96	4812.40
2.55	47.34	3.64	265.89	76.10	2.61	352.41	1977.72	656.92	3194.52
3.75	77.21	8.19	283.69	21.50	0.91	111.50	1048.12	263.94	1586.88
7.51	140.58	24.62	519.28	59.61	4.52	279.71	3729.07	617.81	3953.15
9.25	110.19	8.41	344.81	36.34	1.24	42.64	1897.30	392.15	2162.42
4.74	97.08	8.44	366.98	63.51	37.38	86.59	1940.09	394.97	4316.55
5.44	116.94	8.87	325.43	64.33	1.93	62.63	1753.30	457.97	1844.50
5.07	79.33	5.26	529.32	274.36	2.78	540.80	5615.89	1784.28	6406.08
0.95	40.45	2.71	440.25	37.15	1.08	49.20	1167.90	261.63	2607.78
0.38	1.18	0.05	39.08	5.73	0.01	11.39	326.55	51.54	934.42
4.31	67.73	9.34	171.35	27.52	1.15	73.26	1092.95	250.59	1406.77
5.73	159.81	10.35	407.85	53.02	3.43	102.67	2059.29	391.99	3700.01
2.18	17.92	1.18	177.90	15.61	1.84	72.01	880.68	110.85	1707.44
2.40	90.38	6.08	310.33	22.37	0.99	75.13	1161.06	162.99	2794.02
0.45	2.64	0.12	14.55	1.06	0.50	17.00	42.05	10.86	57.71
3.19	58.96	5.96	185.55	21.18	0.41	43.11	952.85	143.17	3859.26
2.35	52.16	9.67	219.07	11.63	4.20	93.30	808.86	118.89	428.13
0.62	14.09	1.15	36.29	2.81	0.33	35.42	121.74	27.56	229.36
0.83	4.53	0.45	67.44	55.61	0.10	75.58	312.36	81.21	409.32
1.68	12.50	0.35	165.76	15.23	0.44	70.40	661.04	114.13	644.02

续表 1

地　　区				书架单层总长度（米）	本年新购藏量（万册）	本年新增电子图书（万册）	当年购买的报刊种类（种）	有效借书证数（个）
	本馆自建	本馆外购	免费共享					
总　　计	**1977.69**	**51920.03**	**26930.15**	**14867625**	**6893.69**	**6341.26**	**1129753**	**72628018**
北　　京	24.72	715.46	672.50	292077	191.94	29.91	22865	1700638
天　　津	1.73	1765.82	272.03	223639	222.74	286.99	24791	903501
河　　北	74.55	1801.32	157.79	506031	182.10	293.04	33211	1637318
山　　西	25.98	586.46	456.92	256668	127.30	51.78	20767	1337494
内 蒙 古	72.12	693.57	456.61	311226	128.99	105.56	24251	723502
辽　　宁	16.80	1527.16	337.07	522957	164.36	116.21	46970	1511235
吉　　林	99.01	3675.02	1307.71	265080	84.75	807.35	21393	1171887
黑 龙 江	13.82	381.95	672.54	411508	90.55	47.37	26929	748960
上　　海	4.44	796.26	2091.91	550170	184.11	192.23	50804	2479234
江　　苏	131.92	5282.36	1622.58	1382512	622.45	263.50	81397	14230991
浙　　江	263.03	3940.94	3583.18	924258	672.88	547.75	87610	9573160
安　　徽	50.47	4168.73	593.21	344378	289.03	323.76	32396	1991057
福　　建	122.55	1993.18	1078.79	452376	384.07	129.12	36871	2586075
江　　西	38.96	1187.11	360.81	238415	103.72	113.70	29652	1627397
山　　东	31.76	3464.21	457.19	852662	651.63	517.94	55180	3644166
河　　南	50.09	1596.58	515.76	430984	250.62	190.65	38050	1815036
湖　　北	111.30	2297.37	1907.88	554253	358.52	429.42	39456	2116702
湖　　南	238.24	976.78	629.48	821680	209.05	205.30	33455	2029708
广　　东	45.87	4297.64	2062.57	1364314	847.53	281.92	95933	7468361
广　　西	3.17	1872.36	732.24	486429	173.02	162.40	38038	1142618
海　　南	21.40	713.09	199.93	85586	51.68	15.31	8603	289860
重　　庆	75.54	992.06	339.17	417393	123.73	120.45	28961	1738221
四　　川	65.23	2203.88	1430.89	1617691	191.08	245.30	50114	2406864
贵　　州	88.50	1404.19	214.75	222978	86.59	381.18	25377	853673
云　　南	13.42	1506.63	1273.96	519231	73.38	184.95	35046	564260
西　　藏	0.12	7.71	49.88	32475	26.26	32.13	5596	13654
陕　　西	120.36	639.89	3099.02	278779	110.89	76.82	24939	605755
甘　　肃	17.98	325.43	84.73	164030	47.39	104.78	20709	459958
青　　海	8.50	209.39	11.48	86150	10.92	25.09	33932	192691
宁　　夏	0.10	225.60	183.62	110173	54.85	18.11	11731	273486
新　　疆	67.34	502.70	73.98	141522	44.99	20.22	28047	384485

总流通人次(万人次)	书刊文献外借人次	书刊文献外借册次(万册次)	为读者举办各种活动					
			组织各类讲座次数(次)	参加人次(万人次)	举办展览(个)	参加人次(万人次)	举办培训班(个)	培训人次(万人次)
82031.55	**25814.23**	**58009.52**	**79274**	**1481.94**	**33394**	**8742.64**	**66375**	**422.76**
1903.34	466.34	1202.84	2790	17.52	610	241.65	1308	4.38
1226.49	388.50	1136.61	1869	17.79	646	198.74	574	3.67
2371.15	752.17	1412.84	3593	43.93	1014	302.04	1644	9.37
1620.40	506.59	961.27	2463	31.07	693	339.36	1090	20.99
1251.52	400.95	829.65	1153	16.83	689	91.28	550	3.93
2849.78	765.00	1913.90	2719	23.84	986	351.92	3164	8.38
812.41	416.31	757.35	949	10.19	501	90.88	493	3.95
1130.57	461.84	929.45	1259	16.74	822	165.83	1658	8.14
3036.03	621.60	2505.08	2221	32.19	459	158.80	1699	8.94
8114.41	2939.00	5956.21	4460	68.43	1886	376.30	3050	12.79
11874.64	2432.24	7148.54	5587	300.79	3818	875.36	10189	53.59
3340.87	1316.20	2229.14	3396	60.38	2028	360.04	3061	24.54
3354.93	1335.24	3497.17	2451	29.33	971	265.31	2395	19.89
1754.03	831.05	1584.30	1782	25.17	1459	268.72	1057	9.86
4577.86	1959.83	3328.72	6721	75.85	1912	280.03	5094	31.45
3360.15	1437.56	2270.69	4280	80.66	1470	188.72	1990	15.64
2577.44	1142.85	2210.26	2554	49.55	978	211.62	1343	16.63
2477.70	1019.81	2274.89	4408	182.33	1106	312.86	2721	23.77
10517.67	2161.40	7213.22	9996	179.89	3096	2045.43	9437	44.41
2384.60	593.73	1155.29	2021	36.50	1012	325.39	1733	11.21
578.26	81.91	223.16	291	5.46	111	35.85	1902	4.08
1604.00	570.48	1312.63	1556	21.66	1024	190.31	1293	9.40
2562.08	975.31	1784.91	2899	43.35	1297	345.79	1973	10.99
882.11	386.77	614.50	1343	13.76	647	61.43	768	5.24
1694.88	562.00	1142.38	1708	22.49	1134	227.03	1369	8.81
35.37	6.02	11.11	67	0.69	100	1.43	39	0.22
1524.89	469.23	887.65	1769	30.70	1287	136.33	1776	10.44
834.21	350.77	661.89	1307	20.27	537	83.09	453	4.26
156.19	58.54	99.08	242	3.45	176	13.25	213	1.24
511.85	179.87	345.07	215	2.72	231	22.90	173	1.43
565.87	188.00	344.75	699	12.11	670	95.20	418	3.56

续表 2

地　　区	开展基层培训辅导人　　次（万人次）	本单位受训人次（万人次）	计算机（台）	供读者使用电子阅览室终端数	图书馆网站访问量（页次）	本年收入合　　计（千元）	财政补贴收　　入	免费开放资　　金
总　　计	**126.99**	**40.19**	**223521**	**146333**	**2049572257**	**18291586**	**17545118**	**1147089**
北　　京	2.12	0.94	4496	2210	15345097	778020	760905	26314
天　　津	1.19	1.36	4341	2824	9331681	577496	569469	29839
河　　北	3.54	0.85	8052	5639	10988062	380730	377576	44851
山　　西	5.45	1.60	6887	4816	5781601	408947	379350	37794
内 蒙 古	1.63	0.41	7024	4814	14097140	401440	397143	29941
辽　　宁	3.82	1.37	9638	5870	44911380	529648	528053	38001
吉　　林	1.15	0.64	4666	2980	10607762	329514	319328	16360
黑 龙 江	4.29	0.33	6099	3929	16727736	285330	283218	21205
上　　海	1.36	0.97	6285	2987	48996367	1628022	1542818	3658
江　　苏	12.16	1.50	12027	6954	62745515	1356558	1319305	65648
浙　　江	4.01	1.95	13082	8666	116707220	1441902	1389666	55760
安　　徽	10.29	2.68	7999	5896	32865025	391530	379696	33457
福　　建	1.20	1.06	8062	5191	55318529	576144	535941	41620
江　　西	3.44	0.33	7021	4952	27498249	318262	302533	32729
山　　东	4.58	0.76	11844	7947	49339918	694051	684453	62587
河　　南	5.18	1.37	10339	7021	27585103	524712	513143	38903
湖　　北	5.60	1.48	7569	4998	25352573	617853	597805	24310
湖　　南	4.33	2.36	7371	4965	43185271	482683	467380	53133
广　　东	5.86	2.93	17063	10847	159191714	2091531	2066206	130738
广　　西	1.95	1.22	6776	4748	61362571	386439	371558	39999
海　　南	0.42	0.21	1591	1061	11157175	169134	160111	10785
重　　庆	3.28	0.19	4307	3220	44051530	322499	302727	29660
四　　川	7.61	0.25	11906	8370	31006682	611694	604817	93504
贵　　州	1.94	0.59	5410	3557	24918949	288751	258710	21937
云　　南	2.66	0.54	7264	5191	162644485	387801	371195	36764
西　　藏	0.08	0.02	1482	1035	7627	63446	63056	17020
陕　　西	5.50	0.56	6130	4262	16410348	393229	364869	31370
甘　　肃	4.86	0.22	5339	3616	2794727	260958	248265	32893
青　　海	0.50	10.29	2190	1413	1195166	119273	116689	11715
宁　　夏	0.68	0.72	2391	1733	3414017	125879	121195	6999
新　　疆	3.85	0.22	5584	4127	476037	286447	282627	27595

中央资金	购书专项经费	上级补助收入	事业收入	经营收入	附属单位上缴收入	其他收入	本年支出合计(千元)	基本支出
411727	**2148642**	**128339**	**316776**	**29682**	**620**	**271051**	**18760154**	**9378785**
17517	101072	520	11734	290		4571	742588	373398
15969	77267	693	5003	375		1956	530252	325349
17798	40267	2212	581	45		316	369995	230546
14208	26750	1807		1167		26623	381562	149625
19304	15037	3441				856	441264	288455
2055	65829	140	878			577	527471	342584
8405	38548	30	100	103		9953	329140	187710
12900	19242	893	1129			90	284154	212501
984	214570	325	73995	2044		8840	2215574	634391
9657	155866	6001	6679	6378		18195	1362495	738689
910	222841	19473	8413	2232		22118	1436493	665595
13074	48303	7624	800			3410	376286	217885
7989	88641	5272	2534	3058		29339	544822	255104
9011	46853	8323	1441	10	11	5944	310804	195040
15972	82879	5019	633			3946	666382	416822
18700	42532		1766	776		9027	523483	314386
9769	79809	8818	1011			10219	624606	334428
17871	42218	5036	6277		100	3890	475050	288799
9250	273304	12421	3609	1		9294	2022803	936002
28494	44707	9464	737			4680	399777	191917
1860	10242	538				8485	185708	48147
16840	34611	1930	4549			13293	313613	171177
37440	59241	2874	1586			2417	663518	294794
13275	20864	3984	2440			23617	286142	152060
26426	21729	3036	2485	2022		9063	389993	265619
11960	5835	290	100				60373	33048
18840	33301	8780	9389	714		9477	396672	208117
12142	25597	5025	1819	523		5326	279392	161773
2540	3363	1481	95	5	5	998	150958	82476
2090	10120	1740				2944	139587	87175
18477	11504	1149			504	2167	284798	145544

续表 3

地区	项目支出	经营支出	在支出合计中：					
			工资福利支出	商品和服务支出	差旅费	劳务费	福利费	各种税金支出
总计	**8925308**	**15210**	**6773352**	**4322506**	**130941**	**383041**	**55929**	**17482**
北京	338749	290	282881	249688	794	10974	3671	1353
天津	204671	98	194134	142409	506	3511	1912	522
河北	131084	117	160674	79885	1782	9199	612	
山西	223375	1167	115655	60712	1699	9481	939	1
内蒙古	148665		190802	94728	2754	4338	802	11
辽宁	176166		259810	148738	1892	10741	449	493
吉林	138793	103	130575	76176	2160	6793	70	26
黑龙江	65853	30	151706	63302	2046	2533	285	283
上海	1578809	1628	452599	384388	2176	12502	6966	847
江苏	605393	1827	538423	273063	8168	33186	2982	5264
浙江	744464	1444	529208	337330	4626	57883	14718	950
安徽	146882	130	140632	94839	2496	7728	1754	234
福建	270728	1591	174263	128234	2082	26211	353	247
江西	92933	60	118530	59751	3038	6793	1726	124
山东	228151	14	313107	76870	2289	12807	567	186
河南	189549	781	222325	74796	2390	11099	1381	21
湖北	271990		251476	124389	2777	11761	2089	1566
湖南	165780	701	199233	101654	3530	9874	1999	241
广东	1058358	21	661643	525802	4794	48418	4927	2330
广西	196312	5	150980	82982	4074	4067	1219	409
海南	125149		33962	43285	1373	4944		9
重庆	140593	22	113600	95353	9724	17136	583	313
四川	312960		248179	269325	48165	18900	1888	81
贵州	97129	280	102337	72710	2041	2429	503	207
云南	117164	2063	223631	86615	3083	7795	847	37
西藏	23078	9	22990	7779	406	226	3	
陕西	174328	959	163342	60770	2476	6404	568	253
甘肃	102683	480	109824	42939	2090	5424	1356	237
青海	65759	10	57883	50925	428	1916	4	70
宁夏	43761		59102	26820	559	3122	45	
新疆	132559	50	104120	60295	1608	7506	568	295

对个人和家庭补助支出	抚恤金和生活补助	其他资本性支出	各种设备、交通工具、图书购置费	新增藏量购置费	新增数字资源购置费	资产总计（千元）	固定资产原值	实际使用公用房屋建筑面积（万平方米）
803347	**67275**	**5111730**	**3297794**	**2046222**	**418523**	**69863633**	**55023979.00**	**1595.98**
17751	1404	170038	140802	97982	11055	2701777	1925740.00	29.85
9611	727	150766	125622	73497	20804	1332007	1068566.00	40.52
21092	1608	79407	66921	42461	5075	1209160	827737.00	54.04
10221	954	129113	74601	30698	5917	1348520	1200310.00	52.00
33760	1496	107159	100411	57993	15865	4943790	4510482.00	42.60
20015	2964	73798	63469	43863	13559	2799783	2438968.00	59.83
34498	1887	77425	61107	30475	4739	907564	780016.00	28.80
25068	1629	32947	30733	18799	3328	952002	859852.00	33.60
12284	3031	1336326	218821	147373	20915	7204339	5076332.00	43.79
54313	2973	258702	218981	150991	24668	4352710	3593094.00	134.41
18628	2344	446236	297869	199106	33625	4183208	3388169.00	119.82
26699	2175	89119	74738	44126	9977	2568135	1919611.00	51.06
13680	1676	193884	158825	79760	20766	1496414	1211973.00	56.37
37076	1710	77684	68525	33686	6097	1329980	1193516.00	41.43
35327	4926	151875	132803	90329	13240	2279476	2006992.00	117.00
20276	2099	159293	143430	42619	12379	1808221	1577902.00	67.46
32431	1295	167506	127311	82436	29069	2570898	2219395.00	69.13
25709	1662	115808	97607	56625	7637	2015966	1742689.00	49.65
160413	6159	451581	393749	268978	61860	6445073	5742340.00	137.07
12847	2110	96922	73525	42378	8790	1225999	916206.00	44.03
551	14	29837	17360	10741	3066	310890	219889.00	8.84
11862	5932	65966	58215	27501	10463	839203	711534.00	36.19
18704	3753	89107	72338	52881	4512	1756431	1286259.00	66.07
14788	1916	42293	36212	20598	8362	1024046	487049.00	26.61
9437	1517	42807	37852	21109	5862	1094790	973210.00	40.64
866		7531	6308	4115	615	408782	345554.00	5.85
7644	1648	73822	65011	38134	9142	1253189	861033.00	32.23
25583	2667	71582	42669	20499	6857	1209634	905779.00	30.20
6121	1066	20911	12979	5924	677	219452	186731.00	7.96
6111	286	35364	23852	13801	2156	683577	588584.00	13.03
11665	1703	23931	20250	12545	609	973085	531853.00	28.13

续表 4

地　区	书库面积	阅览室面积	书刊阅览室面积	电子阅览室面积	实际拥有产权面积（万平方米）	阅览室座席数（个）	少儿阅览室座席数	盲人阅览室座席数
总　计	**318.47**	**458.36**	**339.94**	**63.54**	**908**	**1116769**	**270865**	**27259**
北　京	5.83	7.60	6.33	0.83	10	16433	3440	218
天　津	6.92	10.87	6.88	0.90	7	19038	3311	229
河　北	10.61	17.31	12.75	2.20	33	42995	9169	942
山　西	9.12	16.61	11.06	2.80	50	37112	7228	1170
内蒙古	6.31	12.47	9.08	2.33	19	30735	7319	793
辽　宁	9.97	16.51	12.39	2.30	30	39674	8031	820
吉　林	4.84	8.99	7.20	1.05	15	21943	4266	507
黑龙江	5.57	9.49	6.16	1.56	13	29202	6968	580
上　海	8.18	10.88	9.24	0.91	28	23099	4933	263
江　苏	19.47	35.94	25.56	3.18	63	70332	18021	1576
浙　江	22.27	32.72	27.16	3.68	49	78012	18734	1283
安　徽	9.17	16.23	12.06	2.34	35	42573	11561	1526
福　建	11.48	16.58	13.34	1.49	37	40262	10836	766
江　西	11.10	13.21	8.91	1.99	23	36961	11261	1716
山　东	22.97	27.81	20.56	3.61	49	63532	14578	2070
河　南	15.23	18.82	14.46	3.22	38	54392	14317	1379
湖　北	15.95	22.40	15.92	4.04	55	43952	10385	1074
湖　南	14.16	12.69	9.22	2.42	39	39726	12745	979
广　东	26.08	43.37	35.00	5.17	66	100006	22948	1357
广　西	12.22	11.16	8.18	1.78	24	33182	10040	602
海　南	2.10	3.37	2.61	0.37	7	6706	1966	86
重　庆	6.82	10.92	7.75	1.31	26	30010	7519	896
四　川	13.46	22.90	17.05	3.84	45	57766	13602	1454
贵　州	7.27	8.46	6.15	1.27	21	24820	5980	963
云　南	10.45	10.78	7.00	2.55	29	31618	7715	1143
西　藏	1.26	1.52	0.73	0.36	4	3745	468	41
陕　西	6.80	10.72	8.18	1.71	21	26064	6264	907
甘　肃	5.64	7.40	5.23	1.28	20	23372	6586	953
青　海	1.55	3.12	2.09	0.54	3	4884	1062	122
宁　夏	2.92	4.66	3.32	0.76	9	12266	1963	328
新　疆	5.83	9.42	5.68	1.65	13	26930	7349	504

志愿者服务队伍数(个)	志愿者服务队伍人数(人)	图书馆延伸服务情况				文化创意产品情况		
		流动图书车数(辆)	流动服务书刊借阅人次(万人次)	流动图书馆车书刊借阅册次(万册次)	分馆数量(个)	文化创意产品种类(个)	文化创意产品销售收入(千元)	文化创意产品销售利润(千元)
8598	**409676**	**2665.00**	**2423.58**	**4353**	**25430**	**3349**	**310233**	**43946**
88	22883	10.00	4.65	47	327	17		
79	5361	9.00	13.89	21	536	17		
364	15623	80.00	36.85	57	424	143	32	
242	11933	152.00	66.63	102	963	102		
110	2877	54.00	40.53	84	570	25		
339	35023	17.00	239.44	570	938	42		
116	6077	56.00	79.04	121	369	9		
160	7104	45.00	37.75	62	762	17		
296	17978	6.00	58.03	111	502	37		
335	25295	43.00	100.44	212	6057	301	63853	37075
923	34779	71.00	319.64	684	2150	1167	158125	1
178	7875	31.00	105.43	138	1235	53	1	
389	13257	25.00	40.50	101	938	33	44	10
211	27487	42.00	112.54	130	533	36		
434	18233	48.00	120.16	192	1579	87	5	1
388	9634	86.00	84.49	109	740	21		
887	11439	93.00	162.76	241	687	66		
728	18878	54.00	67.41	106	670	284	28	17
536	58497	427.00	190.18	385	1607	376		
212	12788	48.00	42.17	91	146	19		
51	1811	31.00	6.76	12	22	10		
119	5647	46.00	73.98	154	1303	50	45	5
306	11822	141.00	87.28	136	610	148	136	
184	3959	592.00	60.43	79	342	15	77550	200
249	4716	96.00	105.27	139	351	13	1	
47	666	77.00	1.58	3	6	1		
205	7691	101.00	57.49	75	582	51		
195	2937	61.00	36.41	62	179	54	403	400
20	243	51.00	15.60	27	20			
39	1497	14.00	39.24	75	89	5		
159	5260	58.00	17.02	25	177	24		

2018年各地区省级公共

地区	机构数(个)	从业人员(人)	专业技术人才	正高级职称	副高级职称	中级职称	总藏量(万册)	图书
总计	**39**	**7537**	**6469**	**324**	**1310**	**2923**	**21123.07**	**13343.52**
北京	1	345	327	11	40	147	879.62	734.36
天津	2	323	301	10	69	143	815.74	720.61
河北	1	215	144	9	46	64	331.62	267.52
山西	1	234	219	10	32	72	307.85	184.14
内蒙古	1	163	157	3	52	49	385.38	294.88
辽宁	1	238	201	16	47	92	703.30	571.20
吉林	1	231	156	11	45	53	487.59	393.45
黑龙江	1	180	159	30	66	55	405.48	313.17
上海	2	799	750	48	109	362	5735.39	1600.76
江苏	1	524	371	22	95	200	1211.56	889.75
浙江	1	220	207	10	46	116	705.11	514.80
安徽	1	178	149	5	31	65	352.29	280.74
福建	2	226	206	2	28	85	452.30	365.96
江西	1	143	135	7	25	74	382.68	264.49
山东	1	222	214	19	43	101	885.80	573.84
河南	2	211	182	9	44	64	405.86	316.85
湖北	1	299	283	12	55	107	838.24	684.68
湖南	2	286	267	4	43	126	614.76	445.86
广东	1	296	269	10	48	134	908.32	692.12
广西	3	330	310	11	56	148	801.45	650.88
海南	1	100	94	1	5	58	184.09	170.20
重庆	2	321	240	16	37	108	476.21	332.73
四川	1	298	173	2	31	70	555.45	388.17
贵州	1	148	115	7	34	55	240.94	186.43
云南	1	182	174	6	78	67	354.86	216.75
西藏	1	50	30	1	10	7	52.15	41.42
陕西	1	206	186	7	20	85	525.15	415.52
甘肃	1	212	176	9	20	90	456.56	357.02
青海	1	135	75	2	15	32	175.73	139.65
宁夏	1	131	119	8	24	53	233.19	126.32
新疆	1	91	80	6	16	41	258.42	209.30

图书馆基本情况

盲文图书	古籍	善本	报刊	视听文献	缩微制品	其他	在藏量中		电子图书(万册)
							开架书刊	少儿文献	
10.25	**1351.79**	**168.70**	**2092.65**	**388.03**	**1291.84**	**2655.24**	**5306.01**	**1120.29**	**9881.70**
0.08	41.84	6.71	42.07	48.98	0.03	12.34	123.32	133.15	277.21
0.09	54.21	10.35	14.49	17.57	1.19	7.67	425.36	144.91	345.19
0.47	8.07	0.56	40.95	12.00	2.80	0.28	108.13	16.01	310.01
0.48	29.69	5.02	89.16	2.73	0.40	1.73	187.78	23.36	56.29
1.00	22.00	2.00	15.63	1.28	0.49	51.10	97.17	8.52	60.15
0.35	47.94	12.39	59.38	9.70	0.62	14.47	192.77	27.23	386.37
0.15	23.14	5.35	54.39	2.21	2.60	11.80	63.48	11.55	130.20
0.32	13.37	0.66	43.39	4.19	31.35		73.85	10.73	160.00
0.60	192.23	19.24	359.50	39.43	1235.93	2307.54	792.89	86.85	2080.46
0.30	160.00	14.00	114.00	30.33	4.21	13.28	90.00	15.00	147.16
0.50	82.24	15.01	95.27	12.38	0.39	0.04	145.95	4.56	320.57
0.08	35.51	3.27	34.35	1.08	0.47	0.15	57.00	13.82	110.38
0.31	25.21	2.07	46.53	13.15	1.45		170.70	106.33	333.20
0.02	37.76	3.98	40.13	1.25	0.14	38.92	132.41	11.18	145.81
0.26	75.36	20.00	129.64	7.96	0.73	98.29	459.39	45.54	104.78
0.08	50.66	3.00	35.25	2.76	0.24	0.09	107.20	51.77	330.42
0.43	46.18	5.87	67.95	27.97	3.52	7.94	209.71	47.95	864.36
0.98	62.14	5.00	70.13	32.57	0.46	3.60	274.83	142.10	379.97
0.19	44.01	3.25	148.60	20.67	2.54	0.38	324.80	30.56	0.80
0.12	26.65	1.65	103.15	18.99	0.17	1.62	97.37	22.38	1105.23
0.19	0.02	0.01	5.53	1.09		7.26	123.51	29.65	262.92
1.44	45.26	6.99	79.29	7.84	1.03	10.08	130.68	46.98	287.13
0.14	65.00	6.07	97.14	4.83	0.32	0.01	171.18	4.37	110.76
0.42	11.76	0.40	39.01	1.01	0.26	2.47	179.50	8.20	231.51
0.28	59.62	3.32	73.84	4.46	0.13	0.06	55.35	5.09	522.88
	1.10		8.09	0.04		1.50	7.90	1.05	1.53
0.30	32.84	4.37	62.07	6.86	0.03	7.85	157.33	28.12	359.18
0.59	31.76	6.78	62.99	4.10	0.23	0.47	244.13	11.82	68.78
0.09	11.48	1.00	22.20	0.47	0.05	1.89	37.80	1.87	9.45
0.03	3.52	0.12	19.96	50.14	0.08	33.16	64.55	10.38	247.80
	11.23	0.26	18.59		0.02	19.28		19.28	131.21

续表 1

地　区				书架单层总长度(米)	本年新购藏量(万册)	本年新增电子图书(万册)	当年购买的报刊种类(种)	有效借书证数(个)
	本馆自建	本馆外购	免费共享					
总　计	**39.57**	**6275.35**	**3566.78**	**2997662**	**652.80**	**577.01**	**153305**	**8851931**
北　京	0.56	173.65	103.00	95795	34.68	2.40	7318	530443
天　津	1.69	343.50		132838	70.94	10.45	8524	450209
河　北	0.01	310.00		71800	11.13		5059	347001
山　西	0.17	56.12		36505	6.05	0.69	3434	308239
内蒙古	0.07	56.01	4.07	85196	10.22	2.81	2259	44704
辽　宁	5.15	195.93	185.30	157878	27.70	23.04	5211	67403
吉　林		130.20		101196	16.32		4458	174046
黑龙江		160.00		55283	16.42	30.71	2331	170339
上　海		10.46	2070.00	335763	68.79	4.81	14167	857052
江　苏	9.84	137.32		260000	32.91	0.72	4779	794898
浙　江	0.52	320.05		128396	26.52	66.03	6591	92094
安　徽		60.19	50.20	60168	10.37		2917	228843
福　建	0.07	308.55	24.57	55413	22.69	9.83	5846	1186674
江　西	5.81	140.00		2200	2.91	5.00	4800	245108
山　东	0.56	104.23		154116	23.88	20.22	6161	29010
河　南	0.00	218.03	112.39	46016	8.76	14.07	2629	153409
湖　北		864.36		163732	37.50	45.23	10350	402500
湖　南	0.70	214.27	165.00	85965	25.03	40.00	3007	376989
广　东			0.80	262119	23.84		8406	619815
广　西	0.20	1030.68	74.35	149775	45.15	123.00	8003	408207
海　南	3.40	254.00	5.52	33947	19.20		2925	192652
重　庆	8.46	278.67		44901	23.46	22.81	4734	406482
四　川	0.01	99.60	11.16	40221	16.97	4.01	5856	134440
贵　州	0.66	230.00	0.85	62906	7.45	10.00	3100	86004
云　南	0.79	159.02	363.07	129035	10.71	114.00	3980	110117
西　藏		1.53		22708	1.87	0.00	1322	5589
陕　西		129.18	230.00	115656	18.00		4924	96334
甘　肃		68.78		6000	5.16	3.32	4165	153101
青　海		9.45		48060	2.16	8.45	1443	56704
宁　夏		81.30	166.49	44896	16.40	15.43	1800	69375
新　疆	0.91	130.30		9178	9.63		2806	54150

总流通人次（万人次）	书刊文献外借人次	书刊文献外借册次（万册次）	为读者举办各种活动					
			组织各类讲座次数（次）	参加人次（万人次）	举办展览（个）	参加人次（万人次）	举办培训班（个）	培训人次（万人次）
9059.53	**1674.58**	**5207.62**	**4817**	**420.56**	**2116**	**1468.38**	**6195**	**36.61**
508.53	42.31	208.75	156	2.00	90	68.16	27	0.11
265.02	96.17	340.85	176	1.53	78	131.09	38	0.25
227.00	33.28	127.00	300	3.80	26	3.16	33	0.33
120.86	62.66	148.92	186	3.40	61	15.00	16	0.36
63.11	42.21	126.94	36	1.19	12	0.59	2	0.15
370.56	24.92	139.03	69	0.86	105	228.99	570	0.98
135.22	32.27	136.23	75	1.16	33	12.25	12	0.63
221.02	39.01	88.15	108	2.01	136	72.94	396	1.15
372.15	179.01	672.07	156	5.91	74	53.23	129	1.96
327.17	156.14	229.09	104	2.96	92	47.76	314	0.18
1060.93	48.27	173.99	173	226.59	85	106.81	171	0.95
167.54	32.55	130.45	92	1.49	33	11.00	220	0.90
309.39	43.17	368.06	247	4.78	87	22.34	231	3.48
41.60	9.45	27.93	57	1.39	278	141.30	55	0.89
192.80	44.29	113.36	944	5.55	46	4.75	986	6.14
217.44	95.54	183.51	88	1.19	136	14.69	127	0.42
366.28	60.66	213.43	82	3.46	43	30.38	58	0.79
373.41	45.16	226.77	502	128.46	38	8.47	248	7.27
1241.75	153.40	353.56	89	2.05	333	200.87	29	0.29
547.78	109.16	194.39	399	5.98	72	147.53	238	1.92
366.56	30.88	120.51	84	2.25	25	20.01	1780	3.58
287.98	65.32	128.09	126	1.50	45	15.56	265	1.35
189.37	17.84	40.04	71	2.15	11	49.60	10	0.13
48.32	7.83	31.22	41	0.35	28	1.20	41	0.28
391.84	56.03	248.87	93	0.77	20	23.18	44	0.30
12.00	0.40	1.10	23	0.02			4	0.01
260.19	67.47	225.58	181	5.38	70	24.64	107	1.33
177.20	34.42	106.03	109	1.43	30	9.36	21	0.18
50.29	3.10	9.78	30	0.52	6	1.08	4	0.01
142.71	40.41	91.10	10	0.30	19	2.10	10	0.04
3.53	1.26	2.84	10	0.13	4	0.36	9	0.26

续表 2

地　区	开展基层培训辅导人　次(万人次)	本单位受训人次(万人次)	计算机(台)	供读者使用电子阅览室终端数	图书馆网站访问量(页次)	本年收入合　计(千元)	财政补贴收　入	免费开放资　金
总　计	**10.28**	**5.01**	**19098**	**8518**	**280136404**	**4242770**	**4069331**	**235860**
北　京	0.48	0.00	897	540	4456412	252954	241342	14202
天　津	0.53	0.08	1210	717	4225469	200888	193955	
河　北	0.25	0.09	550	153	1880000	67831	67730	16310
山　西	0.36	0.29	600	267	310680	79565	79565	14000
内蒙古	0.05	0.01	566	424	8237764	71551	71158	6000
辽　宁	0.10	0.63	732	404	20899264	107721	106522	28590
吉　林	0.22	0.01	792	405	1658579	77241	76275	2800
黑龙江	0.89	0.00	606	278	11510763	60276	59144	3885
上　海	0.98	0.33	2324	600	31634627	1012785	941533	
江　苏	0.07	0.05	1160	135	26233175	218344	210917	10000
浙　江	0.50	0.00	716	318	26199516	128605	120071	2100
安　徽	0.22	0.05	263	107	583166	81318	81318	3580
福　建	0.26	0.11	1101	557	26581170	86600	85714	10458
江　西	0.01	0.01	286	100	10752602	75178	75178	10000
山　东	0.08	0.02	589	300	1280737	88926	88290	4000
河　南	0.00	0.06	265	126	1600625	67287	66332	4800
湖　北	0.57	0.38	974	536	6950000	163609	162745	
湖　南	0.09	1.71	489	109	27471626	129850	128388	14400
广　东	0.02	0.42	932	207	1064488	232218	223221	3095
广　西	0.11	0.34	816	608	19339389	128692	125229	5810
海　南	0.04	0.07	232	106	7414811	86815	86815	7380
重　庆	0.38	0.01	381	172	10243719	107617	90203	2960
四　川	0.13	0.02	500	307	3141650	148552	147527	32830
贵　州	0.20	0.12	220	116	15949630	75320	54900	3500
云　南	0.09	0.06	400	208	1669564	74821	72008	2500
西　藏			127	60	1152	33455	33455	2500
陕　西	3.16	0.05	448	167	7597228	109831	106909	6570
甘　肃	0.30	0.03	405	164	1100000	72387	71651	13000
青　海	0.03	0.01	240	150	12000	44103	43602	5720
宁　夏	0.14	0.02	277	177	136598	52892	52846	1870
新　疆	0.06	0.04				105538	104788	3000

中央资金	购书专项经费	上级补助收入	事业收入	经营收入	附属单位上缴收入	其他收入	本年支出合计（千元）	基本支出
21052	**567848**	**415**	**99453**	**8284**		**65287**	**4839711**	**1748112**
14202	41428		11350			262	229377	124539
	43270	380	4839			1714	192727	171258
	10434					101	68268	27354
	5800						73261	29553
	6600					393	72422	30460
	20910		858			341	109179	47027
	12000			103		863	78429	27803
	5500		1094			38	62241	32158
	153240		62420	2044		6788	1635590	276057
	25478		2705			4722	218060	141614
	36000		4833	2232		1469	131477	70697
	8000						62649	34931
5350	14000	35	288			563	89948	44221
	20000						71609	29072
	11800		604			32	90875	49281
	4463			766		189	67268	36738
	40150					864	166227	64710
	12536		995			467	116002	52086
1100	2000		3059			5938	185210	100996
	20990		737			2726	150979	55848
	3700						86044	15505
400	12330		4525			12889	105669	58719
	12949		813			212	158263	39447
	5000					20420	80289	23223
	7500			2022		791	76378	31607
	2000						33782	14405
	10000			714		2208	117718	23450
	12000		333	403			86557	30781
	1200					501	71685	22156
	3370					46	48325	26553
	3200					750	103203	15863

续表 3

地　区	项目支出	经营支出	在支出合计中：					
			工资福利支出	商品和服务支出	差旅费	劳务费	福利费	各种税金支出
总　计	**3084413**	**7182**	**1314833**	**1257217**	**19703**	**54701**	**11978**	**5000**
北　京	104838		79815	98841	593	869	1213	495
天　津	21469		73028	66482	240	417	1428	327
河　北	40914		24676	27610	822	3336	51	
山　西	43708		25709	15550	527	2267	394	
内蒙古	41962		26923	28707	408	263	50	
辽　宁	62151		32859	60350	605	3471		72
吉　林	50523	103	16289	37458	831	2233	12	
黑龙江	30083		23465	23341	713	213		276
上　海	1357904	1628	205911	206686	1701	7125	2527	847
江　苏	76446		127668	42801	366	3570	126	1163
浙　江	59336	1444	47913	36632	615	2751	2419	50
安　徽	27718		22328	19174	540	2053	949	233
福　建	45727		34190	27687	612	4383		160
江　西	42537		20049	11595	612	1877	230	
山　东	41594		39935	3152	35	1808	131	8
河　南	29764	766	30740	18503	284	1208	411	3
湖　北	101517		59620	52173	536	5185	513	588
湖　南	63815	101	37969	33391	320	1855		101
广　东	84214		84932	42385	359	963		64
广　西	95131		45265	36586	1118	937	11	326
海　南	70539		12578	28098	629	435		4
重　庆	46950		45874	32425	3445	2575	86	283
四　川	118816		39796	97076	897	264	274	
贵　州	57066		17861	51726	555			
云　南	42748	2023	28838	37169	414	749	9	
西　藏	19376		11601	5144	276		3	
陕　西	93554	714	27457	13559	189	30	253	
甘　肃	55373	403	22211	18191	649	1756	816	
青　海	49528		19348	39823	126	552		
宁　夏	21772		18948	14664	138	1229		
新　疆	87340		11037	30238	548	327	72	

对个人和家庭补助支出	抚恤金和生活补助	其他资本性支出	各种设备购置费	新增藏量购置费	新增数字资源购置费	资产总计（千元）	固定资产原值	实际使用公用房屋建筑面积（万平方米）
139398	**17634**	**1888981**	**709476**	**430779**	**101525**	**20643294**	**14872026**	**179.81**
2409		48245	40665	33577	7088	1566682	952975	9.40
2211	321	51006	47593	35730	8192	740627	622457	12.78
2131	78	13851	13851	6985		217993	170727	5.06
2289	667	29713	26465	3840	2017	579308	503585	8.03
2105	818	14687	14687	5102	1498	342241	217717	3.50
1769	282	14200	14200	13589	185	1458357	1286715	10.32
8046	359	16636	16636	8940		197938	167035	6.30
3841	194	11594	11594	4000	1500	369729	336504	3.39
6911	2230	1208376	127480	92672	4900	4913430	3028479	13.40
8631	632	38959	34874	22845	7688	1192769	1080833	10.30
2939	1460	42504	39003	24740	12352	692777	577360	5.70
9369	514	11778	10203	6221	1779	273461	229212	3.69
3674	1127	24396	19710	9928	4580	277261	183354	4.22
18024	420	21940	21940	7396	2962	211333	159547	2.25
4719	54	14699	14417	11385	2988	510891	480753	6.08
3346	114	13912	10159	2953	1510	231285	199212	3.89
2845	159	51589	50648	27678	17144	1289983	1115296	10.23
8883	293	35657	31611	14976	991	246484	196295	4.40
13118	640	44775	25185	17508	365	1134196	1015629	9.03
4068	942	38678	32544	19540	4894	574902	344917	10.63
10		9363	7963	3700	2300	140953	84076	2.80
4601	3191	22769	21787	7351	6929	292650	243370	5.61
2379	100	19011	13137	12949		482578	136433	5.19
3197	299	5018	5018	5000		208976	83238	2.52
586	297	7500	7500	4106	3394	284352	251732	3.04
704		2000	2000	1466	534	82155	51976	1.79
598	57	12435	12435	10000	981	652701	361821	4.98
6106	1099	39644	15522	6885	3689	571780	307764	6.52
3467	749	9047	9047	4237		112562	87857	1.43
2893		11819	8422	2300	1065	355517	285832	3.32
3529	538	3180	3180	3180		437423	109325	

续表 4

地区	书库面积	阅览室面积	书刊阅览室面积	电子阅览室面积	实际拥有产权面积（万平方米）	阅览室座席数（个）	少儿阅览室座席数	盲人阅览室座席数
总　计	**39.40**	**49.10**	**42.56**	**3.11**	**113.73**	**76847**	**10628**	**1040**
北　京	1.22	2.67	2.49	0.18		3306	559	41
天　津	2.03	5.08	2.67	0.25	0.14	5017	586	16
河　北	1.12	0.93	0.86	0.07	5.06	3070	280	22
山　西	1.29	1.71	1.67	0.04	8.03	3437	212	212
内蒙古	0.58	1.56	1.28	0.28	3.50	1792	598	96
辽　宁	1.74	3.81	3.32	0.49	9.93	5862	196	80
吉　林	1.02	2.11	2.05	0.06	1.38	3308	120	8
黑龙江	0.34	1.21	1.13	0.08	3.05	2333	261	52
上　海	4.57	1.35	1.28	0.07	12.42	2280	472	10
江　苏	1.03	1.80	1.69	0.10	3.40	1840	415	10
浙　江	2.08	1.13	1.09	0.04	5.17	1800	38	42
安　徽	0.77	0.90	0.75	0.06	3.69	1659	278	36
福　建	0.78	0.96	0.73	0.07	4.20	1855	772	50
江　西	1.52	0.72	0.70	0.03		1411	160	20
山　东	1.36	1.14	0.96	0.10	4.54	1500	160	20
河　南	1.04	1.46	1.38	0.08	2.95	2078	932	4
湖　北	1.80	4.20	3.90	0.30	10.23	5293	750	24
湖　南	1.36	1.23	1.19	0.04	4.29	2826	974	24
广　东	1.88	1.53	1.49	0.04	0.90	7790	388	10
广　西	3.74	2.37	2.15	0.14	5.12	2842	500	26
海　南	0.57	1.95	1.67	0.05	2.50	1670	380	9
重　庆	1.07	1.47	1.05	0.08	0.60	2379	597	45
四　川	0.52	1.45	1.38	0.07	5.19	2958	198	8
贵　州	1.66	0.86	0.83	0.03	2.74	1092	95	30
云　南	0.75	0.82	0.75	0.08	3.04	1324	70	50
西　藏	0.42	0.34	0.26	0.00	2.97	300	45	
陕　西	1.03	1.72	1.62	0.10		1597	160	14
甘　肃	1.04	0.86	0.64	0.06	3.92	1576	150	30
青　海	0.22	0.45	0.35	0.04	1.43	1152	132	26
宁　夏	0.90	1.33	1.24	0.10	3.32	1500	150	25
新　疆								

志愿者服务队伍数（个）	志愿者服务队伍人数（人）	图书馆延伸服务情况				文化创意产品情况		
		流动图书车数（辆）	流动服务书刊借阅人次（万人次）	流动图书馆车书刊借阅册次（万册次）	分馆数量（个）	文化创意产品种类（个）	文化创意产品销售收入（千元）	文化创意产品销售利润（千元）
1135	**86598**	**24**	**110.17**	**212.21**	**1161**	**712**	**63843**	**37230**
57	7563		0.03	3.73	18			
2	2145	1	0.25	0.60	10			
7	3975	1	4.00	2.00	50	114	32	
41	1606				181	73		
1	421				56	10		
66	20000	3	2.06	6.73	159			
14	620		18.75	30.55	1	4		
4	103				79	13		
102	2004	1	4.21	7.24				
1	147		3.87	6.11	1	13	63153	36798
4	860				26	18		
6	335				7	7	1	
225	4705	2	4.19	31.93	241	21	44	10
12	22580	3	37.55	51.21	57			
35	2600		4.55	6.71	2			
29	1251	1	0.01	0.03	25	6		
1	293	1	3.84	8.45		33		
422	3925		0.54	0.84	60	257	28	17
2	1761				90			
5	2012	2	5.33	9.93	2	18		
25	400		0.46	1.55	2	10		
9	2678	2	8.92	24.69	24	9	45	5
26	3200	1	0.01	0.04	12	95	136	
3	320		3.00	5.00	2			
4	475				17	4	1	
1	49	1	0.00	0.01	5			
25	154	1	0.65	1.31	23			
3	358	1	1.22	3.66	4	7	403	400
2	48	1						
1	10	1	6.75	9.91	3			
		1			4			

2018年各地区地市级

地区	机构数（个）	从业人员（人）					总藏量（万册）	
			专业技术人才					图书
				正高级职称	副高级职称	中级职称		
总计	**376**	**15251**	**11685**	**329**	**1963**	**5446**	**27358.89**	**23120.17**
北京								
天津								
河北	12	535	445	23	85	183	975.41	737.26
山西	10	413	205	6	32	106	463.54	384.72
内蒙古	12	527	466	6	133	189	519.36	460.27
辽宁	23	1152	941	48	155	491	2086.50	1671.48
吉林	10	526	455	30	141	173	826.74	702.09
黑龙江	12	593	437	49	128	189	900.59	686.98
上海								
江苏	16	985	741	19	114	345	2570.63	2177.53
浙江	14	1088	736	23	118	331	2403.23	2066.63
安徽	21	508	353	4	40	158	937.97	769.67
福建	13	609	297	4	37	161	1191.67	901.89
江西	11	339	263	1	38	126	639.22	543.48
山东	17	910	769	32	144	358	1695.02	1467.06
河南	19	775	628	11	94	214	1136.19	952.66
湖北	16	638	572	11	102	298	1335.56	1156.10
湖南	17	589	424	5	63	221	925.09	826.57
广东	27	1742	1466	36	151	748	4276.77	3835.33
广西	15	583	409	1	38	209	716.64	591.24
海南	4	65	47			15	132.56	117.65
重庆								
四川	22	608	433	4	60	214	1242.69	1034.22
贵州	10	307	259	4	46	110	332.24	278.01
云南	18	486	415	8	100	200	507.73	413.29
西藏	6	52	31		2	6	63.60	61.64
陕西	8	327	224	1	35	100	430.62	396.10
甘肃	17	312	207	1	24	99	345.34	278.20
青海	7	140	85	1	17	37	106.33	97.95
宁夏	5	134	113	1	16	47	167.57	140.00
新疆	14	308	264		50	118	430.08	372.13

公共图书馆基本情况

盲文图书	古籍	善本	报刊	视听文献	缩微制品	其他	在藏量中		电子图书（万册）
							开架书刊	少儿文献	
29.51	**669.88**	**41.22**	**2241.43**	**658.78**	**12.73**	**655.90**	**15588.78**	**4099.68**	**24641.09**
1.93	43.50	1.55	102.03	20.07	4.31	68.24	599.57	109.85	376.08
1.72	16.47	1.44	37.92	20.80		3.63	286.53	62.54	418.81
0.99	10.19	0.33	38.72	5.99	0.00	4.20	295.85	43.54	496.77
1.03	84.94	2.91	192.67	46.77	1.37	89.28	1392.73	285.93	1055.23
0.56	21.04	1.72	72.47	18.98	0.14	12.03	253.13	118.06	3323.55
0.56	29.54	1.71	135.61	33.40	0.05	15.00	475.23	65.66	403.36
1.28	127.94	9.91	204.59	58.55	1.05	0.97	1454.56	317.51	1502.62
1.27	58.50	4.24	133.23	128.73	0.01	16.13	1203.96	377.71	1384.64
1.98	15.14	0.73	54.92	18.16		80.09	521.77	137.08	1717.37
1.12	10.15	0.64	98.77	22.20	0.03	158.64	653.78	233.35	883.77
0.92	16.64	1.75	61.09	9.07	0.04	8.91	270.93	79.34	784.33
1.40	41.00	2.08	141.86	11.59	0.52	32.98	1120.26	219.46	1909.63
1.30	44.63	4.22	126.10	9.21	0.59	2.99	678.12	159.97	775.12
2.30	35.77	1.19	114.12	13.73	0.13	15.71	713.21	119.09	1683.88
1.07	15.41	0.56	60.04	18.34	0.58	4.14	626.52	139.27	584.30
2.91	22.66	1.09	198.42	156.24	0.02	64.11	2426.35	1139.56	2646.94
0.45	7.35	0.90	99.15	10.23	0.01	8.67	477.32	139.90	1185.02
0.15	0.58	0.01	11.85	2.41	0.01	0.06	101.02	11.58	48.50
2.23	46.55	2.07	118.40	32.47	0.08	10.97	658.36	146.47	1037.92
0.38	2.20	0.00	44.82	4.48		2.73	212.36	27.54	581.81
0.92	6.04	0.05	70.85	5.26	0.00	12.28	309.05	33.85	933.53
0.13	0.11	0.01	1.32	0.04		0.50	24.80	1.92	43.96
0.55	4.11	0.76	22.12	3.67		4.62	260.51	28.38	358.69
0.82	7.97	1.03	31.06	1.72	3.78	22.61	182.84	31.92	117.27
0.25	0.51	0.07	3.92	0.44	0.02	3.50	39.30	13.09	142.86
0.19	0.21	0.20	16.31	0.45	0.01	10.59	89.81	18.90	95.81
1.12	0.75	0.07	49.08	5.80		2.32	260.92	38.21	149.33

续表 1

地　区				书架单层总长度（米）	本年新购藏量（万册）	本年新增电子图书（万册）	当年购买的报刊种类（种）	有效借书证数（个）
	本馆自建	本馆外购	免费共享					
总　计	**437.39**	**18601.29**	**5602.41**	**5422220**	**2034.20**	**2061.80**	**318600**	**27351646**
北　京								
天　津								
河　北	10.64	351.68	13.76	140849	55.42	9.83	9823	754051
山　西	21.61	121.22	275.97	84293	67.17	32.49	5851	742630
内蒙古	0.08	297.99	198.70	74542	45.28	60.05	6633	353493
辽　宁	10.97	964.75	79.51	218082	86.08	62.05	25484	856879
吉　林	12.14	3199.95	111.47	83134	32.72	690.33	9081	750958
黑龙江	13.37	32.37	357.62	252075	17.89	6.41	8099	293762
上　海								
江　苏	61.18	1315.23	126.21	613761	172.06	38.29	28691	8652087
浙　江	1.69	991.59	391.36	304377	171.68	82.64	21968	2390999
安　徽	6.83	1600.05	110.50	124564	96.44	64.44	12432	1005494
福　建	32.02	729.38	122.37	183592	119.32	51.44	12663	712375
江　西	8.34	615.48	160.51	48857	26.27	69.73	7590	655415
山　东	1.26	1785.56	122.82	316277	119.71	143.74	20240	1564931
河　南	0.35	590.37	184.40	176289	85.94	67.95	18750	803243
湖　北	6.84	428.70	1248.35	190967	193.62	63.85	11394	861737
湖　南	213.25	216.60	154.45	480418	97.50	25.61	10832	853449
广　东	2.35	2282.46	362.14	619313	395.45	106.24	42822	3467307
广　西	0.07	599.48	585.47	135183	70.67	13.09	12356	474007
海　南		45.50	3.00	20245	6.95	8.29	1888	54643
重　庆								
四　川	1.15	888.03	148.74	988080	39.32	41.92	14982	1057540
贵　州	0.03	496.38	85.40	30459	20.18	261.06	4440	168071
云　南	1.16	482.35	450.02	142351	19.93	39.43	7448	142946
西　藏		4.96	39.00	953	14.63	29.76	1294	5373
陕　西	0.33	151.36	207.00	63163	29.91	26.49	7352	235446
甘　肃	14.04	52.72	50.51	54799	21.18	49.60	6171	96180
青　海	0.70	133.66	8.50	9953	3.09	10.10	889	103388
宁　夏		95.81		22739	11.71	1.00	2368	115658
新　疆	17.01	127.68	4.64	42905	14.09	6.00	7059	179584

总流通人次（万人次）	书刊文献外借人次	书刊文献外借册次（万册次）	为读者举办各种活动					
			组织各类讲座次数（次）	参加人次（万人次）	举办展览（个）	参加人次（万人次）	举办培训班（个）	培训人次（万人次）
25383.35	**8007.39**	**17955.04**	**23514**	**329.92**	**7500**	**3370.14**	**18649**	**125.09**
1158.85	273.99	495.95	1168	9.57	195	230.42	417	1.15
720.31	163.50	367.55	872	9.72	92	226.80	618	15.56
586.59	118.35	242.26	358	4.89	170	33.73	115	1.20
1468.10	360.61	971.97	1133	11.62	323	65.44	1800	4.03
325.40	181.81	292.16	453	4.65	145	40.94	228	1.39
425.48	203.72	371.05	252	2.47	194	23.58	563	2.55
2899.59	1214.53	1972.29	1282	20.64	592	110.47	846	2.37
2375.76	632.45	1885.53	1811	22.69	960	206.04	3182	22.90
824.60	307.95	598.72	943	13.35	372	114.72	299	1.89
1233.63	551.29	1100.07	678	7.44	171	149.22	962	9.79
634.51	245.08	536.31	393	7.58	159	42.83	300	2.17
1986.99	622.09	1072.32	1636	20.00	544	141.09	1649	8.69
1533.27	463.94	712.96	2059	44.19	426	80.86	657	5.84
1045.01	435.68	928.95	753	16.44	193	81.28	492	10.01
700.33	206.34	582.06	1780	28.26	279	224.05	1031	6.70
3967.65	922.17	3730.09	4699	43.60	899	1239.83	3569	16.50
764.11	162.68	304.19	609	11.95	312	107.91	655	3.30
116.30	20.91	49.39	114	2.33	20	6.90	45	0.18
771.07	327.24	597.33	679	16.38	300	58.85	471	2.87
211.64	111.38	154.89	185	2.51	72	8.26	70	0.78
368.58	126.43	250.46	413	6.70	325	65.09	308	2.17
13.52	1.24	3.91	22	0.50	14	0.45	9	0.08
602.32	104.83	228.30	352	6.92	420	36.55	149	0.45
244.69	98.74	222.89	425	8.33	124	34.19	75	1.09
53.95	30.85	55.37	90	1.27	30	1.63	30	0.19
122.63	52.67	95.47	72	0.55	50	3.80	14	0.11
228.52	66.97	132.62	283	5.39	119	35.20	95	1.14

续表 2

地　区	开展基层培训辅导人　次(万人次)	本单位受训人次(万人次)	计算机(台)	供读者使用电子阅览室终端数	图书馆网站访问量(页次)	本年收入合　计(千元)	财政补贴收　入	免费开放资　金
总　计	**19.53**	**18.53**	**52166**	**31598**	**588922698**	**5352114**	**5235199**	**291006**
北　京								
天　津								
河　北	0.23	0.44	1730	1064	5477589	163248	163151	6434
山　西	0.23	0.52	1645	1046	3492538	147627	146414	4680
内蒙古	0.23	0.08	1775	1090	4427782	148312	148262	5455
辽　宁	0.33	0.37	3481	1896	22449763	264774	264774	4575
吉　林	0.28	0.53	1234	659	5307327	111432	105626	4250
黑龙江	0.19	0.22	1599	966	4314138	105643	105511	4300
上　海								
江　苏	4.52	0.53	3076	1649	10113008	573882	569644	28131
浙　江	0.58	0.33	2933	1723	72561979	450641	439154	8774
安　徽	0.62	0.16	2291	1600	25516788	160976	159894	11307
福　建	0.41	0.66	2909	1884	17403503	285453	254622	21506
江　西	0.75	0.08	1174	776	11601651	95252	92218	8161
山　东	0.44	0.23	3407	2067	26456561	301744	297656	22506
河　南	1.19	0.85	2903	1882	19727935	248433	244526	10217
湖　北	0.37	0.63	1877	1025	12206277	217349	212908	8328
湖　南	0.63	0.36	1675	1046	5551718	148356	142899	12400
广　东	3.15	0.86	6512	3716	139877493	1070954	1067716	71086
广　西	0.26	0.55	1677	1012	41013860	127838	125141	7460
海　南	0.04	0.06	445	236	715278	24443	18495	1145
重　庆								
四　川	1.05	0.07	2297	1434	7876567	175366	174130	12392
贵　州	0.17	0.24	767	431	5137313	85350	83366	3850
云　南	0.30	0.21	1642	1069	140560027	118566	113359	9818
西　藏	0.01	0.01	364	292	3190	11244	11244	2500
陕　西	0.25	0.12	873	487	2686150	92033	77786	4000
甘　肃	2.38	0.05	1093	719	936850	77012	72523	6130
青　海	0.15	10.25	497	376	604289	33233	32856	2785
宁　夏	0.10	0.06	688	427	2790296	28561	28023	1900
新　疆	0.69	0.08	1602	1026	112828	84392	83301	6916

中央资金	购书专项经费	上级补助收入	事业收入	经营收入	附属单位上缴收入	其他收入	本年支出合计(千元)	基本支出
103633	**660528**	**11985**	**15093**	**4225**		**85612**	**5264436**	**2688099**
3000	17776		80			17	148569	107480
2250	13325			1167		46	141349	27555
4620	5904					50	184080	94552
945	36597						262191	166035
2425	18908					5806	113212	74321
3300	7411	58	35			39	105290	84451
7349	60550		347			3891	569838	234832
350	67387	730	582			10175	449357	219005
5329	23471	19	60			1003	158422	83214
540	43181	958	1326	3058		25489	248170	94107
2600	12350	345	417			2272	86421	57005
11709	36823	1082	2			3004	271132	157454
5000	22732		50			3857	245839	109142
4071	19102	1063	20			3358	216200	123060
5555	14742	150	4823			484	157786	90785
2680	179496	2126	21			1091	1057611	480718
6040	14618	1628				1069	133442	58284
750	570					5948	23637	10996
8800	21646	259				977	173015	88138
2840	8255	1113				871	77496	54708
6800	7414	310				4897	119220	82038
1600	1317						11049	6624
3200	10519	901	7330			6016	82577	36997
4000	9767	485				4004	77769	41384
1600	615	326				51	35958	27024
900	1507	287				251	30880	23136
5380	4545	145				946	83926	55054

续表 3

地区	项目支出	经营支出	在支出合计中：					
			工资福利支出	商品和服务支出	差旅费	劳务费	福利费	各种税金支出
总　计	**2507429**	**2800**	**1992631**	**1068080**	**24216**	**115664**	**15039**	**4334**
北　京								
天　津								
河　北	41044	42	61387	33291	577	1137	364	
山　西	108938	1167	21448	24654	472	4439	286	
内蒙古	89525		62174	39301	1004	1686	451	3
辽　宁	96153		131808	65210	745	3922	112	421
吉　林	38690		53133	21673	614	2129	56	10
黑龙江	20614		61654	21296	469	1416	244	4
上　海								
江　苏	325006		186836	86416	4561	15109	1002	365
浙　江	230052		182411	110009	1735	21266	4885	15
安　徽	72731		56371	46986	807	2797	299	1
福　建	152471	1591	66810	52902	596	11468	195	67
江　西	29414		31309	21133	747	2250	266	39
山　东	113677		127175	36507	784	5760	332	120
河　南	131569		81527	29205	804	6908	623	12
湖　北	93082		88445	40553	939	3069	785	560
湖　南	59844		65331	29796	990	2589	682	59
广　东	555554		341744	233898	2141	6056	1372	2147
广　西	73387		48830	24476	1058	1268	1140	23
海　南	12536		8893	8801	129	3773		3
重　庆								
四　川	77577		76318	48435	1484	5001	518	3
贵　州	21817		37227	9930	577	717	326	118
云　南	37081		69271	23057	1129	2512	409	2
西　藏	3377		5709	2359	28	155		
陕　西	45573		31690	15884	622	2157	96	137
甘　肃	32168		23226	12188	465	2102	191	225
青　海	8934		21230	7255	127	1114		
宁　夏	7744		16594	7119	203	769		
新　疆	28871		34080	15746	409	4095	405	

对个人和家庭补助支出	抚恤金和生活补助	其他资本性支出	各种设备购置费	新增藏量购置费	新增数字资源购置费	资产总计(千元)	固定资产原值	实际使用公用房屋建筑面积(万平方米)
274289	**21779**	**1318872**	**1098490**	**635542**	**178588**	**18025953**	**15266758**	**462.47**
13461	940	31653	24952	14965	3220	442582	347129	16.76
2548	64	64618	20498	14579	1902	318602	285375	14.75
8497	344	69276	66300	41908	12516	808888	681616	14.45
9997	1761	46315	38241	22351	12276	947647	814222	25.14
13371	851	23821	22527	12701	4334	420761	368665	10.35
9895	732	10039	9238	7254	1147	315457	282906	13.39
18336	974	94667	81772	61120	9115	1579197	1078507	33.78
4426	139	119391	101958	57288	13731	1348092	991994	31.48
8434	511	41163	35719	19624	6390	1442779	1415088	19.84
5372	174	108914	86065	38306	13019	628572	516112	25.22
10285	312	18939	13185	9646	2010	244838	198827	12.22
13729	3479	64116	58582	38841	7285	957417	793429	39.99
9634	1035	95453	86974	21066	6057	1071548	931809	27.65
15116	493	62111	46281	33504	9391	626906	557841	24.36
7832	1094	41851	36663	24394	4448	361930	287652	15.19
86350	4039	245995	226121	145748	51766	3980253	3568118	58.38
5259	724	42750	27129	13589	2742	398495	354641	14.49
55		5692	2610	1736	500	81461	57047	1.72
6647	1665	28978	25095	15956	1075	488041	438286	14.71
6544	615	14906	12749	4279	5380	148249	120005	4.34
2871	730	17092	14551	7494	1133	292515	237498	11.79
162		381	326	326		60697	46254	1.92
526	47	31334	29421	13638	5931	265184	224719	5.92
7864	302	19422	16475	8787	1520	337834	312611	7.93
1679	229	3836	1908	658	585	55387	51291	2.62
1526	44	5602	3902	1447	625	172451	158617	3.87
3873	481	10557	9248	4337	490	230170	146499	10.21

续表 4

地　区	书库面积	阅览室面积	书刊阅览室面积	电子阅览室面积	实际拥有产权面积(万平方米)	阅览室座席数(个)	少儿阅览室座席数	盲人阅览室座席数
总　计	**92.56**	**137.01**	**110.02**	**14.55**	**243.49**	**299548**	**63143**	**5852**
北　京								
天　津								
河　北	2.16	4.65	4.04	0.31	10.09	10602	1744	169
山　西	1.99	5.12	3.09	0.78	13.78	10506	1178	124
内蒙古	1.91	3.57	2.79	0.50	5.15	9298	1190	187
辽　宁	4.23	6.36	4.40	0.68	10.22	13705	2892	238
吉　林	1.65	3.05	2.31	0.23	6.35	7249	901	157
黑龙江	2.25	3.05	2.05	0.29	3.02	9138	1268	78
上　海								
江　苏	6.46	9.23	8.03	0.57	15.91	19754	4382	257
浙　江	5.18	8.74	7.36	0.66	10.42	17420	4851	233
安　徽	4.11	7.27	6.08	0.55	14.25	17133	3805	400
福　建	3.62	7.44	6.86	0.46	14.13	16203	3212	199
江　西	3.47	4.36	3.23	0.39	5.60	9524	2773	271
山　东	9.75	12.14	9.80	1.03	19.83	19258	4002	370
河　南	6.39	7.61	5.99	1.09	16.54	18297	3374	429
湖　北	6.91	7.95	5.46	1.59	15.52	12985	2681	265
湖　南	5.26	4.05	3.28	0.62	9.38	9747	2406	137
广　东	9.17	19.08	17.15	1.80	21.53	33688	8940	374
广　西	3.17	3.47	2.55	0.46	6.41	10152	3368	145
海　南	0.60	0.40	0.32	0.08	2.06	1443	430	15
重　庆								
四　川	3.52	4.44	3.73	0.47	11.77	13101	2959	353
贵　州	1.25	1.57	1.41	0.13	4.20	4548	632	194
云　南	3.17	3.31	2.26	0.63	7.78	8683	1560	417
西　藏	0.27	0.50	0.13	0.13	0.66	1529	206	41
陕　西	1.36	2.04	1.85	0.18	5.77	4892	676	114
甘　肃	1.77	2.92	2.55	0.30	5.77	7445	1616	411
青　海	0.49	1.34	0.99	0.17	0.89	1341	298	44
宁　夏	0.69	0.82	0.50	0.13	2.10	3586	519	53
新　疆	1.79	2.57	1.83	0.34	4.36	8321	1280	177

志愿者服务队伍数（个）	志愿者服务队伍人数（人）	图书馆延伸服务情况				文化创意产品情况		
		流动图书车数（辆）	流动服务书刊借阅人次（万人次）	流动图书馆车书刊借阅册次（万册次）	分馆数量（个）	文化创意产品种类（个）	文化创意产品销售收入（千元）	文化创意产品销售利润（千元）
1490	**121558**	**395**	**812.42**	**1596.72**	**4124**	**493**	**703**	**277**
40	4126	3	8.26	15.60	57	26		
66	6919	4	8.25	17.21	95	25		
21	1294	2	11.64	28.15	90			
74	8700	3	215.40	509.56	387	24		
28	3081	5	9.39	12.53	40	3		
22	4484	3	13.39	22.06	145	4		
93	12107	16	27.55	39.89	338	228	698	276
456	12070	16	77.09	165.52	360	22	5	1
52	4296	4	18.26	31.08	246	15		
51	2751	6	16.87	41.12	279	2		
22	913	4	30.45	22.38	110	10		
54	5380	10	35.54	49.50	313	52		
49	4156	12	28.58	35.68	97	3		
35	1484	15	64.67	108.60	254	16		
100	5823	3	18.65	29.79	250			
81	25631	237	92.35	222.21	676	27		
38	8396	5	8.54	34.46	45			
10	1177	12	2.66	4.52	5			
46	3572	11	23.65	41.08	95	7		
11	693	1	15.63	16.68	19			
81	1742		34.95	44.63	35			
4	52	1	0.30	1.27				
7	959	4	8.38	14.83	102	7		
17	541	1	6.83	19.14	15			
5	116	7	7.23	16.94	2			
7	174	3	24.17	48.48	32			
20	921	7	3.75	3.82	37	22		

2017年各地区县市级公共

地区	机构数(个)	从业人员(人)					总藏量(万册)	
			专业技术人才	正高级职称	副高级职称	中级职称		图书
总计	**2760**	**33370**	**21191**	**145**	**2096**	**9492**	**51333.02**	**44146.17**
北京	22	884	691	2	48	225	1996.82	1905.60
天津	27	724	601	8	72	228	1051.56	941.52
河北	160	1171	749		77	355	1410.44	1241.44
山西	117	1005	631	1	31	267	1088.54	914.08
内蒙古	104	1183	935	1	177	382	999.34	853.89
辽宁	106	1198	829	7	85	522	1385.37	1154.01
吉林	55	799	661	12	102	314	737.30	616.01
黑龙江	96	886	752	32	200	353	926.87	827.44
上海	21	1311	1039	1	44	367	2158.82	1998.88
江苏	99	2020	1228	10	125	526	5540.53	5103.95
浙江	88	2541	1163	25	121	542	5499.29	5031.46
安徽	104	818	491	1	30	211	1619.42	1390.80
福建	76	764	465	1	24	210	2101.01	1732.79
江西	101	926	472	4	27	187	1500.22	1219.34
山东	136	1711	1342	7	209	625	3632.08	3168.31
河南	139	1928	857		40	422	1626.66	1363.98
湖北	98	1191	807		42	469	1736.46	1417.94
湖南	121	1235	812	1	36	415	1765.44	1461.59
广东	115	2504	1237	10	54	563	4362.48	3593.54
广西	98	762	512		13	221	1231.84	939.70
海南	19	154	93		1	21	234.64	206.05
重庆	41	681	371	8	48	154	1331.73	1134.21
四川	181	1407	782	3	31	316	2150.22	1799.21
贵州	87	634	422	2	29	143	893.85	717.31
云南	132	1102	974	2	286	474	1291.51	1024.86
西藏	74	98	50	1	1	1	105.31	82.25
陕西	102	1552	893	4	28	384	936.97	771.92
甘肃	85	910	499		41	205	758.05	544.37
青海	43	245	152	1	8	65	196.83	152.35
宁夏	21	332	194	1	12	100	331.55	262.72
新疆	92	694	487		54	225	731.90	574.65

图书馆基本情况

盲文图书	古籍	善本	报刊	视听文献	缩微制品	其他	在藏量中		电子图书(万册)
							开架书刊	少儿文献	
64.29	**473.31**	**38.30**	**3623.02**	**749.68**	**55.27**	**2285.57**	**30791.33**	**6237.79**	**46057.20**
0.29	5.15	0.32	15.47	45.46	0.22	24.93	1459.83	212.89	1135.46
1.09	4.67	0.79	66.96	9.94	0.05	28.41	574.29	110.64	1694.38
2.58	6.44	0.48	92.34	20.76	0.99	48.48	828.28	143.61	1347.57
1.56	29.32	4.52	107.42	6.74	1.51	29.48	484.03	80.06	594.27
0.81	5.74	0.17	90.34	8.85	0.86	39.66	641.70	88.30	665.38
1.49	4.04	0.94	47.57	26.43	0.74	152.59	764.86	221.89	439.44
1.08	1.37	0.04	48.72	16.60	0.13	54.48	463.57	89.56	1627.99
0.87	0.50		75.65	6.25	0.56	16.46	643.99	87.07	504.94
1.06	8.07	0.22	35.81	98.28	0.01	17.77	1378.79	284.77	812.15
4.80	54.51	3.67	222.20	47.64	0.54	111.69	3391.12	711.36	5387.08
3.36	54.57	2.74	260.04	84.24	0.43	68.56	3838.48	904.55	6081.94
5.98	12.14	0.42	89.04	27.32	0.61	99.51	827.37	216.06	2984.65
1.12	11.98	0.94	120.59	40.75	1.13	193.77	1153.24	317.24	1977.55
2.81	22.81	2.45	182.48	11.19	0.73	63.67	644.78	173.42	656.75
5.86	24.22	2.54	247.78	40.06	3.27	148.44	2149.42	352.81	1938.74
7.87	14.89	1.18	183.46	24.37	0.40	39.56	1111.98	180.41	1056.89
2.02	15.12	1.39	184.90	21.82	33.73	62.95	1017.18	227.93	1768.31
3.39	39.38	3.31	195.27	13.42	0.89	54.89	851.95	176.60	880.23
1.98	12.66	0.93	182.30	97.45	0.21	476.31	2864.75	614.16	3758.34
0.38	6.46	0.17	237.95	7.93	0.90	38.90	593.21	99.35	317.52
0.04	0.58	0.04	21.70	2.23		4.08	102.02	10.31	623.00
2.86	22.47	2.35	92.06	19.68	0.12	63.18	962.27	203.61	1119.64
3.37	48.26	2.21	192.32	15.72	3.04	91.69	1229.75	241.16	2551.32
1.38	3.96	0.78	94.07	10.12	1.58	66.81	488.82	75.11	894.12
1.21	24.72	2.72	165.64	12.65	0.86	62.79	796.66	124.04	1337.61
0.32	1.43	0.10	5.14	0.98	0.50	15.01	9.35	7.90	12.22
2.34	22.01	0.83	101.36	10.66	0.38	30.64	535.01	86.68	3141.40
0.93	12.43	1.86	125.02	5.81	0.19	70.22	381.89	75.15	242.08
0.27	2.11	0.07	10.17	1.90	0.27	30.03	44.64	12.60	77.05
0.62	0.80	0.13	31.17	5.01	0.01	31.84	158.00	51.93	65.71
0.56	0.51	0.02	98.08	9.43	0.42	48.80	400.13	56.64	363.48

续表 1

地　区	本馆自建	本馆外购	免费共享	书架单层总长度（米）	本年新购藏量（万册）	本年新增电子图书（万册）	当年购买的报刊种类（种）	有效借书证数（个）
总　计	**1422.03**	**26874.20**	**17760.96**	**6447743**	**4074.11**	**3681.39**	**641169**	**32018370**
北　京	24.16	541.81	569.50	196282	157.26	27.51	15547	1170195
天　津	0.04	1422.32	272.03	90801	151.81	276.54	16267	453292
河　北	63.90	1139.64	144.03	293382	115.55	283.21	18329	536266
山　西	4.20	409.13	180.95	135870	54.08	18.61	11482	286625
内蒙古	71.97	339.57	253.84	151488	73.49	42.71	15359	325305
辽　宁	0.69	366.49	72.27	146997	50.58	31.12	16275	586953
吉　林	86.87	344.87	1196.25	80750	35.70	117.02	7854	246883
黑龙江	0.45	189.58	314.91	104150	56.24	10.25	16499	284859
上　海	4.44	785.80	21.91	214407	115.32	187.42	36637	1622182
江　苏	60.91	3829.81	1496.37	508751	417.48	224.50	47927	4784006
浙　江	260.82	2629.31	3191.81	491485	474.68	399.08	59051	7090067
安　徽	43.64	2508.49	432.51	159646	182.22	259.32	17047	756720
福　建	90.45	955.25	931.85	213371	242.06	67.85	18362	687026
江　西	24.82	431.62	200.31	187358	74.55	38.97	17262	726874
山　东	29.95	1574.43	334.37	382269	508.04	353.97	28779	2050225
河　南	49.73	788.19	218.97	208679	155.92	108.64	16671	858384
湖　北	104.47	1004.32	659.53	199554	127.40	320.34	17712	852465
湖　南	24.28	545.92	310.03	255297	86.52	139.69	19616	799270
广　东	43.53	2015.18	1699.63	482882	428.25	175.68	44705	3381239
广　西	2.90	242.21	72.42	201471	57.20	26.31	17679	260404
海　南	18.00	413.59	191.41	31394	25.53	7.01	3790	42565
重　庆	67.08	713.39	339.17	372492	100.27	97.64	24227	1331739
四　川	64.08	1216.25	1270.99	589390	134.79	199.37	29276	1214884
贵　州	87.81	677.82	128.50	129613	58.96	110.12	17837	599598
云　南	11.47	865.26	460.87	247845	42.74	31.52	23618	311197
西　藏	0.12	1.22	10.88	8814	9.76	2.36	2980	2692
陕　西	120.03	359.35	2662.02	99960	62.99	50.33	12663	273975
甘　肃	3.94	203.93	34.22	103231	21.05	51.87	10373	210677
青　海	7.80	66.28	2.98	28137	5.66	6.54	31600	32599
宁　夏	0.10	48.49	17.13	42538	26.74	1.68	7563	88453
新　疆	49.41	244.73	69.34	89439	21.27	14.22	18182	150751

总流通人次(万人次)		书刊文献外借册次(万册次)	为读者举办各种活动					
	书刊文献外借人次		组织各类讲座次数(次)	参加人次(万人次)	举办展览(个)	参加人次(万人次)	举办培训班(个)	培训人次(万人次)
47042.82	**16095.11**	**34781.87**	**50437**	**725.17**	**23754**	**3824.34**	**39783**	**233.49**
1394.82	424.03	994.09	2634	15.52	520	173.49	1281	4.27
961.47	292.33	795.75	1693	16.26	568	67.65	536	3.41
985.29	444.91	789.89	2125	30.56	793	68.47	1194	7.89
779.23	280.44	444.81	1405	17.95	540	97.56	456	5.07
601.83	240.39	460.45	759	10.75	507	56.95	433	2.58
1011.11	379.47	802.91	1517	11.37	558	57.50	794	3.37
351.79	202.23	328.96	421	4.38	323	37.69	253	1.92
484.08	219.12	470.25	899	12.27	492	69.32	699	4.44
2663.88	442.58	1833.02	2065	26.27	385	105.58	1570	6.99
4887.66	1568.34	3754.83	3074	44.82	1202	218.07	1890	10.24
8437.96	1751.53	5089.03	3603	51.51	2773	562.52	6836	29.74
2348.73	975.70	1499.98	2361	45.54	1623	234.32	2542	21.75
1811.91	740.78	2029.04	1526	17.11	713	93.76	1202	6.62
1077.93	576.52	1020.05	1332	16.21	1022	84.59	702	6.80
2398.08	1293.45	2143.05	4141	50.31	1322	134.19	2459	16.62
1609.44	878.09	1374.23	2133	35.28	908	93.17	1206	9.38
1166.16	646.51	1067.88	1719	29.65	742	99.95	793	5.83
1403.96	768.31	1466.06	2126	25.61	789	80.33	1442	9.80
5308.27	1085.83	3129.57	5208	134.24	1864	604.73	5839	27.63
1072.71	321.89	656.72	1013	18.58	628	69.95	840	5.99
95.40	30.11	53.26	93	0.88	66	8.93	77	0.32
1316.02	505.16	1184.54	1430	20.17	979	174.75	1028	8.05
1601.64	630.23	1147.54	2149	24.82	986	237.35	1492	7.99
622.15	267.56	428.39	1117	10.90	547	51.96	657	4.18
934.47	379.54	643.04	1202	15.03	789	138.75	1017	6.35
9.85	4.38	6.10	22	0.17	86	0.98	26	0.13
662.38	296.93	433.77	1236	18.40	797	75.13	1520	8.66
412.32	217.60	332.97	773	10.51	383	39.55	357	2.98
51.96	24.59	33.93	122	1.66	140	10.55	179	1.04
246.52	86.79	158.50	133	1.87	162	17.00	149	1.29
333.82	119.77	209.29	406	6.59	547	59.63	314	2.16

续表 2

地　　区	开展基层培训辅导人　　次（万人次）	本单位受训人次（万人次）	计算机（台）	供读者使用电子阅览室终端数	图书馆网站访问量（页次）	本年收入合　　计（千元）	财政补贴收　　入	免费开放资　　金
总　　计	**84.70**	**16.38**	**148971**	**105723**	**266956155**	**7635039**	**7375277**	**620223**
北　　京	1.64	0.94	3599	1670	10888685	525066	519563	12112
天　　津	0.66	1.28	3131	2107	5106212	376608	375514	29839
河　　北	3.07	0.33	5772	4422	3630473	149651	146695	22107
山　　西	4.86	0.79	4642	3503	1978383	181755	153371	19114
内 蒙 古	1.34	0.32	4683	3300	1431594	181577	177723	18486
辽　　宁	3.39	0.37	5425	3570	1562353	157153	156757	4836
吉　　林	0.65	0.10	2640	1916	3641856	140841	137427	9310
黑 龙 江	3.21	0.12	3894	2685	902835	119411	118563	13020
上　　海	0.38	0.64	3961	2387	17361740	615237	601285	3658
江　　苏	7.58	0.92	7791	5170	26399332	564332	538744	27517
浙　　江	2.93	1.62	9433	6625	17945725	862656	830441	44886
安　　徽	9.44	2.48	5445	4189	6765071	149236	138484	18570
福　　建	0.54	0.28	4052	2750	11333856	204091	195605	9656
江　　西	2.68	0.24	5561	4076	5143996	147832	135137	14568
山　　东	4.07	0.51	7848	5580	21602620	303381	298507	36081
河　　南	3.99	0.46	7171	5013	6256543	208992	202285	23886
湖　　北	4.65	0.47	4718	3437	6196296	236895	222152	15982
湖　　南	3.61	0.29	5207	3810	10161927	204477	196093	26333
广　　东	2.69	1.65	9619	6924	18249733	788359	775269	56557
广　　西	1.58	0.33	4283	3128	1009322	129909	121188	26729
海　　南	0.35	0.07	914	719	3027086	57876	54801	2260
重　　庆	2.90	0.18	3926	3048	33807811	214882	212524	26700
四　　川	6.43	0.17	9109	6629	19988465	287776	283160	48282
贵　　州	1.57	0.23	4423	3010	3832006	128081	120444	14587
云　　南	2.27	0.28	5222	3914	20414894	194414	185828	24446
西　　藏	0.07	0.01	991	683	3285	18747	18357	12020
陕　　西	2.10	0.40	4809	3608	6126970	191365	180174	20800
甘　　肃	2.19	0.14	3841	2733	757877	111559	104091	13763
青　　海	0.32	0.04	1453	887	578877	41937	40231	3210
宁　　夏	0.44	0.65	1426	1129	487123	44426	40326	3229
新　　疆	3.11	0.10	3982	3101	363209	96517	94538	17679

中央资金	购书专项经费	上级补助收入	事业收入	经营收入	附属单位上缴收入	其他收入	本年支出合计(千元)	基本支出
287042	**734566**	**115939**	**35237**	**7234**	**620**	**100732**	**7611608**	**4512945**
3315	59644	520	384	290		4309	513211	248859
15969	33997	313	164	375		242	337525	154091
14798	12057	2212	501	45		198	153158	95712
11958	7625	1807				26577	166952	92517
14684	2533	3441				413	184762	163443
1110	8322	140	20			236	156101	129522
5980	7640	30	100			3284	137499	85586
9600	6331	835				13	116623	95892
984	61330	325	11575			2052	579984	358334
2308	69838	6001	3627	6378		9582	574597	362243
560	119454	18743	2998			10474	855659	375893
7745	16832	7605	740			2407	155215	99740
2099	31460	4279	920			3287	206704	116776
6411	14503	7978	1024	10	11	3672	152774	108963
4263	34256	3937	27			910	304375	210087
13700	15337		1716	10		4981	210376	168506
5698	20557	7755	991			5997	242179	146658
12316	14940	4886	459		100	2939	201262	145928
5470	91808	10295	529	1		2265	779982	354288
22454	9099	7836				885	115356	77785
1110	5972	538				2537	76027	21646
16440	22281	1930	24			404	207944	112458
28640	24646	2615	773			1228	332240	167209
10435	7609	2871	2440			2326	128357	74129
19626	6815	2726	2485			3375	194395	151974
10360	2518	290	100				15542	12019
15640	12782	7879	2059			1253	196377	147670
8142	3830	4540	1486	120		1322	115066	89608
940	1548	1155	95	5	5	446	43315	33296
1190	5243	1453				2647	60382	37486
13097	3759	1004			504	471	97669	74627

续表 3

地　区	项目支出	经营支出	在支出合计中：					
			工资福利支出	商品和服务支出	差旅费	劳务费	福利费	各种税金支出
总　计	**2720026**	**3898**	**3170162**	**1671255**	**84107**	**205336**	**28769**	**7276**
北　京	233911	290	203066	150847	201	10105	2458	858
天　津	183202	98	121106	75927	266	3094	484	195
河　北	49126	75	74611	18984	383	4726	197	
山　西	70729		68498	20508	700	2775	259	1
内蒙古	17178		101705	26720	1342	2389	301	8
辽　宁	17862		95143	23178	542	3348	337	
吉　林	49580		61153	17045	715	2431	2	16
黑龙江	15156	30	66587	18665	864	904	41	3
上　海	220905		246688	177702	475	5377	4439	
江　苏	203941	1827	223919	143846	3241	14507	1854	3736
浙　江	455076		298884	190689	2276	33866	7414	885
安　徽	46433	130	61933	28679	1149	2878	506	
福　建	72530		73263	47645	874	10360	158	20
江　西	20982	60	67172	27023	1679	2666	1230	85
山　东	72880	14	145997	37211	1470	5239	104	58
河　南	28216	15	110058	27088	1302	2983	347	6
湖　北	77391		103411	31663	1302	3507	791	418
湖　南	42121	600	95933	38467	2220	5430	1317	81
广　东	418590	21	234967	249519	2294	41399	3555	119
广　西	27794	5	56885	21920	1898	1862	68	60
海　南	42074		12491	6386	615	736		2
重　庆	93643	22	67726	62928	6279	14561	497	30
四　川	116567		132065	123814	45784	13635	1096	78
贵　州	18246	280	47249	11054	909	1712	177	89
云　南	37335	40	125522	26389	1540	4534	429	35
西　藏	325	9	5680	276	102	71		
陕　西	35201	245	104195	31327	1665	4217	219	116
甘　肃	15142	77	64387	12560	976	1566	349	12
青　海	7297	10	17305	3847	175	250	4	70
宁　夏	14245		23560	5037	218	1124	45	
新　疆	16348	50	59003	14311	651	3084	91	295

对个人和家庭补助支出	抚恤金和生活补助	其他资本性支出	各种设备购置费	新增藏量购置费	新增数字资源购置费	资产总计(千元)	固定资产原　值	实际使用公用房屋建筑面积(万平方米)
321344	**25918**	**1660887**	**1254930**	**795702**	**101573**	**24778854**	**21158581**	**925.89**
15342	1404	121793	100137	64405	3967	1135095	972765	20.45
7400	406	99760	78029	37767	12612	591380	446109	27.74
5500	590	33903	28118	20511	1855	548585	309881	32.22
5384	223	34782	27638	12279	1998	450610	411350	29.21
23158	334	23196	19424	10983	1851	3792661	3611149	24.64
8249	921	13283	11028	7923	1098	393779	338031	24.37
13081	677	36968	21944	8834	405	288865	244316	12.15
11332	703	11314	9901	7545	681	266816	240442	16.81
5373	801	127950	91341	54701	16015	2290909	2047853	30.39
27346	1367	125076	102335	67026	7865	1580744	1433754	90.33
11263	745	284341	156908	117078	7542	2142339	1818815	82.64
8896	1150	36178	28816	18281	1808	851895	275311	27.53
4634	375	60574	53050	31526	3167	590581	512507	26.93
8767	978	36805	33400	16644	1125	873809	835142	26.96
16879	1393	73060	59804	40103	2967	811168	732810	70.93
7296	950	49928	46297	18600	4812	505388	446881	35.92
14470	643	53806	30382	21254	2534	654009	546258	34.54
8994	275	38300	29333	17255	2198	1407552	1258742	30.05
60945	1480	160811	142443	105722	9729	1330624	1158593	69.66
3520	444	15494	13852	9249	1154	252602	216648	18.91
486	14	14782	6787	5305	266	88476	78766	4.32
7261	2741	43197	36428	20150	3534	546553	468164	30.58
9678	1988	41118	34106	23976	3437	785812	711540	46.17
5047	1002	22369	18445	11319	2982	666821	283806	19.75
5980	490	18215	15801	9509	1335	517923	483980	25.81
		5150	3982	2323	81	265930	247324	2.14
6520	1544	30053	23155	14496	2230	335304	274493	21.33
11613	1266	12516	10672	4827	1648	300020	285404	15.75
975	88	8028	2024	1029	92	51503	47583	3.91
1692	242	17943	11528	10054	466	155609	144135	5.83
4263	684	10194	7822	5028	119	305492	276029	17.92

续表 4

地　　区	书库面积	阅览室面积	书刊阅览室面积	电子阅览室面积	实际拥有产权面积（万平方米）	阅览室座席数（个）	少儿阅览室座席数	盲人阅览室座席数
总　　计	**179.57**	**268.81**	**184.67**	**45.78**	**523.10**	**734947**	**196794**	**20355**
北　　京	4.61	4.93	3.85	0.65	9.50	13127	2881	177
天　　津	4.90	5.80	4.21	0.65	7.27	14021	2725	213
河　　北	7.34	11.74	7.85	1.82	17.92	29323	7145	751
山　　西	5.84	9.79	6.31	1.98	28.18	23169	5838	834
内 蒙 古	3.81	7.35	5.02	1.56	10.51	19645	5531	510
辽　　宁	4.00	6.33	4.67	1.13	9.96	20107	4943	502
吉　　林	2.17	3.83	2.83	0.76	7.27	11386	3245	342
黑 龙 江	2.99	5.23	2.98	1.19	6.67	17731	5439	450
上　　海	3.61	9.53	7.96	0.84	15.84	20819	4461	253
江　　苏	11.98	24.91	15.85	2.52	43.47	48738	13224	1309
浙　　江	15.01	22.85	18.71	2.97	33.06	58792	13845	1008
安　　徽	4.30	8.06	5.24	1.73	17.05	23781	7478	1090
福　　建	7.08	8.19	5.74	0.95	18.26	22204	6852	517
江　　西	6.11	8.13	4.98	1.57	17.28	26026	8328	1425
山　　东	11.86	14.54	9.80	2.47	24.77	42774	10416	1680
河　　南	7.81	9.76	7.09	2.05	18.10	34017	10011	946
湖　　北	7.24	10.25	6.56	2.15	29.32	25674	6954	785
湖　　南	7.55	7.42	4.75	1.76	25.22	27153	9365	818
广　　东	15.04	22.77	16.36	3.34	43.92	58528	13620	973
广　　西	5.32	5.31	3.48	1.19	12.39	20188	6172	431
海　　南	0.93	1.02	0.61	0.24	2.91	3593	1156	62
重　　庆	5.76	9.45	6.71	1.23	25.05	27631	6922	851
四　　川	9.42	17.01	11.94	3.31	27.85	41707	10445	1093
贵　　州	4.37	6.03	3.91	1.11	13.94	19180	5253	739
云　　南	6.53	6.65	4.00	1.84	18.27	21611	6085	676
西　　藏	0.57	0.68	0.33	0.23	0.59	1916	217	
陕　　西	4.41	6.96	4.71	1.43	15.25	19575	5428	779
甘　　肃	2.84	3.62	2.04	0.92	10.44	14351	4820	512
青　　海	0.84	1.32	0.75	0.34	0.79	2391	632	52
宁　　夏	1.33	2.51	1.58	0.54	3.87	7180	1294	250
新　　疆	4.03	6.85	3.85	1.31	8.20	18609	6069	327

志愿者服务队伍数（个）	志愿者服务队伍人数（人）	图书馆延伸服务情况 流动图书车数（辆）	流动服务书刊借阅人次（万人次）	流动图书馆车书刊借阅册次（万册次）	分馆数量（个）	文化创意产品情况 文化创意产品种类（个）	文化创意产品销售收入（千元）	文化创意产品销售利润（千元）
5964	**201114**	**2246**	**1501.00**	**2544.18**	**20129**	**2018**	**235677**	**202**
31	15320	10	4.62	43.05	309	17		
77	3216	8	13.64	20.86	526	17		
317	7522	76	24.59	39.01	317	3		
135	3408	148	58.38	85.25	687	4		
88	1162	52	28.89	56.01	424	15		
199	6323	11	21.99	53.63	392	18		
74	2376	51	50.90	78.34	328	2		
134	2517	42	24.36	40.11	538			
194	15974	5	53.82	104.08	502	37		
241	13041	27	69.02	166.44	5718	60	2	1
463	21849	55	242.55	518.84	1764	1127	158120	
120	3244	27	87.17	106.89	982	31		
113	5801	17	19.43	28.08	418	10		
177	3994	35	44.55	56.75	366	26		
345	10253	38	80.07	135.36	1264	35	5	1
310	4227	73	55.90	73.70	618	12		
851	9662	77	94.25	124.05	433	17		
206	9130	51	48.23	75.09	360	27		
453	31105	190	97.83	162.91	841	349		
169	2380	41	28.31	46.59	99	1		
16	234	19	3.64	5.55	15			
110	2969	44	65.06	129.57	1279	41		
234	5050	129	63.62	95.00	503	46		
170	2946	591	41.80	57.21	321	15	77550	200
164	2499	96	70.33	94.74	299	9		
42	565	75	1.28	1.28	1	1		
173	6578	96	48.46	58.46	457	44		
175	2038	59	28.36	39.52	160	47		
13	79	43	8.37	10.43	18			
31	1313	10	8.32	16.17	54	5		
139	4339	50	13.27	21.25	136	2		

主要统计指标解释

1．**藏量**：指本馆已编目的古籍、图书、期刊和报纸的合订本、小册子、手稿，以及缩微制品、录像带、录音带、光盘等视听文献资料数量之和。

对同一书名，但分若干册（卷）的图书，按每一册（卷）作为一册统计。期刊和报纸均以每一合订本为一册统计。至填报本表时，尚未装订成册编目的期刊和报纸不应统计在内。

2．**图书**：指装订成册，不少于49页，并在“古籍”范围以外的纸介质图书。装订成册但不足49页的，按小册子统计到“其他”类中。

3．**盲文图书**：指供盲人读者阅读的图书。

4．**报刊**：指刊登当前事件的专题或综合新闻，每周至少出版一张并按年、月、日顺序或按编号排列的连续出版物。或者是同一刊名下，按顺序号或按年、月、日出版的定期或不定期的一种连续出版物。包括报纸和期刊。

5．**古籍、善本**：实际成书和出版年代在1911年（含1911年）以前的线装、卷轴装、经折装、蝴蝶装、包背装等书籍为古籍。其中清乾隆六十年即1795年（含1795年）以前的古籍为善本，1795年至1911年间的具有历史文献性、学术资料性和印刷装帧艺术代表性的也归为善本。

6．**视听文献**：包括各类型声频文献（唱片、录音带、盒式磁带等）、视频文献（例如幻灯片、透明正片等）和声频与视频混合文献（例如有声电影、录像片等）。

7．**缩微文献**：指所有经过缩微处理制成缩微胶卷和缩微平片，使用时需要放大的文献资料。

8．**其他**：指馆藏文献资源中，不在以上任何一类文献中的内容。

9．**开架书刊**：指图书馆总藏量中已上架并可用于外借或馆内阅读的图书、报刊等。

10．**少儿文献**：是指供少儿阅读的文献，包括图书、绘本、画册、连环画等，不论其是否装订成册，或页数是否达到49页，均按1个“册/件”计算在内。“少儿文献”不纳入“总藏量”加总计算，在图书、报刊、视听文献、缩微制品中，涉及少儿文献的，仍然分别统计在内。

11．**电子图书**：指本馆通过购买方式取得当前使用权的电子图书，以及本馆自建或与其他机构合作建设的电子图书。

本馆自建电子图书：指本馆通过数字化加工、网络采集、依法保存等方式获得，并在本地存储和保管的电子图书。

本馆外购电子图书：指本馆付费获得使用权不少于12个月的电子图书。

从其他机构免费共享的电子图书：指其他机构通过VPN共享、本地镜像或硬存储等方式免费授权给本馆使用的电子图书。

12．**书架单层总长度**：指馆藏实际占用书架、书柜单层单面长度之和。

13．**本年度新购藏量**：是指本年度内，通过购买、征集、竞拍等各种方式新入藏的各类型文献资源总量（不包括电子图书）。

14. **新增电子图书**：指图书馆本年度通过自建、购买（获得使用权不少于12个月）的电子图书总量。

15. **当年购买的报刊种类**：指图书馆当年购买的期刊和报纸种类之和。其计量原则同图书。

16. **有效借书证数**：是指由本馆或本馆所在总分馆体系中其他图书馆发放，并在当年内在本馆、本馆下辖分馆或本馆派出各类馆外服务设施中使用过至少一次的借书证数。

17. **总流通人次**：指本年度内到图书馆场馆接受图书馆服务的总人次，包括借阅书刊、咨询问题，以及参加各类读者活动等。

18. **书刊文献外借人次**：指通过本馆或本馆所辖分馆以及本馆派出的馆外服务设施将本馆各类型文献资源借出阅读的读者人次。

19. **书刊文献外借册次**：指读者通过由本馆或本馆所辖分馆以及本馆派出的馆外服务设施借出阅读的本馆各类型文献册次。

20. **组织各类讲座次数、参加人次**：指由本馆举办或与外机构联合举办的各类讲座次数及参加这些讲座的人次。

21. **举办展览个数、参观人次**：指本馆举办或与外机构联合举办的在馆内或馆外展览的展览个数及参观人次。个数按展览的内容计算。同一内容的展览不论在哪些地点展出和展出时间多久，只计算一个。

22. **举办训练班班次、培训人次**：指本馆举办或与外机构联合举办的各种科普、文化、艺术等训练班，按截止到年底办完的班数及培训人数分别计算班次及培训人次。截止到年底未办完的班数和人数均在下一年度统计。

23. **为少儿举办的专场活动**：是指专门以少年儿童为受众组织的展览、讲座、读书、培训等活动，含亲子阅读类活动。

24. **图书馆网站访问量**：指本年度中图书馆网站中所有网页（含文件及动态网页）被访客浏览的总次数。图书馆网站指有独立域名的Web站点，其中包括cn和通用顶级域名下的Web站点。

25. **计算机台数**：指图书馆内列入固定资产管理并正在使用的计算机终端台数。

26. **供读者使用的终端数**：指图书馆内放置可供读者使用的计算机台数。

27. **新增藏量购置费**：指本馆本年购进图书、报刊、缩微制品、视听文献等藏品所用经费之和。

28. **新增电子图书购置费**：指图书馆本年度专门用于自建、购买电子图书的经费。

29. **少儿阅览室座席数**：指图书馆中专门提供给少年儿童使用的座位数。

30. **盲人阅览室座席数**：指图书馆中专门提供给盲人使用，并配置有专门的辅助阅读、视听设备的座位数。

31. **流动服务书刊借阅人次/册次**：是指图书馆利用流动服务方式开展书刊借阅服务的读者人次和册次。

32. **分馆数量**：是指在以本馆为中心馆的总分馆体系中，接受本馆统一管理，具有独立馆舍、一定数量的馆藏、专职管理人员的图书馆数量。总馆对分馆负有业务指导关系，并且总、分馆之间实现文献资源共建共享、通借通还。

群众文化业

3

按年份全国群众文化机构基本情况

年　份	机构数(个)	从业人员(人)	举办展览个数(个)	组织文艺活动次数(次)	举办训练班次(次)	收入合计(万元)	财政拨款	支出合计(万元)	实际使用房屋建筑面积(万平方米)
1979年	3965		13001	114307		10114	10114	10114	
1980年	7723		23553	202828	20359	11270	11270	11376	
1985年	8746	59599	30998	118888	31842	20835	20835	17686	308.5
1986年	8906	67501	32803	106726	30576	29573	25505	23751	354.8
1990年	9087	67817	34292	99068	37017	49763	36985	37475	457.8
1991年	10507	70319	35498	116618	39568	45874	31066	43559	484.5
1992年	9564	66938	32095	96481	40707	53735	35577	49798	496.1
1993年	10155	68097	29636	86680	34279	62098	37840	57877	538.6
1994年	11276	70489	30224	92167	39296	79167	48906	73174	560.3
1995年	13487	75263	31070	110509	46023	89411	56826	83628	614.1
1996年	45253	127742	76397	247357	130592	139090	74434	137775	1110.0
1997年	43738	129194	87795	278782	119873	160117	92275	158861	1176.0
1998年	45834	129842	86960	267351	125872	178165	96416	173207	1195.3
1999年	45837	128216	94270	280373	138195	111089	108656	177528	1195.2
2000年	45321	128420	91670	276574	143370	186896	118430	188437	1229.9
2001年	43397	120156	89392	284316	156089	210181	141754	210860	1213.8
2002年	42516	119072	92917	301792	137350	241050	165163	235593	1203.6
2003年	41816	123458	93514	327306	154502	271704	190424	265751	1431.3
2004年	41402	121441	116639	401818	165823	313104	227641	310850	1408.4
2005年	41588	122500	111300	391439	190194	365887	279033	358641	1507.0
2006年	40088	123465	141150	497779	218696	428962	322773	412430	1622.8
2007年	40601	128096	90900	546477	242055	548301	432311	575722	1667.4
2008年	41156	131142	100877	473613	299791	660111	528838	653613	1931.0
2009年	41959	137484	110251	555052	304955	807244	681147	794190	2193.6
2010年	43382	141002	117353	576799	358719	944397	803918	931951	2526.7
2011年	43675	147732	107785	620586	339883	1285601	1122872	1267505	2982.6
2012年	43876	156228	114774	688482	387201	1453601	1300692	1467803	3171.7
2013年	44260	164355	138225	740611	390758	1667594	1478439	1635395	3389.4
2014年	44423	170299	131728	845421	469300	1901726	1623756	1828632	3686.4
2015年	44291	173499	139792	959901	536328	2077606	1856374	2014894	3848.3
2016年	44497	182030	150128	1065287	590516	2272289	2086646	2183721	3991.0
2017年	44521	180911	154106	1114261	675852	2533892	2384631	2562411	4106.8
2018年	44464	185636	158742	1231269	768995	2955019	2806290	3057577	4283.1

注：1996年以前数据未包括其他部门所属乡镇综合文化站，1996—1998年包括其他部门所属乡镇文化站，1999年以后，其他部门所属乡镇文化站划归文化部门管理。以下各表同。

按年份各地区群众文化机构数

单位：个

地　区	1995年	2000年	2005年	2010年	2015年	2016年	2017年	2018年
总　计	**13487**	**45321**	**41588**	**43382**	**44291**	**44497**	**44521**	**44464**
北　京	35	268	328	337	349	352	350	350
天　津	19	306	217	256	260	254	258	261
河　北	183	2257	2149	2319	2402	2416	2431	2433
山　西	130	1851	1355	1533	1540	1540	1540	1539
内蒙古	547	1712	1329	1017	1179	1226	1231	1213
辽　宁	1522	1520	1522	1550	1543	1556	1585	1585
吉　林	410	894	821	965	979	979	980	980
黑龙江	266	1201	1015	1654	1641	1665	1635	1635
上　海	45	340	249	240	237	237	238	239
江　苏	1180	1771	1534	1442	1396	1395	1394	1379
浙　江	1986	1932	1592	1612	1417	1466	1472	1475
安　徽	351	1898	1677	1509	1559	1559	1561	1559
福　建	249	1085	1116	1190	1222	1222	1223	1223
江　西	113	2000	1546	1924	1881	1869	1873	1873
山　东	158	2581	1926	2013	1971	1973	1972	1976
河　南	224	2479	2395	2466	2533	2546	2603	2616
湖　北	1280	1695	1258	1376	1399	1402	1406	1406
湖　南	137	2667	2617	2561	2677	2679	2573	2540
广　东	1100	2042	1725	1738	1742	1748	1756	1755
广　西	115	1408	1254	1284	1291	1292	1298	1297
海　南	21	327	243	230	228	243	243	242
重　庆		1248	1086	1041	1045	1062	1066	1068
四　川	246	3865	4716	4652	4785	4781	4785	4781
贵　州	693	1030	1401	1524	1665	1666	1694	1688
云　南	1687	1734	1684	1517	1564	1583	1593	1594
西　藏	60	94	208	321	774	774	774	774
陕　西	133	2065	1732	1827	1591	1581	1536	1507
甘　肃	98	1432	1190	1417	1455	1458	1463	1482
青　海	139	250	244	409	414	414	415	416
宁　夏	199	309	252	250	266	270	271	272
新　疆	161	1060	1207	1208	1286	1289	1302	1306

按年份各地区文化馆机构数

单位：个

地　区	1995年	2000年	2005年	2010年	2015年	2016年	2017年	2018年
总　计	**3259**	**3297**	**3226**	**3264**	**3315**	**3322**	**3328**	**3326**
北　京	23	23	22	20	20	21	20	20
天　津	19	19	19	19	19	19	19	17
河　北	181	178	175	177	180	180	180	180
山　西	130	130	131	131	131	131	131	130
内蒙古	115	117	115	116	119	120	120	120
辽　宁	128	125	132	122	124	125	125	125
吉　林	58	102	81	77	78	78	79	79
黑龙江	137	133	144	146	148	148	148	149
上　海	43	48	33	27	25	24	25	25
江　苏	122	121	117	118	115	113	115	115
浙　江	95	96	99	101	102	102	101	101
安　徽	113	117	118	120	122	121	123	122
福　建	90	90	90	95	97	97	97	97
江　西	113	113	113	115	118	118	118	118
山　东	158	159	158	158	157	157	157	157
河　南	224	214	204	202	205	206	205	204
湖　北	192	147	124	113	122	123	125	125
湖　南	137	140	140	140	143	143	143	145
广　东	136	140	139	144	146	146	146	145
广　西	112	114	115	122	123	124	124	124
海　南	20	21	21	21	21	23	23	23
重　庆		47	42	41	41	41	41	41
四　川	236	198	201	204	207	207	207	207
贵　州	93	93	95	95	98	99	99	99
云　南	147	147	149	148	148	149	149	149
西　藏	33	59	41	82	82	82	82	82
陕　西	122	122	121	120	122	122	123	123
甘　肃	98	98	100	102	103	103	103	103
青　海	51	52	52	51	55	55	55	55
宁　夏	26	26	25	26	26	26	26	27
新　疆	107	108	110	111	118	119	119	119

按年份各地区文化站机构数

单位：个

地　区	1995年	2000年	2005年	2010年	2015年	2016年	2017年	2018年
总　计	**10228**	**42024**	**38362**	**40118**	**40976**	**41175**	**41193**	**41138**
北　京	12	255	306	317	329	331	330	330
天　津	343	287	198	237	241	235	239	244
河　北	2	2079	1974	2142	2222	2236	2251	2253
山　西		1721	1224	1402	1409	1409	1409	1409
内蒙古	432	1595	1214	901	1060	1106	1111	1093
辽　宁	1394	1395	1390	1428	1419	1431	1460	1460
吉　林	352	792	740	888	901	901	901	901
黑龙江	129	1068	871	1508	1493	1517	1487	1486
上　海	2	292	216	213	212	213	213	214
江　苏	1058	1650	1417	1324	1281	1282	1279	1264
浙　江	1741	1836	1493	1511	1315	1364	1371	1374
安　徽	238	1781	1559	1389	1437	1438	1438	1437
福　建	159	995	1026	1095	1125	1125	1126	1126
江　西		1887	1433	1809	1763	1751	1755	1755
山　东		2422	1768	1855	1814	1816	1815	1819
河　南		2265	2191	2264	2328	2340	2398	2412
湖　北	1088	1548	1134	1263	1277	1279	1281	1281
湖　南		2527	2477	2421	2534	2536	2430	2395
广　东	964	1902	1586	1594	1596	1602	1610	1610
广　西	3	1294	1139	1162	1168	1168	1174	1173
海　南	1	306	222	209	207	220	220	219
重　庆		1201	1044	1000	1004	1021	1025	1027
四　川	10	3667	4515	4448	4578	4574	4578	4574
贵　州	600	937	1306	1429	1567	1567	1595	1589
云　南	1347	1587	1535	1369	1416	1434	1444	1445
西　藏	27	35	167	239	692	692	692	692
陕　西	11	1933	1611	1707	1469	1459	1413	1384
甘　肃		1334	1090	1315	1352	1355	1360	1379
青　海	88	198	192	358	359	359	360	361
宁　夏	173	283	227	224	240	244	245	245
新　疆	54	952	1097	1097	1168	1170	1183	1187

按年份各地区群众文化机构从业人员数

单位：人

地　　区	1995年	2000年	2005年	2010年	2015年	2016年	2017年	2018年
总　　计	**75263**	**128420**	**122500**	**141002**	**173499**	**182030**	**180911**	**185636**
北　　京	914	1558	1998	2359	2602	2748	2763	3134
天　　津	847	1367	1085	1027	1208	1408	1401	1455
河　　北	3305	5950	5592	6336	7138	7517	7377	7542
山　　西	2218	4236	3730	4229	4442	4482	4542	4454
内 蒙 古	2966	4460	3900	3872	5274	5016	4924	4984
辽　　宁	4924	4310	4424	4898	5966	5767	5490	5488
吉　　林	2429	3404	3318	3437	4534	6739	4359	4405
黑 龙 江	2311	3167	2947	4324	5193	5468	5683	5685
上　　海	1617	3874	3832	4702	4835	4975	4985	4990
江　　苏	4723	6695	5542	6457	6980	7215	7302	7498
浙　　江	6366	6082	5147	5881	6998	7418	7535	7759
安　　徽	2237	4945	4684	5295	5892	5964	6074	5979
福　　建	1442	2255	2219	2655	3761	3989	4100	4122
江　　西	1933	4432	4191	4360	5987	6004	6181	9287
山　　东	3265	6359	6148	7598	8568	8268	8312	8279
河　　南	3798	6840	7565	10500	10967	10996	11013	10933
湖　　北	5429	5928	5269	4921	4869	4945	5037	5099
湖　　南	2207	6198	5857	6937	8062	8146	8571	8595
广　　东	4012	8863	8953	9696	11445	11723	11972	12259
广　　西	1605	3387	3803	4075	5285	5538	5236	5179
海　　南	281	661	615	660	720	801	807	794
重　　庆		3071	2808	3726	5021	5367	5564	5675
四　　川	3631	8522	7682	8181	10650	11023	11355	11411
贵　　州	1751	2142	3577	4790	5957	6370	6617	6467
云　　南	4012	4350	4693	5181	7198	7423	7425	7320
西　　藏	317	340	254	311	2824	4466	5073	5706
陕　　西	2246	5184	5040	5802	7384	7254	7162	7057
甘　　肃	1315	5058	2910	3416	6400	6342	6520	6555
青　　海	607	705	616	772	1197	1157	1173	1201
宁　　夏	867	1093	979	1012	1341	1293	1396	1405
新　　疆	1688	2984	3122	3592	4801	6208	4962	4919

按年份各地区群众文化机构组织文艺活动次数

单位：次

地 区	1995年	2000年	2005年	2010年	2015年	2016年	2017年	2018年
总 计	**110509**	**276574**	**391439**	**576799**	**959901**	**1065287**	**1114261**	**1231269**
北 京	1186	5382	11378	24237	27175	30725	33083	44864
天 津	3883	3069	3234	5067	9391	14898	15916	17547
河 北	3668	17997	23880	27408	41732	42915	43856	47920
山 西	1462	4527	9107	13905	22560	22499	23888	25036
内蒙古	4282	11294	9977	11127	17072	18580	20748	21349
辽 宁	7539	10365	27868	26261	31635	35567	31325	31879
吉 林	3138	3745	4939	7482	14977	14892	15196	15267
黑龙江	3463	8149	7720	17351	21569	23879	26046	28197
上 海	1021	7629	35027	35600	64393	78009	55303	71659
江 苏	13698	17058	20548	32586	55298	58503	65557	67509
浙 江	19063	20121	23580	36619	67323	78833	91936	115327
安 徽	2416	5181	5661	11937	36210	38162	42737	47403
福 建	3545	7689	7464	9691	15940	17333	18651	20947
江 西	1142	5816	6853	11781	20079	19623	21297	23706
山 东	2722	16033	21673	41194	73897	83562	96278	110089
河 南	1792	9203	13405	35713	48646	51515	56714	60063
湖 北	7190	11588	11031	18100	22979	37893	38577	39093
湖 南	1218	9352	15898	25945	29555	30320	31920	32319
广 东	5377	22969	23132	32352	50270	57166	56705	62742
广 西	1429	8349	10592	19775	28663	29010	33367	36041
海 南	167	1454	1422	2351	2438	3132	3022	3498
重 庆		10491	7958	15840	25658	28157	29578	30435
四 川	2628	17536	23760	30194	66118	68824	73199	77234
贵 州	2581	4202	5759	8544	18490	22249	22534	24698
云 南	11257	12437	17983	21665	30717	32221	33204	33272
西 藏	455	346	439	1458	5575	6921	7507	8255
陕 西	1205	8612	8282	13306	21539	23904	26583	28988
甘 肃	694	5101	11095	9792	14721	16364	18253	21219
青 海	433	1043	1429	2600	5067	5451	6919	7911
宁 夏	454	4247	2490	6351	12126	11785	12021	12456
新 疆	1401	5589	17855	20567	58088	62395	62341	64346

按年份各地区群众文化机构举办训练班次数

单位：次

地　区	1995年	2000年	2005年	2010年	2015年	2016年	2017年	2018年
总　计	**46023**	**143370**	**190194**	**358719**	**536328**	**590516**	**675852**	**768995**
北　京	505	2546	8708	22836	37433	35682	39807	48353
天　津	656	3062	1516	4753	9201	10847	11099	11298
河　北	1282	15233	11798	13852	16189	18341	19344	23537
山　西	518	1405	2248	6886	12076	12374	13243	14829
内蒙古	1091	5552	4099	4082	8734	9397	9955	16391
辽　宁	4767	4712	8200	47452	20402	22536	24436	23604
吉　林	3393	1586	2649	4029	8096	12640	14650	16055
黑龙江	1091	3109	3546	6129	7620	10053	11590	11860
上　海	659	3007	23313	21078	51408	52988	58402	63526
江　苏	3698	6488	7048	18950	22725	25686	29863	38214
浙　江	8058	9960	11354	18539	43279	53268	66855	81366
安　徽	2235	2132	2526	9481	19436	20040	22787	29214
福　建	1159	4885	9956	11096	14366	17724	17767	23032
江　西	480	3376	2757	8217	12311	12654	14412	15343
山　东	1793	17666	8280	21787	29447	32596	40633	57341
河　南	898	5552	7609	11837	24281	25148	28147	25021
湖　北	1548	3080	15320	10654	12870	16668	18434	20099
湖　南	736	2810	4953	10505	15833	16696	17734	23328
广　东	3949	11932	14288	29041	45679	52333	62429	69550
广　西	1314	4557	4798	8747	12507	15862	11863	13921
海　南	159	779	832	1123	1801	2013	1941	2047
重　庆		2236	2467	7285	14827	15526	20528	25831
四　川	1785	8693	12053	19052	32833	31736	53473	38623
贵　州	654	991	1089	4285	8840	9747	10075	10288
云　南	1765	3220	4585	10183	15536	15469	15301	15401
西　藏	7	25	50	313	1858	2630	2833	2238
陕　西	595	6320	5305	9665	11801	12659	12842	17279
甘　肃	238	4533	2900	4960	7644	8414	8953	10472
青　海	175	290	970	1180	1643	1605	2081	2268
宁　夏	327	994	1124	3138	2478	3625	2587	6359
新　疆	488	2639	3853	7584	13174	13559	11788	12307

按年份各地区群众文化机构培训人次

单位：万人次

地　区	1995年	2000年	2005年	2010年	2015年	2016年	2017年	2018年
总　计	**6.6**	**493.9**	**666.5**	**1805.6**	**3868.0**	**4250.1**	**4494.5**	**4960.9**
北　京	0.2	15.4	48.5	130.7	170.1	202.7	203.2	228.8
天　津	0.3	7.6	5.1	25.7	46.6	57.3	53.8	53.0
河　北	0.4	51.7	49.6	70.1	103.7	118.2	127.3	144.0
山　西	0.2	6.8	11.0	38.7	79.9	82.9	92.8	110.7
内蒙古	0.1	19.2	14.8	21.8	46.6	56.6	59.3	94.6
辽　宁	0.5	14.7	43.7	97.1	144.3	158.0	143.0	131.1
吉　林	0.3	7.2	6.8	24.9	63.7	85.5	105.5	116.1
黑龙江	0.2	15.3	8.2	32.5	55.9	74.8	81.0	92.2
上　海	0.1	6.8	63.1	116.4	341.7	439.8	381.9	422.0
江　苏	0.4	29.9	25.3	132.0	176.8	199.0	227.0	265.0
浙　江	0.6	30.5	46.4	103.4	294.0	367.9	440.0	528.4
安　徽	0.1	7.0	12.0	49.9	140.2	149.4	174.8	214.9
福　建	0.2	11.3	15.9	39.8	78.0	103.3	153.4	149.4
江　西	0.2	8.9	6.8	25.9	77.6	86.7	89.3	91.0
山　东	0.3	16.1	43.3	142.3	261.1	285.6	320.6	437.8
河　南	0.3	24.9	32.4	83.1	171.4	171.2	195.1	176.4
湖　北	0.2	9.4	12.7	54.3	97.6	124.0	144.2	159.3
湖　南	0.2	9.3	16.2	48.1	122.8	126.5	128.9	140.4
广　东	0.5	55.8	52.6	126.1	451.9	428.2	405.8	414.4
广　西	0.3	15.0	17.3	37.6	77.9	77.3	83.6	86.0
海　南		1.8	2.1	11.8	19.7	20.1	18.6	15.8
重　庆		5.1	7.9	50.6	131.0	147.5	155.4	175.2
四　川	0.6	28.4	50.0	111.1	224.3	171.8	207.1	204.0
贵　州		5.0	3.2	22.6	59.7	60.2	64.1	63.3
云　南	0.1	17.8	22.6	63.8	135.2	144.0	141.0	123.7
西　藏				2.2	12.3	15.3	16.6	8.8
陕　西	0.1	23.6	12.7	53.0	99.4	99.4	101.2	116.7
甘　肃	0.1	11.1	12.3	35.6	61.5	66.4	70.4	80.0
青　海		10.8	0.7	4.2	10.6	11.2	12.3	14.0
宁　夏		14.0	7.5	20.6	19.1	22.4	17.6	22.5
新　疆	0.1	13.5	15.4	29.8	93.3	96.7	79.7	81.6

按年份各地区群众文化机构财政拨款

单位：万元

地　区	1995年	2000年	2005年	2010年	2015年	2016年	2017年	2018年
总　计	**56826**	**118430**	**279033**	**803918**	**1856374**	**2086646**	**2384631**	**2806290**
北　京	1375	2594	8145	22326	63262	63131	75891	93455
天　津	1249	1422	3076	10026	22909	26113	27414	33597
河　北	1894	5161	9767	21144	49400	50583	60022	60245
山　西	1370	2674	5571	16870	31222	35266	41850	36734
内蒙古	1282	3388	7068	23539	45663	51388	55818	54754
辽　宁	2349	5054	9121	26868	45596	61362	50472	45262
吉　林	1533	3384	5989	26601	49116	49473	49632	46663
黑龙江	1458	3541	6193	17656	40424	43699	44344	44170
上　海	6950	5020	22327	55999	127035	150927	150310	177184
江　苏	4238	8521	19063	50067	128663	134067	172934	181448
浙　江	3233	9446	29490	78833	168027	189601	212512	237801
安　徽	1418	3609	7803	21148	44324	48345	63791	68121
福　建	1731	2895	5168	21289	34617	42862	50091	89115
江　西	1150	2504	4714	14710	36506	41784	52389	53649
山　东	3621	7295	12633	40821	86921	85880	96026	101934
河　南	2151	4630	8194	26726	57791	61125	71404	79304
湖　北	2105	3832	6284	19951	48843	64996	76218	170333
湖　南	1869	3571	7570	22824	53579	64558	75456	77616
广　东	4227	12113	40125	85211	181570	221674	265738	394114
广　西	1248	2639	6056	15349	43343	47799	50555	55816
海　南	222	645	1260	3924	8971	11310	16831	12032
重　庆		2202	4069	21531	60580	66450	76337	80890
四　川	3771	4730	12246	45296	122902	127437	138750	141578
贵　州	540	1657	4797	14770	45418	52445	79347	63467
云　南	1812	5950	10958	23797	72391	83728	93388	153182
西　藏	92	556	1098	5340	21921	32464	41325	53359
陕　西	1183	3027	5296	20919	52313	54909	58538	59432
甘　肃	776	1980	4620	12488	38453	42530	52051	52960
青　海	306	829	1531	13508	12322	18544	16786	18977
宁　夏	367	879	1901	5380	17644	15956	17945	19250
新　疆	1306	2683	6902	19004	44647	46243	50469	49849

按年份各地区群众文化机构总支出

单位：万元

地　区	1995年	2000年	2005年	2010年	2015年	2016年	2017年	2018年
总　计	**83628**	**188437**	**358641**	**931951**	**2014894**	**2183721**	**2562411**	**3057577**
北　京	1566	4681	10119	25593	87751	68604	77206	98586
天　津	1376	2633	4133	10948	22775	25385	27010	81008
河　北	2713	5711	10549	25437	49542	50520	59889	74449
山　西	1824	3151	6016	18865	30779	34880	39530	35749
内蒙古	1932	3799	7478	23762	46239	52037	56022	63092
辽　宁	4552	6172	10126	28175	49010	49240	59364	49669
吉　林	2101	3748	6394	23338	46690	48257	54076	48749
黑龙江	2219	3804	6485	17356	41041	44243	44711	44012
上　海	6752	14985	38967	70650	141808	151168	164875	186340
江　苏	8509	16394	25920	60193	136572	139878	163141	176511
浙　江	7101	17194	39851	101392	193532	211327	231789	265603
安　徽	1934	4302	8976	23550	50686	52789	65526	69338
福　建	2199	4135	6763	27568	39942	47400	52068	100745
江　西	1493	3167	6265	17285	36937	39517	47901	120070
山　东	3317	8909	14358	46221	91746	89223	99002	101973
河　南	2737	5647	8810	28402	58814	62903	71573	82263
湖　北	3885	7841	10072	26264	51708	67950	81421	206246
湖　南	2575	5696	9603	27914	62330	70519	85207	87377
广　东	5937	27213	57669	101362	193291	230000	279593	330415
广　西	1877	3425	6842	16646	49440	53080	55119	61063
海　南	364	887	1329	4084	9510	10812	12632	12940
重　庆		4889	6627	32342	67563	69687	80679	86344
四　川	5327	8927	14375	49182	128087	137406	143356	148838
贵　州	989	1976	5123	15666	51031	57938	163497	66969
云　南	4191	7312	11933	25343	76901	87685	97442	165008
西　藏	429	607	1169	5937	24044	33275	40667	54828
陕　西	1569	3648	5775	26052	57491	62187	64913	63006
甘　肃	1189	2251	4995	12960	41794	44531	52305	52828
青　海	537	870	1629	13203	13204	19667	18979	51080
宁　夏	651	1202	2096	5925	17926	17912	19398	19743
新　疆	1785	3261	8194	20338	46711	53704	53521	52734

按年份各地区每万人拥有群众文化设施建筑面积

单位：平方米

地　区	1995年	2000年	2005年	2010年	2015年	2016年	2017年	2018年
全　国	**50.7**	**97.2**	**115.3**	**188.6**	**280.0**	**288.6**	**295.4**	**306.9**
北　京	44.2	80.3	224.3	217.8	329.2	337.6	396.1	429.3
天　津	61.6	138.9	130.4	174.1	205.0	209.6	248.8	273.1
河　北	23.6	62.6	67.7	105.4	163.7	167.4	166.5	174.6
山　西	45.4	53.4	58.1	210.6	267.3	271.7	276.8	277.4
内蒙古	98.0	144.4	132.4	182.6	300.8	320.0	327.9	337.1
辽　宁	84.1	79.0	102.6	201.2	283.6	258.7	271.7	269.9
吉　林	38.2	42.2	38.3	81.5	185.3	190.1	211.3	215.3
黑龙江	26.2	38.5	43.2	140.2	214.0	235.1	242.5	245.3
上　海	71.9	216.2	379.1	485.0	567.7	577.4	587.8	588.0
江　苏	97.8	168.6	181.3	302.8	475.2	492.2	504.0	620.8
浙　江	135.2	190.7	276.0	432.5	677.4	732.2	744.0	785.1
安　徽	17.1	23.6	44.4	93.2	166.0	171.3	175.3	178.6
福　建	61.3	98.8	117.4	240.9	325.7	328.3	339.6	313.7
江　西	38.0	79.5	98.4	131.2	235.3	243.1	248.5	247.9
山　东	22.1	41.7	71.8	218.3	255.8	263.2	266.0	269.2
河　南	21.9	39.0	52.2	94.7	142.4	142.9	151.5	163.6
湖　北	80.5	149.5	140.6	180.6	206.2	251.1	257.3	259.5
湖　南	29.8	63.7	80.6	125.2	223.4	226.1	227.4	228.5
广　东	52.1	222.4	258.2	258.5	359.0	356.8	353.7	351.9
广　西	33.5	76.4	100.9	122.9	157.7	163.7	162.7	159.3
海　南	13.8	86.4	71.3	121.3	117.8	119.3	135.5	138.1
重　庆		99.4	96.5	201.4	305.9	312.9	309.2	304.1
四　川	32.1	107.9	83.9	166.3	262.6	264.1	271.3	271.8
贵　州	26.1	28.7	40.5	81.2	217.8	229.6	238.5	243.6
云　南	126.7	126.2	137.1	163.2	222.6	223.3	221.3	222.8
西　藏	145.4	164.1	238.3	437.9	1164.2	1134.8	1135.5	1108.9
陕　西	52.4	79.1	110.5	150.2	231.8	235.3	234.3	241.0
甘　肃	62.8	103.0	148.8	175.7	279.1	283.9	288.4	295.6
青　海	118.1	96.5	90.2	153.4	261.3	261.5	310.3	312.2
宁　夏	156.5	170.8	179.5	188.9	391.7	427.7	414.4	424.3
新　疆	60.7	116.4	149.3	288.4	434.9	445.6	450.0	449.4

2018年全国群众文化

	机构数(个)	从业人员(人)	专业技术人才	正高级职称	副高级职称	中级职称	组织品牌节庆活动(个)
总　计	**44464**	**185636**	**75051**	**1025**	**5361**	**17245**	**6034**
文化馆	3326	54557	40238	1025	5361	17245	6034
其中：省级	31	1799	1432	137	391	602	141
地市级	359	10368	8467	421	1624	3756	1148
县市级	2936	42390	30339	467	3346	12887	4745
其中：县文化馆	1613	22018	15927	180	1642	6789	2206
文化站	41138	131079	34813				
其中：　乡镇文化站	33858	104924	30087				

续表 1

	对业余文化队伍开展培训人次	举办展览个数(个)	参观人次(万人次)	组织公益性讲座次数(次)	参加人次(万人次)	计算机(台)	本单位受训人次(万人次)
总　计	**1952.46**	**158742**	**11041.05**	**35791**	**618.06**	**401534**	**118.60**
文化馆	673.89	29597	4772.74	35791	618.06	69658	13.74
其中：省级	11.98	549	215.79	1046	12.38	2452	0.15
地市级	166.27	4123	1086.58	5322	92.64	12639	2.23
县市级	495.65	24925	3470.38	29423	513.04	54567	11.36
其中：县文化馆	166.78	11810	1747.69	10384	190.30	25569	5.59
文化站	1278.57	129145	6268.31			331876	104.86
其中：　乡镇文化站	762.12	99904	4825.43			262842	60.94

机构基本情况

提供文化服务次数（次）	文化服务惠及人次（万人次）	组织文艺活动次数（次）	为老年人组织专场	为未成年人组织专场	为残障人士组织专场	为农民工组织专场	组织文艺活动参加人次（万人次）	举办训练班班次（次）	培训人次（万人次）
2194797	**70570.24**	**1231269**	**38481**	**22217**	**5454**	**18050**	**53950.20**	**768995**	**4960.93**
627948	33826.83	269869	38481	22217	5454	18050	26714.43	292691	1721.60
8510	1387.41	3297	230	184	40	61	1136.32	3618	22.92
119649	6491.11	28793	4586	2747	555	1871	4827.53	81411	484.37
499789	25948.32	237779	33665	19286	4859	16118	20750.58	207662	1214.32
193995	12495.91	108820	11664	9061	2172	8224	10142.41	62981	415.50
1566849	36743.41	961400					27235.77	476304	3239.33
1037878	27042.82	652823					20163.92	285151	2053.47

本年收入合计（千元）	财政补贴收入	免费开放资金	中央资金	业务活动专项经费	上级补助收入	事业收入	经营收入	附属单位上缴收入	其他收入
29550185	**28062896**	**3398832**	**1388574**	**8520560**	**321098**	**105818**	**5167**	**311**	**1054895**
12664566	11955282	926025	367060	2987939	321098	105818	5167	311	276890
894357	786982	70815	16600	292570	65088	24785	1806		15696
3214729	3030845	230643	82301	743354	71343	10815	898		100828
8555480	8137455	624567	268159	1952015	184667	70218	2463	311	160366
3332211	3137451	293118	158274	674452	97934	24459	31	149	72187
16885619	16107614	2472807	1021514	5532621					778005
13088841	12483715	1891792	889940	3798420					605126

续表 2

	本年支出合计（千元）	基本支出	项目支出	经营支出	工资福利支出	商品和服务支出	差旅费
总　计	**30575765**	**16421219**	**10393464**	**17473**	**12651153**	**3659068**	**132856**
文化馆	13573880	7905389	4132396	17473	6227006	3659068	132856
其中：省级	911559	394927	497054	1806	294499	419339	14103
地市级	3156304	1871198	1212794	895	1295102	997243	33678
县市级	9506017	5639264	2422548	14772	4637405	2242486	85075
其中：县文化馆	3302435	2389038	726564	4129	1737894	691694	49490
文化站	17001885	8515830	6261068		6424147		
其中：乡镇文化站	13141227	6769694	4396863		5396056		

续表 3

			流动舞台车演出情况				
	业务用房面积	实际拥有产权面积（万平方米）	流动舞台车数量（辆）	利用流动舞台车演出场次（场次）	利用流动舞台车演出观众人次（万人次）	志愿者服务队伍数（个）	志愿者服务队伍人数（人）
总　计	**3146.18**	**2386.00**	**1601**	**33907**	**1903.57**	**37338**	**1155339**
文化馆	754.09	522.96	1601	33907	1903.57	37338	1155339
其中：省级	17.60	12.82	8	91	6.58	309	37721
地市级	148.02	85.50	58	612	64.05	8767	255191
县市级	588.48	424.65	1535	33204	1832.94	28262	862427
其中：县文化馆	264.47	225.70	1120	23300	1238.13	15804	345977
文化站	2392.09	1863.04					
其中：乡镇文化站	1806.82	1546.90					

在支出合计中：							资产总计（千元）		实际使用房屋建筑面积（万平方米）
劳务费	福利费	各种税金支出	对个人和家庭补助支出	抚恤金和生活补助	其他资本性支出	各种设备、交通工具、图书购置费		固定资产原值	
580504	**76790**	**16582**	**897482**	**102146**	**812553**	**253191**	**73015615**	**59705760**	**4283.10**
580504	76790	16582	897482	102146	812553	253191	21024849	17133433	1109.60
30993	2629	378	55185	2505	54819	17361	1556448	1219699	26.02
156955	12567	2411	285778	30445	217355	84808	4446954	2746795	219.05
392556	61594	13793	556519	69196	540379	151022	15021447	13166939	864.53
120047	11658	2098	211520	27333	157166	57686	8016518	7112140	388.13
							51990766	42572327	3173.50
							40144596	32588310	2339.55

由本馆指导的单位						文化创意产品情况		
馆办文艺团体（个）	演出场次（场）	观众人次（万人次）	馆办老年大学（个）	群众业余文艺团队（个）	群众业余团队人数（人）	文化创意产品种类（个）	文化创意产品销售收入（千元）	文化创意产品销售利润（千元）
7990	**163068**	**8314.99**	**798**	**426062**	**4312759**	**8291**	**1335**	**6202**
7990	163068	8314.99	798	85186	4312759	8291	1335	6202
131	1848	856.15	12	337	15147			
1205	14867	1232.96	101	7550	502141	178	213	20
6654	146353	6225.88	685	77299	3795471	8113	1122	6182
3090	75008	3153.68	385	36280	2158474	652	1120	6182
				340876				
				258686				

2018年各地区群众

地区	机构数（个）	从业人员（人）	专业技术人才	正高级职称	副高级职称	中级职称	组织品牌节庆活动（个）	提供文化服务次数（次）
总计	**44464**	**185636**	**75051**	**1025**	**5361**	**17245**	**6034**	**2194797**
北京	350	3134	692	3	40	196	132	95692
天津	261	1455	559	7	53	192	23	31336
河北	2433	7542	2544	94	238	706	291	78578
山西	1539	4454	1781	20	126	574	83	44555
内蒙古	1213	4984	2653	45	289	669	219	41431
辽宁	1585	5488	2240	52	186	805	145	60334
吉林	980	4405	2625	87	390	755	170	34174
黑龙江	1635	5685	2427	156	427	784	208	44734
上海	239	4990	1147	5	63	281	64	140887
江苏	1379	7498	3167	49	252	782	421	117172
浙江	1475	7759	3818	126	340	717	566	215544
安徽	1559	5979	3185	9	100	458	259	84767
福建	1223	4122	1514	15	119	339	185	49045
江西	1873	9287	2091	21	130	552	151	44162
山东	1976	8279	4324	33	371	1134	399	181992
河南	2616	10933	2647	20	151	767	230	96643
湖北	1406	5099	2540	31	171	733	279	66659
湖南	2540	8595	3058	17	150	638	243	62230
广东	1755	12259	3574	47	198	696	360	143340
广西	1297	5179	2846	22	120	750	245	54230
海南	242	794	240	8	11	54	17	6014
重庆	1068	5675	1782	21	86	234	98	63662
四川	4781	11411	3951	14	157	751	356	129789
贵州	1688	6467	2890	32	148	488	135	39042
云南	1594	7320	5543	25	472	1126	177	54492
西藏	774	5706	3027	5	14	45	57	11763
陕西	1507	7057	2713	15	142	744	164	52485
甘肃	1482	6555	1841	11	133	456	146	37053
青海	416	1201	513	6	64	166	42	11557
宁夏	272	1405	746	14	87	238	64	19725
新疆	1306	4919	2373	15	133	415	105	81710

文化机构基本情况

文化服务惠及人次（万人次）	组织文艺活动次数（次）	为老年人组织专场	为未成年人组织专场	为残障人士组织专场	为农民工组织专场	文化活动观众人次（万人次）	举办训练班班次（次）	培训人次（万人次）
70570.24	**1231269**	**38481**	**22217**	**5454**	**18050**	**53950.20**	**768995**	**4960.93**
1371.39	44864	186	193	43	28	976.95	48353	228.77
487.90	17547	349	167	49	63	358.19	11298	52.96
2027.15	47920	1633	1038	246	676	1607.10	23537	143.99
1443.09	25036	892	512	156	531	1085.42	14829	110.73
1268.51	21349	1189	502	114	653	982.78	16391	94.57
1241.53	31879	1250	417	130	345	965.33	23604	131.07
1274.05	15267	627	328	87	188	1025.63	16055	116.11
1253.78	28197	2482	958	159	302	968.77	11860	92.21
2623.70	71659	2215	516	59	215	1702.94	63526	422.01
3512.46	67509	2064	1089	319	923	2606.91	38214	265.02
7842.41	115327	3016	1056	426	1407	5945.28	81366	528.38
2906.78	47403	1596	1090	197	466	2274.06	29214	214.88
1404.97	20947	675	787	97	296	863.78	23032	149.37
1531.36	23706	991	909	205	699	1176.90	15343	90.95
5320.35	110089	3808	2141	789	1601	4088.27	57341	437.82
3471.60	60063	2072	1452	363	1039	2672.67	25021	176.39
2621.41	39093	1696	876	197	592	2001.90	20099	159.28
2323.81	32319	1482	972	236	935	1740.68	23328	140.37
6664.46	62742	1212	1128	137	1152	5153.66	69550	414.37
2859.81	36041	1106	927	178	817	2502.53	13921	86.03
311.87	3498	109	65	14	35	249.67	2047	15.84
2052.36	30435	693	468	83	377	1409.18	25831	175.24
4196.22	77234	1672	1194	316	1117	3209.89	38623	203.97
1735.89	24698	666	572	192	488	1412.41	10288	63.30
2619.82	33272	1077	630	119	482	2057.90	15401	123.68
299.11	8255	160	133	25	274	253.97	2238	8.83
1760.59	28988	1038	537	154	554	1361.41	17279	116.70
1295.58	21219	765	502	103	479	929.74	10472	80.00
538.35	7911	504	239	52	167	440.50	2268	14.04
549.79	12456	667	312	74	323	477.47	6359	22.49
1760.17	64346	589	507	135	826	1448.33	12307	81.57

续表 1

地 区	对业余文化队伍开展培训人次	举办展览个数(个)	参观人次(万人次)	组织各类理论研讨和讲座次数(次)	参加人次(万人次)	计算机(台)	本单位受训人次(万人次)	本年收入合计(千元)
总 计	**1952.46**	**158742**	**11041.05**	**35791**	**618.06**	**401534**	**118.60**	**29550185**
北 京	119.79	1875	108.48	600	57.19	5769	6.15	974319
天 津	21.33	1265	63.65	1226	13.11	3737	2.34	339318
河 北	64.48	5367	254.91	1754	21.14	11554	3.76	626421
山 西	42.26	3772	234.01	918	12.93	12451	1.58	372501
内 蒙 古	38.98	2867	179.12	824	12.05	8142	1.32	559204
辽 宁	54.87	2652	122.25	2199	22.88	9901	3.06	463720
吉 林	51.37	1873	125.76	979	6.56	8094	0.65	486749
黑 龙 江	38.97	3211	178.56	1466	14.24	9262	0.48	446104
上 海	206.31	4768	490.08	934	8.68	5915	5.77	1981363
江 苏	97.16	9104	606.18	2345	34.36	17324	2.30	1869475
浙 江	242.59	14903	1315.99	3948	52.76	18975	21.11	2614642
安 徽	56.82	6968	388.65	1182	29.19	19111	5.50	731241
福 建	38.87	4337	378.81	729	13.00	9024	3.82	934527
江 西	25.35	4247	250.92	866	12.60	11615	2.65	568723
山 东	196.65	11749	740.20	2813	54.06	26367	5.10	1047020
河 南	66.61	9950	600.17	1609	22.37	19349	2.24	814199
湖 北	67.19	6309	439.17	1158	21.07	16112	3.17	1822151
湖 南	52.16	5588	426.77	995	15.98	15734	4.30	836397
广 东	123.34	8879	1060.91	2169	35.52	23728	19.23	4078406
广 西	36.02	3406	259.65	862	11.60	13598	1.33	612285
海 南	8.45	390	42.24	79	4.13	2193	0.25	137706
重 庆	59.67	6665	450.30	731	17.63	13417	1.25	838096
四 川	71.21	12128	757.41	1804	24.95	41178	1.94	1462923
贵 州	24.89	3315	212.43	741	47.75	16231	6.15	706042
云 南	51.74	5249	429.03	570	9.21	17625	4.13	1569757
西 藏	1.73	1190	35.33	80	0.97	6279	0.43	548256
陕 西	38.74	5378	267.46	840	15.02	13770	2.64	625287
甘 肃	26.40	4884	275.44	478	10.40	11301	2.57	551674
青 海	2.35	1165	81.18	213	2.64	2779	0.56	205927
宁 夏	7.40	737	44.87	173	4.96	3345	1.45	210551
新 疆	18.78	4551	221.13	506	9.14	7654	1.39	515201

财政补贴收入	免费开放资金	中央资金	业务活动专项经费	上级补助收入	事业收入	经营收入	附属单位上缴收入	其他收入
28062896	**3398832**	**1388574**	**8520560**	**321098**	**105818**	**5167**	**311**	**1054895**
934548	85208	4437	372985	584	1438			37749
335973	21415	1682	92602	1518	415			1412
602451	110131	71998	148619	1493	1616	4	51	20806
367336	79269	49860	100709	311	200			4654
547543	67330	51741	114615	7301	61			4299
452617	28757	14047	70350	579				10524
466626	56266	34439	90230	514	210	444		18955
441700	71191	54743	89384	2215	375			1814
1771844	57591	14805	739519	63454	27022			119043
1814483	184052	12283	599939	11966	9143	675	5	33203
2378006	129569	16019	882315	14378	13452			208806
681211	136701	29874	190090	14209	5494			30327
891152	295978	6357	514977	21164	2040			20171
536486	109607	18904	110031	11280	1610	41	74	19232
1019337	81318	8722	333837	12698	976			14009
793035	151037	81675	220854	43	8933	1258		10930
1703328	201687	108221	332743	18716	8767	235		91105
776161	131523	66988	210788	15356	5817		61	39002
3941143	264893	45172	1399873	29600	2752	2367		102544
558158	84643	64232	136975	24139	96			29892
120321	19701	10160	52656	4407	187			12791
808899	87988	57316	186901	4857	4221			20119
1415782	363484	217868	526008	8861	216			38064
634669	74361	41262	198035	10067	5095	5	20	56186
1531819	106609	79235	187588	6195	1606	108		30029
533589	59587	38747	91220	270	144			14253
594324	96229	74599	137884	8164	829			21970
529601	117870	31268	165158	5839	1194			15040
189767	15719	3906	72712	11484	90		70	4516
192501	15884	7585	36546	7035	926			10089
498486	93234	70429	114417	2401	893	30	30	13361

续表 2

地　区	本年支出合　计（千元）	基本支出	项目支出	经营支出	在支出合计中：工资福利支　出	商品和服务支出	差旅费	劳务费
总　计	**30575765**	**16421219**	**10393464**	**17473**	**12651153**	**3659068**	**132856**	**580504**
北　京	985855	406442	463930		265894	175357	403	20085
天　津	810078	169289	160701		107900	76350	483	8456
河　北	744488	503539	206736	71	418582	61161	1334	7465
山　西	357492	230936	106671		188006	50380	2593	8197
内蒙古	630921	495808	115519	30	300445	76843	3670	13415
辽　宁	496694	359554	113152	47	254130	66942	1591	9293
吉　林	487489	348362	126641	444	266332	58206	3742	7197
黑龙江	440119	331208	95326		255886	56119	6422	6368
上　海	1863404	746175	1038042	7431	427865	286233	673	13132
江　苏	1765114	1019501	629105	1020	671094	216936	7274	35685
浙　江	2656034	1310306	1189343		784119	314975	7639	74869
安　徽	693375	425853	213833	93	278919	103235	2465	13717
福　建	1007452	322353	656292		182754	101052	1274	15227
江　西	1200699	337297	104234	143	880549	136857	5892	43686
山　东	1019732	677992	279024	10	474387	135136	2422	18773
河　南	822632	642569	146623	1308	452602	101151	4094	22621
湖　北	2062455	1067158	901149	418	862890	114273	5363	15455
湖　南	873773	578581	247469	25	395068	145547	4599	22220
广　东	3304152	1337181	1590886	2491	960039	458347	5483	48447
广　西	610629	404073	179115	271	316628	113338	7513	12636
海　南	129399	55825	64440	91	43201	42027	2464	11758
重　庆	863440	579491	247234	2088	393443	111636	11938	33313
四　川	1488377	754447	670722		520212	242537	13644	47439
贵　州	669689	500107	113472	392	328369	51968	10058	12387
云　南	1650083	938303	285311	131	1171860	91069	6279	14519
西　藏	548280	395937	31717	33	370826	11275	784	751
陕　西	630059	451604	124118	505	349324	82204	4082	11181
甘　肃	528281	394475	85850	96	272611	43948	2225	9443
青　海	510796	126482	72839	230	82742	47336	1330	8987
宁　夏	197430	125664	42803		93760	32546	1481	5872
新　疆	527344	384707	91167	105	280716	54084	3642	7910

福利费	各种税金支出	对个人和家庭补助支出	抚恤金和生活补助	其他资本性支出	各种设备购置费	资产总计（千元）	固定资产原值	实际使用房屋建筑面积（万平方米）
76790	**16582**	**897482**	**102146**	**812553**	**253191**	**73015615**	**59705760**	**4283.10**
2140	5078	17544	1568	13048	2995	1472979	1196197	92.48
905	271	7615	1216	7993	3985	797302	648323	42.60
793	180	32028	4710	35799	11914	2152156	1800570	131.90
905	308	10193	1483	35143	9650	1023049	905404	103.15
1147		48612	3057	49562	35346	1500258	1207015	85.43
157	3	24880	2862	3355	1319	1577469	1351593	117.63
253	41	55895	1599	27298	20590	925548	645134	58.21
250	123	34004	2622	8393	2696	851828	795202	92.57
5135	1661	16285	4051	37898	29180	3492788	2779482	142.52
2237	1507	61355	2708	37528	8855	4780495	4007098	499.81
11748	600	30297	4412	49618	11036	6801215	5723099	450.40
461	64	40461	2251	15298	5173	2620601	2201949	112.92
650	365	13930	2441	11609	8332	1747445	1339184	123.63
30169	648	41516	13173	16661	1605	1840611	1589284	115.22
729	276	39778	3590	17535	8298	3404202	3032997	270.45
1127	323	28574	5115	19975	11861	1412875	1305066	157.10
2320	1321	36771	2084	88990	3962	3260993	2974609	153.53
2138	460	32522	2920	44200	5580	2137029	1614021	157.62
2476	950	105738	2521	118565	12612	8822298	5816304	399.21
1007	132	19572	4306	25254	9155	1109892	987954	78.46
	47	2196	231	2332	616	231583	194239	12.90
1311	1070	21298	5198	13792	2172	2436673	2220240	94.33
3216	221	32842	9171	25569	7614	3919270	3428668	226.75
1438	56	30581	1519	9571	5229	3434721	2079395	87.68
1307	75	19776	5852	20009	5859	2306578	1975704	107.62
4		1676	152	6818	4381	3586911	3457574	38.15
963	57	18677	4698	14250	4673	1494296	1228706	93.12
442	13	43617	2338	14135	1642	1070910	942185	77.94
14	89	6391	202	18055	3956	358565	293042	18.83
748	20	7781	2849	5249	2276	531139	363695	29.20
600	623	15077	1247	19051	10629	1913936	1601827	111.76

续表 3

地　区	业务用房面积	实际拥有产权面积（万平方米）	流动舞台车演出情况			志愿者服务队伍数（个）	志愿者服务队伍人数（人）
			流动舞台车数量（辆）	利用流动舞台车演出场次（场次）	利用流动舞台车演出观众人次（万人次）		
总　计	**3146.18**	**2386.00**	**1601**	**33907**	**1903.57**	**37338**	**1155339**
北　京	62.94	28.86	12	296	19.09	503	26410
天　津	29.51	11.98	4	490	47.50	624	21284
河　北	96.00	81.91	100	2227	130.73	1783	64306
山　西	78.22	86.75	132	1664	72.31	1107	32260
内蒙古	59.33	37.18	48	1135	45.00	628	22697
辽　宁	70.60	40.53	15	329	23.79	1388	64397
吉　林	35.56	31.26	74	1083	72.31	672	50270
黑龙江	62.03	33.22	60	1653	70.30	1220	64002
上　海	105.50	83.17	6	51	5.30	150	6717
江　苏	403.87	225.44	41	1218	82.07	993	43105
浙　江	341.65	246.24	19	925	46.23	8846	90188
安　徽	92.49	90.11	45	1917	88.58	1015	28334
福　建	92.67	72.37	12	293	12.51	578	16653
江　西	83.45	67.88	38	902	49.58	942	42965
山　东	190.73	107.15	68	3666	186.70	986	51431
河　南	116.06	90.42	86	2721	140.20	1461	50385
湖　北	105.93	99.18	39	1064	52.57	1661	73783
湖　南	113.85	115.75	69	2246	115.57	954	78935
广　东	302.03	171.70	13	313	17.51	1326	108905
广　西	56.04	49.55	51	488	35.51	5265	45180
海　南	9.65	8.58	8	42	3.20	134	5226
重　庆	70.49	73.39	34	920	73.40	1039	24500
四　川	176.00	148.49	148	2536	134.14	675	56099
贵　州	60.47	59.41	65	957	88.30	1094	31508
云　南	76.81	93.41	81	1074	91.18	440	9837
西　藏	29.14	17.09	76	522	20.97	53	1104
陕　西	66.80	69.23	85	1108	73.83	508	13595
甘　肃	56.22	53.30	63	768	50.08	260	9618
青　海	15.42	12.61	33	393	14.57	240	3350
宁　夏	17.91	14.66	18	402	21.66	227	7000
新　疆	68.81	65.18	58	504	18.89	566	11295

由本馆指导的单位						文化创意产品情况		
馆办文艺团体(个)	演出场次(场)	观众人次(万人次)	馆办老年大学(个)	群众业余文艺团队(个)	群众业余团队人数(人)	文化创意产品种类(个)	文化创意产品销售收入(千元)	文化创意产品销售利润(千元)
7990	**163068**	**8314.99**	**798**	**426062**	**4312759**	**8291**	**1335**	**6202**
105	912	20.57	5	10287	33451	1		
75	1280	74.13	2	4142	20013			
359	4602	240.98	34	24428	149221	7	100	80
238	3325	153.68	29	10568	67053	3		
250	2996	171.52	39	7609	89223	1	2	
292	13810	142.07	21	12516	140337	700		
243	2111	145.80	19	6665	112946	1		
373	4097	216.07	30	8635	129164	1		
86	603	26.27	4	7161	21238			
410	7222	305.38	41	20066	185522	32	213	20
372	8759	533.50	15	37483	364506			
403	17192	256.53	19	12136	76382	24		
204	1738	101.39	21	8785	55629	2		
266	5765	406.49	45	10236	71301	2		
503	16287	950.83	56	31617	232205	18		
556	8501	425.01	42	27056	126096	105		
341	5133	252.37	31	20621	220857	4014	1000	6100
281	5290	237.02	54	21128	181678	7		
321	4788	349.62	29	14757	100818	3		
353	7652	486.60	34	17692	168561	463		
38	312	16.12	2	2547	16898			
133	3176	206.23	27	8281	39931			
162	3892	292.88	35	25004	140923	2715		
319	6088	406.69	45	12458	84178	11		
448	5139	296.67	43	27892	1143990	35		
16	707	73.13		1876	7853	3		
289	6099	311.75	29	13472	134789	8	20	2
213	7889	149.89	21	10623	96558	11		
82	2987	848.54	2	1638	25123	7		
59	1587	96.77	3	2485	51784	1		
200	3129	120.49	21	6198	24531	116		

2018年各地区省级

地　区	机构数（个）	从业人员（人）	专业技术人才	正高级职称	副高级职称	中级职称	组织品牌节庆活动（个）	提供文化服务次数（次）
总　计	**31**	**1799**	**1432**	**137**	**391**	**602**	**141**	**8510**
北　京	1	54	32		4	15	2	81
天　津	1	50	47	4	6	20	5	441
河　北	1	76	36	5	12	19	1	451
山　西	1	77	68	5	17	33	8	330
内蒙古	1	42	39	2	8	12	1	79
辽　宁	1	46	42	4	12	19	5	82
吉　林	1	54	50	4	12	21		88
黑龙江	1	38	35	4	12	11		424
上　海	1	73	44	3	15	26	1	353
江　苏	1	48	44	10	15	15	4	111
浙　江	1	55	52	10	19	15	22	458
安　徽	1	36	34	4	7	9	2	115
福　建	1	38	33	4	9	15	17	396
江　西	1	47	33	2	18	13	1	25
山　东	1	63	37	5	9	23	5	342
河　南	1	47	40	3	12	17	1	426
湖　北	1	85	70	9	15	28	3	211
湖　南	1	81	60	6	18	30	9	164
广　东	1	43	40	2	13	15	13	2165
广　西	1	86	85	12	27	30	18	152
海　南	1	34	26	3	7	11		104
重　庆	1	69	52	6	12	16	2	259
四　川	1	99	56	3	16	22	4	149
贵　州	1	66	63	6	18	29		165
云　南	1	52	49	5	21	16		39
西　藏	1	47	36	1	6	12		26
陕　西	1	66	47	4	14	29		47
甘　肃	1	41	33	3	10	20		43
青　海	1	49	42	1	11	15	7	469
宁　夏	1	100	78	4	13	27	8	247
新　疆	1	37	29	3	3	19	2	68

群众艺术馆基本情况

文化服务惠及人次(万人次)	组织文艺活动次数(次)	为老年人组织专场	为未成年人组织专场	为残障人士组织专场	为农民工组织专场	文化活动观众人次(万人次)	举办训练班班次(次)	培训人次(万人次)
1387.41	**3297**	**230**	**184**	**40**	**61**	**1136.32**	**3618**	**22.92**
90.87	50				1	90.00	24	0.16
10.14	255	20	40		1	8.63	119	0.32
10.19	87	16	5	1		2.30	350	4.30
36.43	156	11	5	7	8	28.10	85	1.20
0.65	29	25				0.35	38	0.16
8.34	11	1				2.53	67	0.56
284.31	55	6	2	2	2	281.30	18	0.17
23.82	103		1			21.52	55	0.18
9.90	25	2	2			4.00	52	0.40
16.50	74	1	1			14.50	6	0.06
11.18	45	6	6	5	6	4.01	309	3.16
34.09	52	2	14			26.00	9	0.08
151.35	332		4			75.66	45	0.29
3.46	7					3.00	17	0.16
12.15	75	12	12	6	6	1.00	170	1.50
62.43	357	24	10	4	4	26.65	33	0.28
6.92	78	2	3			3.42	96	0.96
6.89	48	8	10	3	5	2.56	59	0.79
356.40	573	33	6	8	5	351.19	1583	4.51
14.59	55	13	3		2	12.11	44	0.23
14.70	20		1	1	1	10.00	50	0.30
15.65	75	4	16		2	11.13	158	0.47
36.05	40	1	1			15.00	48	0.20
9.25	65	5	7			3.00	35	0.65
13.03	23					11.60	11	0.28
3.60	6	1	1	1		0.30	10	0.10
2.04	16	13	2		1	1.00	20	0.22
6.16	27	2	3			6.00	14	0.14
82.57	392	2	25		10	80.00	9	0.06
48.73	146	14	2	2	3	35.50	46	0.90
5.01	20	6	2		4	3.96	38	0.15

续表 1

地　　区	对业余文化队伍开展培训人次	举办展览个数(个)	参观人次(万人次)	组织各类理论研讨和讲座次数(次)	参加人次(万人次)	计算机(台)	本单位受训人次(万人次)	本年收入合计(千元)
总　　计	**11.98**	**549**	**215.79**	**1046**	**12.38**	**2452**	**0.15**	**894357**
北　　京	0.08	4	0.70	3	0.01	65	0.01	49101
天　　津	0.50	31	1.09	36	0.10	100	0.01	29954
河　　北	1.90	6	3.20	8	0.39	88	0.00	43009
山　　西	0.69	16	5.75	73	1.38	84	0.03	22978
内 蒙 古	0.05	12	0.15			80		14491
辽　　宁	0.56	4	5.25			152	0.01	15400
吉　　林	0.17	11	2.80	4	0.04	30	0.00	18810
黑 龙 江		6	0.83	260	1.29	62	0.00	9438
上　　海		36	3.50	240	2.00			132263
江　　苏		20	1.59	11	0.35	55	0.01	28739
浙　　江	0.01	22	2.94	82	1.07			28785
安　　徽		50	7.98	4	0.03	24	0.00	16720
福　　建	0.09	18	75.40	1	0.00	59	0.00	25251
江　　西		1	0.30			53		17193
山　　东	1.20	85	9.50	12	0.15	197	0.01	31482
河　　南	0.28	16	35.25	20	0.25	110	0.00	24882
湖　　北	0.01	17	2.30	20	0.24	112	0.00	36150
湖　　南	0.25	31	2.76	26	0.78	94	0.01	37990
广　　东	4.51	3	0.60	6	0.10	116	0.00	40897
广　　西	0.08	8	1.80	45	0.45	79	0.01	29968
海　　南	0.03	10	2.00	24	2.40	50	0.02	16277
重　　庆	0.40	17	3.95	9	0.11	118	0.00	26530
四　　川		11	20.50	50	0.35	350	0.00	29927
贵　　州	0.30	25	5.00	40	0.60	50	0.00	17650
云　　南		5	1.15			58	0.01	17159
西　　藏	0.10	10	3.20			32	0.00	25306
陕　　西	0.09	6	0.72	5	0.10	7	0.01	21042
甘　　肃	0.04			2	0.02	20	0.01	9503
青　　海	0.21	21	2.50	47	0.01	82	0.00	31218
宁　　夏	0.36	40	12.20	15	0.13	65	0.01	33801
新　　疆	0.09	7	0.89	3	0.02	60	0.00	12443

财政补贴收入				上级补助收入	事业收入	经营收入	附属单位上缴收入	其他收入
	免费开放资金		业务活动专项经费					
		中央资金						
786982	**70815**	**16600**	**292570**	**65088**	**24785**	**1806**		**15696**
49097			32649					4
28252	1200		9780	1391	284			27
40168	3000		10649					2841
22271	2600		10760					707
14384	2000		5093					107
15340	7260	6600						60
18202	1100		700			444		164
9438	1141		2432					
68315			39784	61456	2330			162
26499	1000		14888		1570			670
24905			5116		1058			2822
16720	500		700					
24841	10125	700	10125	361				49
16993	3400				200			
30577	1000		24133		876			29
16939	1980		4165		6648	1258		37
31983			16353	220	1808			2139
35391	1700		11350		2599			
39167	1200		23118	160	1539			31
28426	694		4798					1542
16277	4090	4000	6324					
22463	4300	2300	735		4039			28
28027	4198		6615	1500				400
17639	6597	3000	3597					11
15005			15005		234	104		1816
25306	2600		2600					
20344	1200		10412		684			14
9503	1400		2900					
29210	3830		12863					2008
32861	700		2926		916			24
12439	2000		2000					4

续表 2

地区	本年支出合计（千元）	基本支出	项目支出	经营支出	在支出合计中：			
					工资福利支出	商品和服务支出		
							差旅费	劳务费
总计	**911559**	**394927**	**497054**	**1806**	**294499**	**419339**	**14103**	**30993**
北京	42094	15683	26411		13140	27225	339	1890
天津	33489	18850	14639		12271	18416	213	1057
河北	42249	14529	27720		11108	828	121	163
山西	22888	13066	9821		10687	7304	698	438
内蒙古	13593	8305	5288		6715	3194	329	480
辽宁	14200	7890	6220		5530	6920	250	1740
吉林	18173	9755	7811	444	5165	8194	595	224
黑龙江	9438	7006	2432		5418	2496	591	13
上海	115744	31105	84639		16266	96180	99	1868
江苏	35131	16161	18970		14175	16550	438	1084
浙江	33304	19815	13489		9405	7932	386	2067
安徽	15271	9091	6180		2731	6547		
福建	25323	8593	16730		6979	11618	289	2716
江西	21745	6976	14768		3262	4848	252	
山东	35048	14142	20906		11023	18715	281	775
河南	22878	12584	9036	1258	8596	11119	582	709
湖北	36980	17675	19305		15947	17886	615	1050
湖南	52577	23450	29127		14377	27993	366	1104
广东	39636	15616	24020		11321	24094	297	1140
广西	44068	16497	27571		13041	16637	1451	1815
海南	16277	6114	10163		1494	1863	789	1074
重庆	32189	17090	15099		13378	13870	1340	2533
四川	28427	12027	16000		10334	15227	708	
贵州	19614	11263	8351		8819	6685	359	1260
云南	16130	9970	6055	104	8593	5920	186	436
西藏	23753	12564	11189		11153	1389	281	
陕西	22169	9932	12237		7556	13632	489	
甘肃	9317	6603	2714		3815	3296	207	277
青海	27517	13517	14000		10997	11577	516	4256
宁夏	25336	1902	6318		15338	7315	499	510
新疆	17001	7156	9845		5865	3869	537	314

福利费	各种税金支出	对个人和家庭补助支出	抚恤金和生活补助	其他资本性支出	各种设备购置费	资产总计(千元)	固定资产原值	实际使用房屋建筑面积(万平方米)
2629	**378**	**55185**	**2505**	**54819**	**17361**	**1556448**	**1219699**	**26.02**
142		1398	159			16000	5013	
155	9	1443	277	1359	1359	270594	196327	1.53
		2593				11860	11860	0.16
114	1	1061	35	3836	1958	38129	31516	0.76
60		1133	361	2551	755	12942	11126	0.36
		1300		450	450	9100	9100	0.59
191		3016	3	1192		34352	33195	0.88
		1425	7	9		4414	4318	0.16
371		1141				174795	174795	1.90
		2166	183	2240		55549	42094	0.64
499		2365				35625	7967	0.83
		5928		65		6540	5732	0.25
		957	387	2046	1912	32923	21394	0.59
127		474		7206		19002	8449	0.30
6	132	2069		2505	815	45856	29344	1.42
156		1834	47	70	70	33041	19387	0.98
	30	1380	35	1767	520	18226	11791	0.37
402	87	2932	62	7275	303	192950	177576	2.00
87	6	3505	12	716	716	46757	28970	0.93
		2349	283	6994	110	55510	27025	0.65
		144		52		16486	20925	0.24
6		1970		2970		181636	172701	2.50
92		1231	200	82	82	33296	20601	1.09
		2134	23	1046	1041	18249	12705	0.40
	13	531	200	982	982	43947	38250	1.45
3		37	37			27371	27371	0.97
115		845	30	132	120	28632	18622	0.96
30		2172	11	34		10276	5115	0.15
	17	2551	45	2392		30033	14561	1.88
51	2	2002	108	680		47164	27388	0.88
22	81	1099		6168	6168	5193	4481	0.21

续表 3

地　区			流动舞台车演出情况			志愿者服务队伍数（个）
	业务用房面积	实际拥有产权面积（万平方米）	流动舞台车数量（辆）	利用流动舞台车演出场次（场次）	利用流动舞台车演出观众人次（万人次）	
总　计	**17.60**	**12.82**	**8**	**91**	**6.58**	**309**
北　京						
天　津	0.82	0.43				161
河　北	0.16		2	30	1.50	
山　西	0.42	0.49				15
内蒙古	0.30					20
辽　宁	0.46	0.13				2
吉　林	0.59	1.20				1
黑龙江	0.10					3
上　海	1.70					
江　苏	0.41					1
浙　江	0.64					1
安　徽		0.25				2
福　建	0.33	0.36				11
江　西	0.30					
山　东	0.05					6
河　南	0.78		1	12	1.10	32
湖　北	0.18	0.37				10
湖　南	1.30	2.00	1	13	1.90	12
广　东	0.89					11
广　西	0.61					1
海　南	0.18					
重　庆	2.00	2.40	1	24	1.48	12
四　川	0.38	1.52				4
贵　州	0.20	0.36				1
云　南	1.34	1.45				
西　藏	0.62					1
陕　西	0.50	0.96	1	2	0.10	
甘　肃	0.10	0.15	1	10	0.50	
青　海	1.81	0.75				
宁　夏	0.46		1			2
新　疆		0.01				

志愿者服务队伍人数（人）	由本馆指导的单位 馆办文艺团体（个）	演出场次（场）	观众人次（万人次）	馆办老年大学（个）	群众业余文艺团队（个）	群众业余团队人数（人）
37721	**131**	**1848**	**856.15**	**12**	**337**	**15147**
					18	900
8200	10	400	8.00		120	3600
	4	58	0.69	2	2	190
15000	6	140	3.20	1	6	300
800	2	8	0.10	1	20	800
60	5	300	3.00		7	360
221	5	35	1.80		13	420
30	2	5	0.30			
	2	15	0.90	1	1	10
100	5	10	0.50	1		
700						
	1	10	1.00		1	120
718	2	4	0.68		3	420
1000	10	60	2.75		10	650
2160	5	216	11.06	1	16	800
1100				1	3	195
5700	5	41	1.20	1	7	319
398	5	47	35.00	1	42	2943
80						
	5	15	3.00		5	150
440	2	3	0.36		20	800
600					13	920
200	5	30	1.40			
	22	4	0.19	1		
164					2	
	5	13	0.15		3	240
	5	15	1.80		3	110
	10	388	776.00	1	22	900
50	5	25	3.00			
	3	6	0.07			

2018年各地区地市级

地　区	机构数(个)	从业人员(人)	专业技术人才	正高级职称	副高级职称	中级职称	组织品牌节庆活动(个)	提供文化服务次数(次)
总　计	**359**	**10368**	**8467**	**421**	**1624**	**3756**	**1148**	**119649**
北　京								
天　津								
河　北	12	443	392	25	85	152	32	2754
山　西	11	296	256	12	39	113	16	2441
内蒙古	12	486	437	24	94	185	36	7199
辽　宁	22	593	489	34	84	230	46	3984
吉　林	13	458	380	26	89	145	74	7790
黑龙江	16	361	313	64	84	126	54	2774
上　海								
江　苏	13	437	337	22	62	165	98	4270
浙　江	11	424	383	39	82	143	75	10155
安　徽	16	297	245	2	36	105	60	3650
福　建	9	170	141	6	32	54	43	4665
江　西	13	456	365	5	51	174	27	2970
山　东	17	577	528	18	114	217	101	18056
河　南	18	500	411	12	72	171	51	3628
湖　北	12	401	327	17	60	148	48	2748
湖　南	15	418	347	8	61	147	39	5997
广　东	23	608	410	26	94	203	96	14256
广　西	14	450	400	9	59	200	53	4898
海　南	3	86	31	4	3	13	4	574
重　庆								
四　川	21	574	411	9	60	192	50	4121
贵　州	9	368	339	16	67	156	13	935
云　南	16	470	441	12	101	229	23	1653
西　藏	7	184	85		7	22	9	194
陕　西	11	390	287	5	41	151	23	4635
甘　肃	16	347	266	7	45	122	31	1914
青　海	8	134	96	5	28	41	13	1027
宁　夏	5	165	124	6	39	43	19	1019
新　疆	16	275	226	8	35	109	14	1342

群众艺术馆基本情况

文化服务惠及人次（万人次）	组织文艺活动次数（次）	为老年人组织专场	为未成年人组织专场	为残障人士组织专场	为农民工组织专场	文化活动观众人次（万人次）	举办训练班班次（次）	培训人次（万人次）
6491.11	**28793**	**4586**	**2747**	**555**	**1871**	**4827.53**	**81411**	**484.37**
128.22	871	124	99	20	47	90.39	1296	11.20
54.01	346	99	44	31	38	33.61	1813	11.38
155.37	683	178	76	18	40	82.19	6273	31.12
128.43	734	195	94	14	23	90.05	2819	15.20
364.11	624	143	51	13	59	252.90	6913	60.09
206.25	1280	455	116	31	46	177.28	1194	13.64
229.99	1817	440	175	30	97	168.74	1782	13.75
379.59	1888	100	88	35	59	187.28	7606	31.72
211.54	1013	185	137	28	39	140.22	2370	12.61
190.66	810	199	306	9	44	61.89	3550	54.17
175.91	671	101	122	10	83	132.26	2098	17.20
625.79	2185	366	201	90	106	497.15	14955	52.24
516.14	2035	108	161	44	89	352.79	1046	10.99
139.63	947	147	77	8	110	101.87	1597	13.14
249.23	1071	210	156	26	68	223.35	4595	15.01
701.43	2896	331	112	16	395	536.98	10303	53.89
812.94	2482	91	90	14	181	767.31	2120	13.13
23.14	162	52	33			12.96	376	4.70
324.24	1338	128	94	27	72	216.68	2220	10.81
74.12	504	86	61	21	39	57.66	319	2.35
126.18	584	145	50	11	17	101.35	951	7.34
21.13	133	3	5	1	4	19.00	38	0.12
108.86	757	79	45	8	29	72.59	3634	12.66
199.32	809	171	151	28	135	146.49	760	7.74
161.54	651	372	66	8	26	152.75	255	3.26
102.51	823	21	101	9	9	98.13	142	1.08
80.84	679	57	36	5	16	53.65	386	3.83

续表 1

地区	对业余文化队伍开展培训人次	举办展览个数(个)	参观人次(万人次)	组织各类理论研讨和讲座次数(次)	参加人次(万人次)	计算机(台)	本单位受训人次(万人次)	本年收入合计(千元)
总计	**166.27**	**4123**	**1086.58**	**5322**	**92.64**	**12639**	**2.23**	**3214729**
北京								
天津								
河北	8.68	149	22.36	438	4.27	260	0.14	106137
山西	1.35	112	7.06	170	1.96	381	0.06	62916
内蒙古	4.65	95	38.27	148	3.78	493	0.04	126159
辽宁	7.52	82	12.94	349	10.25	343	0.04	129521
吉林	26.02	127	49.84	126	1.28	1497	0.02	92220
黑龙江	9.95	130	13.34	170	1.99	335	0.03	81366
上海								
江苏	8.44	253	39.29	418	8.21	587	0.01	169626
浙江	8.33	335	152.41	326	8.19	568	0.14	207536
安徽	3.24	127	55.82	140	2.89	573	0.03	116798
福建	11.15	183	70.41	122	4.20	209	0.17	63577
江西	4.91	106	24.60	95	1.85	516	0.04	107565
山东	20.53	272	66.71	644	9.69	647	0.07	193543
河南	2.87	301	149.01	246	3.35	637	0.08	121840
湖北	7.50	116	23.52	88	1.11	600	0.25	124034
湖南	8.44	68	8.33	263	2.54	486	0.06	132896
广东	5.49	371	100.40	686	10.16	781	0.11	382567
广西	7.82	117	30.67	179	1.83	434	0.10	134007
海南	4.55	22	5.20	14	0.28	88	0.01	24789
重庆								
四川	3.32	268	90.72	295	6.03	783	0.05	188114
贵州	1.25	66	13.08	46	1.03	141	0.05	93940
云南	3.62	88	16.19	30	1.29	398	0.62	161918
西藏	0.09	14	1.95	9	0.06	41	0.01	46584
陕西	1.22	151	21.12	93	2.49	666	0.06	101275
甘肃	2.38	272	43.25	73	1.84	442	0.02	73745
青海	0.55	59	5.02	62	0.51	127	0.01	41975
宁夏	0.76	28	2.71	26	0.60	216	0.02	51400
新疆	1.66	211	22.39	66	0.98	390	0.02	78681

财政补贴收入	免费开放资金	中央资金	业务活动专项经费	上级补助收入	事业收入	经营收入	附属单位上缴收入	其他收入
3030845	**230643**	**82301**	**743354**	**71343**	**10815**	**898**		**100828**
102300	5600	2500	14129	1368		4		2465
62712	5000	2750	7257	3				201
125214	6190	5030	28638	10				935
129132	5700	410	13026					389
82108	5493	3400	10493					10112
80728	6654	4840	18706	5	8			
161957	18725	1888	22244		1489	655		5525
197355	6107	100	78679	657	4243			5281
110395	7558	2025	55486	3494	612			2297
57361	2370	310	26448	3776	96			2344
103025	9656	1595	25557	1161				3379
183978	15457	2060	67041	7929				1636
118454	9000	4500	24228	43				3343
108146	6170	2042	23505	2327	690	235		12636
116906	9678	3400	26036	7238	1864			6888
364297	51927	5193	117265	16310	39			1921
111792	6500	5200	46883	17252				4963
24179	450	130	12560					610
180459	13030	8400	38007	12	110			7533
78019	4580	3200	12324		1255			14666
159112	8000	6400	19286	340	109	4		2353
46584	2710	2000	2687					
96522	4500	3600	16738	1467				3286
72256	7220	2800	7930	149				1340
34443	2303	840	8666	6720				812
47874	1800	1200	4125	1082				2444
75537	8265	6488	15410		300			2844

续表 2

地区	本年支出合计（千元）	基本支出	项目支出	经营支出	在支出合计中：工资福利支出	商品和服务支出	差旅费	劳务费
总计	**3156304**	**1871198**	**1212794**	**895**	**1295102**	**997243**	**33678**	**156955**
北京								
天津								
河北	103882	76750	17295	1	51727	22554	375	1437
山西	64064	33764	30300		26017	12374	601	3554
内蒙古	142640	86816	55257		55026	30019	1566	3945
辽宁	130803	102327	26360		69133	28515	772	3493
吉林	96864	60940	35919		39762	24583	1066	4240
黑龙江	75785	55807	18401		36473	18384	3567	3628
上海								
江苏	163333	110918	51759	655	66665	58880	2909	5739
浙江	211043	115853	95128		88175	88833	1712	14994
安徽	117660	54130	62340		32359	59254	825	7186
福建	80735	27911	49880		21449	43979	297	3545
江西	105700	75438	27169		39976	33570	1758	4682
山东	166063	98336	65729		74864	44013	1054	8660
河南	121837	80405	37243		56703	32879	1346	7423
湖北	124108	75935	47801	235	51788	28388	823	5305
湖南	141134	83824	51715		52459	44239	1413	9981
广东	351672	151335	191966		111255	165539	2455	17946
广西	128186	60268	67867		50822	49963	1609	3566
海南	23009	6201	16808		6400	14197	279	3163
重庆								
四川	169596	101649	65881		80272	51960	2784	14273
贵州	90772	83130	7635		44026	15629	571	5088
云南	165484	103441	61927	4	85185	30200	1763	4132
西藏	47223	32382	5721		18758	8542	329	719
陕西	85682	46123	34557		39158	19683	808	4905
甘肃	76056	50361	22574		27447	18170	735	5414
青海	58982	23945	32528		16306	21209	471	3276
宁夏	39939	28565	11371		17227	11668	270	3416
新疆	74052	44644	21663		35670	20019	1520	3245

福利费	各种税金支出	对个人和家庭补助支出	抚恤金和生活补助	其他资本性支出	各种设备购置费	资产总计（千元）	固定资产原值	实际使用房屋建筑面积（万平方米）
12567	**2411**	**285778**	**30445**	**217355**	**84808**	**4446954**	**2746795**	**219.05**
451	37	18319	1469	6124	85	115864	90406	4.96
372	1	2430	94	18369	1762	73540	48176	3.30
693		8991	533	38499	30986	490864	461646	8.13
38		11020	1356	1227	333	182190	148729	8.15
45	19	14720	365	12529	10949	308128	94708	7.63
88	112	10244	497	951	802	103111	91225	6.13
534	812	17716	528	13326	1468	323458	266385	13.52
2715	77	6858	695	12947	1064	284038	218366	13.52
106	26	14313	681	4413	277	43589	38140	8.91
464	209	3476	400	2623	1839	174631	38814	6.64
943	104	20648	5009	5423	776	82223	40163	12.17
574	126	12112	867	2019	1457	168238	112851	13.76
402		10793	2218	12644	6988	119900	101194	17.49
437	535	9632	800	2318	896	153519	105796	12.83
828	242	15255	1014	22255	3251	74253	56959	8.37
667	38	42730	981	11858	3732	391811	167119	12.78
138		7334	2331	10193	6429	87516	60287	5.89
	1	522	138	1617		57267	47359	1.80
1292		10190	3259	6898	2733	331737	174255	9.17
610	26	15114	1042	3673	2542	45619	19959	5.57
468	3	5085	1031	2393	900	197454	77306	7.95
1		1625	101	333	14	44604	33855	3.14
171	8	5928	3230	3733	677	166442	73420	6.54
148	1	14581	1170	8473	180	98077	89216	4.66
		1672	6	7158	1968	51511	27509	1.22
		1483	442	2151	892	153495	32741	6.42
382	34	2987	188	3208	1808	123875	30211	8.42

续表 3

地　区	业务用房面积	实际拥有产权面积（万平方米）	流动舞台车演出情况			志愿者服务队伍数（个）	志愿者服务队伍人数（人）
			流动舞台车数量（辆）	利用流动舞台车演出场次（场次）	利用流动舞台车演出观众人次（万人次）		
总　计	**148.02**	**85.50**	**58**	**612**	**64.05**	**8767**	**255191**
北　京							
天　津							
河　北	2.91	3.07	3	43	9.40	289	14677
山　西	2.34	2.49	1			75	2681
内蒙古	3.78	1.73	1	4	0.20	109	3796
辽　宁	2.91	1.90	1			273	27413
吉　林	3.50	2.36	2	20	1.30	109	8990
黑龙江	3.83	3.08	4	52	3.58	149	8270
上　海							
江　苏	9.19	3.47	7	54	6.01	81	3096
浙　江	8.59	13.38	1	90	10.00	5175	2096
安　徽	7.43	1.94				96	4452
福　建	4.88	1.92				76	5105
江　西	9.17	4.18	3	9	0.50	375	12265
山　东	12.06	5.67	5	49	3.29	242	14567
河　南	14.79	4.34	3	71	4.15	274	11325
湖　北	9.51	6.56	2	14	2.00	129	5348
湖　南	4.27	3.30	1			172	15869
广　东	10.60	3.02				524	70426
广　西	3.88	2.96	2	12	1.70	83	2916
海　南	1.35					4	150
重　庆							
四　川	6.81	3.98	10	87	8.00	71	18482
贵　州	3.48	3.53	2	23	1.65	48	10402
云　南	4.89	2.03		5	0.65	15	1387
西　藏	1.65	0.79				8	271
陕　西	3.88	2.66	3	61	8.56	100	3330
甘　肃	3.38	1.65		2	0.10	55	4145
青　海	0.63	1.30				120	790
宁　夏	3.38	3.24	3	16	2.96	78	2500
新　疆	4.93	0.94	4			37	442

由本馆指导的单位						文化创意产品情况		
馆办文艺团体(个)	演出场次(场)	观众人次(万人次)	馆办老年大学(个)	群众业余文艺团队(个)	群众业余团队人数(人)	文化创意产品种类(个)	文化创意产品销售收入(千元)	文化创意产品销售利润(千元)
1205	**14867**	**1232.96**	**101**	**7550**	**502141**	**178**	**213**	**20**
32	637	85.74	3	258	11000			
22	587	20.71	5	163	8077			
45	643	28.09	5	384	16830			
43	366	19.47	2	383	30754			
80	619	50.47	2	161	9259			
62	608	52.31	1	452	19720			
59	1033	46.99	4	269	15909	26	213	20
64	1003	58.48	3	491	130420			
67	569	29.16	5	319	8867	24		
25	371	15.80	3	135	10476			
37	556	46.27	7	408	25622			
79	860	169.69	7	692	29506			
121	1570	152.31	9	295	9388			
31	300	27.53	5	375	17400			
30	351	29.99	5	368	18445			
52	440	34.73	2	221	9664			
49	1031	104.84	3	427	17309			
4	12	1.10	1	145	643			
22	221	19.71	5	368	19961			
40	298	24.43	5	180	6408			
83	385	38.06	7	216	10271			
8	89	3.21		8	85			
31	975	93.47	3	230	19185			
38	375	24.39	4	225	15000	10		
16	355	16.48		177	6952	7		
19	209	23.11	2	111	32220	1		
46	404	16.45	3	89	2770	110		

2018年各地区县市级

地　　区	机构数(个)	从业人员(人)					组织品牌节庆活动(个)	提供文化服务次数(次)
			专业技术人才	正高级职称	副高级职称	中级职称		
总　　计	**2936**	**42390**	**30339**	**467**	**3346**	**12887**	**4745**	**499789**
北　　京	19	864	499	3	36	181	130	11162
天　　津	16	481	391	3	47	172	18	7350
河　　北	167	1756	1284	64	141	535	258	24238
山　　西	118	1395	975	3	70	428	59	11280
内 蒙 古	107	1390	1155	19	187	472	182	11868
辽　　宁	102	1417	1001	14	90	556	94	16371
吉　　林	65	1781	1451	57	289	589	96	8996
黑 龙 江	132	1881	1452	88	331	647	154	13662
上　　海	24	903	677	2	48	255	63	20754
江　　苏	101	1676	1300	17	175	602	319	28182
浙　　江	89	1762	1386	77	239	559	469	50318
安　　徽	105	1137	864	3	57	344	197	20829
福　　建	87	771	586	5	78	270	125	12749
江　　西	104	1405	964	14	61	365	123	13681
山　　东	139	2310	1945	10	248	894	293	48467
河　　南	185	2763	1139	5	67	579	178	22181
湖　　北	112	1672	1118	5	96	557	228	15365
湖　　南	129	1609	1123	3	71	461	195	14058
广　　东	121	1805	1166	19	91	478	251	29842
广　　西	109	1584	1206	1	34	520	174	14954
海　　南	19	196	102	1	1	30	13	1630
重　　庆	40	958	611	15	74	218	96	13652
四　　川	185	2330	1628	2	81	537	302	23190
贵　　州	89	1148	871	10	63	303	122	8803
云　　南	132	1915	1729	8	350	881	154	10789
西　　藏	74	272	170	4	1	11	48	2293
陕　　西	111	2046	1363	6	87	564	141	12937
甘　　肃	86	1246	757	1	78	314	115	7843
青　　海	46	516	293		25	110	22	4068
宁　　夏	21	395	327	4	35	168	37	8335
新　　疆	102	1006	806	4	95	287	89	9942

文化馆基本情况

文化服务惠及人次（万人次）	组织文艺活动次数（次）					文化活动观众人次（万人次）	举办训练班班次（次）	
		为老年人组织专场	为未成年人组织专场	为残障人士组织专场	为农民工组织专场			培训人次（万人次）
25948.32	**237779**	**33665**	**19286**	**4859**	**16118**	**20750.58**	**207662**	**1214.32**
488.83	3228	186	193	43	27	358.70	7070	37.32
228.41	2773	329	127	49	62	162.23	3058	14.46
1082.49	12567	1493	934	225	629	901.84	9329	45.87
718.51	5386	782	463	118	485	579.79	4485	29.54
692.48	5733	986	426	96	613	580.36	4903	31.23
467.12	5662	1054	323	116	322	365.29	8331	36.33
322.72	2713	478	275	72	127	253.73	5100	25.61
592.64	8253	2027	841	128	256	454.50	3701	33.54
610.43	8642	2213	514	59	215	442.47	11062	81.85
1070.30	11310	1623	913	289	826	810.52	13649	76.10
2032.16	20742	2910	962	386	1342	1484.14	23362	114.18
1144.11	9337	1409	939	169	427	906.03	9456	65.57
428.93	3077	476	477	88	252	290.73	8232	44.34
785.72	6695	890	787	195	616	641.71	5509	28.42
2240.67	28023	3430	1928	693	1489	1812.59	16155	152.36
1332.27	13215	1940	1281	315	946	1126.65	6120	45.55
1077.68	8038	1547	796	189	482	843.85	5228	34.86
969.24	6965	1264	806	207	862	785.86	5579	32.17
2054.58	9456	848	1010	113	752	1738.92	17451	56.78
1052.52	8523	1002	834	164	634	899.52	5180	33.83
182.87	938	57	31	13	34	153.96	555	5.24
758.40	4171	689	452	83	375	559.99	8048	41.41
1487.83	13885	1543	1099	289	1045	1242.32	6423	37.22
830.76	5296	575	504	171	449	710.47	2502	14.94
1075.08	6663	932	580	108	465	864.98	2826	26.00
115.65	1701	156	127	23	270	101.74	326	1.78
716.79	6350	946	490	146	524	579.45	5065	31.24
529.49	5062	592	348	75	344	414.36	1684	12.63
200.21	3017	130	148	44	131	133.46	699	3.51
208.26	3780	632	209	63	311	186.44	4320	7.90
451.18	6578	526	469	130	806	364.02	2254	12.58

续表 1

地区	对业余文化队伍开展培训人次	举办展览个数(个)	参观人次(万人次)	组织各类理论研讨和讲座次数(次)	参加人次(万人次)	计算机(台)	本单位受训人次(万人次)	本年收入合计(千元)
总计	**495.65**	**24925**	**3470.38**	**29423**	**513.04**	**54567**	**11.36**	**8555480**
北京	20.89	267	35.63	597	57.18	855	0.42	401956
天津	6.42	329	38.72	1190	13.01	741	0.31	159325
河北	20.13	1034	118.30	1308	16.48	1382	0.24	233687
山西	11.95	734	99.60	675	9.59	892	0.13	184235
内蒙古	22.73	556	72.63	676	8.27	1158	0.13	231298
辽宁	16.12	528	52.87	1850	12.63	1062	0.54	189467
吉林	9.97	334	38.15	849	5.24	1341	0.19	231180
黑龙江	11.92	672	93.65	1036	10.96	1312	0.13	223981
上海	30.62	356	79.44	694	6.68	965	0.18	490216
江苏	25.18	1307	157.87	1916	25.80	2185	0.22	590638
浙江	59.00	2674	390.33	3540	43.51	1640	2.17	629636
安徽	13.49	998	146.24	1038	26.27	1841	1.34	189428
福建	9.86	834	85.07	606	8.80	907	0.14	205004
江西	10.40	706	104.84	771	10.74	1437	0.94	184342
山东	72.98	2132	231.51	2157	44.21	2492	0.29	385221
河南	24.11	1503	141.31	1343	18.77	2305	0.29	274591
湖北	15.10	1049	179.25	1050	19.72	5537	0.58	385139
湖南	9.96	808	138.55	706	12.66	1979	0.19	266249
广东	22.86	1458	233.62	1477	25.26	3592	0.50	764622
广西	13.21	613	109.86	638	9.32	2832	0.26	221824
海南	2.20	96	22.22	41	1.45	217	0.03	57304
重庆	8.79	711	139.47	722	17.53	1301	0.15	273019
四川	14.02	1423	189.72	1459	18.57	3007	0.21	492571
贵州	6.58	350	59.24	655	46.12	2621	0.28	172256
云南	12.20	760	176.19	540	7.92	1599	0.37	327517
西藏	0.44	195	11.22	71	0.91	1932	0.06	35794
陕西	13.52	780	93.69	742	12.42	3735	0.46	239950
甘肃	4.22	694	93.97	403	8.54	1270	0.12	165537
青海	0.56	248	61.13	104	2.11	640	0.37	104355
宁夏	2.45	103	9.68	132	4.24	446	0.04	77945
新疆	3.78	673	66.43	437	8.15	1344	0.07	167193

财政补贴收入	免费开放资金		业务活动专项经费	上级补助收　入	事业收入	经营收入	附属单位上缴收入	其他收入
		中央资金						
8137455	**624567**	**268159**	**1952015**	**184667**	**70218**	**2463**	**311**	**160366**
392205	22601	1000	146119	584	1438			7729
158934	8295	1000	45206	127	131			133
220676	24302	16480	44494	125	1616		51	11219
182026	19104	11860	29224	308	200			1701
223365	18551	13790	31827	7291	61			581
187620	3884	591	19350	579				1268
223925	11318	7160	39018	514	210			6531
221075	16988	13000	22338	2210	367			329
447451	7901	6322	126684	1998	24692			16075
566908	83636	1140	115142	11966	6084	20	5	5655
588565	16998	290	184594	13721	8151			19199
169726	18042	6465	40164	10715	4882			4105
180887	9459	1435	45506	17027	1944			5146
168772	11747	2372	34132	10119	1410	41	74	3926
377085	33030	2330	84073	4769	100			3267
270629	30615	17700	44715		2285			1677
358470	20119	6879	60889	16169	6269			4231
249808	20603	10324	59254	8118	1354		61	6908
742380	26252	4888	248221	13130	1174	2367		5571
211543	20625	15366	47860	6887	96			3298
46106	5668	1342	20138	4407	187			6604
263221	23531	14710	64090	4857	182			4759
473279	47788	29627	144585	7349	106			11837
150212	14484	6796	51169	10067	3840	5	20	8112
314982	25835	19563	43411	5855	1263			5417
35380	14310	11246	11610	270	144			
229742	21673	16572	36803	6697	145			3366
156069	13281	7248	26010	5690	1194			2584
98849	4727	1852	38203	4764	90		70	582
67391	5745	3354	12440	5953	10			4591
160174	23455	15457	34746	2401	593	30	30	3965

续表 2

地　区	本年支出合计（千元）	基本支出	项目支出	经营支出	在支出合计中：			
					工资福利支出	商品和服务支出		
							差旅费	劳务费
总　计	**9506017**	**5639264**	**2422548**	**14772**	**4637405**	**2242486**	**85075**	**392556**
北　京	410508	225384	174112		183523	148132	64	18195
天　津	167405	98968	63196		77025	57934	270	7399
河　北	231737	156495	67351	70	122560	37779	838	5865
山　西	168175	117917	35909		101521	30702	1294	4205
内蒙古	231321	196580	25535	30	119968	43630	1775	8990
辽　宁	190485	142962	38116	47	97148	31507	569	4060
吉　林	228854	179001	43785		130172	25429	2081	2733
黑龙江	223593	181678	34089		133277	35239	2264	2727
上　海	495646	273281	212207	7431	166921	190053	574	11264
江　苏	523019	331133	177043	365	228655	141506	3927	28862
浙　江	639997	413182	218935		320109	218210	5541	57808
安　徽	190413	138275	40776	93	86371	37434	1640	6531
福　建	197228	137083	54042		74697	45455	688	8966
江　西	903083	146289	30259	143	756909	98439	3882	39004
山　东	371288	276483	75552	10	201366	72408	1087	9338
河　南	274341	227773	33605	50	161331	57153	2166	14489
湖　北	387144	216741	161212	183	152315	67999	3925	9100
湖　南	263630	186078	65747	25	122425	73315	2820	11135
广　东	763036	334726	316279	2491	215548	268714	2731	29361
广　西	216295	156271	47978	271	120669	46738	4453	7255
海　南	52345	22390	25478	91	18792	25967	1396	7521
重　庆	274934	179310	88474	2088	103419	97766	10598	30780
四　川	503471	309756	175658		230771	175350	10152	33166
贵　州	163766	125551	27243	392	81487	29654	9128	6039
云　南	343722	260168	68621	23	210968	54949	4330	9951
西　藏	35858	24595	1214	33	18529	1344	174	32
陕　西	246768	190603	36767	505	141812	48889	2785	6276
甘　肃	166376	132069	20872	96	86943	22482	1283	3752
青　海	395920	69673	20239	230	43831	14550	343	1455
宁　夏	74500	56975	15719		34227	13563	712	1946
新　疆	171159	131874	26535	105	94116	30196	1585	4351

福利费	各种税金支出	对个人和家庭补助支出	抚恤金和生活补助	其他资本性支出	各种设备购置费	资产总计(千元)	固定资产原值	实际使用房屋建筑面积(万平方米)
61594	**13793**	**556519**	**69196**	**540379**	**151022**	**15021447**	**13166939**	**864.53**
1998	5078	16146	1409	13048	2995	597411	525318	14.15
750	262	6172	939	6634	2626	191831	154533	10.58
342	143	11116	3241	29675	11829	464082	452880	37.73
419	306	6702	1354	12938	5930	212594	172098	29.37
394		38488	2163	8512	3605	195721	145411	22.30
119	3	12560	1506	1678	536	200961	177633	20.65
17	22	38159	1231	13577	9641	227272	187249	14.82
162	11	22335	2118	7433	1894	248255	233461	22.04
4764	1661	15144	4051	37898	29180	920978	670779	18.45
1703	695	41473	1997	21962	7387	636853	558087	120.51
8534	523	21074	3717	36671	9972	532109	402731	56.65
355	38	20220	1570	10820	4896	219587	170598	23.18
186	156	9497	1654	6940	4581	207302	155967	26.50
29099	544	20394	8164	4032	829	227510	168665	24.68
149	18	25597	2723	13011	6026	1104861	1054915	44.37
569	323	15947	2850	7261	4803	381010	347760	39.39
1883	756	25759	1249	84905	2546	1538792	1466304	32.64
908	131	14335	1844	14670	2026	247699	206915	30.23
1722	906	59503	1528	105991	8164	414161	339661	53.74
869	132	9889	1692	8067	2616	409182	381157	20.77
	46	1530	93	663	616	47140	34276	3.75
1305	1070	19328	5198	10822	2172	358837	280200	23.48
1832	221	21421	5712	18589	4799	823591	687035	47.02
828	30	13333	454	4852	1646	757875	499860	20.32
839	59	14160	4621	16634	3977	320760	281851	24.97
		14	14	6485	4367	2770272	2743893	9.56
677	49	11904	1438	10385	3876	204846	181748	20.97
264	12	26864	1157	5628	1462	173072	143272	15.72
14	72	2168	151	8505	1988	125375	110620	5.66
697	18	4296	2299	2418	1384	65566	53596	7.01
196	508	10991	1059	9675	2653	195942	178466	23.33

续表 3

地　　区			流动舞台车演出情况			志愿者服务队伍数（个）	志愿者服务队伍人数（人）
	业务用房面积	实际拥有产权面积（万平方米）	流动舞台车数量（辆）	利用流动舞台车演出场次（场次）	利用流动舞台车演出观众人次（万人次）		
总　　计	**588.48**	**424.65**	**1535**	**33204**	**1832.94**	**28262**	**862427**
北　　京	8.00	4.09	12	296	19.09	503	26410
天　　津	6.13	0.47	4	490	47.50	463	13084
河　　北	24.45	20.47	95	2154	119.83	1494	49629
山　　西	21.62	28.43	131	1664	72.31	1017	14579
内 蒙 古	14.29	8.87	47	1131	44.80	499	18101
辽　　宁	13.82	7.71	14	329	23.79	1113	36924
吉　　林	7.93	6.49	72	1063	71.01	562	41059
黑 龙 江	14.79	6.78	56	1601	66.72	1068	55702
上　　海	11.94	8.53	6	51	5.30	150	6717
江　　苏	95.38	53.95	34	1164	76.06	911	39909
浙　　江	37.29	20.22	18	835	36.23	3670	87392
安　　徽	17.91	12.39	45	1917	88.58	917	23882
福　　建	19.26	14.60	12	293	12.51	491	10830
江　　西	15.48	14.05	35	893	49.08	567	30700
山　　东	32.54	14.52	63	3617	183.41	738	35864
河　　南	25.43	17.06	82	2638	134.95	1155	36900
湖　　北	19.10	19.73	37	1050	50.57	1522	67335
湖　　南	19.00	23.02	67	2233	113.67	770	57366
广　　东	33.70	18.84	13	313	17.51	791	38081
广　　西	12.72	9.94	49	476	33.81	5181	42184
海　　南	2.49	2.92	8	42	3.20	130	5076
重　　庆	16.89	14.30	33	896	71.92	1027	24060
四　　川	36.32	22.50	138	2449	126.14	600	37017
贵　　州	12.71	11.06	63	934	86.65	1045	20906
云　　南	16.12	15.22	81	1069	90.53	425	8450
西　　藏	6.42	4.72	76	522	20.97	44	669
陕　　西	15.39	16.12	81	1045	65.17	408	10265
甘　　肃	10.61	10.73	62	756	49.48	205	5473
青　　海	3.65	3.83	33	393	14.57	120	2560
宁　　夏	4.63	2.64	14	386	18.70	147	4450
新　　疆	12.47	10.47	54	504	18.89	529	10853

由本馆指导的单位						文化创意产品情况		
馆办文艺团体（个）	演出场次（场）	观众人次（万人次）	馆办老年大学（个）	群众业余文艺团队（个）	群众业余团队人数（人）	文化创意产品种类（个）	文化创意产品销售收入（千元）	文化创意产品销售利润（千元）
6654	**146353**	**6225.88**	**685**	**77299**	**3795471**	**8113**	**1122**	**6182**
105	912	20.57	5	522	32551	1		
65	880	66.13	2	554	16413			
323	3907	154.55	29	4024	138031	7	100	80
210	2598	129.77	23	1443	58676	3		
203	2345	143.33	33	1597	71593	1	2	
244	13144	119.60	19	2570	109223	700		
158	1457	93.53	17	1065	103267	1		
309	3484	163.46	29	1858	109444	1		
84	588	25.37	3	456	21228			
346	6179	257.89	36	3902	169613	6		
308	7756	475.03	12	7456	234086			
335	16613	226.37	14	2089	67395			
177	1363	84.91	18	805	44733	2		
229	5209	360.23	38	1752	45679	2		
414	15367	778.39	49	5134	202049	18		
430	6715	261.64	32	4202	115908	105		
310	4833	224.84	25	4921	203262	4014	1000	6100
246	4898	205.83	48	3720	162914	7		
264	4301	279.89	26	2139	88211	3		
304	6621	381.76	31	5411	151252	463		
29	285	12.02	1	563	16105			
131	3173	205.87	27	808	39131			
140	3671	273.17	30	3135	120042	2715		
274	5760	380.87	40	2766	77770	11		
343	4750	258.42	35	7877	1133719	35		
8	618	69.93		416	7768	3		
253	5111	218.13	26	2584	115364	8	20	2
170	7499	123.70	17	1508	81448	1		
56	2244	56.06	1	425	17271			
35	1353	70.66	1	780	19564			
151	2719	103.98	18	817	21761	6		

2018年各地区

地区	机构数(个)	从业人员(人)				提供文化服务次数(次)
			专职人员	在编人员	专业技术人员	
总计	**41138**	**131079**	**78016**	**80176**	**34813**	**1566849**
北京	330	2216	1417	1040	161	84449
天津	244	924	582	326	121	23545
河北	2253	5267	2663	3332	832	51135
山西	1409	2686	1589	993	482	30504
内蒙古	1093	3066	1739	1941	1022	22285
辽宁	1460	3432	1892	2235	708	39897
吉林	901	2112	1486	1615	744	17300
黑龙江	1486	3405	1843	1470	627	27874
上海	214	4014	2865	1453	426	119780
江苏	1264	5337	3659	3078	1486	84609
浙江	1374	5518	3750	2862	1997	154613
安徽	1437	4509	3322	3343	2042	60173
福建	1126	3143	1736	1653	754	31235
江西	1755	7379	2246	2553	729	27486
山东	1819	5329	3678	3547	1814	115127
河南	2412	7623	4520	5911	1057	70408
湖北	1281	2941	2063	1443	1025	48335
湖南	2395	6487	4203	4751	1528	42011
广东	1610	9803	6383	4286	1958	97077
广西	1173	3059	2036	2647	1155	34226
海南	219	478	266	317	81	3706
重庆	1027	4648	3261	3867	1119	49751
四川	4574	8408	4296	4393	1856	102329
贵州	1589	4885	2757	3905	1617	29139
云南	1445	4883	3576	4206	3324	42011
西藏	692	5203	2174	3868	2736	9250
陕西	1384	4555	2571	3045	1016	34866
甘肃	1379	4921	2825	2852	785	27253
青海	361	502	178	161	82	5993
宁夏	245	745	464	500	217	10124
新疆	1187	3601	1976	2583	1312	70358

文化站基本情况

文化服务惠及人次(万人次)	组织文艺活动次数(次)	参加人次(万人次)	举办训练班班次(次)	培训人次(万人次)	对业余文化队伍开展培训人次	举办展览个数(个)	参观人次(万人次)
36743.41	**961400**	**27235.77**	**476304**	**3239.33**	**1278.57**	**129145**	**6268.31**
791.69	41586	528.25	41259	191.29	98.81	1604	72.15
249.35	14519	187.33	8121	38.18	14.40	905	23.84
806.25	34395	612.56	12562	82.63	33.78	4178	111.06
634.14	19148	443.93	8446	68.62	28.27	2910	121.60
420.02	14904	319.88	5177	32.06	11.54	2204	68.08
637.64	25472	507.46	12387	78.98	30.67	2038	51.19
302.92	11875	237.70	4024	30.24	15.22	1401	34.97
431.06	18561	315.47	6910	44.85	17.11	2403	70.74
2003.37	62992	1256.47	52412	339.76	175.70	4376	407.15
2195.68	54308	1613.14	22777	175.10	63.54	7524	407.44
5419.48	92652	4269.86	50089	379.32	175.25	11872	770.31
1517.05	37001	1201.82	17379	136.62	40.08	5793	178.61
634.02	16728	435.51	11205	50.58	17.78	3302	147.94
566.27	16333	399.93	7719	45.18	10.04	3434	121.17
2441.74	79806	1777.54	26061	231.72	101.94	9260	432.48
1560.75	44456	1166.58	17822	119.57	39.35	8130	274.60
1397.19	30030	1052.76	13178	110.34	44.58	5127	234.10
1098.45	24235	728.92	13095	92.41	33.52	4681	277.13
3552.04	49817	2526.56	40213	299.20	90.48	7047	726.29
979.77	24981	823.60	6577	38.85	14.90	2668	117.33
91.16	2378	72.75	1066	5.60	1.67	262	12.81
1278.31	26189	838.06	17625	133.37	50.48	5937	306.88
2348.10	61971	1735.89	29932	155.74	53.87	10426	456.48
821.76	18833	641.28	7432	45.36	16.76	2874	135.11
1405.53	26002	1079.97	11613	90.07	35.93	4396	235.50
158.73	6415	132.93	1864	6.83	1.10	971	18.97
932.90	21865	708.37	8560	72.59	23.92	4441	151.94
560.60	15321	362.88	8014	59.50	19.76	3918	138.22
94.02	3851	74.29	1305	7.21	1.04	837	12.53
190.30	7707	157.40	1851	12.61	3.83	566	20.29
1223.15	57069	1026.71	9629	65.02	13.26	3660	131.43

续表 1

地　区	藏书（万册）	计算机（台）	本单位受训人次（万人次）	本年收入合计（千元）	财政补贴收入	免费开放资金
总　计	**36647.34**	**331876**	**104.86**	**16885619**	**16107614**	**2472807**
北　京	629.44	4849	5.72	523262	493246	62607
天　津	198.14	2896	2.02	150039	148787	11920
河　北	917.32	9824	3.38	243588	239307	77229
山　西	559.27	11094	1.35	102372	100327	52565
内蒙古	371.08	6411	1.15	187256	184580	40589
辽　宁	941.07	8344	2.47	129332	120525	11913
吉　林	396.55	5226	0.44	144539	142391	38355
黑龙江	548.55	7553	0.32	131319	130459	46408
上　海	1072.70	4950	5.59	1358884	1256078	49690
江　苏	3331.93	14497	2.07	1080472	1059119	80691
浙　江	2517.14	16767	18.79	1748685	1567181	106464
安　徽	629.18	16673	4.13	408295	384370	110601
福　建	601.82	7849	3.51	640695	628063	274024
江　西	780.98	9609	1.67	259623	247696	84804
山　东	2205.32	23031	4.73	436774	427697	31831
河　南	902.78	16297	1.86	392886	387013	109442
湖　北	900.72	9863	2.34	1276828	1204729	175398
湖　南	1465.79	13175	4.04	399262	374056	99542
广　东	3088.66	19239	18.61	2890320	2795299	185514
广　西	751.19	10253	0.96	226486	206397	56824
海　南	97.81	1838	0.20	39336	33759	9493
重　庆	652.53	11998	1.10	538547	523215	60157
四　川	1785.13	37038	1.68	752311	734017	298468
贵　州	973.48	13419	5.82	422196	388799	48700
云　南	8536.99	15570	3.14	1063163	1042720	72774
西　藏	146.18	4274	0.37	440572	426319	39967
陕　西	434.72	9362	2.12	263020	247716	68856
甘　肃	497.09	9569	2.42	302889	291773	95969
青　海	79.99	1930	0.18	28379	27265	4859
宁　夏	122.27	2618	1.38	47405	44375	7639
新　疆	511.53	5860	1.30	256884	250336	59514

中央资金	业务活动专项经费	本年支出合计(千元)	基本支出	项目支出	工资福利支出	资产总计(千元)
1021514	**5532621**	**17001885**	**8515830**	**6261068**	**6424147**	**51990766**
3437	194217	533253	165375	263407	69231	859568
682	37616	609184	51471	82866	18604	334877
53018	79347	366620	255765	94370	233187	1560350
35250	53468	102365	66189	30641	49781	698786
32921	49057	243367	204107	29439	118736	800731
6446	37974	161206	106375	42456	82319	1185218
23879	40019	143598	98666	39126	91233	355796
36903	45908	131303	86717	40404	80718	496048
8483	573051	1252014	441789	741196	244678	2397015
9255	447665	1043631	561289	381333	361599	3764635
15629	613926	1771690	761456	861791	366430	5949443
21384	93740	370031	224357	104537	157458	2350885
3912	432898	704166	148766	535640	79629	1332589
14937	50342	170171	108594	32038	80402	1511876
4332	158590	447333	289031	116837	187134	2085247
59475	147746	403576	321807	66739	225972	878924
99300	231996	1514223	756807	672831	642840	1550456
53264	114148	416432	285229	100880	205807	1622127
35091	1011269	2149808	835504	1058621	621915	7969569
43666	37434	222080	171037	35699	132096	557684
4688	13634	37768	21120	11991	16515	110690
40306	122076	556317	383091	143661	276646	1896200
179841	336801	786883	331015	413183	198835	2730646
28266	130945	395537	280163	70243	194037	2612978
53272	109886	1124747	564724	148708	867114	1744417
25501	74323	441446	326396	13593	322386	744664
54427	73931	275440	204946	40557	160798	1094376
21220	128318	276532	205442	39690	154406	789485
1214	12980	28377	19347	6072	11608	151646
3031	17055	57655	38222	9395	26968	264914
48484	62261	265132	201033	33124	145065	1588926

续表 2

地区	固定资产原值	实际使用房屋建筑面积(万平方米)	文化活动用房面积	实际拥有产权面积(万平方米)	本站指导群众业余文艺团队(支)	志愿者服务队伍个数(个)
总计	**42572327**	**3173.50**	**2392.09**	**1863.04**	**340876**	**287815**
北京	665866	78.33	54.95	24.77	9747	6860
天津	297463	30.49	22.57	11.08	3468	2589
河北	1245424	89.05	68.47	58.38	20144	14951
山西	653614	69.72	53.85	55.35	8956	6308
内蒙古	588832	54.65	40.97	26.58	5608	3522
辽宁	1016131	88.24	53.42	30.79	9556	8626
吉林	329982	34.87	23.54	21.20	5426	4108
黑龙江	466198	64.24	43.31	23.36	6325	4326
上海	1933908	122.18	91.86	74.64	6704	4839
江苏	3140532	365.13	298.89	168.02	15895	13645
浙江	5094035	379.40	295.13	212.64	29536	23913
安徽	1987479	80.58	67.15	75.53	9727	9500
福建	1123009	89.90	68.20	55.50	7842	18602
江西	1372007	78.06	58.50	49.65	8076	7017
山东	1835887	210.89	146.08	86.95	25781	22331
河南	836725	99.24	75.07	69.02	22543	16409
湖北	1390718	107.70	77.15	72.52	15322	11971
湖南	1172571	117.02	89.27	87.43	17033	13911
广东	5280554	331.76	256.84	149.83	12355	10085
广西	519485	51.15	38.83	36.64	11854	8345
海南	91679	7.12	5.64	5.66	1834	1058
重庆	1767339	68.35	51.59	56.70	7453	14380
四川	2546777	169.48	132.49	120.48	21488	17099
贵州	1546871	61.39	44.09	44.46	9512	8069
云南	1578297	73.25	54.47	74.71	19799	10122
西藏	652455	24.47	20.46	11.59	1450	1253
陕西	954916	64.64	47.03	49.48	10655	8826
甘肃	704582	57.42	42.14	40.78	8887	7273
青海	140352	10.08	9.33	6.73	1014	782
宁夏	249970	14.89	9.45	8.78	1594	1351
新疆	1388669	79.80	51.41	53.77	5292	5744

志愿者服务队伍人数（人）	辖区内社区综合文化服务中心（个）	社区综合文化服务中心面积（万平方米）	室内面积	辖区内村综合文化服务中心（个）	村综合文化服务中心面积（万平方米）	室内面积
5528964	**205271**	**9987.09**	**2648.72**	**731093**	**30369.44**	**6900.41**
184597	3032	190.94	82.52	3443	305.84	121.55
74114	10272	74.76	40.06	19602	115.78	32.67
237462	4317	185.77	53.36	43580	2087.94	404.55
87329	2748	113.44	19.16	27516	850.17	123.30
60964	2458	191.68	51.70	11947	705.64	121.45
119999	15354	506.44	67.46	41576	1157.22	97.85
97390	1919	167.89	44.55	9266	742.83	72.64
97956	2330	186.33	29.43	9601	859.72	64.86
158110	3290	172.07	98.98	4726	137.27	74.37
745424	6348	1000.20	510.86	13371	1344.16	783.78
524015	14089	1203.98	245.16	104542	2710.43	884.09
132957	6234	191.12	46.94	16172	733.24	104.71
190811	4768	182.19	63.23	25394	492.24	129.75
97471	12883	151.20	28.81	19464	445.47	102.52
390627	16354	1122.52	335.72	67380	4082.23	1000.35
309358	6857	308.60	79.04	42643	2181.20	387.40
273909	8286	362.32	81.46	23759	1212.96	230.07
176618	9367	914.77	118.98	35341	2478.73	375.43
299623	19116	1117.28	269.73	51493	1883.31	558.07
67581	2653	162.96	34.93	15239	1075.32	224.51
8857	957	17.78	6.01	8313	104.41	19.21
328058	13111	258.21	52.51	8543	298.79	83.60
230086	7406	365.62	89.08	40830	920.01	259.98
120150	8391	148.96	29.19	14944	413.00	71.90
111921	5112	191.52	46.44	16036	616.57	129.01
15258	2558	5.99	2.17	4343	25.51	7.46
128988	3857	203.61	41.70	16842	910.20	176.86
131967	4202	111.88	24.00	18866	763.40	73.90
3468	765	9.62	2.71	4211	75.38	16.55
41847	808	57.29	12.38	2796	226.05	22.04
82049	5429	110.20	40.43	9314	414.43	145.97

2018年各地区乡镇

地　　区	机构数（个）	从业人员（人）	专职人员	在编人员	专业技术人　　员	提供文化服务次数（次）
总　　计	**33858**	**104924**	**62361**	**67214**	**30087**	**1037878**
北　　京	182	1120	766	500	101	34405
天　　津	131	447	265	202	98	10117
河　　北	1989	4600	2330	2914	735	40873
山　　西	1196	2186	1444	807	427	22919
内 蒙 古	878	2518	1427	1634	871	15372
辽　　宁	950	2091	1220	1498	573	14194
吉　　林	623	1594	1171	1314	654	10601
黑 龙 江	901	1552	1098	1066	494	15025
上　　海	108	2533	1753	1003	248	52555
江　　苏	877	3698	2576	2429	1214	49187
浙　　江	965	3637	2474	1983	1407	85366
安　　徽	1284	4099	3053	3122	1915	53372
福　　建	963	2637	1433	1390	648	21700
江　　西	1622	6924	2031	2327	679	23293
山　　东	1212	3467	2391	2358	1229	72565
河　　南	1903	6311	3774	5103	925	55800
湖　　北	1030	2344	1661	1132	880	33162
湖　　南	2073	5530	3632	4210	1363	32918
广　　东	1175	6956	4327	3108	1376	53624
广　　西	1127	2879	1947	2563	1133	31947
海　　南	198	451	251	309	80	2994
重　　庆	817	3445	2538	2928	887	33055
四　　川	4257	7515	3722	3999	1675	82158
贵　　州	1392	4350	2489	3551	1542	25202
云　　南	1301	4293	3210	3793	3035	34462
西　　藏	684	5155	2142	3836	2735	9045
陕　　西	1205	3859	2240	2555	883	27195
甘　　肃	1233	4375	2649	2545	735	23217
青　　海	361	502	178	161	82	5993
宁　　夏	200	647	402	474	197	7037
新　　疆	1021	3209	1767	2400	1266	58525

文化站基本情况

文化服务惠及人次（万人次）	组织文艺活动次数（次）	参加人次（万人次）	举办训练班班次（次）	培训人次（万人次）	对业余文化队伍开展培训人次	举办展览个数（个）	参观人次（万人次）
27042.82	**652823**	**20163.92**	**285151**	**2053.47**	**762.12**	**99904**	**4825.43**
374.06	19458	282.49	14254	62.45	30.62	693	29.12
147.50	6366	111.57	3414	20.94	7.90	337	14.99
688.47	27397	519.53	9990	71.25	29.20	3486	97.69
544.28	14126	375.78	6245	58.20	25.54	2548	110.29
321.92	10293	240.34	3448	24.64	7.90	1631	56.94
309.74	9733	255.71	3565	28.88	8.38	896	25.16
217.45	7187	168.76	2539	20.81	9.31	875	27.87
284.72	9786	207.16	3760	27.28	10.85	1479	50.28
977.51	23853	655.05	25775	131.80	69.94	2927	190.67
1405.30	31660	1002.70	12509	108.61	35.86	5018	293.99
3392.16	52515	2637.42	25397	218.88	99.93	7454	535.86
1404.88	32967	1111.97	15119	124.27	35.44	5286	168.64
519.51	12495	353.94	6420	33.11	10.31	2785	132.46
504.67	13665	357.25	6570	37.30	8.68	3058	110.11
1631.44	51506	1211.94	15273	140.71	65.00	5786	278.78
1319.32	35347	986.01	13763	97.92	31.75	6690	235.39
1044.17	19871	759.28	9055	81.44	32.02	4236	203.45
937.77	18896	611.26	10095	72.38	25.83	3927	254.14
2428.28	31861	1800.93	16914	145.72	36.75	4849	481.63
932.15	23193	780.53	6192	36.89	13.98	2562	114.72
85.32	1881	68.00	877	4.82	1.61	236	12.50
889.31	18691	581.90	9686	83.37	27.04	4678	224.05
1967.62	50440	1450.11	22452	111.14	38.49	9266	406.37
745.04	16272	581.76	6333	39.27	14.17	2597	124.02
1195.69	21626	912.35	9026	75.10	30.79	3810	208.24
157.59	6280	132.05	1815	6.75	1.10	950	18.80
777.17	16351	581.04	6951	62.65	19.88	3893	133.47
514.35	12712	326.04	7010	55.23	18.11	3495	133.08
94.02	3851	74.29	1305	7.21	1.04	837	12.53
141.98	5123	113.90	1442	10.42	3.42	472	17.66
1089.46	47421	912.86	7957	54.05	11.28	3147	122.56

续表 1

地　区	藏书(万册)	计算机(台)	本单位受训人次(万人次)	本年收入合计(千元)	财政补贴收入	免费开放资金
总　计	**29496.85**	**262842**	**60.94**	**13088841**	**12483715**	**1891792**
北　京	339.39	2409	3.67	328891	309849	37930
天　津	130.28	1407	0.42	112545	111839	7123
河　北	822.50	8151	2.63	218338	215403	70462
山　西	443.30	9171	1.07	87202	85212	45105
内蒙古	285.07	4849	0.72	158478	155956	33515
辽　宁	510.79	5566	0.85	73887	71846	8886
吉　林	270.35	3669	0.25	109020	107996	26418
黑龙江	405.07	4511	0.17	81900	81307	29525
上　海	588.66	2588	2.25	1050285	980454	35947
江　苏	2315.44	9353	1.20	802598	787057	57538
浙　江	1734.31	10953	9.81	1144604	999043	79316
安　徽	541.07	15183	3.44	382929	360804	104733
福　建	488.25	6226	2.01	231065	220109	67031
江　西	673.26	8667	1.47	190476	181482	82429
山　东	1481.29	14613	3.20	269107	262535	19951
河　南	716.44	12702	1.48	331957	329296	87141
湖　北	734.44	7800	1.21	1202202	1135891	166093
湖　南	1282.91	10811	2.50	346698	324823	86982
广　东	2011.91	13590	5.24	2200610	2131588	154459
广　西	698.79	9876	0.84	219268	199696	54964
海　南	90.38	1713	0.16	37701	32195	8731
重　庆	473.00	9328	0.84	372827	363381	47165
四　川	1584.18	33660	1.43	631957	619030	272797
贵　州	876.60	11913	5.39	333308	306727	41824
云　南	8452.89	14047	2.41	976853	962830	62197
西　藏	143.58	4220	0.35	440182	425979	39647
陕　西	378.23	8138	1.67	223276	209285	60220
甘　肃	407.07	8556	1.95	233988	224960	40494
青　海	79.99	1930	0.18	28379	27265	4859
宁　夏	96.93	2068	1.15	42630	40211	6629
新　疆	440.50	5174	1.00	225680	219666	51681

中央资金	业务活动专项经费	本年支出合计（千元）	基本支出	项目支出	工资福利支出	资产总计（千元）
889940	**3798420**	**13141227**	**6769694**	**4396863**	**5396056**	**40144596**
2287	125404	340823	95785	171670	29954	397623
562	22795	574844	35813	67441	11512	250594
47464	72647	341779	237394	89446	216772	1375717
29925	44559	87514	56987	25259	41873	656128
27236	39155	215850	181094	25445	102126	654745
4719	23512	80305	64598	10743	54024	539630
16656	28065	108909	76216	28887	72589	278942
22500	29622	81877	53064	25306	49177	375554
7317	443875	944125	318188	579716	182737	1766296
7485	326671	756331	423173	250534	272814	2652124
8605	380929	1116819	470477	527514	254232	4761692
19320	84982	344590	208627	98312	145282	2265668
3492	60112	297458	104629	179717	63587	998738
14149	46717	149091	99645	30274	74289	843402
2780	96395	276698	173338	76373	116508	1153440
47375	124267	336472	275932	50927	192708	775199
96995	205567	1434098	716188	641440	615926	1400886
46440	97217	359686	251135	81196	183278	1164903
28313	680394	1449160	574436	657507	421325	4881219
42306	35176	214962	166381	33582	128777	535720
4071	13097	36731	20555	11692	16113	107508
32452	83186	378430	264549	89755	196737	1565111
168088	276446	658088	274861	347948	177806	2446726
24095	97537	309259	212932	57509	173654	2505142
48107	72948	1035871	520678	110280	837219	1633587
25181	74003	440956	326030	13521	322140	660896
47667	63173	234406	176373	34938	134241	1002681
18402	72689	222132	158351	35649	140978	698243
1214	12980	28377	19347	6072	11608	151646
2662	14469	52250	34386	8744	24638	246935
42075	49831	233336	178532	29466	131432	1397901

续表 2

地　　区	固定资产原　　值	实际使用房屋建筑面　　积(万平方米)	文化活动用房面积	实际拥有产权面积(万平方米)	本站指导群众业余文艺团队(支)	志愿者服务队伍个数(个)
总　　计	**32588310**	**2339.55**	**1806.82**	**1546.90**	**258686**	**212961**
北　　京	347864	45.10	31.41	13.87	4917	2909
天　　津	223021	16.16	12.18	8.00	1857	1120
河　　北	1064122	77.02	60.44	54.74	17907	12705
山　　西	614533	55.37	43.96	51.88	7381	4978
内 蒙 古	491433	41.32	31.40	23.42	4201	2396
辽　　宁	403671	44.31	31.75	20.04	5347	4121
吉　　林	257697	22.55	16.45	18.57	3945	2588
黑 龙 江	355746	33.20	27.23	19.62	4382	2879
上　　海	1391349	75.10	52.82	51.83	4082	2577
江　　苏	2223942	261.46	217.99	123.75	9738	8205
浙　　江	4105849	266.11	213.49	163.46	17875	14770
安　　徽	1917835	71.91	60.42	71.15	8267	8264
福　　建	824214	73.69	56.47	48.09	6204	14500
江　　西	714911	71.77	54.10	46.64	7220	6131
山　　东	1025893	134.73	93.13	60.04	17261	15028
河　　南	747159	77.28	60.78	64.12	18944	13246
湖　　北	1260286	88.36	63.34	62.88	11194	8775
湖　　南	1031670	97.03	75.77	77.35	14327	10814
广　　东	2598466	223.29	170.23	115.52	6992	5617
广　　西	506679	47.79	37.00	35.36	11424	7982
海　　南	88699	6.24	4.93	5.20	1778	888
重　　庆	1467872	46.40	35.54	41.95	4764	11966
四　　川	2304046	146.76	115.93	110.28	18016	13687
贵　　州	1453910	50.39	39.03	42.10	8342	6976
云　　南	1480238	63.28	46.60	67.16	17750	8845
西　　藏	569287	23.89	19.91	11.37	1431	1123
陕　　西	874479	55.00	39.65	43.69	8623	7225
甘　　肃	629749	47.18	37.26	37.57	8119	6377
青　　海	140352	10.08	9.33	6.73	1014	782
宁　　夏	233898	10.59	7.71	7.24	1184	921
新　　疆	1239440	56.22	40.58	43.27	4200	4566

志愿者服务队伍人数（人）	辖区内社区综合文化服务中心（个）	社区综合文化服务中心面积（万平方米）	室内面积	辖区内村综合文化服务中心（个）	村综合文化服务中心面积（万平方米）	室内面积
3219147	**114195**	**5088.81**	**1294.97**	**673779**	**27588.30**	**6126.00**
43902	748	52.57	23.66	3376	301.51	119.04
33404	474	21.14	11.39	19406	108.70	29.27
186497	2127	90.19	23.10	43058	2063.43	396.47
67947	1236	48.76	7.46	26769	817.48	118.76
39430	1272	118.21	25.36	11752	689.11	119.60
44847	6197	184.04	15.50	40334	1044.22	80.94
47625	612	81.46	14.23	8789	715.77	69.17
64860	595	31.53	7.61	8845	850.09	63.83
59137	1697	104.28	65.55	1804	115.98	61.45
418822	3099	432.06	220.53	12422	1235.70	718.53
314056	8666	291.06	94.32	91553	1953.18	664.06
113032	5286	153.66	31.99	15858	711.10	101.81
135427	3348	85.55	28.49	18075	461.93	121.04
80448	11614	123.96	21.29	18784	434.73	99.41
222941	10305	621.51	169.89	52854	3243.22	748.08
214116	3854	178.54	36.67	41021	2110.85	371.11
98167	3810	183.19	35.18	20955	1099.77	195.65
120043	6654	575.03	85.30	34041	2356.22	362.70
186866	4304	582.45	147.98	49503	1688.39	506.39
62655	2408	135.19	30.88	15108	1066.68	223.18
5729	474	11.68	3.61	8306	104.08	19.18
137552	5055	150.44	27.47	7531	270.23	75.92
142557	5035	244.25	47.09	39999	886.82	251.12
63164	7690	121.38	23.98	13879	399.96	67.15
93162	3840	124.92	26.45	15200	581.43	119.62
14764	2517	5.39	1.90	4336	25.48	7.46
72734	2471	134.59	23.00	15259	782.19	158.90
57585	3535	86.69	11.78	18757	760.76	73.19
3468	765	9.62	2.71	4211	75.38	16.55
29009	463	36.45	7.37	2771	224.45	21.75
45201	4044	69.02	23.24	9223	409.48	144.68

主要统计指标解释

1．**组织品牌活动**：是指由文化馆负责长期组织开展，当地群众广泛参与，在一定区域内具有较大影响，对当地文化生活及经济社会发展产生积极影响的群众文化活动。

2．**组织文艺活动次数**：指本馆组织或与外机构联合组织各种文艺演出（包括调演、汇演）次数，不论地点和内容，每组织一次算一次。

3．**举办训练班班次**：指本馆举办或与外机构联合举办的各种文化、艺术、科普（包括图书、讲演、创作、表演、音乐、舞蹈、美术、文学、摄影等）训练班，按截止到年底办完的班数及培训人数，分别计算班次。

4．**举办展览个数**：指本馆举办或与外机构联合举办的在馆内或者馆外展览的个数。个数按展览的内容计算。同一内容的展览不论在哪些地点展出和展出时间多久，只计算一个。

5．**组织公益性讲座次数**：指由本馆组织的公益性讲座的次数总和。

6．**业务活动专项经费**：指本馆报告期内财政拨款中用于开展群众文化活动的专项经费。

7．**馆办文艺团体**：指由本馆人员组成的为群众提供文艺演出的演出团队。

8．**馆办文艺团体演出场次**：指由本馆人员组成的为群众提供文艺演出的演出团队演出场次。

9．**馆办老年大学**：指由本馆举办的专对老年人进行文艺培训的场所。

10．**群众业余文艺团队**：指业务上受本馆指导的城镇和农村各种业余文艺演出团队。

11．**主体建筑建成年份**：根据填报机构公用房屋建筑的具体建成年份填报，填报机构如有分属不同年份的房屋建筑，按照主体建筑的具体建成年份填报。

4

艺 术 业

按年份各地区艺术表演团体机构数

单位：个

地　区	1995年	2000年	2005年	2010年	2015年	2016年	2017年	2018年
总　计	**2682**	**2619**	**2805**	**6864**	**10787**	**12301**	**15742**	**17123**
北　京	22	20	20	18	395	485	451	414
天　津	19	16	16	36	86	84	103	121
河　北	138	138	126	284	596	712	735	450
山　西	162	159	156	342	456	546	665	795
内蒙古	118	116	109	123	175	186	206	226
辽　宁	89	77	66	239	263	246	187	192
吉　林	68	65	61	68	49	54	68	82
黑龙江	92	89	84	89	51	57	71	90
上　海	31	29	85	89	180	205	199	254
江　苏	136	133	129	408	369	444	628	662
浙　江	83	79	273	471	1024	1245	1410	1573
安　徽	92	92	92	1255	1617	1879	2639	2859
福　建	91	96	91	449	397	429	426	454
江　西	81	79	79	99	236	304	425	379
山　东	118	118	117	119	623	567	772	828
河　南	216	205	199	371	824	1006	1671	2017
湖　北	105	100	99	204	282	308	473	489
湖　南	89	90	91	201	273	452	534	510
广　东	134	138	139	397	391	357	390	436
广　西	117	118	118	141	92	100	108	112
海　南	23	21	22	67	66	74	77	82
重　庆		38	29	381	730	770	1283	1571
四　川	140	98	84	348	543	621	697	829
贵　州	30	28	26	52	95	113	137	153
云　南	134	129	135	142	276	221	316	268
西　藏	25	26	27	37	87	87	87	86
陕　西	117	118	113	127	177	281	462	531
甘　肃	78	76	76	82	191	227	286	351
青　海	14	14	12	32	54	60	48	84
宁　夏	15	15	23	45	40	34	45	75
新　疆	87	88	91	132	132	131	127	134

按年份全国文化和旅游部门执行事业会计制度的艺术表演团体基本情况

年份	机构数（个）	演出场次（万场次）		观众人次（万人）	平均每团演出场次（场）	总收入（万元）			总支出（万元）	经费自给率（%）
			农村演出				财政拨款	演出收入		
1949年	1000	30			300					
1952年	2084	66		2312	317					
1957年		137		79245	474					
1958年	3181	205		120290	644					
1964年	3302	171	82	84293	518	19030	5290		19817	69.3
1978年	3143	65	22	79395	206	32086	19644	11079	30049	41.4
1980年	2183	54	20	61519	245	34687	22503	10685	29524	41.3
1985年	3295	74	49	72322	226	48568	30942	13091	47292	37.3
1990年	2788	49	32	51012	176	71535	43759	18041	67514	41.1
1991年	2760	45	29	46411	162	71756	42638	17798	76065	38.3
1992年	2744	43	28	46338	155	80959	46617	19559	87797	39.1
1993年	2698	41	26	42530	151	92770	51093	21756	100106	41.6
1994年	2691	40	26	40935	149	127628	75583	27276	134508	38.7
1995年	2676	41	26	43166	154	151388	86620	34382	160654	40.3
1996年	2656	42	27	47934	158	184240	109781	39870	183534	40.6
1997年	2651	42	26	46361	157	206794	125300	40716	202789	40.2
1998年	2640	42	26	53486	161	218546	139913	41730	223877	35.1
1999年	2622	42	26	46904	161	242645	155609	48967	242797	35.8
2000年	2619	41	26	46168	157	263664	172864	51650	268886	33.8
2001年	2590	42	24	47385	163	311852	210018	57448	312601	32.6
2002年	2577	42	24	45980	161	365331	246661	64884	363312	32.7
2003年	2601	38	22	39163	147	400867	269640	71781	397890	33.0
2004年	2512	41	24	37907	165	459183	313068	86125	459369	31.8
2005年	2472	40	23	35752	159	500262	342807	92603	488472	32.2
2006年	2456	41	24	40766	167	565018	387812	103431	558540	31.7
2007年	2455	42	25	45404	170	691050	487842	120396	670009	30.3
2008年	2465	41	25	41272	167	803030	573623	133077	777735	29.5
2009年	2481	42	25	43127	169	889046	631197	142227	860603	30.0
2010年	2421	42	24	44290	175	946742	654258	155743	917143	31.9
2011年	2249	40	24	38209	176	1058959	777590	162684	1029564	27.3
2012年	1804	32	20	29796	179	1076060	824265	132713	1043740	24.1
2013年	1588	29	18	26067	182	998200	773381	123340	969206	23.2
2014年	1581	29	18	24294	183	1074246	843859	116572	1059017	21.8
2015年	1548	28	19	24261	178	1209567	969712	127431	1183497	20.3
2016年	1520	27	18	24004	181	1285603	1016972	132320	1220720	22.0
2017年	1530	28	19	25619	183	1363606	1087389	138645	1387283	19.9
2018年	1527	29	20	23306	190	1495504	1185661	154131	1475031	21.0

按年份各地区文化和旅游部门执行事业会计制度的艺术表演团体演出场次

单位：万场

地　区	1995年	2000年	2005年	2010年	2015年	2016年	2017年	2018年
总　计	**41.2**	**41.0**	**39.9**	**42.4**	**27.6**	**27.4**	**28.4**	**29.0**
北　京	0.4	0.6	0.7	0.3	0.2	0.2	0.2	0.2
天　津	0.3	0.2	0.2	0.3	0.4	0.3	0.3	0.3
河　北	3.0	2.7	3.2	2.3	1.4	1.4	1.4	1.5
山　西	4.4	3.4	2.7	2.9	1.9	1.6	1.9	1.9
内蒙古	1.3	1.4	1.5	1.7	1.3	1.2	1.2	1.3
辽　宁	1.0	0.9	0.9	0.8	0.3	0.2	0.2	0.2
吉　林	1.1	0.7	0.5	0.8	0.1	0.1	0.1	0.1
黑龙江	1.4	1.2	1.1	1.1	0.3	0.2	0.3	0.3
上　海	1.0	1.3	0.9	1.1	0.7	0.7	0.7	0.8
江　苏	3.8	4.0	3.6	3.3	3.2	3.4	3.6	3.5
浙　江	1.1	1.3	1.2	1.2	0.6	0.7	0.7	0.6
安　徽	0.7	1.3	1.1	1.1	0.2	0.2	0.2	0.2
福　建	1.5	1.4	1.2	1.6	1.0	1.0	1.0	0.9
江　西	0.7	0.9	1.0	1.7	0.7	0.6	0.6	0.6
山　东	1.7	2.1	2.0	2.2	2.3	2.4	2.3	2.2
河　南	5.0	3.7	3.9	4.4	4.2	4.3	4.4	4.5
湖　北	1.3	1.5	1.6	2.2	1.6	1.6	1.7	1.7
湖　南	1.2	1.5	2.2	1.9	1.2	1.1	1.1	1.1
广　东	1.7	1.8	1.5	1.1	0.5	0.5	0.6	0.6
广　西	1.1	1.3	1.2	1.2	0.2	0.2	0.2	0.2
海　南	0.2	0.2	0.2	0.2	0.1	0.1	0.1	0.2
重　庆		0.2	0.3	0.4	0.2	0.1	0.1	0.2
四　川	0.9	1.0	0.9	1.1	0.4	0.4	0.5	0.5
贵　州	0.2	0.2	0.3	0.6	0.3	0.2	0.2	0.2
云　南	1.5	1.0	0.9	1.1	0.6	0.7	0.7	0.7
西　藏	0.2	0.2	0.2	0.2	0.6	0.6	0.6	0.7
陕　西	2.3	2.2	2.0	1.8	1.1	1.1	1.2	1.2
甘　肃	1.3	1.4	1.5	1.6	0.3	0.3	0.3	0.3
青　海	0.2	0.2	0.2	0.2	0.1	0.1	0.1	0.1
宁　夏	0.2	0.2	0.2	0.2	0.0	0.0	0.0	0.0
新　疆	0.7	0.9	1.1	1.4	1.4	1.5	1.6	1.7

按年份各地区文化和旅游部门执行事业会计制度的艺术表演团体演出观众人次

单位：万人次

地　区	1995年	2000年	2005年	2010年	2015年	2016年	2017年	2018年
总　计	**43166**	**46168**	**35752**	**44290**	**24261**	**24004**	**25619**	**23306**
北　京	249	680	246	145	115	109	112	98
天　津	277	242	159	242	255	258	186	187
河　北	3384	3728	2275	2527	1416	1396	1444	1436
山　西	6362	4913	2748	3554	1423	1164	1406	1412
内蒙古	969	1147	1035	1419	956	947	851	913
辽　宁	982	1169	961	542	216	99	108	85
吉　林	1032	958	346	858	50	43	71	79
黑龙江	839	993	688	814	160	167	170	192
上　海	506	501	343	550	189	160	188	188
江　苏	1600	1818	1617	1708	1485	1595	1618	1538
浙　江	1281	1512	1524	1262	811	820	870	856
安　徽	644	841	984	912	139	129	115	95
福　建	2304	1773	997	1304	652	684	668	604
江　西	589	1058	1105	1441	489	438	514	565
山　东	2497	2438	2154	2421	2023	2136	1978	1837
河　南	5399	5073	4650	6326	5125	5183	5034	4849
湖　北	1668	2121	1656	2829	1706	1827	1821	1547
湖　南	700	1096	1340	1525	868	880	862	830
广　东	1961	2427	2102	1829	663	653	631	718
广　西	987	1618	1290	1384	282	244	252	251
海　南	298	283	190	213	168	171	178	190
重　庆		347	258	247	166	123	104	144
四　川	838	782	705	974	317	292	333	335
贵　州	149	461	258	520	331	352	2124	407
云　南	1295	1329	1113	1515	821	792	794	746
西　藏	189	305	176	362	390	391	426	440
陕　西	2900	3046	1916	2839	1220	1155	1092	1124
甘　肃	2436	2064	1821	2228	295	280	279	298
青　海	219	186	131	185	80	92	113	94
宁　夏	137	318	223	263	56	49	19	2
新　疆	385	694	534	850	1136	1163	1072	1030

按年份各地区文化和旅游部门执行事业会计制度的艺术表演团体演出收入

单位：万元

地 区	1995年	2000年	2005年	2010年	2015年	2016年	2017年	2018年
总 计	**34382**	**51650**	**92603**	**155743**	**127431**	**132320**	**1386445**	**1541314**
北 京	1068	2265	5195	6800	8058	7553	100738	97118
天 津	347	547	1335	2195	3858	4482	41304	78538
河 北	1754	2279	3853	5536	4170	4164	42937	55213
山 西	2528	2683	4151	9410	7519	7655	91523	90961
内 蒙 古	606	497	914	1458	1039	994	7994	10992
辽 宁	1209	2185	3298	4220	1539	1450	24946	34016
吉 林	778	1051	2658	2762	431	960	9258	11342
黑 龙 江	866	959	887	1804	738	884	4895	7851
上 海	3023	4527	9526	16127	11339	12613	152071	158962
江 苏	2332	4142	7018	11661	9445	9984	83965	108278
浙 江	1648	2768	5106	10634	7364	8209	98936	122642
安 徽	507	993	2017	2088	1140	928	12397	12421
福 建	1953	2382	3158	7024	7605	5116	51884	58714
江 西	381	438	717	2342	1505	1324	13767	13382
山 东	1500	2963	4202	6130	5264	6126	59773	67195
河 南	2647	3104	4743	8464	10842	10740	117311	112120
湖 北	1075	1610	2790	4833	4236	3766	42069	51396
湖 南	630	1137	2151	3238	2231	2465	22991	25537
广 东	3861	6282	8955	9697	8206	8132	97725	111298
广 西	507	717	1468	2037	260	314	3259	2552
海 南	476	367	550	1854	2069	3622	10719	16113
重 庆		433	464	1044	745	847	7321	13839
四 川	604	732	1725	5064	1167	1684	18840	18972
贵 州	119	142	313	387	694	926	15055	21965
云 南	353	455	1515	1407	551	868	4058	7011
西 藏	27	12	28	3	104	211	2515	1771
陕 西	1245	1804	2685	3214	3075	3214	34710	35950
甘 肃	446	579	1652	3548	881	1447	18456	8997
青 海	63	70	215	830	404	426	4440	5173
宁 夏	52	122	212	299	62	63	20	50
新 疆	386	775	761	575	1504	1336	12637	8313

按年份各地区文化和旅游部门所属艺术表演场馆机构数

单位：个

地　区	1995年	2000年	2005年	2010年	2015年	2016年	2017年	2018年
总　计	**1958**	**1900**	**1866**	**1461**	**1264**	**1265**	**1253**	**1236**
北　京	23	24	39	7	8	8	8	8
天　津	30	32	28	27	29	29	28	28
河　北	99	96	95	75	71	70	72	72
山　西	53	49	44	87	90	83	85	83
内蒙古	35	30	27	22	18	20	21	21
							32	
辽　宁	79	71	59	42	32	33	25	32
吉　林	60	52	73	32	28	26	31	25
黑龙江	49	56	45	44	34	34	21	30
上　海	43	43	160	82	22	21	92	21
江　苏	140	142	87	86	91	93	67	86
浙　江	100	95	125	69	65	68	44	71
安　徽	110	104	90	55	44	44	53	44
福　建	78	80	76	51	54	54	42	50
江　西	69	61	58	53	44	43	89	42
山　东	116	105	94	90	87	88	137	88
河　南	169	166	156	138	140	140	48	136
湖　北	87	78	66	61	48	49	62	48
湖　南	104	94	83	62	61	65	43	62
广　东	79	75	68	63	42	44	14	43
广　西	34	31	23	22	16	15	8	12
海　南	3	18	13	6	8	8	16	8
重　庆		25	17	18	15	16	44	17
四　川	124	94	65	54	44	44	6	42
贵　州	15	14	12	7	6	6	17	6
云　南	44	40	38	32	17	16	13	16
西　藏	9	20	24	17	13	13	80	13
陕　西	109	112	107	89	81	80	23	78
甘　肃	47	46	30	26	23	23	12	23
青　海	3	2	1	18	13	12	3	11
宁　夏	17	19	12	7	3	3	13	3
新　疆	26	22	47	14	13	13	80	13

按年份全国文化和旅游部门执行事业会计制度的艺术表演场馆基本情况

年 份	机构数（个）	演出场次（万场次）	艺术场次	观众人次（万人）	收入合计（万元）	财政拨款	艺术演出收入	总支出（万元）
1985年	1377	99	12		11630	1506	1776	9519
1986年	1928	203	15	88670	19547	2233	2488	16786
1990年	1995	302	9	89157	43491	2865	3375	37402
1991年	2009	367	9	77613	47406	5505	3760	44260
1992年	1987	288	7	53188	51123	4037	4487	48185
1993年	1972	245	6	43278	60204	4688	4635	56846
1994年	1947	221	5	27552	68000	5359	5268	66234
1995年	1918	205	5	24252	79507	5723	6481	77136
1996年	1892	256	5	59057	86147	5034	7611	87204
1997年	1898	231	5	16572	88540	6559	8387	89732
1998年	1882	206	5	15368	84956	6800	8869	88735
1999年	1864	168	6	11581	75675	7588	10187	80731
2000年	1863	136	6	12982	81081	8643	10735	82040
2001年	1840	115	7	20544	83431	13112	11601	89815
2002年	1819	74	7	11421	83643	12033	13186	89374
2003年	1900	56	7	8087	103274	15703	21425	104384
2004年	1552	44	7	11286	99402	15467	21477	101157
2005年	1427	41	7	6328	94363	16792	29958	89301
2006年	1390	38	6	6528	117975	19603	37552	117871
2007年	1330	39	6	5906	115036	24067	38414	117321
2008年	1355	40	5	5596	123572	28116	28649	111036
2009年	1248	27	6	5045	113851	32074	23954	112603
2010年	1176	31	6	6003	132109	45333	25935	130900
2011年	1119	30	4	3945	159185	65871	22004	154849
2012年	1004	27	5	3525	136324	60356	11652	171124
2013年	931	26	3	3236	147259	71838	12812	146031
2014年	917	27	3	2922	167387	81671	10333	169466
2015年	928	30	4	3522	196280	102043	18302	195679
2016年	925	32	5	3299	167208	76847	19418	163172
2017年	909	48	5	3319	208839	104787	24259	194983
2018年	888	35	4	3370	211422	101084	20885	197802

按年份各地区文化和旅游部门执行事业会计制度的艺术表演场馆演出场次

单位：万场

地　区	1995年	2000年	2005年	2010年	2015年	2016年	2017年	2018年
总　计	**204.8**	**135.5**	**40.6**	**30.7**	**30.0**	**31.9**	**48.7**	**34.9**
北　京	2.8	2.3	2.1	0.6	1.0	0.8	1.1	1.5
天　津	6.8	4.0	1.8	0.5	1.0	1.0	0.8	0.6
河　北	8.2	6.4	1.7	1.1	1.6	2.3	4.1	3.5
山　西	3.6	3.1	2.6	2.7	2.7	2.4	1.5	1.3
内蒙古	1.9	1.8	0.6	0.8	1.4	2.0	2.1	2.0
辽　宁	6.6	4.9	1.1	0.5	0.3	0.4	0.3	0.3
吉　林	3.2	2.7	0.4	1.4	2.0	2.2	2.4	1.8
黑龙江	1.5	1.9	0.5	0.3	0.1	0.1	0.1	0.1
上　海	4.7	3.9	1.8	1.5	0.9	0.8	1.0	0.6
江　苏	26.6	12.6	0.2	0.3	0.1	0.1	0.1	0.2
浙　江	14.2	7.3	1.6	2.1	1.9	2.2	2.5	1.7
安　徽	16.9	8.2	1.3	0.5	0.1	0.1	0.1	0.1
福　建	6.4	4.9	2.1	3.0	3.4	4.1	14.9	4.2
江　西	4.9	2.0	0.7	0.9	0.4	0.3	1.2	2.3
山　东	11.6	9.5	0.7	1.1	0.7	0.3	0.3	0.2
河　南	16.4	10.3	7.8	2.2	0.9	0.5	0.4	0.4
湖　北	11.8	8.9	1.4	2.7	3.1	4.6	5.0	5.0
湖　南	10.9	7.6	1.9	1.3	1.8	1.1	2.1	0.9
广　东	15.6	9.0	2.1	0.6	0.7	0.7	0.6	0.3
广　西	3.7	1.8	1.2	1.8	0.5	0.4	0.4	1.0
海　南	0.3	0.8	0.2	0.1	0.1			
重　庆		1.6	0.3	0.1				
四　川	6.0	2.4	1.2	0.6	0.2	0.2	0.3	0.2
贵　州	1.4	1.0	1.1	0.1				
云　南	6.3	4.8	0.6	0.7				
西　藏	2.1	2.1	0.7	0.3				
陕　西	3.9	4.2	1.1	0.4	0.3	0.5	0.6	0.6
甘　肃	2.9	3.2	0.6	0.3	0.6	0.8	1.3	1.0
青　海	0.4	0.2		0.2	0.1	0.2	0.2	0.1
宁　夏	2.2	1.2	0.1			0.1	0.1	0.1
新　疆	0.7	0.9	1.4	2.0	4.0	3.6	5.4	5.0

按年份各地区文化和旅游部门执行事业会计制度的艺术演出场馆观众人次

单位：万人次

地　区	1995年	2000年	2005年	2010年	2015年	2016年	2017年	2018年
总　计	**24252**	**12982**	**6328**	**6003**	**3522**	**3299**	**3319**	**3370**
北　京	430	238	231	59	66	133	150	156
天　津	368	150	56	189	118	158	141	116
河　北	673	493	270	192	119	112	107	123
山　西	662	329	230	595	189	157	174	167
内蒙古	325	198	195	149	89	100	87	81
辽　宁	808	369	407	223	63	77	67	68
吉　林	244	227	106	114	137	127	121	102
黑龙江	210	549	128	169	38	59	42	38
上　海	823	381	503	461	185	226	238	203
江　苏	3266	1257	29	70	62	72	90	63
浙　江	1447	597	269	442	269	244	255	268
安　徽	785	328	211	123	14	11	18	25
福　建	743	547	265	201	178	220	159	151
江　西	543	180	178	161	121	88	92	252
山　东	1028	1051	166	371	150	209	189	363
河　南	2335	881	610	326	212	245	258	196
湖　北	895	2194	377	746	168	149	174	115
湖　南	846	452	232	248	397	267	262	232
广　东	1887	553	243	189	154	163	161	126
广　西	447	205	162	132	44	17	17	14
海　南	74	124	19	14	49	39	30	28
重　庆		27	120	54	5	17	9	8
四　川	520	209	328	199	97	80	115	88
贵　州	190	68	46	34				
云　南	1177	231	123	89	20	15	24	20
西　藏	399	155	138	62	10	7	7	4
陕　西	2106	514	348	196	133	144	150	162
甘　肃	409	212	81	56	42	47	58	62
青　海	98	9		24	51	49	29	66
宁　夏	409	188	45	19	1	1	24	21
新　疆	77	56	185	98	342	67	73	53

按年份各地区文化和旅游部门执行事业会计制度的艺术表演场馆演出收入

单位：万元

地　区	1995年	2000年	2005年	2010年	2015年	2016年	2017年	2018年
总　计	**6481**	**10735**	**29958**	**25935**	**18302**	**19418**	**24259**	**20885**
北　京	175	746	2871	523	414	31	27	45
天　津	83	70	110	536	230	175	274	396
河　北	245	317	235	277	493	150	656	560
山　西	125	144	201	1016	1530	177	205	122
内蒙古	40	30	19	309	18	25	54	34
辽　宁	156	235	646	786	11	8	4	595
吉　林	50	82	212	503	495	984	303	161
黑龙江	57	100	167	164	19	5	1602	283
上　海	472	913	19122	12035	7831	10704	11845	11037
江　苏	1093	1617	221	544	252	151	173	528
浙　江	649	1174	1111	2772	416	1733	1904	2225
安　徽	172	221	275	206	47	187	95	27
福　建	185	347	447	234	427	246	246	242
江　西	61	252	138	635	177	145	459	77
山　东	478	580	270	215	70	74	36	98
河　南	547	636	809	1199	1334	1998	2221	806
湖　北	255	309	631	751	612	340	334	304
湖　南	120	551	388	425	657	494	134	364
广　东	926	1393	753	1126	1597	618	2340	1382
广　西	41	123	79	343	40	47	11	38
海　南	12	55	17	2	83	3	3	3
重　庆			10	13	1			
四　川	64	138	403	472	732	1032	1144	1397
贵　州	2	46	56	50				
云　南	164	116	151	208	37	10		
西　藏	41	2	5	24	23	23		
陕　西	81	268	273	410	754	58	64	66
甘　肃	66	75	124	60			127	96
青　海	5	1		11				
宁　夏	10	33	24	17				
新　疆	29	48	128	72	2	3		

2018年全国艺术

	剧团数（个）	从业人员（人）	专业技术人才	演出场次（万场次）	国内演出场次	农村演出场次
总　计	**17123**	**416374**	**163303**	**312.46**	**310.85**	**178.82**
按隶属关系分：						
中央	16	4798	2533	0.71	0.29	0.03
省区市	214	29622	23694	6.02	5.72	2.27
地市	510	38241	30114	9.91	9.51	4.64
县市区	16383	343713	106962	295.83	295.32	171.88
按单位类型分：						
公有制	2163	119080	82806	42.16	40.55	27.30
其中：文化和旅游部门	2078	114401	80726	40.90	39.33	26.54
其他部门	85	4679	2080	1.27	1.22	0.75
非公有制	14960	297294	80497	270	270	152
按剧种分：						
话剧、儿童剧、滑稽剧类	2958	56901	19693	41.07	41.05	24.90
其中：儿童剧团	72	1775	1031	0.63	0.62	0.05
歌舞、音乐类	2412	89366	39423	57.01	56.65	13.53
京剧、昆曲类	145	8076	5456	3.49	3.09	2.08
其中：京剧	132	7231	4878	3.21	2.80	2.03
地方戏曲类	4433	129005	51956	82.90	82.63	68.26
杂技、魔术、马戏类	502	11925	5191	11.88	11.50	4.41
曲艺类	857	14388	5253	11.95	11.94	8.24
乌兰牧骑	110	3548	2411	1.19	1.16	0.89
综合性艺术表演团体	5706	103165	33920	102.96	102.84	56.50

表演团体情况

国内演出观众人次(万人次)	农村观众人次	本年收入合计(千元)	财政补贴收入	演出收入	本年支出合计(千元)	资产总计(千元)	实际使用房屋建筑面积(万平方米)
117569.42	**77897.59**	**36672578**	**15841146**	**15226851**	**31525590**	**81342617**	**907.95**
300.26	32.93	2016801	1299405	254864	1828596	4332685	30.28
3614.78	1310.24	8015960	5539954	1381128	8064220	14723643	141.11
8128.94	4142.61	7081647	5423678	908914	7014541	7614628	166.00
105525.44	72411.81	19558170	3578109	12681945	14618233	54671661	570.56
33920.31	22685.90	21450475	15416790	3273172.00	21216228	33458123	497.03
32866.67	22026.57	20413133	14766864	3114363.00	20255011	31496166	485.46
1053.64	659.34	1037342	649926	158809.00	961217	1961957	11.57
83649	55212	15222103	424356	11953679	10309362	47884494	411
11687.38	6680.63	4243866	1369984	1751028	3396044	15609071	113.68
285.75	25.15	470641	232559	85888	381292	619682	7.53
15266.44	6588.21	10793807	5638578	3195534	9777563	25146477	246.66
1854.06	1249.65	1934337	1484305	222068	1911501	2735846	35.17
1770.26	1234.42	1588235	1208975	195075	1562686	2451792	30.84
46919.32	39576.34	8556614	4507455	3229009	8258183	10720641	244.94
3572.04	1269.18	1020412	504683	439912	958744	1466876	38.07
3456.81	2285.01	786071	357686	314110	689602	2125209	22.56
862.96	546.39	376563	358074	1381	363575	250830	13.69
33950.43	19702.20	8960908	1620381	6073809	6170378	23287667	193.20

2018年全国公有制艺术

	剧团数(个)	从业人员(人)	专业技术人才	正高级职称	副高级职称
总　计	**2163**	**119080**	**82806**	**4949**	**13410**
按隶属关系分：					
中央	16	4798	2533	701	727
省区市	214	29622	23694	2329	5296
地市	510	38241	30114	1510	5319
县市区	1423	46419	26465	409	2068
按剧种分：					
话剧、儿童剧、滑稽剧类	61	5460	3926	409	882
其中：儿童剧团	9	1043	794	79	176
歌舞、音乐类	686	40946	28965	1773	4518
京剧、昆曲类	67	5998	4878	474	1051
其中：京剧	59	5274	4336	422	934
地方戏曲类	936	43846	29118	1441	4316
杂技、魔术、马戏类	62	4945	3322	185	532
曲艺类	64	2280	1657	129	306
乌兰牧骑	108	3539	2405	24	191
综合性艺术表演团体	179	12066	8535	514	1614

续表

	本年收入合　计(千元)	财政补贴收　入	演出收入	本年支出合　计(千元)	资产总计(千元)
总　计	**21450475**	**15416790**	**3273172**	**21216228**	**33458123**
按隶属关系分：					
中央	2016801	1299405	254864	1828596	4332685
省区市	8015960	5539954	1381128	8064220	14723643
地市	7081647	5423678	908914	7014541	7614628
县市区	4336067	3153753	728266	4308871	6787167
按剧种分：					
话剧、儿童剧、滑稽剧类	1792587	1181619	320998	1708760	3971377
其中：儿童剧团	397959	226206	55601	338042	556511
歌舞、音乐类	8227885	5588618	1400501	8058706	15058542
京剧、昆曲类	1831026	1484192	133322	1822673	2670603
其中：京剧	1490627	1208952	111699	1478057	2392499
地方戏曲类	5998192	4427153	911142	6052279	6827765
杂技、魔术、马戏类	733266	503986	164188	746934	1135969
曲艺类	509030	352984	91695	501890	556562
乌兰牧骑	376263	358074	1081	363325	250530
综合性艺术表演团体	1982226	1520164	250245	1961661	2986775

表演团体基本情况

中级职称	本团原创首演剧目(个)	演出场次(万场次)	国内演出场次	农村演出场次	国内演出观众人次(万人次)	农村观众人次
29351	**1652**	**42.16**	**40.55**	**27.30**	**33920.31**	**22685.90**
754	63	0.71	0.29	0.03	300.26	32.93
8456	271	6.02	5.72	2.27	3614.78	1310.24
11857	378	9.91	9.51	4.64	8128.94	4142.61
8284	940	25.53	25.02	20.36	21876.34	17200.12
1426	100	1.32	1.29	0.28	859.71	197.91
275	26	0.32	0.32	0.03	185.75	18.83
9681	500	9.61	9.25	5.36	7621.19	3677.42
1788	60	1.65	1.24	0.47	812.20	340.41
1612	50	1.49	1.09	0.45	741.31	329.42
10552	623	20.06	19.80	16.00	19341.73	15579.35
1125	27	2.05	1.66	0.47	1029.83	247.54
592	68	3.29	3.28	2.05	1020.69	661.24
714	142	1.16	1.13	0.86	859.96	543.39
3473	132	3.02	2.90	1.80	2375.00	1438.64

实际使用房屋建筑面积(万平方米)	流动舞台车演出情况			政府采购的公益演出活动情况		
	流动舞台车数量(辆)	利用流动舞台车演出场次(万场次)	利用流动舞台车演出观众人次(万人次)	演出场次(万场次)	演出观众人次(万人次)	演出补贴收入(千元)
497.03	**1575**	**12**	**9702**	**17**	**13118**	**1243050**
30.28				0	128	79365
141.11	65	0	360	2	1255	338778
166.00	307	2	1315	4	3198	396204
159.64	1203	10	8027	11	8537	428703
31.77	15	0	44	0	299	80283
5.55	2			0	51	25286
171.39	454	2	1239	4	2771	391002
33.64	32	0	228	1	403	96331
29.46	31	0	224	0	377	51913
151.38	791	8	7172	9	7672	483051
19.49	20	0	82	0	241	41500
9.93	22	0	102	0	201	21104
13.68	109	0	217	1	494	14480
65.75	132	1	617	1	1037	115299

2018年全国文化和旅游部门

	剧团数（个）	补贴团数	从业人员（人）	专业技术人才	正高级职称	副高级职称
总　计	**2078**	**1898**	**114401**	**80726**	**4847**	**13159**
按隶属关系分：						
中央	9	9	3241	2324	658	671
省区市	208	191	28847	23185	2296	5193
地市	496	462	37177	29350	1495	5240
县市区	1365	1236	45136	25867	398	2055
按剧种分：						
话剧、儿童剧、滑稽剧类	58	53	5315	3798	405	858
其中：儿童剧团	8	8	903	667	75	152
歌舞、音乐类	645	584	37938	27880	1700	4369
京剧、昆曲类	67	63	5998	4878	474	1051
其中：京剧	59	56	5274	4336	422	934
地方戏曲类	911	833	42967	28619	1423	4294
杂技、魔术、马戏类	61	56	4854	3290	183	520
曲艺类	62	59	2175	1585	127	294
乌兰牧骑	107	107	3539	2405	24	191
综合性艺术表演团体	167	143	11615	8271	511	1582

续表

	财政补贴收入	演出收入	本年支出合计（千元）	资产总计（千元）	实际使用房屋建筑面积（万平方米）
总　计	**14766864**	**3114363**	**20255011**	**31496166**	**485.46**
按隶属关系分：					
中央	894359	194349	1305651	3318651	25.42
省区市	5385714	1344227	7799194	14041172	139.45
地市	5360649	887284	6907505	7428551	163.49
县市区	3126142	688503	4242661	6707792	157.11
按剧种分：					
话剧、儿童剧、滑稽剧类	1140846	320372	1654634	3949505	31.31
其中：儿童剧团	185433	55176	284266	534811	5.11
歌舞、音乐类	5041371	1288421	7283540	13332136	163.99
京剧、昆曲类	1484192	133322	1822673	2670603	33.64
其中：京剧	1208952	111699	1478057	2392499	29.46
地方戏曲类	4407233	884578	5997705	6792015	149.42
杂技、魔术、马戏类	495491	160095	730714	1103858	18.97
曲艺类	347708	85702	488656	537965	9.48
乌兰牧骑	358074	1081	363325	250330	13.68
综合性艺术表演团体	1491949	240792	1913764	2859754	64.98

所属艺术表演团体基本情况

中级职称	本团原创首演剧目(个)	演出场次(万场次)	国内演出场次	农村演出场次	国内演出观众人次(万人次)	农村观众人次	本年收入合计(千元)
28635	**1594**	**40.90**	**39.33**	**26.54**	**32866.67**	**22026.57**	**20413133**
666	39	0.65	0.24	0.03	231.50	32.60	1433433
8257	262	5.84	5.55	2.25	3494.96	1293.29	7747661
11559	372	9.62	9.23	4.49	7886.78	3994.46	6975746
8153	921	24.80	24.31	19.78	21253.43	16706.21	4256293
1377	97	1.28	1.25	0.28	839.95	196.02	1741012
226	23	0.29	0.28	0.02	169.49	16.94	346735
9266	464	9.17	8.83	5.17	7214.73	3480.79	7378440
1788	60	1.65	1.24	0.47	812.20	340.41	1831026
1612	50	1.49	1.09	0.45	741.31	329.42	1490627
10420	614	19.58	19.32	15.58	18974.59	15271.67	5938859
1107	27	2.01	1.63	0.46	1004.83	241.74	717037
569	68	3.19	3.17	2.00	882.74	571.25	497761
714	142	1.16	1.13	0.86	854.96	542.88	376263
3394	122	2.88	2.75	1.72	2282.66	1381.80	1932735

排练练功用房	实际拥有产权面积(万平方米)	流动舞台车演出情况			政府采购的公益演出活动情况		
		流动舞台车数量(辆)	利用流动舞台车演出场次(万场次)	利用流动舞台车演出观众人次(万人次)	演出场次(万场次)	演出观众人次(万人次)	演出补贴收入(千元)
104.81	**275.05**	**1537**	**11.80**	**9544.29**	**16.16**	**12798.45**	**1217674**
2.81	23.94				0.13	101.79	74245
28.39	82.56	65	0.33	359.86	1.81	1232.50	335425
37.34	81.92	297	1.52	1284.53	3.54	3101.87	385771
36.27	86.63	1175	9.95	7899.91	10.68	8362.30	422233
4.41	15.57	15	0.06	43.90	0.45	293.47	79321
0.37	1.94	2			0.10	46.95	24324
40.81	92.57	435	1.80	1178.26	3.66	2609.71	380813
6.73	23.18	32	0.28	228.26	0.51	403.20	96331
5.96	22.08	31	0.28	223.76	0.46	376.75	51913
30.40	79.47	776	8.13	7109.02	8.75	7599.57	476086
6.52	13.68	20	0.21	82.08	0.43	235.20	40340
2.09	4.11	21	0.15	73.53	0.35	170.96	19704
3.85	5.00	109	0.35	217.29	0.75	493.85	14480
10.00	41.48	129	0.83	611.95	1.26	992.50	110599

2018年全国文化和旅游部门执行事业会计

	剧团数（个）	补贴团数	从业人员（人）	专业技术人才	正高级职称	副高级职称	中级职称
总　计	**1527**	**1448**	**79033**	**56132**	**3257**	**9266**	**20487**
按隶属关系分：							
中央	8	8	2751	1936	527	553	563
省区市	105	104	16472	13731	1419	3298	5149
地市	317	306	24182	19732	1000	3723	8139
县市区	1097	1030	35628	20733	311	1692	6636
按剧种分：							
话剧、儿童剧、滑稽剧类	23	22	2372	1724	227	460	664
其中：儿童剧团	4	4	611	435	62	121	155
歌舞、音乐类	471	446	24739	17692	1027	2784	6144
京剧、昆曲类	49	48	4749	4042	431	892	1463
其中：京剧	43	42	4085	3506	382	777	1288
地方戏曲类	702	658	33161	22434	1100	3508	8327
杂技、魔术、马戏类	37	33	2132	1609	69	184	524
曲艺类	49	47	1360	1001	76	174	369
乌兰牧骑	107	107	3539	2405	24	191	714
综合性艺术表演团体	89	87	6981	5225	303	1073	2282

制度的艺术表演团体基本情况

本团原创首演剧目(个)	本团拥有知识产权数量(个)	演出场次(万场次)	国内演出场次	农村演出场次	国内演出观众人次(万人次)	农村观众人次	本年收入合计(千元)	财政补贴收入
1233	**939**	**29.03**	**27.93**	**19.98**	**23306.09**	**16295.49**	**14955035**	**11856608**
37	52	0.63	0.23	0.03	217.05	31.24	1295310	816128
150	388	2.70	2.64	1.21	1657.65	692.51	5338286	4183877
245	218	6.13	5.90	3.12	5079.06	2703.76	4882794	4164068
801	281	19.57	19.17	15.62	16352.32	12867.98	3438645	2692535
51	26	0.48	0.47	0.09	282.14	61.37	1044742	790784
20	5	0.16	0.16	0.02	97.06	10.68	268998	163200
350	230	5.85	5.62	3.55	4706.56	2379.92	5217080	4018615
53	2	1.29	0.89	0.32	615.60	261.34	1587983	1286032
45	2	1.15	0.75	0.32	551.21	254.84	1291125	1052212
486	444	14.67	14.51	11.86	14148.85	11470.24	4834267	3786950
10	7	1.02	0.85	0.33	513.29	150.53	295548	230778
55	54	2.84	2.83	1.93	742.79	529.96	316064	257037
142	24	1.16	1.13	0.86	854.96	542.88	376263	358074
86	152	1.72	1.64	1.04	1441.89	899.25	1283088	1128338

续表 1

	上级补助收入	事业收入	演出收入	经营收入	附属单位上缴收入	其他收入
总　计	**617115**	**1879340**	**1541314**	**64202**	**627**	**536640**
按隶属关系分：						
中央	48455	331690	172632			99037
省区市	285511	622259	555284	47460		199179
地市	152109	425992	362292	7132	7	133486
县市区	131040	499399	451106	9610	620	104938
按剧种分：						
话剧、儿童剧、滑稽剧类	10239	149258	134758			94461
其中：儿童剧团	3029	50075	42497			52694
歌舞、音乐类	309744	701374	547035	49219	40	138088
京剧、昆曲类	61361	189951	117070	1180		49459
其中：京剧	43381	151577	96247	1180		42775
地方戏曲类	187075	649163	578487	7994	587	202498
杂技、魔术、马戏类	4967	52273	50810	1851		5679
曲艺类	10165	36666	29661			12196
乌兰牧骑	13776	1081	1081			2832
综合性艺术表演团体	19788	99574	82412	3958		31427

本年支出合计（千元）	基本支出	项目支出	经营支出	在支出合计中					
				工资福利支出	商品和服务支出				
						差旅费	劳务费	福利费	各种税金支出
14750306	**9457419**	**4901908**	**135696**	**7797843**	**4074871**	**298274**	**1009359**	**57231**	**62729**
1160761	109794	1050957		550692	438276	50356	109616	6412	12143
5323919	3192838	2076548	29052	2555881	1680784	98919	355151	20476	29449
4832284	3456706	1265853	38900	2598102	1264882	98332	375043	13483	13211
3433342	2698081	508550	67744	2093168	690929	50667	169549	16860	7926
987305	386542	595973	4739	370644	313058	16772	74085	2214	4344
209736	76473	133262		88961	81581	5175	28756	1028	658
5112761	3042397	1932248	37115	2663279	1554471	125246	414342	18260	27497
1554057	991921	560556	1472	853627	423350	22193	98142	4274	8910
1261769	811977	448213	1472	694837	315344	11849	74342	2563	5560
4879936	3507254	1198609	73603	2672927	1211034	91587	277297	23450	17074
290425	216376	66001	3914	175831	66071	5247	11055	2362	1280
315239	239075	72755	456	151612	84008	5513	14691	1423	1147
363325	317808	35481	1400	236940	70230	8201	18666	370	166
1247258	756046	440285	12997	672983	352649	23515	101081	4878	2311

续表 2

	对个人和家庭补助支出	抚恤金和生活补助	其他资本性支出	各种设备、交通工具、图书购置费	资产总计（千元）	固定资产原价
总计	**996930**	**124578**	**779534**	**331291**	**22516917**	**14338678**
按隶属关系分：						
中央	38676	3020	63745	61985	3047185	1623643
省区市	335307	58603	386873	136263	9116213	5726237
地市	440839	39112	201187	77363	4730773	3077595
县市区	182108	23843	127729	55680	5622746	3911203
按剧种分：						
话剧、儿童剧、滑稽剧类	46263	5685	48544	40534	2484606	878063
其中：儿童剧团	10743	2516	7081	3435	330752	223545
歌舞、音乐类	305782	30501	201499	120278	10040018	6462750
京剧、昆曲类	77499	12086	128006	43229	2294579	1760145
其中：京剧	67945	9815	112086	33901	2033196	1596834
地方戏曲类	364402	53553	319232	86804	5226135	3330340
杂技、魔术、马戏类	19834	4000	8197	5297	301871	213009
曲艺类	46542	4143	8443	5955	187628	105202
乌兰牧骑	15482	1537	15692	9696	250330	211383
综合性艺术表演团体	121126	13073	49921	19498	1731750	1377786

实际使用房屋建筑面积（万平方米）	排练练功用房	实际拥有产权面积（万平方米）	流动舞台车演出情况			政府采购的公益演出活动情况		
			流动舞台车数量（辆）	利用流动舞台车演出场次（万场次）	利用流动舞台车演出观众人次（万人次）	演出场次（万场次）	演出观众人次（万人次）	演出补贴收入（千元）
346.26	**71.08**	**195.63**	**1175**	**9.22**	**7586.13**	**11.64**	**9368.25**	**717901**
21.39	2.56	19.91				0.12	97.84	70036
90.26	16.92	48.68	32	0.16	224.78	0.90	665.62	148327
107.28	22.99	57.63	200	1.02	917.14	2.17	1992.20	208417
127.34	28.61	69.41	943	8.04	6444.21	8.46	6612.60	291121
14.86	1.22	6.17	4	0.02	13.56	0.17	110.92	47699
3.18	0.11	1.13	1			0.07	34.06	19913
108.83	26.91	61.14	334	1.35	855.53	2.46	1719.96	174938
23.66	5.66	18.17	23	0.21	199.48	0.28	264.85	36609
21.37	5.08	17.06	22	0.21	194.98	0.25	244.41	33591
121.01	23.81	63.90	600	6.50	5807.84	6.63	5831.59	355989
9.40	2.23	6.97	13	0.16	64.74	0.32	168.57	24142
6.65	1.39	1.87	20	0.15	73.53	0.25	104.11	12298
13.68	3.85	5.00	109	0.35	217.29	0.75	493.85	14480
48.16	6.01	32.42	72	0.49	354.16	0.77	674.40	51746

2018年全国文化和旅游部门执行企业会计

	剧团数（个）	补贴团数	从业人员（人）	专业技术人才	正高级职称	副高级职称
总　计	**551**	**450**	**35368**	**24594**	**1590**	**3893**
按隶属关系分：						
中央	1	1	490	388	131	118
省区市	103	87	12375	9454	877	1895
地市	179	156	12995	9618	495	1517
县市区	268	206	9508	5134	87	363
按剧种分：						
话剧、儿童剧、滑稽剧类	35	31	2943	2074	178	398
其中：儿童剧团	4	4	292	232	13	31
歌舞、音乐类	174	138	13199	10188	673	1585
京剧、昆曲类	18	15	1249	836	43	159
其中：京剧	16	14	1189	830	40	157
地方戏曲类	209	175	9806	6185	323	786
杂技、魔术、马戏类	24	23	2722	1681	114	336
曲艺类	13	12	815	584	51	120
乌兰牧骑						
综合性艺术表演团体	78	56	4634	3046	208	509

制度的艺术表演团体基本情况

中级职称	本团原创首演剧目(个)	本团拥有知识产权数量(个)	演出场次(万场次)	国内演出场次	农村演出场次	国内演出观众人次(万人次)	农村观众人次	资产总计
8148	**361**	**374**	**11.87**	**11.40**	**6.56**	**9560.59**	**5731.08**	**8979249**
103	2		0.02	0.01	0.00	14.45	1.36	271466
3108	112	86	3.14	2.91	1.04	1837.31	600.78	4924959
3420	127	173	3.49	3.34	1.37	2807.72	1290.71	2697778
1517	120	115	5.23	5.14	4.16	4901.11	3838.23	1085046
713	46	73	0.79	0.78	0.19	557.81	134.65	1464899
71	3	6	0.13	0.13	0.01	72.43	6.26	204059
3122	114	155	3.31	3.21	1.62	2508.17	1100.86	3292118
325	7	3	0.37	0.36	0.15	196.60	79.08	376024
324	5	1	0.34	0.33	0.13	190.10	74.58	359303
2093	128	78	4.91	4.81	3.72	4825.75	3801.43	1565880
583	17	3	0.99	0.78	0.14	491.54	91.21	801987
200	13	4	0.35	0.34	0.07	139.95	41.30	350337
1112	36	58	1.15	1.11	0.68	840.78	482.55	1128004

续表 1

	资产、负债、所有者权益(千元)					
	固定资产原　价	本年折旧	负债合计	所有者权益合计	实收资本(股本)	国家资本
总　计	**6286642**	**723626**	**2797472**	**6181777**	**3432181**	**3181388**
按隶属关系分：						
中央	235327	11028	46683	224783	283740	283740
省区市	3278630	382036	1623570	3301389	1597317	1570284
地市	1976857	283823	750205	1947573	1095266	1006941
县市区	795828	46739	377014	708032	455858	320423
按剧种分：						
话剧、儿童剧、滑稽剧类	791382	77905	500244	964655	400934	304369
其中：儿童剧团	45290	8030	81422	122637	129518	129518
歌舞、音乐类	2945913	304006	958315	2333803	1097936	1067644
京剧、昆曲类	342720	40724	119595	256429	175645	173645
其中：京剧	337130	39947	99087	260216	170645	168645
地方戏曲类	1014518	132571	556774	1009106	591735	524333
杂技、魔术、马戏类	352435	44596	225209	576778	360868	339650
曲艺类	227504	51300	70009	280328	45077	39377
乌兰牧骑						
综合性艺术表演团体	612170	72524	367326	760678	759986	732370

损益(千元)									
营业收入	演出收入	营业成本	养老、医疗、失业等各种社会保险费	住房公积金和住房补贴	差旅费	工会经费	营业利润	营业外收入
2257831	**1573049**	**5119079**	**439999**	**155755**	**85990**	**21455**	**-2861248**	**3200267**
59833	21717	144863	16469	8526	5040		-85030	78290
1079535	788943	2318979	205744	69329	40227	11104	-1239444	1329840
766072	524992	1945340	157782	62596	30135	7881	-1179268	1326880
352391	237397	709897	60004	15304	10588	2470	-357506	465257
292756	185614	626312	34930	14045	7753	3156	-333556	403514
46322	12679	74407	5380	1602	933	399	-28085	31415
1009804	741386	2069300	179570	61592	39338	7209	-1059496	1151556
34002	16252	247750	16524	6133	2807	704	-213748	209041
31881	15452	195422	16176	5298	2698	695	-163541	167621
446703	306091	1038618	99672	31855	20124	4598	-591915	657889
136020	109285	393624	38081	12014	3932	2475	-257604	285469
82959	56041	161633	10995	5933	2407	998	-78674	98738
255587	158380	581842	60227	24183	9629	2315	-326255	394060

续表 2

				工资、福利费、税金(千元)		
	政府补助(补贴收入)	营业外支出	利润总额	本年发放工资总额	本年支付的职工福利费	本年应交税金总额
总　计	**2910256**	**385626**	**-46607**	**2081352**	**74284**	**128796**
按隶属关系分：						
中央	78231	27	-6767	72461	3929	9061
省区市	1201837	156296	-65900	922354	31504	63388
地市	1196581	129881	17731	735793	25773	39849
县市区	433607	99422	8329	350744	13078	16498
按剧种分：						
话剧、儿童剧、滑稽剧类	350062	41017	28941	203233	10546	22225
其中：儿童剧团	22233	123	3207	22256	653	2181
歌舞、音乐类	1022756	101479	-9419	824268	28167	45590
京剧、昆曲类	198160	20866	-25573	70183	2088	2144
其中：京剧	156740	20866	-16786	61959	2088	2094
地方戏曲类	620283	79151	-13177	472554	13108	28094
杂技、魔术、马戏类	264713	46665	-18800	182656	6767	5729
曲艺类	90671	11784	8280	64898	2229	5527
乌兰牧骑						
综合性艺术表演团体	363611	84664	-16859	263560	11379	19487

实际使用房屋建筑面积(万平方米)	排练练功用房	实际拥有产权面积(万平方米)	流动舞台车演出情况			政府采购的公益演出活动情况		
			流动舞台车数量(辆)	利用流动舞台车演出场次(万场次)	利用流动舞台车演出观众人次(万人次)	演出场次(万场次)	演出观众人次(万人次)	演出补贴收入(千元)
139.20	**33.74**	**79.42**	**362**	**2.58**	**1958.16**	**4.52**	**3430.20**	**499773**
4.03	0.25	4.03				0.01	3.95	4209
49.19	11.47	33.88	33	0.17	135.08	0.91	566.88	187098
56.20	14.35	24.30	97	0.50	367.39	1.38	1109.68	177354
29.78	7.66	17.22	232	1.91	1455.70	2.23	1749.70	131112
16.44	3.20	9.40	11	0.05	30.34	0.28	182.55	31622
1.93	0.26	0.81	1			0.03	12.89	4411
55.16	13.91	31.44	101	0.44	322.73	1.20	889.75	205875
9.97	1.07	5.02	9	0.07	28.78	0.23	138.34	59722
8.09	0.87	5.02	9	0.07	28.78	0.21	132.34	18322
28.42	6.59	15.56	176	1.63	1301.19	2.12	1767.98	120097
9.56	4.29	6.71	7	0.05	17.34	0.11	66.63	16198
2.83	0.70	2.24	1			0.11	66.85	7406
16.82	3.98	9.06	57	0.34	257.79	0.48	318.10	58853

2018年非公有制艺术

	机构数（个）	从业人员（人）	专业技术人才	演员数	国内演出场次（万场次）
总　计	**14960**	**297294**	**80497**	**198072**	**270.30**
按剧种分：					
话剧、儿童剧、滑稽剧类	2897	51441	15767	33473	39.76
其中：儿童剧团	63	732	237	451	0.31
歌舞、音乐类	1726	48420	10458	25567	47.40
京剧、昆曲类	78	2078	578	1669	1.84
其中：京剧	73	1957	542	1588	1.71
地方戏曲类	3497	85159	22838	57139	62.83
杂技、魔术、马戏类	440	6980	1869	4242	9.83
曲艺类	793	12108	3596	8393	8.66
乌兰牧骑	2	9	6	9	0.03
综合性艺术表演团体	5527	91099	25385	67580	99.94

续表

	农村演出收入	城市演出收入	营业成本	养老、医疗、失业等各种社会保险费	本年发放工资总额
总　计	**4601114**	**3670679**	**10309362**	**417577**	**5270208**
按剧种分：					
话剧、儿童剧、滑稽剧类	583325	734866	1687284	84311	776351
其中：儿童剧团	4179	25061	43250	2936	20289
歌舞、音乐类	498377	651869	1718857	101427	718616
京剧、昆曲类	57082	30624	88828	2811	56881
其中：京剧	55732	26604	84629	2671	53672
地方戏曲类	1963865	300659	2205904	54763	1677986
杂技、魔术、马戏类	95501	172848	211810	5602	132109
曲艺类	124439	81891	187712	8827	125404
乌兰牧骑	300		250		250
综合性艺术表演团体	1278225	1697922	4208717	159836	1782611

表演团体基本情况

农村演出场次	国外演出场次(万场次)	国内演出观众人次(万人次)	农村观众人次	经营情况(千元) 营业收入	企业赞助收入	演出收入
151.52	**15.08**	**83649.11**	**55211.69**	**14477410**	**132730**	**11953679**
24.61	2.75	10827.67	6482.72	2162482	39278	1430030
0.02		100.01	6.32	46896	214	30287
8.17	6.73	7645.24	2910.79	2459163	18554	1795033
1.61		1041.86	909.23	102698	693	88746
1.58		1028.95	905.01	97205	573	83376
52.26	2.77	27577.58	23996.98	2437183	26757	2317867
3.94	0.26	2542.21	1021.64	281858	1030	275724
6.20	0.02	2436.12	1623.77	258002	6147	222415
0.03		3.00	3.00	300		300
54.70	2.56	31575.43	18263.56	6775724	40271	5823564

本年应交税金总额	营业利润	国外演出利润	营业外收入	政府补贴	资产总计(千元)	实际使用房屋建筑面积(万平方米)
967556	**4168190**	**11780**	**744693**	**424356**	**47884494**	**410.92**
98143	475194	2960	288797	188365	11637694	81.91
2098	3644		25786	6353	63171	1.98
198073	740313	8030	106759	49960	10087935	75.26
3392	13869	10	613	113	65243	1.53
3217	12575	10	403	23	59293	1.39
33578	231388	370	121239	80302	3892876	93.55
6092	70048	430	5288	697	330907	18.58
7381	70294	90	19039	4702	1568647	12.63
	50				300	0.01
620897	2567034	-110	202958	100217	20300892	127.45

2018年全国艺术

	机构数（个）	从业人员（人）	专业技术人才	座席数（个）	演(映)出场次合计（万场次）	艺术演出场次	惠民演出
总　计	**2478**	**51478**	**13624**	**1920410**	**126.64**	**17.89**	**3.94**
其中：附属剧场	752	15631	4930	471372	27.76	5.05	1.17
儿童剧场	39	703	298	34276	0.80	0.26	0.24
按单位类型分：							
公有制	1317	24013	7431	1098703	78.24	7.68	2.61
其中：文化和旅游部门	1236	21046	6436	991497	66.89	6.02	2.44
其他部门	81	2967	995	107206	11.35	1.66	0.16
非公有制	1161	27465	6193	821707	48.40	10.21	1.33
按机构类型分：							
剧场	1130	25602	7701	876976	31.57	8.45	2.19
影剧院	610	9061	2152	518333	79.37	2.86	0.88
书场、曲艺场	32	565	273	5953	0.57	0.54	0.02
杂技、马戏场	8	849	172	116458	0.16	0.15	0.00
音乐厅	44	1085	260	21185	1.87	0.50	0.12
综合性	287	8390	2129	231953	9.28	3.49	0.53
其他艺术表演场馆	367	5926	937	149552	3.82	1.90	0.19
按隶属关系分：							
中央	7	204	19	6670	0.14	0.14	0.07
省、区、市	118	5331	2126	93638	12.33	1.33	0.55
地、市	357	8190	2314	262237	31.17	2.69	0.72
县、市及以下	1996	37753	9165	1557865	83.00	13.73	2.61

表演场馆基本情况

观众人次合计（万人次）	艺术演出观众	本年收入合计（千元）	财政拨款	艺术演出收入	本年支出合计（千元）	资产总计（千元）	实际使用房屋建筑面积（万平方米）	演(映)出业务用房
14092.80	**5861.69**	**13247953**	**2315410**	**3743921**	**10461257**	**45720476**	**6671.58**	**540.33**
3698.20	1464.57	3213150	94631	691821	2374770	10398342	5663.90	89.13
161.55	119.42	177078	55149	44364	149298	369572	29.24	14.25
6061.00	2969.90	5256993	2032844	1207446	4899300	23555847	765.91	393.28
5325.46	2588.42	3841793	1503610	744508	3626429	18117370	661.74	337.75
735.53	381.48	1415200	529234	462938	1272871	5438477	104.17	55.53
8031.80	2891.79	7990960	282566	2536475	5561957	22164629	5905.67	147.05
7128.61	3241.08	7017148	1446802	2218931	5792203	26553494	667.66	306.12
3364.92	810.10	1723409	300777	518641	1401546	5786172	224.04	108.57
65.04	63.33	51223	30	38678	47005	100383	2.34	0.98
314.97	212.75	958221	19912	273671	476678	1523028	7.40	2.36
294.36	249.25	479944	146935	222300	293198	664451	26.56	11.71
2114.51	950.71	2208785	368198	373189	1860971	8417821	5683.01	96.96
810.39	334.46	809223	32756	98511	589656	2675127	60.59	13.63
88.32	82.42	32418	444	15678	29786	42832	8.24	4.63
1163.48	827.80	1984118	710670	593268	1704881	10379166	129.95	80.54
1797.73	855.72	1581217	590970	335558	1586036	6234690	273.11	130.32
11043.28	4095.75	9650200	1013326	2799417	7140554	29063788	6260.29	324.84

2018年全国公有制艺术

	机构数(个)	从业人员(人)	专业技术人才	正高级职称	副高级职称	中级职称	座席数(个)	演(映)出场次合计(万场次)
总　计	**1317**	**24013**	**7431**	**241**	**780**	**2652**	**1098703**	**78.24**
其中：附属剧场	187	3430	2149	111	391	925	156691	4.84
儿童剧场	34	493	210	6	20	96	32211	0.69
按机构类型分：								
剧场	588	11820	4278	160	546	1625	459596	13.24
影剧院	564	7895	1891	45	136	679	479559	59.80
书场、曲艺场	8	12					612	0.06
杂技、马戏场	3	107	18		2	6	4958	0.01
音乐厅	12	523	160	2	14	25	17575	0.30
综合性	110	3160	827	21	47	257	121107	4.67
其他艺术表演场馆	32	496	257	13	35	60	15296	0.15
按隶属关系分：								
中央	7	204	19	1	5	11	6670	0.14
省、区、市	118	5331	2126	97	386	775	93638	12.33
地、市	357	8190	2314	63	241	875	262237	31.17
县、市及以下	835	10288	2972	80	148	991	736158	34.60

2018年全国文化和旅游部门所属

	机构数(个)	从业人员(人)	专业技术人才	正高级职称	副高级职称	中级职称	座席数(个)	演(映)出场次合计(万场次)
总　计	**1236**	**21046**	**6436**	**207**	**709**	**2321**	**991497**	**66.89**
其中：附属剧场	165	2713	1834	86	338	766	115838	2.82
儿童剧场	32	477	197	6	19	89	31752	0.68
按机构类型分：								
剧场	549	9990	3573	127	482	1345	399980	12.87
影剧院	545	7506	1818	45	136	665	459026	51.10
书场、曲艺场	8	12					612	0.06
杂技、马戏场	3	107	18		2	6	4958	0.01
音乐厅	10	470	146	2	9	16	14751	0.24
综合性	91	2508	662	21	45	229	98034	2.47
其他艺术表演场馆	30	453	219	12	35	60	14136	0.14
按隶属关系分：								
中央	4	78	2				3216	0.09
省、区、市	109	4185	1613	72	325	567	86239	12.11
地、市	339	7382	2045	61	237	839	237053	28.98
县、市及以下	784	9401	2776	74	147	915	664989	25.71

表演场馆基本情况

艺术演出场次	惠民演出	观众人次合计(万人次)	艺术演出观众	本年收入合计(千元)	财政拨款	艺术演出收入	本年支出合计(千元)	资产总计(千元)	实际使用房屋建筑面积(万平方米)
7.68	**2.61**	**6061.00**	**2969.90**	**5256993**	**2032844**	**1207446**	**4899300**	**23555847**	**765.91**
0.75	0.55	569.44	390.27	43040	25314	10308	41370	641561	86.70
0.15	0.21	123.92	84.18	135946	54943	27584	122693	261784	28.03
2.85	1.35	2534.56	1525.02	2835273	1198555	671710	2655857	14114297	365.32
2.55	0.84	2452.38	675.26	1063739	292235	105018	1077523	4359411	196.30
0.06		7.25	7.25	8156		725	8332	8944	0.46
0.01	0.00	13.24	12.76	21341	10547	4544	18417	120505	3.61
0.26	0.10	251.04	222.49	443491	146935	213534	270280	586214	24.11
1.83	0.25	732.98	494.77	789026	354626	196239	783560	4230792	159.46
0.12	0.05	69.56	32.36	95967	29946	15676	85331	135684	16.63
0.14	0.07	88.32	82.42	32418	444	15678	29786	42832	8.24
1.33	0.55	1163.48	827.80	1984118	710670	593268	1704881	10379166	129.95
2.69	0.72	1797.73	855.72	1581217	590970	335558	1586036	6234690	273.11
3.52	1.28	3011.47	1203.97	1659240	730760	262942	1578597	6899159	354.61

艺术表演场馆基本情况

艺术演出场次	惠民演出	观众人次合计(万人次)	艺术演出观众	本年收入合计(千元)	财政拨款	艺术演出收入	本年支出合计(千元)	资产总计(千元)	实际使用房屋建筑面积(万平方米)
6.02	**2.44**	**5325.46**	**2588.42**	**3841793**	**1503610**	**744508**	**3626429**	**18117370**	**661.74**
0.60	0.51	425.09	303.61	34621	25314	5018	31015	320019	62.04
0.15	0.21	121.17	82.83	131580	53817	27584	115562	256804	26.93
2.57	1.29	2274.58	1333.35	1812632	749104	419158	1661457	9002282	315.70
2.52	0.84	2244.15	653.85	951025	274049	75468	968566	4235821	169.85
0.06		7.25	7.25	8156		725	8332	8944	0.46
0.01	0.00	13.24	12.76	21341	10547	4544	18417	120505	3.61
0.20	0.09	185.06	173.52	331542	146935	101585	270280	586214	23.40
0.56	0.18	538.06	381.64	624153	294756	128645	618918	4029051	132.18
0.11	0.05	63.13	26.06	92944	28219	14383	80459	134553	16.55
0.09	0.06	48.92	47.62	32418	444	15678	29786	22285	3.13
1.13	0.52	1006.43	687.75	1030800	333554	278262	872244	5964867	104.16
1.40	0.64	1587.34	731.86	1399478	512009	274480	1397338	6037468	245.72
3.41	1.23	2682.78	1121.20	1379097	657603	176088	1327061	6092750	308.74

2018年全国文化和旅游部门执行事业会计

	机构数（个）	从业人员（人）	专业技术人才	正高级职称	副高级职称	中级职称	座席数（个）	演(映)出场次合计（万场次）	艺术演出场次
总　计	**888**	**13132**	**4334**	**149**	**480**	**1688**	**726179**	**34.95**	**3.73**
其中：附属剧场	126	2193	1613	78	302	705	92484	2.43	0.44
儿童剧场	19	146	50	1	2	24	19475	0.49	0.05
按机构类型分：									
剧场	391	6376	2559	94	350	1051	290486	8.48	1.64
影剧院	407	5295	1331	40	103	485	366691	25.35	1.57
书场、曲艺场	4	7					150	0.02	0.02
杂技、马戏场	1						900		
音乐厅	6	239	66	1	5	10	6438	0.13	0.12
综合性	57	998	240	13	10	101	52170	0.86	0.30
其他艺术表演场馆	22	217	138	1	12	41	9344	0.12	0.09
按隶属关系分：									
中央									
省、区、市	57	2719	1258	61	246	462	48198	7.70	0.72
地、市	207	3847	1062	24	114	494	138673	14.26	0.69
县、市及以下	624	6566	2014	64	120	732	539308	12.98	2.33

续表

	本年支出合计（千元）	基本支出	项目支出	经营支出	在支出合计中：工资福利支出	商品和服务支出	差旅费	劳务费
总　计	**1978016**	**1041293**	**499916**	**383551**	**626839**	**701345**	**6085**	**49030**
其中：附属剧场	17494	2528	14545	404	2141	2733	15	37
儿童剧场	27994	17469	6387	3672	10303	6814	60	221
按机构类型分：								
剧场	972184	520247	253211	181355	306618	329568	2842	28128
影剧院	559616	344130	81161	103725	221469	169852	1618	13842
书场、曲艺场	7621	706		6915	706	6674		
杂技、马戏场								
音乐厅	115004	68641	42829	352	22280	58169	458	2383
综合性	310099	94983	122499	91004	65697	135825	998	4618
其他艺术表演场馆	13492	12586	216	200	10069	1257	169	59
按隶属关系分：								
中央								
省、区、市	574000	328512	95309	150178	151437	275258	1230	17075
地、市	628499	291991	173632	152591	190429	219544	2999	10357
县、市及以下	775517	420790	230975	80782	284973	206543	1856	21598

制度的艺术表演场馆基本情况

惠民演出	观众人次合计(万人次)	艺术演出观众人次	本年收入合计(千元)	财政补贴收入	上级补助收入	事业收入	演出收入	经营收入	附属单位上缴收入	其他收入
1.47	**3369.55**	**1685.74**	**2114215**	**1010835**	**76608**	**434584**	**208853**	**384261**	**11588**	**196339**
0.30	302.21	230.96	18462	17474		422	422	562		4
0.03	45.64	28.15	28759	14000	636	7205	266	5366		1552
0.72	1535.21	845.80	1099007	525256	36625	244167	164042	183518	10102	99339
0.55	1436.01	525.53	544011	229002	16737	89166	19226	130863	1486	76757
	0.83	0.83	7514			7514	83			
0.05	85.33	77.30	161355	89460	967	62733	17526	3997		4198
0.10	269.94	214.72	287652	156356	22279	28395	7948	65093		15529
0.04	42.24	21.57	14676	10761		2609	28	790		516
0.27	613.63	456.86	722600	259812	22159	271266	164798	96546		72817
0.29	751.56	369.62	606178	299818	31132	65577	22542	159898	82	49671
0.91	2004.36	859.26	785437	451205	23317	97741	21513	127817	11506	73851

福利费	各种税金支出	对个人和家庭补助支出	抚恤金和生活补助	其他资本性支出	各种设备、交通工具、图书购置费	资产总计(千元)	固定资产原价	实际使用房屋建筑面积(万平方米)	演(映)出业务用房	实际拥有产权面积(万平方米)
11653	**39335**	**82055**	**5623**	**187626**	**59447**	**11862624**	**8869829**	**370.26**	**202.15**	**200.15**
326	1	85	28			16501	16447	42.04	24.05	14.85
108	1266	2192	614	616		144994	86221	5.78	3.02	2.80
5157	18810	35193	-85	96469	23935	5984648	4233268	182.46	100.74	98.14
4954	15436	36689	3719	37521	13138	3025526	2617968	116.35	59.65	72.69
26	26	241				8018	5436	0.25	0.02	
								0.13	0.13	0.13
272	1582	4115	47	19429	18508	488641	474430	8.26	3.51	1.76
1226	3135	4470	1488	34043	3718	2337781	1520988	57.18	35.87	24.92
18	346	1347	454	164	148	18010	17739	5.63	2.23	2.50
2703	15064	13681	-3143	34154	21049	4962585	2712606	56.08	40.15	33.28
3345	12183	35478	3633	63619	27846	3078877	2729253	114.25	54.16	55.62
5605	12088	32896	5133	89853	10552	3821162	3427970	199.93	107.84	111.25

2018年全国文化和旅游部门执行企业会计

	机构数(个)	从业人员(人)	专业技术人才	正高级职称	副高级职称	中级职称	座席数(个)	演(映)出场次合计(万场次)	艺术演出场次
总　计	**348**	**7914**	**2102**	**58**	**229**	**633**	**265318**	**31.95**	**2.29**
其中：附属剧场	39	520	221	8	36	61	23354	0.39	0.16
儿童剧场	13	331	147	5	17	65	12277	0.19	0.10
按机构类型分：									
剧场	158	3614	1014	33	132	294	109494	4.39	0.93
影剧院	138	2211	487	5	33	180	92335	25.75	0.96
书场、曲艺场	4	5					462	0.05	0.05
杂技、马戏场	2	107	18		2	6	4058	0.01	0.01
音乐厅	4	231	80	1	4	6	8313	0.11	0.08
综合性	34	1510	422	8	35	128	45864	1.61	0.26
其他艺术表演场馆	8	236	81	11	23	19	4792	0.03	0.01
按隶属关系分：									
中央	4	78	2				3216	0.09	0.09
省、区、市	52	1466	355	11	79	105	38041	4.41	0.41
地、市	132	3535	983	37	123	345	98380	14.72	0.71
县、市及以下	160	2835	762	10	27	183	125681	12.73	1.08

续表

	损益(千元)						
	营业收入	艺术演出收入营业成本	营业成本	养老、医疗、失业等保险费	住房公积金和住房补贴	差旅费	工会经费
总　计	**1175833**	**535655**	**1609001**	**96802**	**33748**	**7712**	**4786**
其中：附属剧场	8274	4596	13521	253	124	28	109
儿童剧场	62387	27318	83295	3657	1054	246	345
按机构类型分：							
剧场	472776	255116	672421	39283	12586	2359	1787
影剧院	338325	56242	394497	33687	11942	955	1052
书场、曲艺场	642	642	418	3			
杂技、马戏场	9954	4544	18417	602	276	31	195
音乐厅	112479	84059	154227	3143	1437	392	582
综合性	183439	120697	302543	18071	6482	3917	1021
其他艺术表演场馆	58218	14355	66478	2013	1025	58	149
按隶属关系分：							
中央	31957	15678	29786	777	305	3	
省、区、市	224018	113464	286979	18579	6978	2426	1015
地、市	561944	251938	758149	45500	14713	3693	2528
县、市及以下	357914	154575	534087	31946	11752	1590	1243

制度的艺术表演场馆基本情况

惠民演出	观众人次合计(万人次)	艺术演出观众人次	资产、负债、所有者权益(千元)						
			资产总计	固定资产原值	当年提取的折旧总额	负债合计	所有者权益合计	实收资本(股本)	国家资本
0.98	**1955.91**	**902.68**	**6254746**	**4365582**	**260621**	**2444888**	**3809858**	**2253093**	**2064604**
0.21	122.88	72.64	303518	201957	8577	72617	230901	122215	107750
0.17	75.54	54.69	111810	32576	2789	75681	36129	24258	17958
0.57	739.37	487.55	3017634	2417762	171792	1035221	1982413	1516187	1451309
0.28	808.14	128.32	1210295	798608	65858	629187	581108	432406	396187
	6.42	6.42	926	74		370	556	676	
0.00	13.24	12.76	120505	42984	1125	2164	118341	1351	1351
0.04	99.72	96.22	97573	15431	879	54065	43508	6051	3051
0.08	268.13	166.92	1691270	1031773	15336	689956	1001314	242457	159741
0.01	20.89	4.49	116543	58950	5631	33925	82618	53965	52965
0.06	48.92	47.62	22285	7514	463	6685	15600	8590	3590
0.25	392.79	230.88	1002282	815572	78666	436186	566096	262022	248981
0.35	835.78	362.24	2958591	1858626	107085	965949	1992642	1375469	1287702
0.32	678.42	261.94	2271588	1683870	74407	1036068	1235520	607012	524331

营业利润	营业外收入	政府补助(补贴收入)	营业外支出	利润总额	工资、福利费、税金(千元)			实际使用房屋建筑面积(万平方米)	演(映)出业务用房	实际拥有产权面积(万平方米)
					本年发放工资总额	本年发放福利费总额	本年应交税金			
-433168	**551745**	**492775**	**39412**	**79165**	**400764**	**29279**	**67863**	**291.49**	**135.61**	**143.96**
-5247	7885	7840		2638	2907	45	455	20.00	10.83	7.07
-20908	40434	39817	4273	15253	22018	4579	1211	21.14	11.12	5.27
-199645	240849	223848	16852	24352	175833	11710	36803	133.24	58.00	52.01
-56172	68689	45047	14453	-1936	97977	5881	17653	53.50	31.50	40.56
224			293	-69	141		22	0.22	0.11	0.01
-8463	11387	10547		2924	5271		576	3.49	1.26	1.31
-41748	57708	57475	1049	14911	28838	5017	3207	15.14	5.88	4.14
-119104	153062	138400	6276	27682	75057	6292	7242	75.00	34.79	42.94
-8260	20050	17458	489	11301	17647	379	2360	10.91	4.08	2.98
2171	461	444		2632	3245	234	747	3.13	0.71	1.63
-62961	84182	73742	11265	9956	74981	3418	9520	48.08	18.02	29.23
-196205	231356	212191	10690	24461	190439	14828	33153	131.47	64.95	51.97
-176173	235746	206398	17457	42116	132099	10799	24443	108.81	51.93	61.14

2018年非公有制艺术

	机构数（个）	从业人员（人）	专业技术人才	座席数（个）
总　计	**1161**	**27465**	**6193**	**821707**
按机构类型分：				
剧场	542	13782	3423	417380
影剧院	46	1166	261	38774
书场、曲艺场	24	553	273	5341
杂技、马戏场	5	742	154	111500
音乐厅	32	562	100	3610
综合性	177	5230	1302	110846
其他艺术表演场馆	335	5430	680	134256

续表

	营业成本	养老、医疗、失业等各种社会保险费	本年发放工资总额	本年应交税金总额
总　计	**5561957**	**242538**	**1445087**	**581702**
按机构类型分：				
剧场	3136346	155183	804605	339335
影剧院	324023	10694	57209	109051
书场、曲艺场	38673	1577	15513	1316
杂技、马戏场	458261	5941	52835	3519
音乐厅	22918	950	9868	1623
综合性	1077411	53197	315429	100971
其他艺术表演场馆	504325	14996	189628	25887

表演场馆基本情况

演(映)出场次合计(万场次)	艺术演出场次	惠民演出	观众人次合计(万人次)	经营情况(千元) 营业收入	艺术演出收入
48.40	**10.21**	**1.33**	**8031.80**	**7519705**	**2536475**
18.34	5.60	0.84	4594.05	3871301	1547221
19.57	0.31	0.04	912.54	645368	413623
0.51	0.48	0.02	57.79	41744	37953
0.15	0.14		301.73	927160	269127
1.57	0.24	0.02	43.32	35087	8766
4.61	1.66	0.27	1381.53	1368964	176950
3.66	1.79	0.14	740.84	630081	82835

营业利润	营业外收入	政府补贴	资产总计(千元)	实际使用房屋建筑面积(万平方米)	演(映)出业务用房
1957748	**471255**	**282566**	**22164629**	**5905.67**	**147.05**
734956	310574	248247	12439197	302.34	110.36
321345	14302	8542	1426761	27.73	10.26
3071	1323	30	91439	1.87	0.85
468899	9720	9365	1402523	3.79	0.98
12168	1366		78237	2.44	1.61
291553	50795	13572	4187029	5523.55	15.76
125756	83175	2810	2539443	43.96	7.23

2018年各地区艺术表演团体

地区	总计					
	机构数（个）	从业人员数（人）	专业技术人才	正高级职称	副高级职称	中级职称
总计	**17123**	**416374**	**163303**	**4949**	**13410**	**29351**
北京	414	23872	4213	140	238	603
天津	121	3270	1863	227	411	654
河北	450	9758	4612	211	496	948
山西	795	23758	9145	113	571	1427
内蒙古	226	7993	5463	215	715	1479
辽宁	192	4651	2785	157	441	1012
吉林	82	3690	2634	221	458	686
黑龙江	90	4317	3175	360	689	987
上海	254	9130	4292	225	581	977
江苏	662	14069	7338	286	837	1795
浙江	1573	45485	12783	271	661	1124
安徽	2859	43000	11056	81	318	1009
福建	454	13375	4619	111	368	1109
江西	379	9616	3733	28	176	699
山东	828	17902	8839	184	822	1861
河南	2017	48338	16296	187	633	1479
湖北	489	11853	6132	273	548	1518
湖南	510	12018	5868	107	417	1185
广东	436	12335	4921	129	389	870
广西	112	4727	2158	69	256	538
海南	82	3839	1151	8	31	142
重庆	1571	17282	6370	58	180	305
四川	829	14327	6692	68	352	1038
贵州	153	3776	1768	46	180	325
云南	268	8428	3989	93	507	1208
西藏	86	2389	765	20	89	265
陕西	531	18567	8192	178	471	1206
甘肃	351	9434	4124	52	297	822
青海	84	2089	744	8	89	129
宁夏	75	2804	1106	27	60	150
新疆	134	5484	3944	95	402	1047

机构数和从业人员数

按执行会计制度分类								
事业						企业		
机构数(个)	从业人员数(人)	专业技术人才	正高级职称	副高级职称	中级职称	机构数(个)	从业人员数(人)	专业技术人才
1541	**80963**	**56557**	**3307**	**9359**	**20658**	**15582**	**335411**	**106746**
11	1137	873	85	126	294	403	22735	3340
16	1995	1580	227	411	654	105	1275	283
87	3123	1972	85	302	654	363	6635	2640
93	4703	3029	55	362	988	702	19055	6116
95	5643	4527	214	712	1479	131	2350	936
18	1491	1204	105	270	546	174	3160	1581
7	1072	931	126	231	339	75	2618	1703
29	2046	1714	225	463	645	61	2271	1461
17	2365	1948	173	468	710	237	6765	2344
92	3187	2606	118	420	1005	570	10882	4732
44	2731	2074	206	499	812	1529	42754	10709
11	617	523	15	75	177	2848	42383	10533
69	3585	2628	109	364	1086	385	9790	1991
41	1295	1072	10	85	372	338	8321	2661
86	4382	3725	151	695	1545	742	13520	5114
159	7621	3406	158	530	1215	1858	40717	12890
71	3660	2565	116	254	1093	418	8193	3567
76	2911	2291	90	340	924	434	9107	3577
43	2323	1326	52	169	495	393	10012	3595
12	811	740	32	124	246	100	3916	1418
14	725	383	7	23	84	68	3114	768
13	597	473	24	89	176	1558	16685	5897
41	2351	1858	59	316	928	788	11976	4834
23	585	319	12	32	67	130	3191	1449
74	3179	2439	91	460	1018	194	5249	1550
85	2350	765	20	89	265	1	39	
56	3259	2273	54	193	625	475	15308	5919
19	1381	969	16	170	413	332	8053	3155
12	467	362	7	73	101	72	1622	382
2	12	7		3	4	73	2792	1099
110	5051	3830	95	402	1047	24	433	114

续表

地区				文化部门			
	正高级职称	副高级职称	中级职称	机构数(个)	从业人员数(人)	专业技术人才	正高级职称
总计	**1642**	**4051**	**8693**	**2078**	**114401**	**80726**	**4847**
北京	55	112	309	20	2290	1640	140
天津				16	1995	1580	227
河北	126	194	294	123	4726	3011	211
山西	58	209	439	151	7647	4757	112
内蒙古	1	3		96	5653	4531	215
辽宁	52	171	466	34	2762	2194	157
吉林	95	227	347	47	2671	2211	221
黑龙江	135	226	342	39	3230	2650	360
上海	52	113	267	21	3025	2395	218
江苏	168	417	790	127	5758	4813	286
浙江	65	162	312	58	3949	2980	271
安徽	66	243	832	45	2970	2435	78
福建	2	4	23	70	3656	2653	111
江西	18	91	327	70	2274	1810	21
山东	33	127	316	103	5370	4502	182
河南	29	103	264	174	8728	4116	187
湖北	157	294	425	87	5396	3892	273
湖南	17	77	261	99	3989	3019	107
广东	77	220	375	71	4211	2523	129
广西	37	132	292	21	1412	1197	43
海南	1	8	58	18	1000	549	8
重庆	34	91	129	22	1420	982	58
四川	9	36	110	52	3136	2278	68
贵州	34	148	258	40	1636	1061	46
云南	2	47	190	88	3570	2653	92
西藏				85	2350	765	20
陕西	124	278	581	88	5958	3995	167
甘肃	36	127	409	65	3656	2327	52
青海	1	16	28	15	784	552	7
宁夏	27	57	146	14	887	501	27
新疆				110	5051	3830	95

按单位所属部门分类							
		其他部门					
		机构数（个）	从业人员数（人）	专业技术人才			
副高级职称	中级职称				正高级职称	副高级职称	中级职称
13159	**28635**	**15045**	**301973**	**82577**	**102**	**251**	**716**
238	603	394	21582	2573			
411	654	105	1275	283			
496	896	327	5032	1601			52
568	1411	644	16111	4388	1	3	16
715	1479	130	2340	932			
441	1012	158	1889	591			
458	686	35	1019	423			
689	987	51	1087	525			
544	904	233	6105	1897	7	37	73
837	1795	535	8311	2525			
661	1121	1515	41536	9803			3
303	936	2814	40030	8621	3	15	73
367	1095	384	9719	1966		1	14
151	580	309	7342	1923	7	25	119
806	1826	725	12532	4337	2	16	35
633	1479	1843	39610	12180			
548	1518	402	6457	2240			
417	1173	411	8029	2849			12
385	844	365	8124	2398		4	26
190	412	91	3315	961	26	66	126
31	142	64	2839	602			
180	305	1549	15862	5388			
352	1038	777	11191	4414			
168	287	113	2140	707		12	38
497	1177	180	4858	1336	1	10	31
89	265	1	39				
466	1198	443	12609	4197	11	5	8
297	822	286	5778	1797			
88	127	69	1305	192	1	1	2
60	150	61	1917	605			
402	1047	24	433	114			

2018年各地区艺术表演

地区	总计	话剧、儿童剧、滑稽剧类	其中：儿童剧团	歌舞、音乐类	京剧、昆曲类
总计	**17123**	**2958**	**72**	**2412**	**145**
北京	414	34	6	21	12
天津	121	26	2	15	5
河北	450	50	1	87	6
山西	795	131	5	119	1
内蒙古	226	25		35	
辽宁	192	62	3	25	4
吉林	82	11	2	20	
黑龙江	90	16	2	18	1
上海	254	58	15	62	6
江苏	662	133	1	82	15
浙江	1573	244	1	116	34
安徽	2859	396	9	74	4
福建	454	45	1	25	4
江西	379	115		93	2
山东	828	200	3	58	24
河南	2017	437	4	123	5
湖北	489	112	2	82	5
湖南	510	108		114	3
广东	436	79	4	87	1
广西	112	20	1	44	
海南	82	1		19	
重庆	1571	223	2	312	6
四川	829	144	1	177	
贵州	153	34		72	1
云南	268	29	1	164	1
西藏	86	2		47	
陕西	531	117	2	82	1
甘肃	351	43	1	62	1
青海	84	6		47	
宁夏	75	44		10	1
新疆	134	11	2	108	1

团体分剧种机构数

其中：京剧	地方戏曲类	杂技、魔术、马戏类	曲艺类	乌兰牧骑	综合性艺术表演团体
132	**4433**	**502**	**857**	**110**	**5706**
11	23	6	14		304
5	19	3	19		34
6	149	8	34		116
1	306	6	40		192
	14		1	73	78
4	11	5	6		79
	19	1	1		30
1	15	6	7		27
4	55	5	5		63
10	160	45	25		202
31	784	8	107		280
4	509	234	133		1509
4	327	2	21		30
2	113	5	7		44
24	230	30	65		221
4	836	89	179		348
5	106	5	13		166
2	152	3	13		117
1	160	6	46		57
	10	2	2		34
	38	1	22		1
6	15	2	48	1	964
	52	9	15		432
1	9	5	1		31
1	12	4			58
				32	5
1	179	3	18		131
1	107	2	9	1	126
	6	1	5	1	18
1	13	2			5
1	4	4	1	2	3

2018年各地区艺术表演团体

地　区	剧团数(个)	从业人员(人)	专业技术人才	演出场次(万场次)	国内演出场次	农村演出场次
总　计	**17123**	**416374**	**163303**	**312.46**	**310.85**	**178.82**
北　京	414	23872	4213	2.55	2.48	1.16
天　津	121	3270	1863	1.11	1.10	0.30
河　北	450	9758	4612	9.92	9.84	3.78
山　西	795	23758	9145	9.57	9.51	7.75
内蒙古	226	7993	5463	3.13	3.09	2.34
辽　宁	192	4651	2785	1.34	1.31	0.29
吉　林	82	3690	2634	1.23	1.22	0.34
黑龙江	90	4317	3175	1.37	1.32	0.29
上　海	254	9130	4292	3.57	3.54	1.31
江　苏	662	14069	7338	10.04	10.00	5.56
浙　江	1573	45485	12783	37.87	37.83	22.25
安　徽	2859	43000	11056	50.52	50.47	39.08
福　建	454	13375	4619	8.15	8.11	6.75
江　西	379	9616	3733	7.70	7.68	6.02
山　东	828	17902	8839	22.33	22.26	8.83
河　南	2017	48338	16296	39.23	39.21	28.89
湖　北	489	11853	6132	36.69	36.60	4.52
湖　南	510	12018	5868	5.77	5.71	3.99
广　东	436	12335	4921	4.63	4.59	3.29
广　西	112	4727	2158	1.71	1.70	0.48
海　南	82	3839	1151	0.94	0.93	0.69
重　庆	1571	17282	6370	18.95	18.93	14.36
四　川	829	14327	6692	10.93	10.87	4.79
贵　州	153	3776	1768	1.31	1.27	0.63
云　南	268	8428	3989	4.98	4.94	1.04
西　藏	86	2389	765	0.65	0.59	0.45
陕　西	531	18567	8192	8.34	8.28	4.85
甘　肃	351	9434	4124	4.08	4.05	2.74
青　海	84	2089	744	0.58	0.53	0.39
宁　夏	75	2804	1106	0.76	0.76	0.32
新　疆	134	5484	3944	1.85	1.82	1.34

演出及收支基本情况

国内演出观众人次(万人次)	农村观众人次	总收入(千元)	财政补贴收入	演出收入	总支出(千元)	资产总计(千元)	实际使用房屋建筑面积(万平方米)
117569.42	**77897.59**	**36672578**	**15841146**	**15226851**	**31525590**	**81342617**	**907.95**
915.34	260.47	1384127	687719	431644	1276918	2968380	21.94
364.34	124.53	540582	385715	109431	547295	676093	9.26
3315.62	2388.15	741910	404397	290859	647821	974282	27.21
4848.47	4091.32	987916	483032	391452	926501	1172368	35.23
1611.41	1008.90	1060089	945461	79839	1000060	1714484	30.54
819.02	221.30	536038	356323	77483	484143	3565777	18.73
367.45	135.06	493136	275103	129644	447932	689235	14.88
586.64	266.28	557295	490724	33472	561572	5720324	17.18
1097.41	319.08	1919005	925058	588770	1817357	4237457	16.78
3546.37	2123.02	1684541	724291	747977	1578399	1766145	40.71
20787.57	16489.53	5722113	892255	4418731	4263856	13641602	84.45
19959.94	13678.39	1832970	277945	1405372	1384850	2226205	51.57
3403.68	2445.33	1142062	575425	475352	1169584	1605563	40.88
2326.36	1508.04	577879	257909	249654	496617	1333533	19.15
5255.57	3812.71	1526483	786312	338302	1389875	7182314	38.39
15348.63	11939.69	1740458	593847	1003360	1345713	3216435	72.98
4425.56	2145.96	1157731	684309	329362	1032032	2689977	29.51
2247.77	1313.54	1372830	545788	409702	1188193	2626562	42.39
2522.27	1697.28	1360296	621576	396769	1199363	2295431	31.47
1118.19	274.97	741687	222842	346016	548316	2196076	14.11
715.56	581.13	434251	97270	131157	287524	486733	6.37
5142.80	2915.54	732781	191887	441510	628038	1270216	22.13
2339.61	940.65	1091409	472971	456391	970292	1966298	35.02
1231.35	387.84	543557	189848	238163	447648	1147417	14.55
2569.95	739.75	1367533	521014	587590	1013982	4511086	33.72
440.17	292.10	256973	239822	1771	246612	298623	10.81
4937.69	2632.57	1374652	464475	505143	1177462	2194543	37.62
3258.80	1975.82	591581	272544	231322	532989	1386993	21.38
423.80	291.22	225214	166884	38949	136597	346712	6.01
279.89	137.73	197303	99821	65850	160176	369643	8.37
1061.97	726.79	761375	689174	20950	789277	533425	24.36

2018年各地区公有制

地　区	剧团数（个）	从业人员（人）				
			专业技术人才			
				正高级职称	副高级职称	中级职称
总　计	**2163**	**119080**	**82806**	**4949**	**13410**	**29351**
北　京	20	2290	1640	140	238	603
天　津	16	1995	1580	227	411	654
河　北	127	4889	3077	211	496	948
山　西	152	7705	4789	113	571	1427
内蒙古	96	5653	4531	215	715	1479
辽　宁	34	2762	2194	157	441	1012
吉　林	47	2671	2211	221	458	686
黑龙江	39	3230	2650	360	689	987
上　海	23	3290	2574	225	581	977
江　苏	127	5758	4813	286	837	1795
浙　江	64	4098	3083	271	661	1124
安　徽	51	3271	2639	81	318	1009
福　建	72	3727	2680	111	368	1109
江　西	83	2595	2091	28	176	699
山　东	105	5539	4644	184	822	1861
河　南	174	8728	4116	187	633	1479
湖　北	87	5396	3892	273	548	1518
湖　南	100	4009	3035	107	417	1185
广　东	74	4319	2590	129	389	870
广　西	25	1922	1527	69	256	538
海　南	19	1028	549	8	31	142
重　庆	22	1420	982	58	180	305
四　川	52	3136	2278	68	352	1038
贵　州	41	1779	1171	46	180	325
云　南	101	3987	2885	93	507	1208
西　藏	85	2350	765	20	89	265
陕　西	92	6121	4037	178	471	1206
甘　肃	68	3759	2357	52	297	822
青　海	27	917	562	8	89	129
宁　夏	14	887	501	27	60	150
新　疆	110	5051	3830	95	402	1047

艺术表演团体基本情况

本团原创首演剧目(个)	演出场次(万场次)	国内演出场次	农村演出场次	国内演出观众人次(万人次)	农村观众人次	本年收入合计(千元)
1652	**42.16**	**40.55**	**27.30**	**33920.31**	**22685.90**	**21450475**
21	0.73	0.65	0.06	270.88	12.20	1033764
25	0.29	0.28	0.06	186.63	46.49	494265
45	2.14	2.06	1.56	2130.88	1573.29	552542
44	3.20	3.14	2.61	2837.04	2378.45	731485
150	1.33	1.29	0.88	915.33	502.17	977396
24	0.42	0.39	0.12	251.47	61.05	483618
40	0.49	0.47	0.23	306.71	127.88	396711
29	0.55	0.51	0.18	303.91	122.18	539706
43	1.06	1.04	0.53	349.18	65.72	1450990
133	4.66	4.62	2.88	2114.38	1257.89	1280897
57	1.32	1.28	0.75	1445.06	863.59	1123800
43	1.21	1.16	0.71	925.26	560.77	437117
80	0.99	0.96	0.55	654.83	447.58	707638
90	1.27	1.26	1.02	1147.14	817.08	311224
115	2.67	2.60	1.97	2128.32	1617.22	948150
61	4.94	4.92	4.29	5323.20	4630.64	764175
95	2.27	2.18	1.21	2065.26	1149.90	879752
81	1.41	1.35	0.95	1033.74	710.85	645034
51	0.99	0.95	0.58	1061.13	700.92	895075
12	0.49	0.48	0.23	502.80	195.94	349451
23	0.22	0.22	0.18	241.50	171.73	189167
15	0.33	0.31	0.16	268.29	147.94	281018
30	0.60	0.54	0.21	433.04	155.63	663874
16	0.53	0.49	0.17	587.68	147.17	289850
111	0.95	0.91	0.66	1034.76	643.06	580563
25	0.65	0.59	0.45	440.17	292.10	255783
59	2.15	2.10	1.43	1740.06	1108.04	676847
25	1.34	1.31	1.06	1527.77	1254.21	399914
5	0.27	0.23	0.11	191.64	80.56	209743
11	0.28	0.28	0.17	172.35	97.12	136247
30	1.72	1.69	1.31	1029.68	713.61	747878

续表

地区			本年支出合计(千元)	资产总计(千元)	实际使用房屋建筑面积(万平方米)	
	财政补贴收入	演出收入				排练练功用房
总计	**15416790**	**3273172**	**21216228**	**33458123**	**497.03**	**107.97**
北京	681224	208981	1032500	2419034	12.05	0.97
天津	385119	78538	501189	556589	7.65	1.92
河北	399037	118192	545506	723441	15.20	3.92
山西	474906	180971	756193	760572	18.12	3.96
内蒙古	944465	12925	935542	1466783	27.25	5.42
辽宁	356178	48569	457422	545584	14.15	3.72
吉林	275009	44598	399618	377501	10.76	2.39
黑龙江	490714	21771	548019	505993	15.20	4.53
上海	860538	275007	1480082	2522269	10.88	1.20
江苏	719394	406384	1256615	1143955	29.31	4.44
浙江	780326	249258	1169505	1344517	19.31	3.53
安徽	241012	115141	405199	779907	8.05	2.22
福建	565543	62792	760255	1382486	29.50	2.80
江西	238023	46803	311424	435464	11.71	1.70
山东	782016	96680	946288	799457	23.43	7.49
河南	562103	127978	764431	713046	19.52	5.18
湖北	678372	107652	862473	1122014	23.14	6.43
湖南	536628	57433	638802	838444	20.55	4.24
广东	592108	205314	902079	1573250	21.26	4.26
广西	221342	33453	338473	839339	8.15	3.72
海南	95592	35931	178748	178158	3.53	0.52
重庆	189122	46969	312704	386770	6.86	1.98
四川	466526	95183	664648	894618	12.76	3.46
贵州	166137	64123	277003	673524	6.68	1.95
云南	517259	20117	584991	2958177	12.93	3.78
西藏	239822	1771	245502	297963	10.78	2.65
陕西	446622	129639	672989	1010137	23.71	4.73
甘肃	262217	70374	406810	983493	13.65	3.50
青海	166664	27588	127850	303392	4.29	1.81
宁夏	94693	19860	131705	109473	3.63	1.02
新疆	688674	8313	773067	480088	22.78	4.02

实际拥有产权面积(万平方米)	流动舞台车演出情况			政府采购的公益演出活动情况		
	流动舞台车数量(辆)	利用流动舞台车演出场次(万场次)	利用流动舞台车演出观众人次(万人次)	演出场次(万场次)	演出观众人次(万人次)	演出补贴收入(千元)
278.63	**1575**	**12.02**	**9701.70**	**16.52**	**13118.05**	**1243050**
3.75				0.09	43.48	28414
3.22	2	0.03	35.52	0.01	4.91	331
12.13	72	0.63	629.67	0.53	501.84	26262
9.38	116	0.58	334.77	1.37	1189.13	99601
12.25	118	0.39	242.52	0.85	556.51	30366
6.63	11	0.02	15.30	0.07	42.57	13660
6.08	47	0.19	116.13	0.22	130.27	19778
5.18	24	0.09	68.92	0.17	119.60	35732
4.74		0.00	0.50	0.17	45.55	10402
14.43	51	0.59	417.89	1.00	627.17	133137
8.77	14	0.07	63.27	0.45	358.20	38753
3.76	48	0.51	409.83	0.51	360.53	31154
19.58	35	0.09	46.99	0.43	216.27	32686
3.71	61	0.57	406.27	0.66	431.11	20657
10.78	118	1.73	1408.14	1.64	1309.46	83470
13.29	194	3.05	2977.21	2.35	2500.87	163145
17.55	98	0.84	724.58	1.02	830.66	46532
14.89	128	0.89	617.03	0.82	616.06	50030
10.97	11	0.01	10.15	0.13	145.84	27052
1.13	9	0.04	29.20	0.20	217.24	19647
1.82	10	0.03	23.70	0.10	87.10	10738
4.34	4	0.01	9.60	0.15	138.40	16096
9.73	18	0.02	7.86	0.22	195.88	46613
1.99	16	0.03	30.36	0.14	101.32	30104
7.89	71	0.19	184.05	0.41	484.68	20325
6.77	20	0.04	21.37	0.10	60.77	1139
19.81	84	0.54	370.21	0.90	615.04	40627
5.60	58	0.26	240.85	0.44	420.27	25167
3.38	14	0.01	9.38	0.04	27.89	19302
1.55	11	0.10	48.20	0.16	88.65	16565
8.15	112	0.48	202.24	1.06	522.40	26200

2018年各地区文化和旅游部门

地　区	剧团数（个）		从业人员（人）				
		补贴团数		专业技术人才			
					正高级职称	副高级职称	中级职称
总　计	**2078**	**1898**	**114401**	**80726**	**4847**	**13159**	**28635**
北　京	20	16	2290	1640	140	238	603
天　津	16	15	1995	1580	227	411	654
河　北	123	92	4726	3011	211	496	896
山　西	151	131	7647	4757	112	568	1411
内蒙古	96	95	5653	4531	215	715	1479
辽　宁	34	25	2762	2194	157	441	1012
吉　林	47	43	2671	2211	221	458	686
黑龙江	39	38	3230	2650	360	689	987
上　海	21	18	3025	2395	218	544	904
江　苏	127	110	5758	4813	286	837	1795
浙　江	58	54	3949	2980	271	661	1121
安　徽	45	43	2970	2435	78	303	936
福　建	70	69	3656	2653	111	367	1095
江　西	70	59	2274	1810	21	151	580
山　东	103	100	5370	4502	182	806	1826
河　南	174	169	8728	4116	187	633	1479
湖　北	87	86	5396	3892	273	548	1518
湖　南	99	92	3989	3019	107	417	1173
广　东	71	65	4211	2523	129	385	844
广　西	21	18	1412	1197	43	190	412
海　南	18	18	1000	549	8	31	142
重　庆	22	21	1420	982	58	180	305
四　川	52	45	3136	2278	68	352	1038
贵　州	40	35	1636	1061	46	168	287
云　南	88	82	3570	2653	92	497	1177
西　藏	85	84	2350	765	20	89	265
陕　西	88	84	5958	3995	167	466	1198
甘　肃	65	56	3656	2327	52	297	822
青　海	15	10	784	552	7	88	127
宁　夏	14	8	887	501	27	60	150
新　疆	110	108	5051	3830	95	402	1047

所属艺术表演团体基本情况

本团原创首演剧目（个）	本团拥有知识产权数量（个）	演出场次（万场次）	国内演出场次	农村演出场次	国内演出观众人次（万人次）	农村观众人次	本年收入合计（千元）
1594	**1313**	**40.90**	**39.33**	**26.54**	**32866.67**	**22026.57**	**20413133**
21	9	0.73	0.65	0.06	270.88	12.20	1033764
25		0.29	0.28	0.06	186.63	46.49	494265
43	31	2.07	2.00	1.50	2094.58	1537.39	540645
42	18	3.18	3.12	2.59	2797.04	2343.45	729367
150	172	1.33	1.29	0.88	915.33	502.17	977396
24	30	0.42	0.39	0.12	251.47	61.05	483618
40	43	0.49	0.47	0.23	306.71	127.88	396711
29	40	0.55	0.51	0.18	303.91	122.18	539706
38	2	1.02	0.99	0.53	317.75	63.83	1281822
133	114	4.66	4.62	2.88	2114.38	1257.89	1280897
52	8	1.19	1.14	0.61	1350.48	769.01	1117041
38	9	1.03	0.98	0.58	760.84	429.75	409350
80	11	0.97	0.93	0.52	639.15	431.90	704292
87	17	1.14	1.13	0.93	970.95	701.11	302394
113	17	2.63	2.56	1.94	2113.32	1607.22	930022
61	49	4.94	4.92	4.29	5323.20	4630.64	764175
95	47	2.27	2.18	1.21	2065.26	1149.90	879752
81	239	1.40	1.35	0.94	1022.74	701.85	643575
50	6	0.96	0.92	0.57	1039.48	696.57	878665
8	7	0.36	0.35	0.21	414.41	180.89	250320
23	54	0.21	0.21	0.17	234.00	166.73	188017
15	28	0.33	0.31	0.16	268.29	147.94	281018
30	48	0.60	0.54	0.21	433.04	155.63	663874
15	47	0.48	0.44	0.16	567.68	141.17	268534
110	20	0.84	0.81	0.58	865.83	532.58	544325
25	10	0.65	0.59	0.45	440.17	292.10	255783
59	101	2.07	2.01	1.36	1709.72	1083.10	662845
25	20	1.29	1.26	1.03	1493.99	1225.46	391372
2	3	0.19	0.16	0.09	161.94	65.17	202030
11	11	0.28	0.28	0.17	172.35	97.12	136247
30	50	1.72	1.69	1.31	1029.68	713.61	747878

续表

地　区	财政补贴收　入	演出收入	本年支出合　计（千元）	人员支出	资产总计（千元）	固定资产原　价	实际使用房屋建筑面　积（万平方米）
总　计	**14766864**	**3114363**	**20255011**	**10950409**	**31496166**	**20625320**	**485.46**
北　京	681224	208981	1032500	538988	2419034	576689	12.05
天　津	385119	78538	501189	276237	556589	436283	7.65
河　北	398857	106962	538040	314851	718753	359296	14.85
山　西	473156	180605	754049	369968	760054	473011	18.06
内蒙古	944465	12925	935542	595425	1466783	1173677	27.25
辽　宁	356178	48569	457422	231225	545584	429156	14.15
吉　林	275009	44598	399618	208793	377501	256148	10.76
黑龙江	490714	21771	548019	353811	505993	494339	15.20
上　海	752239	256671	1308318	620264	2443546	1641604	10.35
江　苏	719394	406384	1256615	621599	1143955	1381154	29.31
浙　江	780305	242520	1163511	570278	1341684	699367	19.14
安　徽	227060	108224	380242	174130	760927	316123	7.40
福　建	564297	60692	756885	430707	1382286	1020120	29.50
江　西	236294	40902	303740	152782	410680	349135	11.55
山　东	767590	92978	924667	582901	792687	592925	23.24
河　南	562103	127978	764431	465911	713046	446753	19.52
湖　北	678372	107652	862473	455529	1122014	791360	23.14
湖　南	535218	57419	636445	295313	836752	437748	20.50
广　东	579747	201275	886111	425864	1558881	1450485	20.63
广　西	175401	14888	245211	108499	235591	154382	7.02
海　南	94442	35931	177598	75484	177158	139158	3.47
重　庆	189122	46969	312704	119270	386770	288296	6.86
四　川	466526	95183	664648	349011	894618	520318	12.76
贵　州	157490	62053	257407	92176	558397	254554	6.14
云　南	496195	11060	552293	374521	2917532	1970313	11.65
西　藏	239822	1771	245502	186127	297963	251239	10.78
陕　西	438876	126132	658650	369693	987536	643177	23.16
甘　肃	259163	69051	399338	250606	978199	557322	13.45
青　海	164760	23159	121420	73265	297441	164105	4.15
宁　夏	94693	19860	131705	52759	109473	111058	3.63
新　疆	688674	8313	773067	548664	480088	387055	22.78

		流动舞台车演出情况			政府采购的公益演出活动情况		
排练练功用房	实际拥有产权面积(万平方米)	流动舞台车数量(辆)	利用流动舞台车演出场次(万场次)	利用流动舞台车演出观众人次(万人次)	演出场次(万场次)	演出观众人次(万人次)	演出补贴收入(千元)
104.81	**275.05**	**1537**	**11.80**	**9544.29**	**16.16**	**12798.45**	**1217674**
0.97	3.75				0.09	43.48	28414
1.92	3.22	2	0.03	35.52	0.01	4.91	331
3.81	11.78	69	0.62	623.47	0.53	501.44	26212
3.94	9.38	116	0.58	334.77	1.35	1149.13	99426
5.42	12.25	118	0.39	242.52	0.85	556.51	30366
3.72	6.63	11	0.02	15.30	0.07	42.57	13660
2.39	6.08	47	0.19	116.13	0.22	130.27	19778
4.53	5.18	24	0.09	68.92	0.17	119.60	35732
1.12	4.65		0.00	0.50	0.16	41.84	9440
4.44	14.43	51	0.59	417.89	1.00	627.17	133137
3.47	8.73	14	0.07	63.27	0.42	343.70	38753
2.06	3.59	41	0.43	350.07	0.42	302.13	24236
2.80	19.58	35	0.09	46.99	0.43	216.27	32686
1.65	3.70	57	0.53	371.50	0.64	405.33	19726
7.47	10.78	116	1.72	1406.14	1.61	1297.46	80339
5.18	13.29	194	3.05	2977.21	2.35	2500.87	163145
6.43	17.55	98	0.84	724.58	1.02	830.66	46532
4.24	14.84	127	0.89	614.83	0.82	612.06	50015
4.19	10.89	11	0.01	10.15	0.13	144.34	26932
3.50	1.13	9	0.04	29.20	0.19	198.68	17256
0.47	1.82	9	0.03	20.70	0.09	85.10	9938
1.98	4.34	4	0.01	9.60	0.15	138.40	16096
3.46	9.73	18	0.02	7.86	0.22	195.88	46613
1.91	1.88	16	0.03	30.36	0.14	101.32	30104
3.44	7.26	61	0.16	158.44	0.35	424.04	19724
2.65	6.77	20	0.04	21.37	0.10	60.77	1139
4.59	19.35	80	0.53	366.21	0.87	599.54	38767
3.47	5.54	55	0.24	222.00	0.41	399.09	24573
1.74	3.31	11	0.01	8.36	0.02	13.07	17594
1.02	1.55	11	0.10	48.20	0.16	88.65	16565
4.02	8.15	112	0.48	202.24	1.06	522.40	26200

2018年各地区非公有制

地　区	机构数（个）	从业人员（人）	专业技术人才	演员数	国内演出场次（万场次）	农村演出场次
总　计	**14960**	**297294**	**80497**	**198072**	**270.30**	**151.52**
北　京	394	21582	2573	7217	1.83	1.11
天　津	105	1275	283	933	0.82	0.24
河　北	323	4869	1535	3116	7.78	2.22
山　西	643	16053	4356	11247	6.37	5.14
内蒙古	130	2340	932	1564	1.80	1.46
辽　宁	158	1889	591	1319	0.92	0.17
吉　林	35	1019	423	639	0.74	0.11
黑龙江	51	1087	525	535	0.81	0.10
上　海	231	5840	1718	4239	2.50	0.78
江　苏	535	8311	2525	6093	5.38	2.68
浙　江	1509	41387	9700	28007	36.55	21.50
安　徽	2808	39729	8417	29897	49.31	38.37
福　建	382	9648	1939	7024	7.16	6.20
江　西	296	7021	1642	4755	6.42	5.00
山　东	723	12363	4195	8023	19.66	6.86
河　南	1843	39610	12180	24986	34.30	24.60
湖　北	402	6457	2240	4606	34.43	3.31
湖　南	410	8009	2833	5695	4.36	3.04
广　东	362	8016	2331	4451	3.64	2.70
广　西	87	2805	631	1688	1.22	0.25
海　南	63	2811	602	1330	0.71	0.52
重　庆	1549	15862	5388	13651	18.62	14.20
四　川	777	11191	4414	7903	10.33	4.58
贵　州	112	1997	597	1422	0.78	0.46
云　南	167	4441	1104	3064	4.03	0.37
西　藏	1	39				
陕　西	439	12446	4155	8250	6.19	3.41
甘　肃	283	5675	1767	4180	2.74	1.68
青　海	57	1172	182	954	0.30	0.28
宁　夏	61	1917	605	993	0.48	0.15
新　疆	24	433	114	291	0.13	0.03

艺术表演团体基本情况

国外演出场次(万场次)	国内演出观众人次(万人次)	农村观众人次	经营情况(千元)			
			营业收入	企业赞助收入	演出收入	农村演出收入
15.08	**83649.11**	**55211.69**	**14477410**	**132730**	**11953679**	**4601114**
0.01	644.46	248.27	338643	225	222663	52726
	177.71	78.04	40577	315	30893	7366
0.61	1184.74	814.86	183647	255	172667	51980
0.01	2011.43	1712.87	228030	2823	210481	137199
	696.08	506.73	70635	2025	66914	41287
0.15	567.55	160.26	33035	129	28914	3861
0.01	60.75	7.18	91231	4220	85046	33351
0.00	282.73	144.10	16370	595	11701	1230
0.02	748.23	253.36	401034	883	313763	39174
0.02	1431.99	865.13	390476	14697	341593	82700
5.98	19342.51	15625.94	4450555	9966	4169473	1297088
0.23	19034.68	13117.62	1330842	7323	1290231	724682
1.80	2748.85	1997.75	420844	2938	412560	340323
0.02	1179.21	690.96	243126	1907	202851	108987
0.30	3127.26	2195.50	564781	4843	241622	125224
0.08	10025.43	7309.05	922947	18439	875382	367355
0.01	2360.30	996.06	268581	6018	221710	144395
0.80	1214.03	602.69	714400	3442	352269	99685
0.04	1461.13	996.36	392138	17092	191455	117010
	615.39	79.02	347485	3912	312563	19502
0.00	474.07	409.40	243326		95226	36803
0.12	4874.51	2767.61	441252	12395	394541	275837
4.77	1906.57	785.03	413064	3905	361208	151214
0.00	643.67	240.67	228425	814	174040	13413
0.06	1535.20	96.69	766761	700	567473	11919
			1190			
	3197.63	1524.52	673664	2295	375504	238845
	1731.03	721.61	180035	2114	160948	60664
	232.16	210.66	12461	110	11361	7606
0.02	107.53	40.61	54898	8350	45990	9485
	32.29	13.18	12957		12637	203

续表

地　区	城市演出收　入	营业成本	养老、医疗、失业等各种社会保险费	本年发放工资总额
总　计	**3670679**	**10309362**	**417577**	**5270208**
北　京	160415	244418	14242	94226
天　津	22154	46106	2079	19944
河　北	48737	102315	7784	58056
山　西	57021	170308	8481	120270
内蒙古	24552	64518	1533	49992
辽　宁	24444	26721	1979	13078
吉　林	49856	48314	7925	22134
黑龙江	10130	13553	421	4921
上　海	264023	337275	23789	129526
江　苏	248917	321784	22233	156957
浙　江	344182	3094351	90053	1355160
安　徽	554310	979651	35353	680863
福　建	56577	409329	2535	352053
江　西	44411	185193	5331	101157
山　东	90584	443587	12377	154284
河　南	488633	581282	23132	356239
湖　北	72682	169559	8874	87432
湖　南	90829	549391	24261	191275
广　东	65425	297284	15482	176281
广　西	40401	209843	8900	88488
海　南	35918	108776	8851	56203
重　庆	117428	315334	11238	248741
四　川	203718	305644	17755	167144
贵　州	118154	170645	8938	63731
云　南	227413	428991	23801	166194
西　藏		1110		30
陕　西	66314	504473	22633	248891
甘　肃	100052	126179	4762	76637
青　海	2695	8747	270	7083
宁　夏	34675	28471	1120	13033
新　疆	6029	16210	1445	10185

本年应交税金总额	营业利润	国外演出利　润	营业外收　入	政府补贴	资产总计(千元)	实际使用房屋建筑面　积(万平方米)
967556	**4168190**	**11780**	**744693**	**424356**	**47884494**	**410.92**
21075	94223	70	11720	6495	549346	9.89
2207	-5529		5740	596	119504	1.61
8848	81332	5100	5721	5360	250841	12.02
7703	57728	110	28401	8126	411796	17.12
842	6117	-1150	12058	996	247701	3.29
1006	6314	40	19385	145	3020193	4.58
6790	42918	610	5194	94	311734	4.12
407	2816		1219	10	5214331	1.98
14863	63757	100	66981	64520	1715188	5.91
7426	68695	860	13168	4897	622190	11.41
445064	1356214	80	147758	111929	12297085	65.14
23373	351194	100	65011	36933	1446298	43.52
2140	11513	140	13580	9882	223077	11.37
2524	57934	20	23529	19886	898069	7.43
34847	121301	190	13552	4296	6382857	14.96
70756	341673	870	53336	31744	2503389	53.46
10870	99022	10	9398	5937	1567963	6.37
81058	165009		13396	9160	1788118	21.84
21202	94857	270	73083	29468	722181	10.21
34173	137644	360	44751	1500	1356737	5.96
13329	134551	1900	1758	1678	308575	2.85
3799	125920	80	10511	2765	883446	15.27
13903	107419	240	14471	6445	1071680	22.27
9330	57782	210	25282	23711	473893	7.87
75742	337769	240	20209	3755	1552909	20.79
100	80				660	0.03
39969	169187	30	24141	17853	1184406	13.91
7253	53860		11632	10327	403500	7.73
359	3715		3010	220	43320	1.72
6102	26427	1300	6158	5128	260170	4.74
496	-3252		540	500	53337	1.58

2018年各地区艺术表演场馆

地　　区	机构数（个）	从业人员（人）	专业技术人才	座席数（个）	演(映)出场次合计（万场次）	艺术演出场次
总　　计	**2478**	**51478**	**13624**	**1920410**	**126.64**	**17.89**
北　　京	61	3151	920	127444	7.72	1.58
天　　津	68	902	174	35000	6.43	0.55
河　　北	81	1241	348	47679	3.99	0.16
山　　西	125	1683	478	143758	11.25	0.48
内 蒙 古	54	931	257	165921	3.37	0.28
辽　　宁	121	2555	419	47684	3.10	1.27
吉　　林	58	874	317	19747	2.11	0.38
黑 龙 江	56	822	177	25611	0.46	0.17
上　　海	45	1513	463	56592	1.45	0.63
江　　苏	249	4467	1150	178726	27.04	2.35
浙　　江	336	6030	1070	165566	9.49	2.46
安　　徽	107	2066	847	64412	8.16	0.48
福　　建	54	933	234	35231	5.41	0.21
江　　西	57	898	435	51355	2.69	0.26
山　　东	106	1902	551	73283	1.39	0.38
河　　南	155	3471	790	87777	1.56	0.38
湖　　北	61	1347	340	63438	6.74	0.28
湖　　南	105	2652	935	88440	2.55	0.99
广　　东	86	3410	718	215513	2.91	0.56
广　　西	57	1484	213	14353	2.73	0.32
海　　南	15	908	118	20776	0.83	0.21
重　　庆	43	1393	139	17671	0.62	0.39
四　　川	110	1911	731	49581	1.24	0.75
贵　　州	15	142	26	720	0.06	0.05
云　　南	27	387	73	13798	0.36	0.32
西　　藏	14	24	13	3268	0.01	0.01
陕　　西	102	2169	948	55369	2.91	1.03
甘　　肃	44	1220	421	17368	3.58	0.63
青　　海	27	261	48	9927	0.24	0.06
宁　　夏	6	91	58	2835	0.11	0.05
新　　疆	26	436	194	14897	6.03	0.12

演出及收支基本情况

观众人次合计(万人次)	艺术演出观众	本年收入合计(千元)	财政拨款	艺术演出收入	本年支出合计(千元)	资产总计(千元)	实际使用房屋建筑面积(万平方米)
14092.80	**5861.69**	**13247953**	**2315410**	**3743921**	**10461257**	**45720476**	**6671.58**
1006.59	601.47	1703579	397397	691459	1365636	6013163	79.79
400.26	220.10	185971	21401	65668	186363	366652	43.26
158.84	64.41	125884	56888	16621	134853	785130	37.27
442.77	192.61	197552	67553	38156	190505	839268	56.83
241.50	61.72	122391	37608	8119	87063	1554995	29.04
1401.83	221.30	468763	41203	77986	380979	1342127	50.06
148.41	39.98	139959	40328	48271	115716	359685	13.44
154.57	130.58	188131	30833	16844	179030	282981	29.33
490.22	397.00	1080542	209771	298902	627532	5451349	47.24
1069.07	401.30	887364	192302	288856	781454	2062498	147.76
1326.06	731.56	1646193	221180	437433	1367818	6031594	137.63
678.77	154.68	577929	54108	65164	604371	1408653	115.27
218.44	67.85	155564	57807	20966	153419	794875	35.04
315.14	102.70	107295	57911	6387	122464	949105	36.31
585.46	193.20	274806	137939	67913	278003	2448158	70.64
309.22	163.49	521431	76534	15143	319636	1846611	40.42
308.17	155.31	257954	27978	98678	267233	1009692	30.89
762.15	386.80	623634	36923	186786	486899	1661934	5396.21
1717.02	455.28	2167946	315203	513310	1599350	4134150	86.97
190.00	15.29	94922	237	9912	69232	329835	11.33
659.61	148.74	462406	3596	411571	201961	1240436	14.99
127.81	97.13	228049	39167	59297	185087	193138	22.24
302.74	149.59	207908	27950	56382	148736	1953296	40.60
10.33	10.09	18868		1780	17421	112353	0.99
93.38	75.15	74882	4013	35274	60375	623925	10.98
4.26	1.51	2363	923		2363	4440	2.36
372.56	211.34	320436	85648	97017	264228	830661	33.13
177.26	137.10	296465	48873	88610	169062	477157	24.50
106.27	24.79	13834	2684	4794	8757	153947	5.00
105.54	101.62	6486	4780	848	6350	21266	5.13
120.26	65.60	56032	16230	96	49576	394573	8.72

2018年各地区公有制艺术

地区	机构数（个）	从业人员（人）					座席数（个）	演(映)出场次合计（万场次）	
			专业技术人才	正高级职称	副高级职称	中级职称			艺术演出场次
总计	**1317**	**24013**	**7431**	**241**	**780**	**2652**	**1098703**	**78.24**	**7.68**
北京	14	1002	302	5	15	98	13595	1.62	0.24
天津	28	343	89	1		3	15770	1.62	0.19
河北	76	1212	338	13	52	104	43635	3.97	0.15
山西	93	1269	278		15	94	71251	7.22	0.24
内蒙古	21	315	170	3	26	72	143287	1.96	0.14
辽宁	32	529	91	1	7	26	17025	0.40	0.16
吉林	26	486	133	2	29	39	15310	1.84	0.13
黑龙江	30	298	61	8	5	17	17322	0.11	0.07
上海	24	936	360	21	49	149	19219	1.02	0.42
江苏	101	2120	520	4	9	123	88545	25.98	1.63
浙江	79	1528	441	9	28	171	95075	5.21	0.48
安徽	48	962	482	14	47	180	36738	1.04	0.22
福建	50	742	192	6	14	67	31630	5.37	0.17
江西	46	698	364	5	32	129	29328	2.61	0.23
山东	93	1655	471	5	37	181	66565	1.22	0.27
河南	136	2659	299	28	34	91	77625	0.40	0.22
湖北	51	1011	322	6	23	136	44282	5.15	0.24
湖南	63	1079	564	9	75	271	74457	1.18	0.34
广东	47	1465	360	22	61	100	51722	0.60	0.31
广西	13	89	6			3	5777	1.54	0.01
海南	8	231	62		4	31	8201	0.09	0.04
重庆	17	157	33				8184	0.06	0.05
四川	42	588	349	15	61	187	23784	0.17	0.14
贵州	6	52	18		3	4			
云南	16	91	16		2	7	8441	0.07	0.05
西藏	14	24	13	11		1	3268	0.01	0.01
陕西	80	1447	803	42	112	275	49650	1.42	0.94
甘肃	23	520	147	3	18	32	12703	0.98	0.41
青海	15	49	7			3	5849	0.17	0.04
宁夏	3	23	13	1		3	2596	0.08	0.02
新疆	15	229	108	6	17	44	11199	5.00	0.02

表演场馆基本情况

观众人次合计（万人次）		总收入（千元）			总支出（千元）	资产总计（千元）	实际使用房屋建筑面积（万平方米）		实际拥有产权面积（万平方米）
	艺术演出观众人次		财政拨款	艺术演出收入				演(映)出业务用房	
6061.00	**2969.90**	**5256993**	**2032844**	**1207446**	**4899300**	**23555847**	**765.91**	**393.28**	**395.64**
278.32	164.15	986928	377716	315456	864317	4333585	28.27	24.31	28.08
137.21	79.54	62534	19602	4659	63045	220417	14.11	6.05	3.13
147.52	62.46	121014	56882	12155	129527	738065	32.14	19.87	16.49
359.25	162.81	167956	67463	30052	169209	739691	43.43	21.37	36.96
80.78	38.01	45917	35758	342	44489	964434	16.13	5.10	11.36
120.52	65.72	74469	23898	31531	71320	145122	19.32	13.74	13.66
127.42	37.41	67973	32376	2841	70953	199035	11.14	5.05	5.40
42.60	31.30	106912	19838	2860	128991	131651	18.20	9.25	2.49
289.33	251.24	710671	279099	138611	525009	3085837	24.07	17.03	12.68
847.44	236.40	170009	71643	123229	158536	1196690	86.86	36.61	25.58
566.23	283.67	321915	150626	145769	253113	1944779	77.00	35.94	47.67
184.82	87.42	49328	23955	37926	46307	812597	23.74	11.73	11.56
211.39	61.40	276128	120688	16377	284767	765592	28.91	13.14	12.75
281.63	97.59	87874	44836	4047	93456	921265	32.60	13.76	14.79
524.28	169.78	181948	42673	55093	178441	1409128	59.47	35.44	22.31
209.78	123.20	357358	125559	8966	370206	649667	34.65	16.63	17.79
233.53	132.21	47250	12215	58768	52111	894929	29.58	16.26	15.15
311.21	194.71	59984	26653	6321	66541	402738	21.43	11.71	17.22
299.51	183.02	307192	223635	84520	299684	1345333	57.68	24.20	36.88
28.75	5.73	6228	220	378	5799	39861	3.28	1.02	1.43
39.58	36.61	12693	96	5901	12652	43915	5.38	1.48	1.57
21.66	18.41	540	540	5391	540	17377	9.75	4.22	1.42
88.01	66.55	192868	76260	13970	187617	1015257	17.46	9.99	6.38
		10137			9767	98643	0.76		0.75
42.61	30.95	6580	1178	12671	6871	226492	6.71	2.78	2.81
4.26	1.51	2363	923		2363	4440	2.36	0.20	0.01
265.37	187.46	111441	36203	64330	105299	550072	29.61	16.48	14.31
77.49	42.10	57476	923	7861	48392	287980	8.11	4.93	4.13
77.94	8.37	2634	2634	1743	4050	115797	3.37	1.94	0.75
20.96	18.50	5484	4780		5436	19717	5.05	5.00	5.05
53.31	9.30	30479	16230		31444	192909	7.13	3.44	2.76

2018年各地区文化和旅游部门

地区	机构数(个)	从业人员(人)	专业技术人才	正高级职称	副高级职称
总计	1236	21046	6436	207	709
	4	78	2		
北京	8	207	40		
天津	28	343	89	1	
河北	72	1167	320	13	52
山西	83	1190	265		14
内蒙古	21	315	170	3	26
辽宁	32	529	91	1	7
吉林	25	434	133	2	29
黑龙江	30	298	61	8	5
上海	21	585	109	1	3
江苏	86	1557	392	4	9
浙江	71	1417	400	5	27
安徽	44	797	433	14	47
福建	50	742	192	6	14
江西	42	594	284	4	31
山东	88	1533	424	4	37
河南	136	2659	299	28	34
湖北	48	778	305	5	22
湖南	62	1055	564	9	75
广东	43	1322	312	21	61
广西	12	89	6		
海南	8	231	62		4
重庆	17	157	33		
四川	42	588	349	15	61
贵州	6	52	18		3
云南	16	91	16		2
西藏	13	24	13	11	
陕西	78	1417	785	42	111
甘肃	23	520	147	3	18
青海	11	35	3		
宁夏	3	23	13	1	
新疆	13	219	106	6	17

所属艺术表演场馆基本情况

中级职称	座席数（个）	演(映)出场次合计（万场次）	艺术演出场次	惠民演出	观众人次合计（万人次）
2321	**991497**	**66.89**	**6.02**	**2.44**	**5325.46**
	3216	0.09	0.09	0.06	48.92
7	7334	1.48	0.11	0.06	155.78
3	15770	1.62	0.19	0.14	137.21
101	38135	3.95	0.15	0.06	144.05
86	62500	7.19	0.22	0.10	332.34
72	143287	1.96	0.14	0.11	80.78
26	17025	0.40	0.16	0.10	120.52
39	13386	1.81	0.11	0.04	113.81
17	17322	0.11	0.07	0.02	42.60
32	18081	0.94	0.35	0.06	254.82
108	67293	15.59	0.42	0.13	541.47
152	64871	5.17	0.46	0.28	546.40
175	31652	0.96	0.19	0.09	156.91
67	31630	5.37	0.17	0.07	211.39
111	24084	2.36	0.22	0.04	261.50
165	59124	1.20	0.26	0.18	512.04
91	77625	0.40	0.22	0.08	209.78
127	41458	5.11	0.21	0.09	193.57
271	73583	1.16	0.34	0.19	310.01
98	47113	0.51	0.28	0.09	248.67
3	5777	1.54	0.01	0.00	28.75
31	8201	0.09	0.04	0.02	39.58
	8184	0.06	0.05	0.01	21.66
187	23784	0.17	0.14	0.06	88.01
4					
7	8441	0.07	0.05	0.02	42.61
1	3268	0.01	0.01	0.01	4.26
258	49150	1.40	0.93	0.25	260.61
32	12703	0.98	0.41	0.07	77.49
3	4395	0.12	0.04	0.02	65.88
3	2596	0.08	0.02	0.01	20.96
44	10509	5.00	0.02	0.01	53.10

续表

地　　区	艺术演出观众	本年收入合计（千元）	财政拨款	艺术演出收入	本年支出合计（千元）
总　　计	**2588.42**	**3841793**	**1503610**	**744508**	**3626429**
	47.62	32418	444	15678	29786
北　　京	54.12	33610	600	450	31680
天　　津	79.54	62534	19602	4659	63045
河　　北	61.91	113588	56182	12045	122409
山　　西	145.10	165363	65338	29824	167026
内 蒙 古	38.01	45917	35758	342	44489
辽　　宁	65.72	100351	35003	31531	96061
吉　　林	37.05	72684	32326	2250	74760
黑 龙 江	31.30	52429	11003	2860	67317
上　　海	221.22	436952	203333	138611	280474
江　　苏	142.37	364938	103592	59663	362092
浙　　江	273.76	507986	161101	130036	459121
安　　徽	68.34	88018	32119	13927	79596
福　　建	61.40	142027	52482	16377	125590
江　　西	91.43	79702	43361	789	84368
山　　东	159.73	227769	114349	53283	231065
河　　南	123.20	157362	69834	8966	188494
湖　　北	102.65	108576	24443	30209	109522
湖　　南	194.05	78385	33271	6321	86352
广　　东	171.02	470023	250113	76429	446115
广　　西	5.73	10951	237	378	10554
海　　南	36.61	9783	96	5901	9651
重　　庆	18.41	27285	18927	5391	21744
四　　川	66.55	65971	27115	13970	64029
贵　　州		12538			12486
云　　南	30.95	28029	2193	12671	27692
西　　藏	1.51	2363	923		2363
陕　　西	185.21	237805	85298	64086	228434
甘　　肃	42.10	67613	923	7861	58159
青　　海	4.04	2650	2634		4855
宁　　夏	18.50	5484	4780		5436
新　　疆	9.30	30689	16230		31664

人员支出	资产总计（千元）	年末固定资产原值	实际使用房屋建筑面积（万平方米）	演(映)出业务用房	实际拥有产权面积（万平方米）
1138937	**18117370**	**13235411**	**661.74**	**337.75**	**344.10**
3479	22285	7514	3.13	0.71	1.63
12391	187466	168800	4.54	2.53	4.36
25340	220417	92198	14.11	6.05	3.13
46031	694462	468776	29.45	17.88	15.63
58321	673225	551582	38.99	19.07	32.19
17079	964434	947413	16.13	5.10	11.36
28306	145122	94945	19.32	13.74	13.66
57318	188398	119803	7.44	4.53	5.40
11494	131651	109768	18.20	9.25	2.49
63549	2817657	2026988	22.01	16.44	11.73
95712	932196	803002	67.84	29.51	20.28
144713	1491772	1145662	70.92	32.92	42.57
30965	798958	279233	16.69	8.89	10.52
45151	765592	735466	28.91	13.14	12.75
36804	908186	242665	19.17	13.17	14.37
73294	1387544	1180437	56.00	33.64	20.12
73452	649667	583875	34.65	16.63	17.79
34909	863770	682999	22.62	12.97	14.85
30560	394571	346170	20.75	11.56	16.53
103153	1299052	1208240	52.65	19.17	32.05
3700	39861	32708	3.28	1.02	1.43
4497	43915	36101	5.38	1.48	1.57
5146	17377	20908	9.75	4.22	1.42
23297	1015257	199226	17.46	9.99	6.38
2607	98643	16477	0.76		0.75
7035	226492	216943	6.71	2.78	2.81
1548	4440	1661	2.36	0.20	0.01
59257	546244	425902	29.39	16.30	14.18
23705	287980	214441	8.11	4.93	4.13
2740	89679	87608	3.07	1.66	0.45
2377	19717	19269	5.05	5.00	5.05
11007	191340	168631	6.95	3.29	2.54

2018年各地区非公有制

地区	机构数（个）	从业人员（人）	专业技术人才	座席数（个）	演(映)出场次合计（万场次）	艺术演出场次	惠民演出	观众人次合计（万人次）	营业收入
总计	**1161**	**27465**	**6193**	**821707**	**48.40**	**10.21**	**1.33**	**8031.80**	**7519705**
北京	47	2149	618	113849	6.10	1.34	0.21	728.27	690759
天津	40	559	85	19230	4.81	0.36	0.10	263.06	121311
河北	5	29	10	4044	0.03	0.02	0.01	11.33	4863
山西	32	414	200	72507	4.02	0.24	0.01	83.52	27863
内蒙古	33	616	87	22634	1.41	0.14	0.01	160.72	74083
辽宁	89	2026	328	30659	2.70	1.12	0.20	1281.31	360513
吉林	32	388	184	4437	0.27	0.25	0.02	20.99	48440
黑龙江	26	524	116	8289	0.35	0.10	0.01	111.97	114972
上海	21	577	103	37373	0.44	0.21	0.05	200.89	609886
江苏	148	2347	630	90181	1.07	0.72	0.08	221.64	271782
浙江	257	4502	629	70491	4.28	1.99	0.22	759.83	967571
安徽	59	1104	365	27674	7.12	0.27	0.08	493.95	430560
福建	4	191	42	3601	0.04	0.04	0.00	7.05	8212
江西	11	200	71	22027	0.08	0.04	0.00	33.51	5600
山东	13	247	80	6718	0.17	0.12	0.01	61.18	16408
河南	19	812	491	10152	1.16	0.16	0.03	99.44	356595
湖北	10	336	18	19156	1.60	0.04	0.00	74.64	80842
湖南	42	1573	371	13983	1.37	0.64	0.05	450.94	532959
广东	39	1945	358	163791	2.30	0.25	0.04	1417.51	1617855
广西	44	1395	207	8576	1.19	0.31	0.01	161.24	73543
海南	7	677	56	12575	0.73	0.17	0.04	620.03	448263
重庆	26	1236	106	9487	0.56	0.34	0.02	106.15	179231
四川	68	1323	382	25797	1.06	0.61	0.03	214.73	138122
贵州	9	90	8	720	0.06	0.05		10.33	6280
云南	11	296	57	5357	0.29	0.27	0.02	50.77	44422
西藏									
陕西	22	722	145	5719	1.49	0.10	0.03	107.19	77056
甘肃	21	700	274	4665	2.61	0.22	0.01	99.77	179583
青海	12	212	41	4078	0.07	0.02	0.01	28.34	6011
宁夏	3	68	45	239	0.03	0.03	0.02	84.58	952
新疆	11	207	86	3698	1.02	0.10	0.01	66.95	25170

艺术表演场馆基本情况

经营情况(千元)								资产总计(千元)	实际使用房屋建筑面积(万平方米)	
艺术演出收入	营业成本	养老、医疗、失业等各种社会保险费	本年发放工资总额	本年应交税金总额	营业利润	营业外收入	政府补贴			演(映)出业务用房
2536475	**5561957**	**242538**	**1445087**	**581702**	**1957748**	**471255**	**282566**	**22164629**	**5905.67**	**147.05**
376003	501319	30206	145082	53169	189440	25892	19681	1679578	51.52	9.67
61009	123318	4294	19531	3762	-2007	2126	1799	146235	29.15	13.41
4466	5326	199	766	10	-463	7	6	47065	5.14	2.01
8104	21296	712	9442	1119	6566	1733	90	99577	13.40	1.28
7777	42574	960	19796	2317	31509	2391	1850	590561	12.92	4.49
46455	284918	13529	46158	38215	75594	7899	6200	1197005	30.74	5.11
45430	23160	2300	9600	3319	25280	1490	607	160650	2.30	0.79
13984	111713	2340	68527	2220	3260	20730	19830	151330	11.13	1.37
160291	347058	19714	82356	69199	262828	33704	6438	2365512	23.17	4.99
165627	244443	17662	115790	10073	27340	72876	49180	865808	60.90	23.73
291664	853466	26709	186239	44410	114105	92726	16088	4086815	60.63	26.05
27238	484252	29830	154436	21372	-53694	17602	4989	596056	91.54	4.20
4589	27829	1392	13222	162	-19617	5325	5325	29283	6.14	2.45
2340	17900	740	4310	338	-12300	340	30	27840	3.71	0.69
12820	21428	2982	6920	573	-5020	9550	9550	1039030	11.17	2.36
6177	131142	8971	35626	59180	225452	7474	6700	1196944	5.77	5.09
39910	93893	386	7475	1110	-13051	3129	3105	114763	1.31	0.81
180465	400547	17140	119886	66580	132413	12290	3652	1259196	5374.77	5.08
428790	1122647	36692	197672	80277	495209	53834	52753	2788817	29.28	15.81
9534	58678	2078	24950	2210	14866	10428		289974	8.05	1.52
405670	192310	4814	34541	101150	255953	4360	3500	1196521	9.61	2.27
53906	163343	4470	42418	6257	15888	21533	20240	175761	12.48	1.47
42412	84707	4634	29934	5058	53415	3815	835	938039	23.13	3.52
1780	4935	20	2538	100	1345	50		13710	0.23	0.13
22603	32683	1577	14808	1145	11739	2431	1820	397433	4.27	1.31
32687	35200	893	11038	1067	41857	4976	300	280589	3.53	1.71
80749	110903	6447	33467	4510	68680	49269	47950	189177	16.38	4.71
3051	2604		1785	70	3407	3150	50	38150	1.63	0.49
848	914		654	1	38	50		1549	0.08	0.03
96	17452	847	6122	2732	7719	77		201664	1.59	0.51

主要统计指标解释

1. **本团原创首演剧目：**指由戏曲、话剧、歌剧、舞剧、歌舞剧、木偶、皮影等艺术表演团体原生创作并首演且单个剧目演出时间超过一小时的表演剧目，但不包括音乐、舞蹈、曲艺、杂技等单个小节目的创作演出。

2. **演出场次：**指以场为计量单位的在国内和国外的艺术表演的次数。包括售票、包场等有演出收入的场次和政府采购的公益性演出场次及参加汇演、调演等无演出收入的公开演出场次，包括流动舞台车演出场次，不包括彩排和内部观摩等无演出收入的场次。

场数的计算，通常以售票、发票一次（或在其他地点进行一次艺术表演活动相当于剧场演出一场的时间）为一场。按时收费的，按日场、晚场或早场等一般习惯（约 1 至 2 小时）计算。评弹等曲艺演出计算场数，可按演出 1 至 2 小时为一场的原则进行折算。独幕剧或音乐、舞蹈、曲、杂、木、皮节目组成专场演出时，不论包括几个独幕剧或节目，一律按一场计算。

3. **农村演出场次及观众人次：**指本团到（乡镇及以下）农村和林区、牧区、渔区的演出。不论在本省或外省，凡到上述地区演出，均计入农村演出。

4. **演出收入：**指艺术表演团体通过售票或包场演出所取得的票房收入，不包括政府采购的公益性演出补贴收入。

5. **政府采购的公益性演出场次、观众人次：**指本团报告期内不进行售票、免费给社会公众演出并从财政部门获取一定场次补贴的公益性演出场次、观众人次。

6. **政府采购的公益性演出补贴收入：**指本团报告期内因进行公益性演出而取得的补贴收入，为财政拨款的其中项。

7. **座席数：**指公开营业艺术表演场馆可向观众售票的实际座席数。

8. **演（映）出业务用房：**指在艺术表演场馆中用于演（映）出服务的设施面积。多功能艺术表演的场所应包括观众厅、门厅、舞台部分（主台、侧台、后台）的建筑面积和辅助设施——休息室、化妆间、服装间、道具间、舞台设备控制间（灯控间、音控间、放映间等）的建筑面积以及配电设施、消防通道的建筑面积。若属非独立建筑的，则按使用面积计算。

5 旅游业

按年份旅游业主要发展指标

年份	国内旅游人次(亿人次)	国内旅游收入(亿元)	入境旅游人次(万人次)	入境旅游收入(亿美元)	出境旅游人次(万人次)	旅游总收入(万亿元)
2010年	21.03	12580	13376	458.14	5739	1.57
2011年	26.41	19305	13542	484.64	7025	2.25
2012年	29.57	22706	13241	500.28	8318	2.59
2013年	32.62	26276	12908	516.64	9819	2.95
2014年	36.11	30312	12850	1053.80	10728	3.73
2015年	39.90	34195	13382	1136.50	11689	4.13
2016年	44.35	39390	13844	1200.00	12203	4.69
2017年	50.01	45661	13948	1234.17	13051	5.40
2018年	55.39	51278	14119.83	1271.03	14972	5.97

按年份国内旅游人数和国内旅游收入

年　份	国内旅游人数（亿人次）	比上年增长（%）	国内旅游收入（亿元）	比上年增长（%）
1993	4.10		864.00	
1994	5.24	27.8	1023.51	18.5
1995	6.29	20.0	1375.70	34.4
1996	6.39	1.6	1638.38	19.1
1997	6.44	0.8	2112.70	29.0
1998	6.94	7.8	2391.18	13.2
1999	7.19	3.6	2831.92	18.4
2000	7.44	3.5	3175.54	12.1
2001	7.84	5.4	3522.37	10.9
2002	8.78	12.0	3878.36	10.1
2003	8.70	-0.9	3442.27	-11.2
2004	11.02	26.7	4710.71	36.8
2005	12.12	10.0	5285.86	12.2
2006	13.94	15.0	6229.74	17.9
2007	16.10	15.5	7770.62	24.7
2008	17.12	6.3	8749.30	12.6
2009	19.02	11.1	10183.69	16.4
2010	21.03	10.6	12579.77	23.5
2011	26.41	13.2	19305.39	23.6
2012	29.57	12.0	22706.22	17.6
2013	32.62	10.3	26276.12	15.7
2014	36.11	10.7	30311.86	15.4
2015	39.90	10.5	34195.05	12.8
2016	44.35	11.0	39389.82	15.2
2017	50.01	12.8	45660.77	15.9
2018	55.39	10.8	51278.29	12.3

注：2011年起，国内旅游抽样调查方法发生变化，不能与往年数据进行简单比较。

2018年国内旅游基本情况

	总人次数（亿人次）	出游率（%）	总花费（亿元）	人均每次花费（元/人次）
全国总计	**55.39**	**402.83**	**51278.29**	**925.77**
城镇居民合计	41.19	534.25	42589.99	1033.99
一季度	10.82	140.34	12005.66	1109.58
二季度	9.15	118.68	7449.20	814.12
三季度	10.89	141.25	12204.75	1120.73
四季度	10.33	133.98	10930.38	1058.12
农村居民合计	14.20	235.49	8688.30	611.85
一季度	5.50	91.21	3507.96	637.81
二季度	2.79	46.27	1510.53	541.41
三季度	3.08	51.08	1806.37	586.49
四季度	2.83	46.93	1863.44	658.46

按年份入境旅游人数

单位：万人次

年 份	总计	过夜人数	外国人	港澳台侨胞	#港澳同胞	#台湾同胞
1978	180.92	71.60	22.96	157.96	156.15	
1979	420.39	152.90	36.24	384.15	382.06	
1980	570.25	350.00	52.91	517.34	513.90	
1981	776.71	376.70	67.52	709.19	705.31	
1982	792.43	392.40	76.45	715.98	711.70	
1983	947.70	379.10	87.25	860.45	856.41	
1984	1285.22	514.10	113.43	1171.79	1167.04	
1985	1783.31	713.30	137.05	1646.26	1637.78	
1986	2281.95	900.10	148.23	2133.72	2126.90	
1987	2690.23	1076.00	172.78	2517.44	2508.74	
1988	3169.48	1236.10	184.22	2985.26	2933.56	43.77
1989	2450.14	936.10	146.10	2304.04	2243.09	54.10
1990	2746.18	1048.40	174.73	2571.45	2467.54	94.80
1991	3334.98	1246.40	271.01	3063.97	2955.96	94.66
1992	3811.49	1651.20	400.64	3410.85	3262.57	131.78
1993	4152.69	1898.20	465.59	3687.11	3517.79	152.70
1994	4368.45	2107.00	518.21	3850.24	3699.69	139.02
1995	4638.65	2003.40	588.67	4049.98	3885.17	153.23
1996	5112.75	2276.50	674.43	4438.32	4249.47	173.39
1997	5758.79	2377.00	742.80	5015.99	4794.33	211.76
1998	6347.84	2507.29	710.77	5637.07	5407.53	217.46
1999	7279.56	2704.66	843.23	6436.33	6167.05	258.46
2000	8344.39	3122.88	1016.04	7328.34	7009.93	310.86
2001	8901.29	3316.67	1122.64	7778.65	7434.46	344.20
2002	9790.83	3680.26	1343.95	8446.88	8080.82	366.06
2003	9166.21	3297.05	1140.29	8025.92	7752.73	273.19
2004	10903.82	4176.14	1693.25	9210.57	8842.05	368.53
2005	12029.23	4680.90	2025.51	10003.71	9592.79	410.92
2006	12494.21	4991.34	2221.03	10273.19	9831.84	441.35
2007	13187.33	5471.98	2610.97	10576.36	10113.57	462.79
2008	13002.74	5304.92	2432.53	10570.21	10131.65	438.56
2009	12647.59	5087.52	2193.75	10453.84	10005.44	448.40
2010	13376.22	5566.45	2612.69	10763.53	10249.48	514.06
2011	13542.35	5758.07	2711.20	10831.15	10304.85	526.30
2012	13240.53	5772.49	2719.16	10521.37	9987.35	534.02
2013	12907.78	5568.59	2629.03	10278.75	9762.50	516.25
2014	12849.83	5562.20	2636.08	10213.75	9677.16	536.59
2015	13382.04	5688.57	2598.54	10783.50	10233.64	549.86
2016	13844.38	5926.73	2815.12	11029.26	10456.26	573.00
2017	13948.24	6073.84	2916.53	11031.71	10444.59	587.13
2018	14119.83	6289.57	3054.29	11065.53	10451.93	613.61

注：出入境旅游数据均来源于国家移民管理局，以下各表同。

2018年各月入境旅游人数基本情况

单位：万人次

月 份	总计	入境方式划分				
		船舶	飞机	火车	汽车	徒步
全 年	**14119.83**	**462.61**	**2444.14**	**195.66**	**3152.64**	**7864.77**
一 月	1138.33	35.34	175.93	8.54	264.34	654.18
二 月	951.82	33.27	138.17	8.68	210.71	560.98
三 月	1283.03	40.33	230.94	10.38	287.03	714.36
四 月	1211.09	41.55	223.92	11.75	268.69	665.19
五 月	1174.83	39.34	213.03	9.18	263.97	649.31
六 月	1163.98	40.75	201.79	9.45	263.46	648.54
七 月	1172.44	43.27	200.30	9.07	257.72	662.09
八 月	1151.57	42.07	201.22	9.89	258.45	639.94
九 月	1141.90	36.89	208.97	14.80	257.32	623.93
十 月	1241.64	41.44	238.81	31.86	274.91	654.62
十一月	1215.93	34.23	211.21	32.32	268.32	669.84
十二月	1273.26	34.13	199.84	39.75	277.73	721.81

2018年入境外国游客人数基本情况

单位：万人次

项	目	2018年	占总人数比重(%)
合 计		**4795.11**	**100.0**
按年龄分组	14岁及以下	161.18	3.4
	15－24岁	656.71	13.7
	25－44岁	2394.69	49.9
	45－64岁	1363.24	28.4
	65岁及以上	219.28	4.6
按性别分组	男	2859.71	59.6
	女	1935.39	40.4
按目的分组	会议/商务	614.70	12.8
	观光休闲	1608.57	33.5
	探亲访友	132.24	2.8
	服务员工	744.86	15.5
	其他	1694.74	35.3
按方式分组	船舶	276.26	5.8
	飞机	1827.17	38.1
	火车	51.72	1.1
	汽车	790.17	16.5
	徒步	1849.78	38.6

注：含边民来华旅游人数。

2018年入境外国

国籍	合计	按入境目的划分					
		会议/商务	观光休闲	探亲访友	服务员工	其他	14岁以下
总计	**4795.11**	**614.70**	**1608.57**	**132.24**	**744.86**	**1694.74**	**161.18**
亚洲	3656.58	301.60	1271.00	38.79	636.38	1408.81	98.40
日本	268.97	80.26	44.91	6.63	10.38	126.79	9.81
韩国	419.18	62.10	244.92	4.82	32.61	74.74	17.11
蒙古	191.58	10.32	10.02	0.09	49.14	122.01	5.61
印度尼西亚	70.85	5.51	32.30	0.61	26.06	6.37	1.89
马来西亚	129.07	16.90	79.61	1.70	14.56	16.31	4.73
菲律宾	120.30	4.02	22.30	0.36	82.31	11.31	1.49
新加坡	97.80	22.30	26.22	8.14	7.30	33.85	5.67
泰国	83.26	5.41	45.05	0.34	24.03	8.43	1.69
印度	86.33	25.46	16.48	0.44	22.81	21.13	1.83
其他	2189.24	69.33	749.19	15.67	367.18	987.87	48.56
欧洲	600.95	213.98	165.91	17.37	73.99	129.70	23.21
英国	60.78	16.01	17.99	4.34	3.98	18.46	3.30
法国	49.92	11.20	13.75	2.29	3.62	19.05	2.43
德国	64.31	23.56	11.19	3.29	4.28	21.98	2.55
意大利	27.78	7.80	7.74	0.56	3.43	8.24	0.61
瑞士	7.39	2.12	2.28	0.43	0.69	1.88	0.25
瑞典	11.00	3.51	2.20	0.95	0.91	3.42	0.55
荷兰	19.62	4.51	4.68	1.38	2.00	7.05	0.74
俄罗斯	241.43	115.64	77.16	0.57	31.33	16.73	9.46
其他	118.72	29.62	28.91	3.56	23.74	32.88	3.32
美洲	378.69	59.70	132.78	56.49	22.92	106.80	28.85
美国	248.36	40.61	95.78	30.02	15.10	66.84	17.97
加拿大	84.99	8.35	23.09	23.95	3.54	26.06	7.84
其他	45.34	10.74	13.91	2.51	4.27	13.90	3.05
大洋洲	91.26	15.20	24.03	18.93	4.37	28.74	9.67
澳大利亚	75.19	12.24	20.75	15.95	3.32	22.92	7.70
新西兰	14.64	2.64	3.11	2.84	0.70	5.34	1.92
其他	1.44	0.31	0.17	0.15	0.34	0.48	0.05
非洲	67.40	24.19	14.76	0.65	7.17	20.63	1.04
其他	0.22	0.03	0.08	0.01	0.04	0.05	0.00

注：含边民来华旅游人数。

游客人数各类型情况

单位：万人次

按年龄划分				按性别划分		按入境方式划分				
15－24岁	25－44岁	45－64岁	65岁以上	男	女	船舶	飞机	火车	汽车	徒步
656.71	**2394.69**	**1363.24**	**219.28**	**2859.71**	**1935.39**	**276.26**	**1827.17**	**51.72**	**790.17**	**1849.78**
565.70	1941.69	922.83	127.95	2173.47	1483.11	199.56	1080.83	25.83	591.24	1759.12
12.58	93.96	125.22	27.40	205.40	63.56	8.97	215.42	3.48	16.83	24.26
26.23	151.40	188.82	35.62	258.27	160.91	23.78	365.06	1.65	8.05	20.64
14.65	118.01	51.50	1.81	125.74	65.85	0.11	8.76	4.44	175.80	2.47
9.52	34.52	19.29	5.63	42.69	28.17	20.74	37.19	1.14	4.25	7.52
10.05	55.68	47.02	11.60	75.16	53.92	5.27	101.65	1.46	5.23	15.46
7.02	78.52	31.11	2.15	93.05	27.25	79.80	26.49	0.75	3.36	9.89
5.29	33.26	43.04	10.54	60.50	37.30	2.75	75.15	1.69	5.63	12.57
6.66	46.44	22.73	5.74	38.63	44.63	3.23	67.18	0.42	2.48	9.94
6.96	54.70	20.74	2.10	74.24	12.08	24.26	45.96	1.40	4.68	10.03
466.74	1275.23	373.35	25.36	1199.80	989.44	30.64	137.96	9.38	364.92	1646.34
50.71	259.72	228.86	38.44	359.61	241.34	54.75	333.87	12.63	159.85	39.85
4.43	23.49	24.57	5.01	41.21	19.57	3.73	42.51	2.07	5.15	7.32
4.30	21.17	18.25	3.76	32.65	17.27	1.43	40.54	1.30	3.15	3.50
4.24	25.80	27.94	3.78	47.45	16.85	2.36	55.62	1.02	2.71	2.60
1.74	12.40	11.35	1.68	20.98	6.80	2.83	21.12	0.60	1.60	1.62
0.52	2.56	3.41	0.65	5.20	2.20	0.27	5.98	0.22	0.45	0.47
0.70	4.03	4.98	0.74	7.55	3.44	0.78	8.79	0.23	0.61	0.59
1.75	7.31	8.43	1.40	13.25	6.36	0.58	15.82	0.54	1.06	1.61
23.28	102.06	90.48	16.15	110.32	131.11	24.52	60.38	4.60	139.87	12.07
9.76	60.90	39.46	5.29	81.00	37.73	18.25	83.10	2.04	5.25	10.07
28.44	122.87	156.30	42.23	226.69	152.00	15.68	285.62	9.48	30.48	37.43
18.37	73.72	107.09	31.22	150.94	97.42	9.34	194.11	5.27	19.02	20.62
6.29	26.02	36.03	8.81	46.70	38.29	3.44	59.52	2.66	8.19	11.18
3.78	23.13	13.19	2.20	29.04	16.30	2.90	31.99	1.56	3.27	5.63
6.57	28.83	36.64	9.55	53.49	37.78	3.94	67.81	2.77	6.80	9.94
5.15	23.71	30.28	8.34	43.90	31.28	3.09	56.36	2.23	5.46	8.06
1.24	4.46	5.88	1.15	8.56	6.08	0.50	10.78	0.50	1.14	1.71
0.19	0.66	0.48	0.06	1.02	0.42	0.35	0.66	0.04	0.20	0.18
5.26	41.51	18.50	1.08	46.30	21.09	2.28	58.93	1.00	1.79	3.40
0.02	0.07	0.10	0.03	0.15	0.07	0.05	0.12	0.01	0.02	0.04

2018年各月入境

月 份	合计	按入境目的划分						
		会议/商务	观光休闲	探亲访友	服务员工	其他	14岁以下	15－24岁
全 年	**4795.11**	**614.70**	**1608.57**	**132.24**	**744.86**	**1694.74**	**161.18**	**656.71**
一 月	393.60	49.86	120.50	9.03	59.65	154.56	10.73	54.08
二 月	291.39	24.59	85.32	11.06	54.11	116.31	11.45	46.02
三 月	456.64	58.59	155.24	12.26	66.31	164.23	12.91	64.70
四 月	435.26	59.34	151.66	11.12	62.95	150.19	11.65	55.44
五 月	414.27	53.31	143.38	10.24	63.42	143.93	10.39	56.19
六 月	386.31	49.41	127.16	11.71	61.51	136.52	15.92	52.98
七 月	383.64	50.67	123.63	13.29	63.08	132.96	18.11	57.10
八 月	391.79	46.45	130.17	10.12	62.90	142.15	17.89	58.86
九 月	386.32	52.20	129.39	10.69	60.08	133.95	10.51	51.39
十 月	437.24	64.69	156.10	10.54	63.26	142.66	12.86	49.96
十一月	408.00	57.57	143.71	9.60	63.13	133.99	11.55	49.74
十二月	410.65	48.02	142.32	12.58	64.45	143.28	17.21	60.24

注：含边民来华旅游人数

外国游客基本情况

单位：万人次

按年龄划分			按性别划分		按入境方式划分				
25－44岁	45－64岁	65岁以上	男	女	船舶	飞机	火车	汽车	徒步
2394.69	**1363.24**	**219.28**	**2859.71**	**1935.39**	**276.26**	**1827.17**	**51.72**	**790.17**	**1849.78**
205.85	109.94	13.00	238.68	154.92	21.16	134.09	3.31	67.26	167.77
150.42	74.70	8.80	171.45	119.94	19.19	96.71	2.17	47.57	125.75
227.62	129.46	21.94	274.94	181.70	23.69	176.16	3.58	73.39	179.82
216.27	128.70	23.20	263.61	171.65	23.48	170.08	4.74	69.27	167.70
207.14	119.70	20.85	249.44	164.83	23.61	157.86	3.29	66.48	163.04
189.23	110.60	17.58	230.24	156.07	24.28	148.30	3.30	64.22	146.21
189.91	105.05	13.47	228.68	154.96	25.76	143.43	2.92	62.57	148.97
195.25	105.75	14.04	230.64	161.15	24.90	146.94	3.33	67.39	149.23
191.33	112.21	20.88	228.74	157.57	22.90	160.08	3.69	61.27	138.37
212.73	134.20	27.49	261.10	176.14	26.20	183.07	8.06	69.08	150.82
202.34	122.17	22.20	242.99	165.01	21.46	161.00	6.71	69.86	148.96
206.62	110.76	15.83	239.20	171.46	19.63	149.46	6.63	71.79	163.14

按年份国际旅游收入

年　份	国际旅游收入(亿美元)	比上年增长(%)	世界排名
1978	2.63		
1979	4.49	70.9	
1980	6.17	37.3	34
1981	7.85	27.3	34
1982	8.43	7.4	29
1983	9.41	11.6	26
1984	11.31	20.2	21
1985	12.50	10.5	21
1986	15.31	22.5	22
1987	18.62	21.6	26
1988	22.47	20.7	26
1989	18.60	-17.2	27
1990	22.18	19.2	25
1991	28.45	28.3	21
1992	39.47	38.7	17
1993	46.83	18.7	15
1994	73.23		10
1995	87.33	19.3	10
1996	102.00	16.8	9
1997	120.74	18.4	8
1998	126.02	4.4	7
1999	140.99	11.9	7
2000	162.24	15.1	7
2001	177.92	9.7	5
2002	203.85	14.6	5
2003	174.06	-14.6	7
2004	257.39	47.9	7
2005	292.96	13.8	6
2006	339.49	15.9	5
2007	419.19	23.5	5
2008	408.43	-2.6	5
2009	396.75	-2.9	5
2010	458.14	15.5	4
2011	484.64	5.8	4
2012	500.28	3.2	4
2013	516.64	3.3	4
2014	1053.80		*
2015	1136.50	7.8	2
2016	1200.00	5.6	2
2017	1234.17	2.9	2
2018	1271.03	3.0	2

注：从2014年起补充完善了停留时间为3-12个月的入境游客花费和游客在华短期旅居(纯粹旅游之外)的花费。

2018年国际旅游收入构成情况

单位：亿美元

	入境旅游收入	占总收入比重(%)
总 计	**1271.03**	**100.00**
一、长途交通	366.31	28.82
1.民航	333.53	26.24
2.铁路	13.52	1.06
3.汽车	13.72	1.08
4.轮船	5.54	0.44
二、住宿	181.09	14.25
三、餐饮	142.55	11.22
四、游览	53.71	4.23
五、娱乐	45.82	3.61
六、商品销售	327.61	25.78
七、市内交通	27.76	2.18
八、邮电通讯	11.62	0.91
九、其他服务	114.54	9.01

2018年各月份国际旅游收入情况

单位：亿美元

月 份	合计				
		外国人	香港同胞	澳门同胞	台湾同胞
全 年	**1271.03**	**731.20**	**290.65**	**86.64**	**162.54**
一 月	98.72	56.31	23.44	7.25	11.72
二 月	75.54	37.81	20.40	6.46	10.87
三 月	117.98	70.35	26.33	7.57	13.73
四 月	113.75	67.67	24.33	7.23	14.53
五 月	107.52	62.24	23.82	7.03	14.43
六 月	104.43	59.40	24.04	6.89	14.11
七 月	104.11	57.75	23.91	7.34	15.10
八 月	104.34	59.64	23.25	7.03	14.43
九 月	104.24	61.50	22.98	7.05	12.71
十 月	119.04	72.13	24.59	7.41	14.91
十一月	110.20	64.62	25.05	7.39	13.13
十二月	111.15	61.78	28.51	7.99	12.86

2018年入境过夜游客人均天花费情况

单位：美元/人天

项　　目		人均天花费	外国人	香港同胞	澳门同胞	台湾同胞
总平均		**232.22**	**268.59**	**135.26**	**152.31**	**192.84**
按年龄分组	14岁以下	225.53	249.48	137.26	93.02	117.87
	15－24岁	202.74	219.18	116.98	139.50	167.02
	25－44岁	246.59	268.68	150.23	161.49	186.12
	45－64岁	224.33	246.48	154.44	163.43	209.42
	65岁以上	211.21	260.08	140.95	164.52	191.72
按性别分组	男	229.08	265.69	134.39	151.88	172.07
	女	236.11	272.31	136.32	152.85	213.31
按职业分组	政府工作人员	269.13	294.95	162.24	239.43	217.21
	专业技术人员	230.25	258.80	155.25	155.66	190.01
	职员	235.16	272.35	139.00	149.41	212.60
	技工/工人	223.84	246.85	168.30	174.59	176.23
	商贸人员	219.92	247.66	166.24	163.27	189.25
	服务员/推销员	230.37	252.35	167.42	146.79	221.30
	退休人员	222.92	286.31	129.99	153.23	181.66
	家庭妇女	219.16	262.60	108.98	125.59	209.58
	军人	233.69	279.24	134.89	116.60	
	学生	188.93	224.06	120.89	101.30	160.03
	其他	227.35	258.96	148.90	152.37	198.02
按目的分组	观光游览	248.89	277.98	190.00	180.62	205.67
	休闲度假	228.27	270.44	130.20	137.61	200.58
	探亲访友	156.23	219.35	121.19	106.82	160.44
	商务	223.04	236.29	151.80	169.05	174.94
	会议	254.18	288.74	163.41	187.93	189.04
	宗教朝拜	236.05	289.09	147.76	158.51	289.85
	文体科技交流	209.94	260.89	164.04	101.40	154.09
	购物	208.50	221.71	202.92	182.96	228.65
	医疗保健	248.46	255.02	172.97	231.83	84.07
	其他	216.45	221.38	174.17	153.74	275.87

2018年各地区入境过夜游客人均天花费情况

地　区	人均天花费(美元/人天)				
		外国人	香港同胞	澳门同胞	台湾同胞
全　国	**138.76**	**156.77**	**102.41**	**119.94**	**125.95**
北　京	286.38	300.10	234.98	298.36	255.87
天　津	250.34	262.31	208.16	207.34	210.06
河　北	180.51	183.90	185.70	164.48	165.52
山　西	197.11	203.97	215.19	210.65	180.36
内蒙古	200.07	210.86	195.63	191.62	205.46
辽　宁	197.42	195.87	228.32	190.16	201.78
吉　林	189.75	191.70	181.07	159.25	166.63
黑龙江	206.07	206.02	228.20	224.40	202.70
上　海	266.63	267.00	265.34	243.30	250.14
江　苏	269.62	275.38	262.25	252.62	253.43
浙　江	233.52	226.96	217.19	253.14	221.36
安　徽	212.78	214.37	190.15	195.32	198.21
福　建	223.05	242.28	181.92	199.56	184.79
江　西	192.93	196.28	184.13	179.07	189.44
山　东	235.47	242.23	228.78	205.76	199.64
河　南	185.04	186.03	193.75	184.04	193.13
湖　北	218.10	221.46	189.28	200.77	212.96
湖　南	197.17	198.54	184.02	196.22	204.57
广　东	190.50	205.15	170.06	163.93	191.14
广　西	215.26	219.16	199.13	207.23	213.23
海　南	209.27	207.43	238.19	191.71	315.06
重　庆	215.81	224.88	214.39	223.36	223.99
四　川	193.82	200.44	178.12	189.99	187.66
贵　州	213.90	221.03	195.48	179.04	179.85
云　南	245.51	273.68	198.60	233.05	239.27
西　藏	227.38	231.02	193.49	187.26	211.63
陕　西	224.85	223.68	221.35	233.28	223.45
甘　肃	181.03	190.69	166.81	179.88	158.70
青　海	172.20	180.42	163.44	145.31	167.55
宁　夏	200.15	204.36	135.06	170.94	158.27
新　疆	197.49	197.49			

2018年各地区入境过夜游客人均天花费构成情况

地　区	人均天花费(美元/人天)	人均天消费构成(%)								
		长途交通	游览	住宿	餐饮	购物	娱乐	邮电通讯	市内交通	其他服务
北　京	286.38	28.5	3.2	17.9	7.6	24.2	2.9	0.7	2.9	12.0
天　津	250.34	38.5	2.9	17.2	8.7	20.8	1.7	1.3	1.9	6.9
河　北	180.51	20.9	7.9	19.0	10.5	20.3	3.2	0.8	1.2	16.2
山　西	197.11	23.4	9.5	20.5	10.6	20.2	1.1	0.7	0.3	13.8
内蒙古	200.07	20.3	2.2	16.6	6.9	41.6	1.3	0.4	1.2	9.6
辽　宁	197.42	26.2	6.4	21.4	12.8	19.5	3.0	0.6	2.1	8.0
吉　林	189.75	35.4	6.8	12.3	7.7	20.2	4.4	1.6	2.8	8.8
黑龙江	206.07	24.9	2.8	20.0	17.5	22.4	0.8	0.6	0.7	10.2
上　海	266.63	29.6	2.7	32.3	13.1	13.7	3.1	0.4	3.0	2.2
江　苏	269.62	21.1	3.3	22.4	8.7	15.2	3.8	1.9	1.9	21.7
浙　江	233.52	29.9	2.6	21.0	11.7	19.8	3.4	1.4	1.5	8.7
安　徽	212.78	15.5	7.9	11.7	10.5	31.0	4.0	1.1	2.6	15.6
福　建	223.05	33.4	1.9	18.5	8.6	27.1	2.2	0.7	1.7	5.9
江　西	192.93	13.6	7.8	18.2	19.5	26.6	4.3	0.8	0.7	8.5
山　东	235.47	31.1	4.1	16.1	11.8	25.2	1.3	0.8	2.0	7.6
河　南	185.04	14.2	6.6	14.5	9.9	25.6	3.8	1.0	2.1	22.3
湖　北	218.10	29.6	3.9	13.7	8.2	21.9	4.1	0.8	2.0	15.8
湖　南	197.17	12.0	12.2	13.2	10.1	25.9	3.7	1.0	3.7	18.2
广　东	190.50	20.3	3.2	20.8	14.0	26.8	6.5	0.7	2.6	5.1
广　西	215.26	15.7	6.4	11.4	5.1	24.1	3.6	1.5	4.0	28.3
海　南	209.27	23.0	3.0	19.6	7.1	22.0	2.3	2.2	2.5	18.3
重　庆	215.81	7.3	3.3	16.7	17.0	18.6	2.6	0.1	0.7	33.7
四　川	193.82	22.1	5.3	18.1	9.8	27.5	1.3	1.0	1.8	13.1
贵　州	213.90	31.3	3.0	15.6	10.2	21.8	2.2	0.8	2.5	12.6
云　南	245.51	29.8	3.8	16.5	8.1	20.5	2.3	0.6	1.4	17.0
西　藏	227.38	17.6	6.6	13.7	4.7	32.4	1.7	1.6	0.2	21.5
陕　西	224.85	23.2	9.2	14.2	9.8	22.6	6.1	0.6	2.6	11.6
甘　肃	181.03	21.4	9.6	24.7	11.5	19.1	2.1	0.5	1.4	9.8
青　海	172.20	12.6	6.0	18.2	8.3	16.1	0.8	6.4	7.7	24.0
宁　夏	200.15	42.0	3.5	13.7	6.8	15.7	1.9	0.9	2.6	13.0
新　疆	197.49	8.7	2.9	4.7	4.1	59.4	1.4	0.5	0.2	18.3

按年份出境旅游人数

年　份	出境旅游人数(万人次)	比上年增长(%)
1998	842.56	
1999	923.24	9.6
2000	1065.06	15.4
2001	1213.31	13.9
2002	1660.23	36.8
2003	2022.19	21.8
2004	2885.29	42.7
2005	3102.63	7.5
2006	3452.36	11.3
2007	4095.40	18.6
2008	4584.44	11.9
2009	4765.63	4.0
2010	5738.65	20.4
2011	7025.00	22.4
2012	8318.27	18.4
2013	9818.52	18.0
2014	10727.55	19.5
2015	11688.58	9.0
2016	12202.79	4.3
2017	13050.71	7.0
2018	14971.84	14.7

注:2014年起统计口径由出境人数调整为出境旅游人数。

2018年全国星级

类　型	饭店数（个）	客房数（间/套）
一、饭店经济类型		
合计	**8962**	**1365170**
内资企业		
国有企业	2083	319167
集体企业	270	32628
股份合作企业	203	24661
国有联营	16	1680
集体联营	13	1131
国有与集体联营	7	711
其他联营	23	3421
国有独资公司	290	50212
其他有限责任公司	720	174883
股份有限公司	654	101053
私营独资	1685	176868
私营合伙	271	30704
私营有限责任公司	1972	287387
私营股份有限公司	213	31310
其他	148	21647
港澳台商投资		
与港澳台商合资经营	81	24082
与港澳台商合作经营	26	5821
港澳台商独资	79	20952
港澳台商投资股份有限公司	12	3457
外商投资		
中外合资经营	89	24304
中外合作经营	26	6800
外资企业	61	17460
外商投资股份有限公司	20	4831
二、饭店星级		
合计	**8962**	**1365170**
五星级	764	266153
四星级	2411	467857
三星级	4406	531938
二星级	1352	97896
一星级	29	1326

饭店基本情况

床位数 (张)	客房出租率 (%)	营业收入 (千元)	营业税金 (千元)	固定资产原价 (千元)
2318834	**56.18**	**209083927**	**3862645**	**492679732**
551741	56.29	54760159	1245087	144528321
58164	53.18	4452215	67848	10788345
47492	55.80	3051403	42633	6871202
3157	52.53	169740	7232	727461
2222	56.06	91162	993	199967
1388	50.32	88462	741	88055
6071	56.85	443765	2966	453104
80897	61.18	10746145	187949	20950466
286326	59.22	23229615	385263	47965417
173968	55.87	14844131	274352	34936956
318441	51.20	16760577	267292	36530004
52968	54.24	3204897	107097	6587075
486093	53.84	34820922	512011	78098689
53976	57.12	4206019	68444	9643065
33883	64.66	5857938	49219	8854210
34804	67.36	7379913	191236	16572041
9293	65.38	1789237	25852	3436509
32412	62.52	6163608	123978	18098188
5053	55.95	833265	8971	2427567
38366	59.70	7201345	171431	16624832
9954	64.20	2258505	30226	3777053
25284	66.07	5210335	62905	19914537
6881	67.42	1520568	28916	4606667
2318834	**56.18**	**209083927**	**3862645**	**492679732**
394055	61.96	79624822	1484940	198723818
787900	57.40	78535380	1301973	188893597
953467	52.53	45052364	955969	92161217
181147	52.35	5809863	117967	12779298
2265	54.20	61497	1795	121801

2018年各地区星级饭店

地　区	饭店数(个)	从业人员数	客房数(间/套)	床位数(张)	固定资产原价(万元)	营业收入(万元)
全　国	**8962**	**1025435**	**1365170**	**2318834**	**49267973**	**20908393**
北　京	377	62149	78671	132512	5244075	2197566
天　津	75	11807	13796	22083	678669	225597
河　北	305	37900	44826	79157	1523622	583527
山　西	185	21612	23269	41026	806351	256263
内蒙古	217	18370	25711	46299	1020743	242775
辽　宁	343	30631	43450	76302	1691034	549078
吉　林	100	8538	11634	20573	382392	117681
黑龙江	173	11061	19742	35912	519143	147837
上　海	203	47154	55635	83190	3140815	2006595
江　苏	481	68876	75671	121484	3377922	1621646
浙　江	548	80410	95310	153266	4279136	1874634
安　徽	278	31651	42107	71372	1358664	532119
福　建	301	47449	52633	90451	1636222	913768
江　西	279	24088	39296	65965	780772	358515
山　东	544	67695	79481	141531	2964400	1174409
河　南	371	37983	50468	89497	1347753	572313
湖　北	353	33074	46411	78022	1222922	569067
湖　南	304	34263	43029	72334	1429862	563092
广　东	598	92312	151422	236215	3868013	2157758
广　西	386	28642	46959	82909	958942	445045
海　南	114	18952	24235	41419	980189	431626
重　庆	178	22579	26972	44685	1181713	470794
四　川	329	41362	47861	77704	2615834	703133
贵　州	221	14643	29147	49067	604345	244112
云　南	458	38389	49142	93917	1839240	549380
西　藏	85	6938	8925	16227	330858	169963
陕　西	304	30519	39577	71764	1028774	489239
甘　肃	307	19854	35443	68830	724657	239077
青　海	162	8894	17267	29934	479819	94714
宁　夏	83	5847	9607	18335	237288	71665
新　疆	300	21793	37473	66852	1013803	335406

主要经济指标情况

营业利润(万元)	营业税金及附加(万元)	平均客房出租率(%)	平均房价(元/间夜)	营业收入构成(%)		
				客房	餐饮	其他
782268	**386264**	**56.18**	**356.10**	**44.67**	**40.03**	**15.30**
145506	58313	68.29	546.34	47.62	27.66	24.73
52402	4256	54.06	401.83	48.48	34.34	17.18
-46765	10622	48.13	298.08	37.97	45.86	16.17
-28637	4867	49.97	252.26	40.73	47.30	11.96
-25449	6329	44.63	240.52	41.51	49.63	8.85
-28396	10516	49.18	317.17	44.28	39.52	16.20
-12588	2294	48.69	259.08	45.52	43.13	11.35
-11595	3278	40.85	264.79	51.95	32.51	15.55
300977	32403	67.05	749.78	50.69	32.01	17.30
27013	27905	60.36	365.72	36.54	50.49	12.96
62585	21945	58.25	367.46	39.18	48.86	11.96
4427	9985	55.15	272.01	41.89	48.27	9.84
49859	13562	59.50	365.87	44.60	45.17	10.22
-1375	6642	53.10	233.34	48.98	40.32	10.70
-21569	16587	52.97	306.77	39.30	49.43	11.27
-26873	21983	51.96	253.02	41.35	45.07	13.58
12732	9114	58.35	291.62	50.46	37.38	12.16
16469	10924	60.76	265.10	44.18	41.97	13.85
151518	28676	58.31	416.55	41.57	39.26	19.16
4070	6697	54.71	225.75	46.93	37.43	15.64
34417	7828	60.86	472.19	57.06	25.88	17.06
37917	6592	59.61	400.18	49.26	39.72	11.02
33730	13654	59.96	326.79	44.70	35.20	20.10
6272	4696	57.69	252.65	52.75	31.22	16.03
49298	15959	55.41	299.11	52.54	34.65	12.80
3965	1140	56.37	433.32	45.89	36.61	17.50
17424	13556	57.59	290.72	46.34	43.37	10.29
-9569	5905	44.53	221.64	50.53	38.71	10.76
-2136	1019	41.87	234.84	58.95	31.60	9.45
-4333	2075	46.05	199.04	44.08	46.78	9.14
-9029	6943	49.43	260.34	50.84	36.78	12.37

2018年各地区星级饭店机构情况

单位：个

地　区	合计	五星级	四星级	三星级	二星级	一星级
全　国	**8962**	**764**	**2411**	**4406**	**1352**	**29**
北　京	377	34	118	176	49	
天　津	75	13	33	23	6	
河　北	305	19	114	137	33	2
山　西	185	11	51	98	25	
内蒙古	217	11	33	95	78	
辽　宁	343	22	75	185	59	2
吉　林	100	3	31	48	18	
黑龙江	173	6	46	97	23	1
上　海	203	72	65	55	11	
江　苏	481	83	148	212	38	
浙　江	548	78	169	223	74	4
安　徽	278	23	111	124	20	
福　建	301	46	127	117	10	1
江　西	279	15	108	140	16	
山　东	544	32	139	329	44	
河　南	371	19	87	211	53	1
湖　北	353	20	83	171	77	2
湖　南	304	18	62	154	70	
广　东	598	95	132	331	39	1
广　西	386	8	83	218	77	
海　南	114	23	36	48	5	2
重　庆	178	29	50	78	21	
四　川	329	29	107	117	76	
贵　州	221	6	61	96	54	4
云　南	458	18	74	204	157	5
西　藏	85	2	34	34	15	
陕　西	304	13	46	189	56	
甘　肃	307	3	70	164	67	3
青　海	162	1	35	82	43	1
宁　夏	83		32	47	4	
新　疆	300	12	51	203	34	

2018年各地区五星级饭店经营情况

地区	饭店数（个）	从业人员数	客房数（间/套）	床位数（张）	客房出租率（%）	营业收入（千元）	营业税金及附加（千元）
全国	**764**	**271007**	**266153**	**394055**	**61.96**	**79624822**	**1484940**
北京	34	14633	15700	22875	71.15	7063511	285436
天津	13	3589	3678	5008	63.45	821469	11838
河北	19	7170	5899	8748	62.31	1419857	30659
山西	11	3354	2763	4569	47.20	476003	16940
内蒙古	11	3952	4117	6313	49.48	727282	12327
辽宁	22	7027	7771	11558	56.24	1615791	28099
吉林	3	1133	1081	1576	62.42	263915	5953
黑龙江	6	1453	1706	2539	54.52	344234	5018
上海	72	28169	28856	40348	69.32	13513176	227785
江苏	83	26639	25604	36724	62.10	7899840	146128
浙江	78	26276	25720	38831	56.86	7313314	86085
安徽	23	6247	7632	11742	62.78	1386080	32010
福建	46	16898	15439	22156	62.38	3969249	55363
江西	15	4037	4565	6807	59.81	815703	12195
山东	32	12067	11670	16945	52.72	3120482	29372
河南	19	6407	5223	7968	59.08	1268601	37208
湖北	20	6184	6759	9635	66.60	1620629	28166
湖南	18	7460	6443	9751	61.70	1499949	41062
广东	95	37210	34315	50008	60.01	11514579	147858
广西	8	3088	2863	4367	60.91	640185	13166
海南	23	10717	9820	16081	65.26	2824441	40949
重庆	29	9181	9915	15683	65.31	2584624	33512
四川	29	10884	9983	14745	61.45	2589204	39392
贵州	6	1912	1967	2999	61.63	462445	10089
云南	18	6117	6660	10397	63.99	1660880	55376
西藏	2	537	671	1141	49.75	136956	352
陕西	13	4810	5019	7552	70.22	1328565	32782
甘肃	3	514	693	1143	46.47	74936	4643
青海	1	378	396	592	45.78	71135	64
宁夏							
新疆	12	2964	3225	5254	57.09	597790	15239

2018年各地区A级旅游景区机构情况

单位：个

地　区	合计	5A级	4A级	3A级	2A级	A级
全　国	**11924**	**259**	**3546**	**5724**	**2292**	**103**
北　京	254	7	74	123	44	6
天　津	104	2	30	48	24	
河　北	420	9	115	156	140	
山　西	204	8	94	83	17	2
内蒙古	386	5	124	111	145	1
辽　宁	454	5	115	254	72	8
吉　林	244	6	61	110	55	12
黑龙江	451	5	107	181	130	28
上　海	113	3	59	51		
江　苏	630	23	200	244	163	
浙　江	806	17	215	435	132	7
安　徽	613	11	194	294	112	2
福　建	341	9	94	196	42	
江　西	407	11	140	211	45	
山　东	1292	11	224	657	396	4
河　南	511	13	165	230	101	2
湖　北	415	11	137	223	43	1
湖　南	438	8	104	295	29	2
广　东	381	13	186	166	16	
广　西	507	6	215	272	14	
海　南	53	6	17	22	8	
重　庆	239	8	92	81	57	1
四　川	565	12	243	186	122	2
贵　州	359	6	111	231	11	
云　南	233	8	75	85	62	3
西　藏	116	4	12	54	32	14
陕　西	454	9	110	288	46	1
甘　肃	298	4	95	119	79	1
青　海	110	3	24	64	19	
宁　夏	80	4	18	35	21	2
新　疆	446	12	96	219	115	4

2018年各地区A级旅游景区基本情况

地　区	A级景区总数	A级景区固定从业人员（万人）	A级景区接待人次（亿人次）	A级景区旅游总收入（亿元）	A级景区门票收入（亿元）
全　国	**11924**	**1344759**	**60.24**	**4707.54**	**1021.33**
北　京	254	36126	2.53	54.19	17.10
天　津	104	9085	0.68	19.44	9.14
河　北	420	79374	1.42	95.58	21.83
山　西	204	19791	0.70	135.33	19.26
内蒙古	386	20757	0.55	40.69	8.92
辽　宁	454	65274	1.28	102.42	37.80
吉　林	244	8938	0.56	38.18	8.58
黑龙江	451	26056	0.76	53.55	10.09
上　海	113	11980	1.00	37.80	22.63
江　苏	630	73852	6.73	230.78	66.26
浙　江	806	51662	4.09	218.49	86.57
安　徽	613	65760	2.61	284.39	49.71
福　建	341	27385	2.05	125.03	28.13
江　西	407	43634	1.18	628.91	51.32
山　东	1292	181432	5.88	270.69	93.58
河　南	511	55009	2.61	116.01	52.89
湖　北	415	47023	2.04	238.06	48.09
湖　南	438	84039	2.69	290.98	60.29
广　东	381	70624	3.13	161.60	66.55
广　西	507	35957	2.19	80.72	29.80
海　南	53	14549	0.48	37.00	16.75
重　庆	239	25283	1.57	123.25	20.50
四　川	565	88258	4.07	575.29	49.59
贵　州	359	38713	2.55	301.78	35.13
云　南	233	54806	1.26	75.42	28.86
西　藏	116	2954	0.04	5.63	1.98
陕　西	454	46196	3.09	164.77	41.85
甘　肃	298	24358	1.14	73.55	12.95
青　海	110	3164	0.34	34.60	6.01
宁　夏	80	6276	0.23	11.64	4.05
新　疆	446	26444	0.80	81.76	15.12

2018年各地区5A级旅游景区基本情况

地　区	景区总数	固定从业人员（万人）	接待人次（亿人次）	旅游总收入（亿元）	门票收入（亿元）
全　国	**259**	**253263**	**11.29**	**1927.07**	**408.66**
北　京	7	6332	0.73	16.46	4.51
天　津	2	560	0.17	0.97	0.42
河　北	9	4628	0.25	21.59	6.40
山　西	8	6644	0.20	69.36	9.90
内蒙古	5	1391	0.04	6.61	2.74
辽　宁	5	3005	0.11	33.44	11.50
吉　林	6	1440	0.08	5.79	3.70
黑龙江	5	3407	0.04	8.50	1.51
上　海	3	1364	0.11	12.49	7.11
江　苏	23	27369	1.85	124.80	35.37
浙　江	17	7851	1.09	109.93	35.84
安　徽	11	7126	0.41	189.68	24.32
福　建	9	6090	0.51	47.95	11.11
江　西	11	25184	0.45	538.08	34.71
山　东	11	8319	0.67	39.37	20.72
河　南	13	7172	0.37	40.10	18.82
湖　北	11	15744	0.63	108.08	21.85
湖　南	8	46214	0.70	182.37	23.88
广　东	13	13624	0.70	64.31	35.84
广　西	6	4222	0.09	9.14	3.55
海　南	6	4971	0.15	18.21	7.18
重　庆	8	4226	0.14	23.75	10.68
四　川	12	6160	0.37	79.39	16.16
贵　州	6	3814	0.32	42.31	11.41
云　南	8	23520	0.23	25.67	10.70
西　藏	4	174	0.01	1.55	1.10
陕　西	9	3970	0.52	24.90	17.94
甘　肃	4	1306	0.08	6.55	3.96
青　海	3	725	0.06	12.95	2.96
宁　夏	4	1982	0.05	5.76	2.32
新　疆	12	4729	0.16	57.01	10.45

文化市场

6

近年来全国文化市场经营机构基本情况

年份	机构数（个）	从业人员（人）	资产总计（万元）	营业收入（万元）	利润总额（万元）
2006年	166406	945418	4515546	4148403	885730
2007年	217643	1197610	12956212	7089004	1749171
2008年	221253	1254641	12532138	7465936	1593758
2009年	223893	1288615	12074316	5736445	2939123
2010年	230659	1375660	13806937	8654903	3264805
2011年	238455	1415526	16540928	9766472	3620262
2012年	231132	1416028	18997555	10337954	3585366
2013年	226584	1451818	44258484	13665714	3930246
2014年	220164	1323902	25641255	16142494	4682893
2015年	231709	1564660	53671039	29656347	10020910
2016年	242686	1609329	66760690	44989191	10345244
2017年	257345	1733235	94634340	96723615	12241695
2018年	237055	1667316	120209428	58884050	7182744

近年来全国娱乐场所基本情况

年份	机构数（个）	从业人员（人）	资产总计（万元）	营业收入（万元）	利润总额（万元）
2006年	51742	490289	2990424	2101890	329557
2007年	82174	611108	5927457	3546201	583689
2008年	84356	639511	7048155	3709413	659403
2009年	82200	636800	6271305	4130085	1367846
2010年	85854	703520	7635552	4772099	1718734
2011年	92577	758377	9661392	5661798	1939320
2012年	90271	765250	11136779	6048764	1982344
2013年	89652	835658	34317748	8842052	2084672
2014年	84179	729516	16144969	11023662	2606315
2015年	79816	673640	11050577	5570354	1361661
2016年	77071	632527	10510102	5387254	1257926
2017年	78616	600106	10313538	5468701	1306909
2018年	70584	528238	9212288	5209738	1123267

近年来全国网吧基本情况

年　份	机构数(个)	从业人员(人)	资产总计(万元)	营业收入(万元)	营业利润(万元)
2006年	114273	443745	2210843	2016913	329557
2007年	133163	539460	4304405	3434114	1036162
2008年	134267	565707	5307279	3645153	913361
2009年	138048	580749	5585437	3785362	1510735
2010年	140376	584912	5864306	3626809	1490620
2011年	141275	567170	6282208	3754922	1565375
2012年	135683	529362	8818719	3539807	1431362
2013年	131013	478242	8051486	3879399	1425890
2014年	129289	452105	7429194	4477597	1962040
2015年	134847	480260	6939291	4009643	1302975
2016年	141587	488209	7484979	4323160	1312916
2017年	143434	440853	6947788	3825868	1071760
2018年	124266	346686	5592315	2946316	767578

2018年全国文化市场经营机构基本情况

	机构数(个)	从业人员(人)	资产总计(千元)	损益(千元)				
				营业收入	营业成本	养老、医疗、失业等保险费	本年发放工资总额	营业利润
总　计	**237055**	**1667316**	**1202094277**	**588840498**	**541017092**	**13817591**	**106293700**	**71827439**
按城乡分								
城市	90781	814627	1016230425	494432594	467166423	11927673	84652453	51268884
县城	94815	702846	155002760	69342235	52047832	1524387	17573135	17295508
县以下	51459	149843	30861092	25065669	21802837	365531	4068112	3263047
按经营范围分								
娱乐场所	70584	528238	92122879	52097377	40864886	1537704	15478116	11232669
互联网上网服务营业场所(网吧)	124266	346686	55923145	29463155	21788915	731921	8842073	7675778
非公有制艺术表演团体	14960	297294	47884494	14477410	10309362	417577	5270208	4168190
非公有制艺术表演场馆	1161	27465	22164629	7519705	5561957	242538	1445087	1957748
经营性互联网文化单位	16042	375116	884125310	441444971	424137380	10071179	69972862	41309733
艺术品经营机构	6643	35016	29117800	8304760	5151547	189749	1141684	3153240
演出经纪机构	3399	57501	70756020	35533120	33203045	626923	4143670	2330081

2018年全国娱乐

	机构数(个)	从业人员(人)	资产总计(千元)	营业收入
总　计	**70584**	**528238**	**92122879**	**52097377**
按城乡分：				
城市	25447	233507	40389606	25518850
县城	32024	227311	39371887	20688052
县以下	13113	67420	12361386	5890475
按经营类别分：				
歌舞娱乐场所	51306	488221	83060469	47765441
游艺娱乐场所	18849	38765	7174850	4105114
其他	429	1252	1887560	226822

2018年全国互联网上网服务

	机构数(个)	从业人员(人)	资产总计(千元)	营业收入	营业成本
总　计	**124266**	**346686**	**55923145**	**29463155**	**21788915**
按城乡分：					
城市	43678	148138	23817104	13430930	10503978
县城	43125	123691	21328712	10492397	7329958
县以下	37463	74857	10777329	5539828	3954979

场所基本情况

损益(千元)					游戏游艺设备数量(个)	游戏游艺设备进出口数量(个)
营业成本	养老、医疗、失业等保险费	本年发放工资总额	本年应交税金总额	营业利润		
40864886	**1537704**	**15478116**	**1838169**	**11232669**	**429750**	**33141**
20548465	859856	7171049	945685	4970435	209414	13086
15693814	512268	6401334	690600	4994344	167568	15025
4622607	165580	1905733	201884	1267890	52768	5030
37397435	1380605	14331380	1694506	10368165	91223	15267
3293066	143339	1088795	129714	812067	336341	17443
174385	13760	57941	13949	52437	2186	431

营业场所(网吧)基本情况

损益(千元)				经营面积(万平方米)	终端数量(个)	本年新增投入(千元)
养老、医疗、失业等保险费	本年发放工资总额	本年应交税金总额	营业利润			
731921	**8842073**	**491334**	**7675778**	**2635.070**	**8340864**	**2924770**
372887	3995087	228073	2927455	1124.741	3602497	1413880
214181	3048156	168475	3163279	953.127	2958263	1016670
144853	1798830	94786	1585044	557.202	1780104	494220

2018年全国经营性互联网

	机构数(个)	从业人员(人)	资产总计(千元)			
				营业收入	网络游戏	网络音乐
总　计	**16042**	**375116**	**884125310**	**441444971**	**194460432**	**5462650**
按城乡分：						
城市	14768	360292	862961089	416817935	184658233	5373560
县城	1021	12591	16282879	12376478	9513296	88887
县以下	253	2233	4881342	12250558	288903	203
按经营类别分：						
网络游戏	13264	277196	563181461	290450479	178586538	113791
网络音乐	421	16936	55139300	35314662	99902	5229075
网络动漫	402	12355	14577990	10835968	119073	23475
网络表演	531	25994	47490967	40821470	775973	1490
其他	1424	42635	203735592	64022392	14878947	94818

续表 1

				工资、福利费、税金(千元)		
	营业利润	营业外收入	政府补助	本年发放工资总额	本年支付的职工福利费	经营面积(万平方米)
总　计	**41309733**	**33162458**	**14152034**	**69972862**	**2371955**	**406.987**
按城乡分：						
城市	39066916	32813643	14070471	68884912	2296659	384.943
县城	2134597	308151	43383	919340	68067	18.089
县以下	108220	40664	38180	168610	7229	3.955
按经营类别分：						
网络游戏	27584508	29641384	11346920	56559468	1471211	264.990
网络音乐	2285708	97295	62077	4485361	156476	24.643
网络动漫	183688	157983	90261	1451842	64014	18.058
网络表演	8001886	768626	373306	2445918	115506	20.461
其他	3253944	2497170	2279471	5030273	564747	78.834

文化单位基本情况

损益(千元)							
网络动漫	网络表演	其他	营业成本	养老、医疗、失业等保险费	住房公积金和住房补贴	差旅费	工会经费
2770262	**38941790**	**125447810**	**424137380**	**10071179**	**3460557**	**2917927**	**232724**
2692585	38841840	124126548	401753160	9953392	3418802	2873239	226674
73489	98100	1202529	10241881	89051	35826	39060	5605
4188	1850	118733	12142339	28736	5929	5628	445
124695	904860	68434901	286868112	8354354	2802960	2365074	147152
10657	9268580	13750096	33028954	466832	168223	192863	30160
2564048	13000	6855402	10652280	269740	97009	75322	10236
2975	27264970	8255883	32819584	294406	129439	92332	9480
67888	1490380	28151528	60768449	685848	262925	192337	35696

知识产权(种)	拥有自主知识产权网络游戏数	拥有自主知识产权网络音乐数	拥有自主知识产权网络动漫数	注册用户数(个)	运营网络文化产品数	网络游戏数
832348	**52512**	**21820**	**605536**	**51005584488**	**201573455**	**518189**
822683	49887	21384	604579	47613863484	190910477	478277
9035	2154	436	954	3379184929	10602671	8326
630	471		3	12536075	60307	31586
190615	50822	8963	8478	26751557710	3127814	435617
593341	180	865	584886	3650537280	182228032	67880
14618	429	8576	1045	4789361939	943500	595
19222	136	79	10276	7045897661	3255642	176
14552	945	3337	851	8768229898	12018467	13921

续表 2

	国产网络游戏数	进口网络游戏数量	网络音乐数	国产网络音乐数量	进口网络音乐数量	网络动漫数
总　　计	**292310**	**2220**	**187374730**	**54825708**	**112546042**	**544956**
按城乡分：						
城市	252689	2074	177020335	53176796	103840561	544371
县城	8129	56	10328053	1622620	8705431	559
县以下	31492	90	26342	26292	50	26
按经营类别分：						
网络游戏	210715	1302	220660	218481	2111	42742
网络音乐	67825	51	178924344	53402080	105519357	3419
网络动漫	582	10	1475	1460	15	492522
网络表演	165	2	8590	8335	250	3140
其他	13023	855	8219661	1195352	7024309	3133

2018年全国艺术品

	机构数(个)	从业人员(人)	资产总计(千元)	损益(千元)					
				营业收入	营业成本	养老、医疗、失业等保险费	住房公积金和住房补贴	差旅费	工会经费
总　　计	**6643**	**35016**	**29117800**	**8304760**	**5151547**	**189749**	**64151**	**122693**	**31713**
按经营类别分：									
画廊	2441	10967	5831622	1976526	1359513	42641	19320	27412	11115
画店	2107	5268	1537296	655746	446512	22222	10291	12638	8384
艺术品拍卖企业	237	3460	5982162	835827	610433	28686	9145	28024	3223
艺术品展览机构	691	7285	7577429	2613221	1124150	47073	10662	26899	3475
艺术品电商平台企业	573	3531	2643386	1285407	949357	21652	6369	12615	3067
文化产权交易所	439	2777	2178657	540093	339820	13298	2488	9502	967
艺术品鉴定机构	35	149	65698	31949	21523	943	598	1044	294
艺术品评估机构	20	81	94889	10670	10082	297	118	152	84
艺术品进出口经营单位	100	1498	3206661	355321	290157	12937	5160	100	1104

2018年全国演出

	机构数(个)	从业人员(人)		资产总计(千元)	损益(千元)	
			演出经纪人员		营业收入	营业成本
总　　计	**3142**	**56179**	**9586**	**64021438**	**31405843**	**26862950**
按城乡分：						
城市	2822	51884	8527	59057364	29594520	25574393
县城	258	3361	788	2133093	744737	595033
县以下	62	934	271	2830981	1066586	693524

					出口情况	
国产网络漫画数量	进口网络动画数量	网络表演主播数	国内网络主播数	国外网络主播数	出口额(千元)	出口网络文化产品数量(个)
356468	**188114**	**7704240**	**7236886**	**5661**	**14140361**	**34230**
356015	187983	7465949	6998595	5661	13910532	34167
427	131	236255	236255		208129	60
26		2036	2036		21700	3
41124	1580	2157532	2157488	15	13677703	32297
2001	1416	2689218	2689013	205	3500	224
308499	183737	363	360		101693	1635
2055	1083	2650500	2183407	5436	1920	17
2789	1083	206627	206618	5	355544	57

经营机构基本情况

	工资、福利费、税金(千元)				拍卖情况					
营业利润	本年发放工资总额	本年支付的职工福利费	本年应交税金总额	经营面积(万平方米)	交易量(件)	交易金额(千元)	结算数量(件)	结算金额(千元)	展览/预展场次(次)	艺术活动数量(次)
3153240	**1141684**	**84505**	**293993**	**200.51**	**21118468**	**24074807**	**2668633**	**12662809**	**24901**	**15848**
617022	395175	28081	65748	53.49	286663	518825	277336	459641	14892	7964
209235	134690	12229	19872	21.97	221690	1955337	71367	1807934	1230	1358
225398	140682	7739	54570	16.19	107894	6673058	79562	3887573	1035	516
1489070	187818	9421	55691	56.19	126304	9157954	50218	5463386	5549	4225
336063	118098	8625	59008	18.66	146121	919652	139875	859586	909	545
200274	93631	7582	20370	14.77	17545574	4708252	585355	55103	836	973
10426	6087	878	879	1.77	1300547	13932	125513	11264	7	47
588	2865	105	61	0.59	1300082	15820	1255035	7340	5	29
65164	62638	9845	17794	16.89	83593	111977	84372	110982	438	191

经纪机构基本情况

		工资、福利费、税金(千元)					
养老、医疗、失业等保险费	营业利润	本年发放工资总额	本年支付的职工福利费	本年应交税金总额	演出场次(万场次)	观众人次(万人次)	经营面积(万平方米)
561931	**4542968**	**3812477**		**1379942**	**35**	**13160**	**613**
531744	4020201	3601487		1209691	34	10533	582
18985	149706	120053		33896	1	1390	28
11202	373061	90937		136355		1237	3

2018年全国各地区文化市场经营机构基本情况

地区	机构数(个)	从业人员(人)	资产总计(千元)	损益(千元)				
				营业收入	营业成本	养老、医疗、失业等保险费	本年发放工资总额	营业利润
全国	**237055**	**1667316**	**1202094277**	**588840498**	**541017092**	**13817591**	**106293700**	**71827439**
北京	3287	152478	188442257	126714965	143765694	3706147	33354845	6951420
天津	2000	15001	39157833	19571737	17212205	185885	999224	2359528
河北	3314	14910	2155597	814787	567004	18222	290097	247888
山西	4884	37621	7282947	1769662	1301617	30073	533096	468066
内蒙古	5040	17595	3713103	1456956	1120998	34154	389630	335971
辽宁	6981	33054	147091869	32124053	30526949	2694262	10204785	1597103
吉林	3730	13637	3229958	1305578	685310	41192	253903	620297
黑龙江	5453	17722	8815835	1988941	1679843	31018	353912	309148
上海	3736	46223	60819287	35933608	29542877	696069	3454418	6390729
江苏	22264	105943	57058318	29045269	24155882	678462	4918151	4889471
浙江	16634	153726	133211876	61205606	57084328	882539	7662562	4121314
安徽	14672	88365	16331700	12681823	10903247	234965	2422092	1778584
福建	5444	69942	137622957	23906841	20244600	270118	3903660	3662482
江西	5877	30165	5388108	2867895	2026266	88613	793041	841631
山东	10841	47666	21623156	6749966	6750088	253170	3530571	-6
河南	15629	87092	12097174	4939957	3465354	121941	1500005	1474835
湖北	10074	56973	19359541	15322821	13687378	195981	2062565	1635424
湖南	12257	71637	29516329	17806908	14934418	309471	2866265	2872517
广东	21452	221265	187626289	128283786	110766620	1576499	14231265	17517302
广西	5101	37981	8401929	4448590	3240501	97372	1108754	1208114
海南	2182	20961	6362884	5148757	4544746	97223	806491	604018
重庆	7533	56580	11179328	8551228	6790258	157090	1856488	1760985
四川	16720	88269	36023763	20348708	14487712	365617	3067750	5861017
贵州	6689	38479	15980212	6331470	7080566	789385	2135367	-749092
云南	9695	44857	8150079	3781152	2678122	90971	1130437	1103261
西藏	866	8647	1269614	797538	1096878	9968	238880	-299339
陕西	5049	37059	11819728	4687586	3700822	76047	918403	986769
甘肃	4006	22319	4422369	1829539	1297673	25916	557188	531883
青海	834	7543	1254458	659677	470474	9318	149810	189206
宁夏	1742	8216	6878186	616502	409096	4458	142408	207886
新疆	3069	15390	9807593	7148594	4799568	45445	457643	2349033

2018年各地区娱乐场所基本情况

地区	机构数(个)	从业人员(人)	资产总计(千元)	损益(千元)					
				营业收入	营业成本	养老、医疗、失业等保险费	本年发放工资总额	本年应交税金总额	营业利润
全 国	**70584**	**528238**	**92122879**	**52097377**	**40864886**	**1537704**	**15478116**	**1838169**	**11232669**
北 京	700	7718	1379552	909356	694740	34205	224653	41218	214622
天 津	490	3184	919987	358072	304298	11741	92238	10297	53776
河 北	935	5266	758367	344367	242820	4823	123362	6745	101555
山 西	1236	9382	1230285	471811	365234	4403	172720	12534	106586
内蒙古	2089	6891	1210270	519131	349403	8566	144534	10470	169732
辽 宁	3169	13616	2341872	873199	612748	22936	241688	40370	260454
吉 林	1363	5594	1161433	472512	281523	13394	115689	13787	191010
黑龙江	2274	6923	936932	445351	281610	6571	109448	10226	163749
上 海	1640	13707	5305833	2656287	2414745	115855	581263	119482	241540
江 苏	8580	44300	8046574	5920832	4379348	217733	1700143	170594	1541493
浙 江	4346	50079	8739723	6522680	5375790	182792	1836535	275863	1146895
安 徽	3633	18694	3535246	1467660	1126927	41402	463999	40802	340736
福 建	2123	30604	4615278	3210952	2688481	63675	959608	120236	522477
江 西	1856	12173	2105880	1202953	845334	36037	348650	31550	357619
山 东	2094	12844	1659715	858701	580859	32938	261582	23619	277840
河 南	2230	15458	2305088	990694	681448	26696	358192	31333	309245
湖 北	1930	13255	2809806	1378630	1113484	33393	457617	37929	265144
湖 南	2420	22415	4057112	2007122	1514723	78751	709850	77791	492409
广 东	5259	76401	12570930	6725074	5669846	286179	2214632	294929	1055239
广 西	1713	19096	2358828	1800270	1434073	40234	491669	49130	366206
海 南	435	5080	597498	355307	281318	9920	123114	10410	73991
重 庆	1998	17263	3004638	1892659	1485135	58081	627634	55491	407525
四 川	5079	30519	5556137	3203549	2212844	98705	888904	102157	990715
贵 州	2398	20396	3393795	2173552	1430624	27970	592538	69837	742929
云 南	4872	27116	4358340	2085567	1550657	39274	670393	70877	534957
西 藏	499	7226	891264	681017	1022359	7613	194377	33673	-341340
陕 西	1117	9193	1543269	602411	461634	7583	194842	18147	140780
甘 肃	1583	8721	1920175	791054	564953	5506	247973	15903	226104
青 海	303	3214	519577	285450	205169	1294	62203	4658	80282
宁 夏	836	3577	733803	312978	211093	2016	72031	14532	101885
新 疆	1384	8333	1555672	578179	481666	17418	196035	23579	96514

2018年各地区互联网上网服务

地　区	机构数（个）	从业人员（人）	资产总计（千元）	营业收入
全　国	**124266**	**346686**	**55923145**	**29463155**
北　京	634	2507	295658	120103
天　津	1017	2316	401154	182358
河　北	2005	4499	691941	266517
山　西	2707	8574	1195576	507752
内蒙古	2622	6497	1220376	520227
辽　宁	3192	7831	1045007	507030
吉　林	1916	5602	867929	404325
黑龙江	2978	6658	984694	458309
上　海	1121	4357	670068	402145
江　苏	11205	25446	4947422	3143959
浙　江	7265	19719	3523163	2202373
安　徽	7464	17789	3062272	1442254
福　建	1920	5548	760599	470534
江　西	3551	8931	1617359	989190
山　东	6827	15326	2181223	1151079
河　南	10483	24867	3447988	1574519
湖　北	7197	19017	3345898	1726043
湖　南	8920	26020	4678012	2215927
广　东	7392	26399	3893008	2195075
广　西	3085	9960	1157508	613625
海　南	698	2215	252642	125032
重　庆	3443	13979	2235698	1382966
四　川	10250	32639	5033891	2967074
贵　州	3979	12354	2092887	1125283
云　南	4564	12494	1798297	862041
西　藏	365	1376	376690	114371
陕　西	3130	10298	1407683	672234
甘　肃	1637	4909	1006120	456905
青　海	379	1703	362947	144287
宁　夏	811	2230	700484	239828
新　疆	1509	4626	668951	279790

营业场所(网吧)基本情况

损益(千元)				
营业成本	养老、医疗、失业等保险费	本年发放工资总额	本年应交税金总额	营业利润
21788915	**731921**	**8842073**	**491334**	**7675778**
106916	4960	55127	1902	13179
154031	1192	56065	1765	28326
176935	3235	88421	3180	89679
383575	5821	148096	5248	124184
374086	9228	133673	6839	146147
359999	5708	139398	8934	147030
226674	10333	86194	8635	177657
302144	6001	110942	5403	156207
356970	14034	149288	8660	45179
2197634	107228	791048	53663	946380
1763885	59580	698717	44055	438497
1034646	26583	418727	16898	407611
401472	7040	176461	5620	69299
622042	31552	281329	18202	367149
708747	27799	293695	16746	442344
1051720	29607	488660	26154	523025
1348759	32006	491505	19120	377281
1710732	75017	690630	37410	505214
1922375	80400	812939	48389	272812
458300	10603	218650	7089	155338
98367	3719	47065	2373	26668
1061119	29507	415349	10162	321857
2113199	87924	873987	55755	853883
770531	17489	319177	12613	354755
650146	24905	274060	24402	212080
73349	2355	44443	1856	41021
524489	4427	214549	8844	147748
318132	2034	126414	1651	138778
105156	2340	37779	1231	39131
164611	1310	55121	22419	75697
248174	7984	104564	6116	31622

2018年各地区经营性

地　　区	机构数（个）	从业人员（人）	资产总计（千元）	营业收入	网络游戏	网络音乐
全　　国	**16042**	**375116**	**884125310**	**441444971**	**194460432**	**5462650**
北　　京	1330	114155	168511695	116286365	20559087	673000
天　　津	222	6010	32761158	17113055	4498652	200
河　　北	5	33	1893	1176	1146	
山　　西	67	1169	588635	208914	28045	337
内 蒙 古	16	213	38992	23202	9687	100
辽　　宁	132	4108	138874132	30141893	25424300	600
吉　　林	21	108	51500	2903	2711	30
黑 龙 江	77	871	293786	68276	28204	
上　　海	491	19296	45198066	29795783	21827861	92
江　　苏	517	13013	31213373	15529024	12863088	80050
浙　　江	2027	30994	95605765	44088734	29448687	1102825
安　　徽	428	8802	6660105	7619341	5592126	5000
福　　建	735	20553	125403297	16924569	10535152	3028
江　　西	2	6	100	60	60	
山　　东	110	2887	9523839	3729280	1865282	759
河　　南	265	3941	1605286	766486	168494	1312
湖　　北	328	11393	8785079	8805196	2365599	4995
湖　　南	201	7158	13922997	8932731	996599	6193
广　　东	7142	98415	157244341	112101734	40873114	3510548
广　　西	67	1841	1128950	984152	483283	320
海　　南	974	10107	3926500	3967563	3259951	30
重　　庆	328	5118	3313979	3612735	1109534	2596
四　　川	224	8657	21705845	12902889	7953485	34388
贵　　州	78	2045	6264038	833314	52415	32980
云　　南						
西　　藏						
陕　　西	150	2617	5844406	1923624	365387	6
甘　　肃	45	665	192034	47829	13656	800
青　　海	6	89	22579	7563		
宁　　夏	1	16				
新　　疆	53	836	5442937	5026580	4134825	2460

互联网文化单位基本情况

损益(千元)								
网络动漫	网络表演	其他	营业成本	养老、医疗、失业等保险费	住房公积金和住房补　贴	差旅费	工会经费	
2770262	**38941790**	**125447810**	**424137380**	**10071179**	**3460557**	**2917927**	**232724**	
472360	3748690	55463991	134658769	3484606	1538270	944198	65432	
3155	9797640	1063547	14874420	122776	54194	27418	1431	
		30	1634	194	5	116		
12	970	177006	84165	3393	493	2510	454	
		11799	20166	788	32	397	12	
1283	320	4676726	28932164	2641743	699534	669005	26392	
		160	1751	90	20	20	3	
	120	12349	70629	3148	471	1633	125	
647		7076574	24297666	471264	122354	80321	1427	
42573	73950	2060977	13952361	204189	70280	47358	10699	
220455	603930	7559198	43695172	464892	218171	292470	10728	
4413	14260	1403222	6966447	88486	22401	29876	2329	
1600808	60730	3034487	14420483	164725	104512	55738	20156	
			20					
1711	2150	342233	4587186	157427	5970	119909	1436	
38343	10980	362860	745514	24445	4080	10981	1339	
33498	5599390	536029	7989934	84844	28920	32494	1979	
42970	16860	7316395	7654756	78892	24197	52122	3631	
278343	18990040	29986879	97864574	1074616	395926	391277	67283	
1060	410	360384	562889	12746	2769	4239	1102	
1400	3990	276163	3829137	69341	28589	23740	2629	
6527	5640	632934	2828234	32245	7401	12793	1370	
15243	9650	1444366	9130276	138234	49825	56487	8771	
1250		97892	2200869	706849	72113	49953	2137	
4211	670	902011	1561551	28786	6420	7483	775	
	1400	19537	46442	2579	956	2062	162	
		1351	8359	405	66	116	22	
			168	12		20		
		628711	3151645	9464	2590	3195	902	

续表 1

地　区	营业利润	营业外收入	政府补助	工资、福利费、税金(千元) 本年发放工资总额	本年支付的职工福利费	经营面积(万平方米)
全　国	**41309733**	**33162458**	**14152034**	**69972862**	**2371955**	**406.987**
北　京	5629749	15742058	317822	32021610	397595	60.052
天　津	2238636	345367	282848	671233	85702	5.804
河　北	-458			1145	100	0.053
山　西	124749	7797	6776	27557	1078	1.444
内蒙古	3036	813		4645	107	0.336
辽　宁	1209729	195195	9764	9720722	9565	3.893
吉　林	1153			976	60	0.193
黑龙江	-2353	2847	2380	18017	814	1.328
上　海	5498116	1106478	164999	2312416	134620	22.513
江　苏	1576663	160323	134916	1559233	58048	19.789
浙　江	393561	886980	171436	3207040	182532	40.898
安　徽	652894	189176	113637	605683	45015	19.084
福　建	2504087	361283	162738	2105232	316990	27.255
江　西	40			20		0.011
山　东	-857906	2011384	2007429	2637673	31910	8.722
河　南	20972	16883	11079	178168	10026	13.905
湖　北	815250	115976	105159	730498	21451	14.578
湖　南	1277976	101423	85075	828399	61795	8.499
广　东	14237159	11589184	10428270	10274651	889318	111.941
广　西	421263	62311	7209	129949	3850	2.243
海　南	138427	36605	17179	535265	34859	13.876
重　庆	784502	39502	19595	252964	12135	8.279
四　川	3772614	82472	31215	982313	56156	11.718
贵　州	-1367555	24908	15831	902674	7607	4.347
云　南						
西　藏						
陕　西	362073	41783	40025	160118	6800	3.703
甘　肃	1387	9911	9700	20253	895	0.649
青　海	-795	1813	1812	1684	129	0.127
宁　夏	-168			84	10	0.009
新　疆	1874935	29988	5140	82644	2791	1.738

知识产权（种）				注册用户数（个）	运营网络文化产品数	
	拥有自主知识产权网络游戏数	拥有自主知识产权网络音乐数	拥有自主知识产权网络动漫数			网络游戏数
832348	**52512**	**21820**	**605536**	**51005584488**	**201573455**	**518189**
536403	8809	6017	492614	12039460553	24645673	173006
1185	581	89	3	571753833	305257	6473
11	11			10701	3	3
4432	74	103	4205	329805070	195828	75
14017	6		14000	470496	66546	11
14424	362	128	10010	86009305	55080	813
2	2			81400	33	27
272	237			1315577	418	412
57186	4351	73	46	4105035722	212695	5036
4966	2982	667		2037009789	8294261	21294
10043	5644	253	491	8168189107	43042357	183063
1602	854	23	44	432603219	3524	1867
44113	3361	4376	32572	6901363277	502489	18713
				5		
1734	178	1172	108	6316171	8349	324
1501	368	295	100	31516415	137361	805
9857	1947	1026	10	1326100232	627406	3564
4593	654	565	721	971060425	17929	2076
101105	17882	6159	33739	12792230446	71396327	50829
1084	235	33	15	11092675	1750	491
1710	1459	13	3	222145624	205080	1843
9689	381	43	8925	160461427	11093	632
3639	1627	634	627	613743675	51752082	1303
7440	98	13	7206	38505382	7235	47
932	244	132	7	111733370	46802	45258
99	12		83	798525	36713	26
9	2			20500	240	2
				16		
300	151	6	7	46751552	924	196

续表 2

地区	国产网络游戏数	进口网络游戏数量	网络音乐数	国产网络音乐数量	进口网络音乐数量	网络动漫数
全　国	**292310**	**2220**	**187374730**	**54825708**	**112546042**	**544956**
北　京	29787	470	21457458	15297777	6159681	33438
天　津	6409	56	87	77		543
河　北	3					
山　西	72		31626	31177	448	2831
内蒙古	11		66535	21303	45232	
辽　宁	784	2	48061	11028	37033	435
吉　林			1			
黑龙江	412					
上　海	4675	41	138035	138035		36562
江　苏	20343	866	8016217	1002117	7014100	853
浙　江	105768	186	39377257	12001684	27374520	17373
安　徽	1814	30	211	210		139
福　建	17522	150	33305	33264	41	428522
江　西						
山　东	306		116	108		1250
河　南	771	3	133710	133647	52	447
湖　北	3505	3	11887	11887		8846
湖　南	2061		1020	970		2470
广　东	48551	302	67802692	4087796	63714849	9267
广　西	401	83	196	131	62	152
海　南	1785		200003	200003		200
重　庆	623	1	10209	8915		10
四　川	1202	11	50001349	21800848	8200000	663
贵　州	45		7184	7184		
云　南						
西　藏						
陕　西	45239	14	9	9		871
甘　肃	26		36680	36680		
青　海	1		238	238		
宁　夏						
新　疆	194	2	644	620	24	84

					出口情况	
国产网络漫画数量	进口网络动画数量	网络表演主播数	国内网络主播数	国外网络主播数	出口额（千元）	出口网络文化产品数量（个）
356468	**188114**	**7704240**	**7236886**	**5661**	**14140361**	**34230**
29654	3782	2164368	2164049	312	717623	118
543		298084	298082		447085	28
1742	1083	161294	161269	25		
135	300	3879	3879		22450	65
		4	4			
34988	1558	33026	33026		881239	20143
853		255509	255509		732172	60
9114	8134	819938	358501		89343	37
128		1259	1258	1	110275	39
256131	172384	21409	21406	3	707011	5824
1250		6647	6647		280	4
444		766	559		64909	3
8846		12586	12518	68	22100	9
2221	139	12164	11164	1000	15495	1547
8601	589	2160355	2156108	4215	1298642	5825
84	66	896	854	35	3700	402
172	28	2965	2963	2	6901080	26
10		206	205		13898	7
648		1748652	1748652		2070196	72
870	1	229	229		4	10
		4	4		1500	
34	50				41360	11

2018年各地区艺术品

地　区	机构数(个)	从业人员(人)	资产总计(千元)	损益(千元)						
				营业收入	营业成本	养老、医疗、失业等保险费	住房公积金和住房补贴	差旅费	工会经费	营业利润
全　国	**6643**	**35016**	**29117800**	**8304760**	**5151547**	**189749**	**64151**	**122693**	**31713**	**3153240**
北　京	96	1179	6383162	1006063	610008	37513	13664	27183	1829	396055
天　津	37	264	143915	34895	35866	2109	413	1968	143	-970
河　北	33	130	5200	4871	3677	47				1193
山　西	83	932	400958	93246	72752	890	162	1496	144	20495
内蒙古	70	184	28580	11640	6889	98		85	1	4751
辽　宁	161	2814	278366	52754	37594	631	20	365	34	15160
吉　林	322	758	631530	247729	77293	6750	59	5703	215	170436
黑龙江	20	86	69034	2732	2905	85	40	68	20	-173
上　海	189	1488	5075849	1068915	846182	27571	6599	17976	1051	222729
江　苏	755	5732	4599579	1376207	1020651	31957	19436	16094	9961	355576
浙　江	786	1899	2565591	750155	447731	11663	1704	4650	1055	302429
安　徽	226	838	443565	110384	78954	2442	143	2000	229	31432
福　建	132	537	367412	234210	208431	2822	941	1711	220	25776
江　西	116	1351	453710	164705	100880	12040	9210	7158	8321	63825
山　东	1015	3159	583758	331985	245766	11580	2186	6061	397	86220
河　南	725	1552	638863	111064	71539	1850	466	1681	430	39527
湖　北	79	279	256421	48127	43988	3334	289	482	43	4138
湖　南	191	3005	1114570	256296	192844	5953	2513	4105	2368	63453
广　东	535	2083	3082241	1518798	444811	19592	3394	9327	1797	1073987
广　西	53	346	101251	74650	50827	352		700		23823
海　南										
重　庆	122	409	124869	94431	80746	657	200	1494	172	13685
四　川	202	2405	316504	139712	112961	6065	1089	4878	1165	26750
贵　州	23	285	56395	53165	40945	81		370	150	12220
云　南	72	449	34810	16440	10470	996	770	1100	900	5970
西　藏	1	6	1000	960	60					900
陕　西	122	663	582679	219650	123897	166	18	734	130	95753
甘　肃	413	1353	615538	139306	97530	1875	745	1724	558	41780
青　海	64	830	162450	141670	85350	630	90	3580	380	56320
宁　夏										
新　疆										

经营机构基本情况

工资、福利费、税金(千元)			经营面积(万平方米)	拍卖情况					
本年发放工资总额	本年支付的职工福利费	本年应交税金总额		交易量(件)	交易金额(千元)	结算数量(件)	结算金额(千元)	展览/预展场次(次)	艺术活动数量(次)
1141684	**84505**	**293993**	**200.51**	**21118468**	**24074807**	**2668633**	**12662809**	**24901**	**15848**
108955	5158	47969	9.48	50191	9609798	42058	4521848	117	848
7914	359	1582	0.96	9355	47934	6114	45572	55	26
2435		69	0.57	17	9	17	9	51	3
17238	429	4882	9.76	6873	45695	6523	44138	254	289
2617	140	150	1.54	9363	1614	9350	1624	180	39
8049	282	3041	9.57	31199	11675	26078	9828	76	57
12286	350	3825	2.21	500	500	500	500		5
1588	20	38	0.39	158	138	158	128	83	18
119852	6659	70550	8.23	75284	971241	55049	553980	503	585
260276	18548	42544	33.12	30905	144525	30121	136933	3114	6201
77447	5149	34134	16.29	13905	1638477	10319	1632653	528	404
29443	518	2898	6.27	15814	16208	15705	15728	213	391
29078	861	2135	3.86	1352	7389	1352	2547	94	74
19855	8743	7743	4.01	3813	322190	1963	162130	30	90
99204	8825	8961	16.12	174155	157223	173657	159357	339	587
27215	1436	1509	5.77	199587	53594	50124	30388	522	922
11051	1213	1295	1.22	3841	2984	1136	1984	430	77
66726	3854	13213	11.79	47871	48375	47147	46860	752	315
82831	5990	26651	12.89	7541798	5998020	14574	4936388	279	287
4625	600	1250	0.37	2126	825	11126	825	5	5
24006	730	2171	3.15	97387	287081	26146	83671	1536	1453
39785	1887	3008	25.38	19314	22305	13869	17774	2088	847
7541	393	405	0.95	704	10336	3061	10426	65	57
3772	1460	922	0.78	1512	9906	1677	9540	628	473
30			0.01						
14056	536	9750	3.66	57653	41342	57633	34877	11358	392
39503	6655	2298	7.78	12700972	4507133	2040313	75536	801	959
24306	3710	1000	4.37	22819	118290	22863	127565	800	444

2018年各地区演出经纪

地区	机构数(个)	从业人员(人)	演出经纪人员	资产总计(千元)	损益(千元)	
					营业收入	营业成本
全国	**3399**	**57501**	**9557**	**70756020**	**35533120**	**33203045**
北京	86	3188	306	9643266	7363676	6949524
天津	89	1393	273	4665880	1721469	1674166
河北	8	84	15	400290	9346	34297
山西	116	1097	394	3356120	232046	204287
内蒙古	80	854	265	376623	238038	263362
辽宁	80	770	247	335294	155629	272805
吉林	41	168	75	45182	38438	26595
黑龙江	27	1573	89	1165728	882931	897289
上海	43	958	165	488771	999558	942981
江苏	524	6794	1000	6763372	2412989	2039661
浙江	444	5146	1074	6393734	2223538	1853933
安徽	54	1409	250	588158	280782	232370
福建	148	2861	465	6224011	2637520	2088575
江西	45	483	130	285150	262261	254897
山东	59	840	176	252734	97732	162515
河南	64	852	219	399616	217652	202709
湖北	128	6236	424	2479611	3015402	2927761
湖南	73	3457	246	2696324	3147473	2911425
广东	723	8006	1592	7324771	3733112	3445083
广西	52	2538	309	2008681	554865	465891
海南	5	71	12	81148	9266	34838
重庆	67	2713	370	1440937	947954	856347
四川	120	1535	391	1401667	584298	528081
贵州	90	1312	289	3685494	1911451	2462017
云南	9	61	120	8290	5921	5175
西藏						
陕西	69	1120	229	976696	518947	489578
甘肃	24	296	75	95825	34827	33534
青海	13	323	41	105435	62235	55089
宁夏	30	408	3	5182180	7846	3839
新疆	88	955	313	1885032	1225918	884421

机构基本情况

		工资、福利费、税金(千元)				
养老、医疗、失业等保险费	营业利润	本年发放工资总额	本年应交税金总额	演出场次(万场次)	观众人次(万人次)	经营面积(万平方米)
626923	**2330081**	**4143670**	**1786472**	**43**	**15105**	**821**
100415	414152	705192	415784	1	398	8
41694	47296	132299	103876	1	568	10
1940	-24950	15912	2052		13	1
6373	27758	37773	10080		248	33
12981	-25321	34373	17644		209	11
7736	-117178	35692	72173	1	221	25
400	11843	7024	859		37	1
12452	-14358	40469	9776		92	2
23842	56580	79717	65730	2	391	36
77460	373324	334704	90459	7	1235	141
46850	369613	301424	99758	2	1484	39
10869	48411	68941	9776	1	435	10
27929	548947	268006	133414	2	370	29
2913	7364	37720	20225		82	3
8067	-64785	77213	4443		121	14
7240	14941	55905	8388		196	14
33144	87640	276987	89933	1	1100	20
29457	236043	259499	106707	1	4122	60
63538	288039	472259	153567	21	1575	96
22459	88974	150423	72284		483	66
578	-25572	10303	126		2	
20892	91608	245376	35454	1	244	108
12300	56221	85683	27673	1	418	6
28038	-550568	247168	152650		108	3
418	746	1210	363		26	
11559	29371	74909	18825	1	342	69
2713	1294	12941	1325		42	1
4379	7146	14970	1597		98	4
	4007	1485	1451		2	
8287	341495	58093	60080		443	10

主要统计指标解释

1．**藏品**：藏品是文博机构根据收藏品的文化属性、自然属性等情况所划分的文物藏品、标本藏品、模型藏品（含具有收藏、展示价值的雕塑、绘画等艺术作品）和复制品藏品的总和。本指标所统计的藏品是指报告期末，该机构已经整理并登记入账的藏品数。尚未整理或正在整理的藏品，应在整理造册入账后列入下年统计。一级品、二级品、三级品均根据入账情况如实填写。

藏品数：指按历年来以件、套为计量单位统计的藏品数量。即单件藏品编一个号者按一件计算，成套藏品按整体编一个号者，也按一件计算（其组成部分即使有分号，也按一件计）。不易计数的藏品，如粮食、药材及液体等，不论数量多少，均按一件计算。

2．**本年新增藏品数**：指本年从各种渠道获得的新增入库藏品总数。

3．**本年从有关部门接收文物数**：指本年从公安、工商、海关等司法及检查部门移交接收的文物。

4．**本年藏品征集数**：本年从社会上征集为馆藏的文物数量（包括标本数）。

5．**本年修复文物数**：本年运用技术手段进行修复保养的馆藏文物数量（包括标本）。

6．**基本陈列**：指由本馆设计布陈、地点固定、时间较长的展出。

7．**举办展览**：展览指在本机构内设置，由本馆设计布陈、形式比较多样的展出。同一内容的巡回展览，均按一个计算。展览的计量单位不是指每次展出的文物藏品件数。与系统外机构合办的展览，由本馆统计；与系统内机构合办的，由主办馆统计。基本陈列不作为展览统计。

8．**参观人次和未成年人参观人次**：参观人次指本报告期末，向社会开放的文物保护管理机构当年接待的所有参观人次的累计数。

未成年人参观人次是指接待有组织的集体参观人次与零散观众中能够确切统计的未成年人参观人次的总和。

9．**本年承担课题、项目数**：指本机构报告期内承担的课题和项目数量。

10．**专利数**：向中央及地方专利局申请并得到承认的专利数量。

11．**专著或图录**：由本单位人员完成，经过正式出版部门编印出版的科技专著、高等院校教科书、科普著作和论文集。

12．**论文数**：是指由本机构的人员完成，并在省级以上刊物公开发表的论文数之和。

13．**古建维修报告**：地上不可移动文物维修保护工程全过程记录及应用技术研究介绍的综合性技术报告。

7 文物业

按年份各地区文物业藏品数

单位：件/套

地　区	1995年	2000年	2005年	2010年	2015年	2016年	2017年	2018年
总　计	**11331575**	**12491531**	**19964963**	**28642200**	**41388558**	**44558807**	**48506647**	**49604379**
北　京	167342	181864	1152341	3735879	3678397	3684368	4356056	4422918
天　津	546695	553684	598813	955735	1025328	986885	1055710	1049957
河　北	617098	668097	527123	554831	613234	558198	533944	553930
山　西	394648	397373	897875	775959	1197673	1458367	1626580	1799227
内蒙古	352021	367847	442177	461499	572423	731444	754368	1009656
辽　宁	225092	214994	423106	724758	754521	827168	624845	644488
吉　林	163694	168976	190796	299574	461091	482126	658898	653784
黑龙江	162820	166115	168899	218877	773220	1013359	1018121	990509
上　海	203424	268984	1496698	1444185	3850202	4005831	4608884	4692055
江　苏	771836	803066	1933152	2490474	2601976	2519959	2659818	2676969
浙　江	396543	494206	869053	896263	1331284	1446109	1532324	1504325
安　徽	328780	432385	446566	822095	1021742	1006694	1023988	1057972
福　建	218598	263587	419697	445866	561053	541462	648149	710838
江　西	202575	241239	387165	643335	609512	517401	627413	626591
山　东	591720	792763	811316	1448056	2090547	4306999	4506067	4506001
河　南	1021544	1260014	1435202	1833281	2101398	1963555	2001997	2065508
湖　北	560737	615162	983730	1464517	1947865	1980655	2076765	2112271
湖　南	278609	277841	532768	857677	985246	976723	1000353	1012975
广　东	456762	498102	988920	1121797	1283237	1290857	1362898	1398121
广　西	232666	211091	301908	347472	508649	342356	324351	379337
海　南	24938	48731	30140	58398	45155	75795	80486	166662
重　庆		237413	301849	754363	689914	603577	643174	625321
四　川	675154	457941	752459	1147088	3679655	4455953	4301584	4241906
贵　州	36892	41579	54690	119594	139048	149523	192914	182108
云　南	214693	244475	299465	453712	1301043	1345420	1394886	1518885
西　藏	127026	68650	212691	143071	262984	278587	276213	265886
陕　西	502005	533192	883408	946083	2885836	2617470	4004127	4046736
甘　肃	249723	280812	429726	546332	609895	573857	537364	556849
青　海	75233	97052	141121	186276	179008	189988	103128	93724
宁　夏	37881	48620	77025	84093	103783	75362	387188	395521
新　疆	72457	94477	107777	150646	241046	228185	246548	245892

按年份各地区博物馆机构数

单位：个

地区	1995年	2000年	2005年	2010年	2015年	2016年	2017年	2018年
总计	**1194**	**1384**	**1581**	**2435**	**3852**	**4109**	**4721**	**4918**
北京	17	25	34	41	40	41	71	82
天津	14	14	18	18	22	22	62	65
河北	31	43	46	65	107	111	122	134
山西	69	76	86	89	100	105	138	152
内蒙古	17	25	33	54	84	87	93	109
辽宁	26	30	39	61	64	65	65	65
吉林	16	16	18	57	76	77	107	107
黑龙江	29	41	46	76	158	176	183	191
上海	12	11	25	27	99	99	98	100
江苏	72	86	99	213	312	317	322	329
浙江	59	68	80	100	224	275	308	337
安徽	30	37	43	120	171	171	196	201
福建	64	81	82	94	98	98	123	128
江西	82	81	82	108	137	138	139	144
山东	56	59	75	114	312	393	485	517
河南	66	70	79	111	248	270	334	334
湖北	88	94	91	120	175	183	199	200
湖南	57	66	73	81	113	115	120	121
广东	114	128	146	169	177	177	184	184
广西	37	39	49	64	124	125	132	131
海南	17	15	16	16	18	18	19	19
重庆		14	18	37	78	82	94	100
四川	54	50	55	108	225	239	255	252
贵州	4	8	11	59	73	73	84	91
云南	22	30	32	120	86	90	125	137
西藏	2	2	2	2	7	7	7	7
陕西	59	67	82	106	249	274	282	294
甘肃	52	65	69	102	150	152	204	215
青海	8	14	15	18	23	23	23	24
宁夏	3	4	6	6	12	13	54	54
新疆	12	23	28	71	86	90	90	91

2018年全国文物业

	机构数（个）	从业人员（人）	专业技术人才	正高级职称	副高级职称
总　计	**10160**	**162638**	**51876**	**2575**	**7108**
按单位类型分：					
文物科研机构	122	4133	2691	319	588
文物保护管理机构	3550	32406	9151	174	986
博物馆	4918	107506	38327	1990	5332
文物商店	64	1139	518	5	42
其他文物机构	1506	17454	1189	87	160
按隶属关系分：					
中央	12	3073	1988	207	513
省区市	308	19246	9066	720	1700
地市	1752	48452	17182	772	2601
县市区	8088	91867	23640	876	2294
按部门分：					
文物部门	8478	136334	44426	1835	6040
其他部门	1682	26304	7450	740	1068

续表 1

	在藏品数中(件/套)		本年修复藏品数(件/套)		
	本年从有关部门接收文物数	本年藏品征集数		一级品	二级品
总　计	**209517**	**382151**	**80390**	**750**	**2268**
按单位类型分：					
文物科研机构	452		21651	541	917
文物保护管理机构	18468	13393	4291	7	148
博物馆	188377	356435	53477	201	1193
文物商店					
其他文物机构	2220	12323	971	1	10
按隶属关系分：					
中央	1628	1567	1480	137	160
省区市	124262	28638	19153	164	779
地市	44273	130521	29539	377	949
县市区	39354	221425	30218	72	380
按部门分：					
文物部门	207695	237779	71152	734	2217
其他部门	1822	144372	9238	16	51

基本情况

	中级职称	安全保卫人员	登记注册志愿者(人)	文物藏品(件/套)	一级品	二级品	三级品	本年新增藏品数
	20685	**32685**	**166769**	**49604379**	**95607**	**605834**	**2997610**	**768793**
	992	341	258	1315659	1617	4039	28811	42686
	3804	5536	11682	2430379	8405	27506	146910	39908
	15167	26587	154663	37540740	84201	566177	2772980	671258
	224			7513985	53	72	2591	
	498	221	166	803616	1331	8040	46318	14941
	778	516	773	3397457	14941	282725	779591	8439
	3613	3091	20355	17264448	30793	157347	1025792	182932
	7189	9277	66035	9819563	23098	79233	622974	220810
	9105	19801	79606	19122911	26775	86529	569253	356612
	17958	26843	123368	37418648	90801	589048	2928463	573151
	2727	5842	43401	12185731	4806	16786	69147	195642

	三级品	基本陈列(个)	临时展览(个)	参观人次(万人次)	未成年人参观人次	门票销售总额(千元)	本年收入合计(千元)	财政补助收入
	11225	**13678**	**14247**	**122351.64**	**29653.86**	**32070361**	**56211564**	**43823856**
	1045	109	18	334.77	19.39	151032	3330701	2061912
	679	846	606	17616.29	2668.84	3308768	10322794	7223578
	9266	12723	13623	104400.58	26965.63	28610561	30431798	24505482
							581041	18795
	235						11545230	10014089
	790	122	192	2938.39	363.98	817870	2782005	1993049
	3428	522	1026	12732.71	3085.26	1671125	10048650	7940036
	3757	3164	4754	39299.58	8948.74	2559261	18885209	15553734
	3250	9870	8275	67380.96	17255.88	27022105	24495700	18337037
	10603	9682	11770	99425.03	24392.04	7991621	49989545	39843776
	622	3996	2477	22926.61	5261.83	24078740	6222019	3980080

续表 2

	上级补助收入	事业收入	经营收入	附属单位上缴收入	其他收入
总　计	**1387767**	**4737815**	**2249011**	**16288**	**3996827**
按单位类型分：					
文物科研机构	27185	1129796	77817		33991
文物保护管理机构	488888	1542975	462467	9397	595489
博物馆	860876	1902643	1702318	6891	1453588
文物商店					562246
其他文物机构	10818	162401	6409		1351513
按隶属关系分：					
中央		553037	45613	1552	188754
省区市	56013	1354382	84634		613585
地市	271902	1513118	352885	678	1192892
县市区	1059852	1317278	1765879	14058	2001596
按部门分：					
文物部门	1061596	4403381	1391494	12976	3276322
其他部门	326171	334434	857517	3312	720505

续表 3

	福利费	各种税金支出	对个人和家庭补助支出	抚恤金和生活补助	其他资本性支出
总　计	**184255**	**194183**	**1331281**	**126035**	**6467616**
按单位类型分：					
文物科研机构	7580	38483	62912	5590	297062
文物保护管理机构	48403	40710	229260	22358	1327798
博物馆	116522	107929	825712	73398	3463698
文物商店					
其他文物机构	11750	7061	213397	24689	1379058
按隶属关系分：					
中央	3098	3944	117036	5120	121391
省区市	28346	43219	206534	23406	1179243
地市	56078	64158	601579	48333	2019779
县市区	96733	82862	406132	49176	3147203
按部门分：					
文物部门	153319	120548	1229061	111549	5804833
其他部门	30936	73635	102220	14486	662783

本年支出合计（千元）	基本支出	项目支出	经营支出	在支出合计中：工资福利支出	商品和服务支出	差旅费	劳务费
54711426	**20434143**	**28353780**	**1561515**	**14373728**	**19696925**	**479835**	**2145119**
3128458	836762	2198791	61441	520934	2125670	93921	524411
9470340	3986525	4646764	269454	3143589	2726822	43810	307978
30845857	13158001	14578838	1226358	9290744	11369836	277197	1072830
551483							
10715288	2452855	6929387	4262	1418461	3474597	64907	239900
2504096	1002572	1399084	580	567122	1420487	29434	114637
10215787	3260795	6053035	61672	2294379	4795516	175692	603347
17728517	6627401	10045390	217874	4255151	6933868	125067	831100
24263026	9543375	10856271	1281389	7257076	6547054	149642	596035
47816424	17950412	25910520	891986	12333763	18039481	412860	2033359
6895002	2483731	2443260	669529	2039965	1657444	66975	111760

各种设备、交通工具、图书购置费	资产总计（千元）	固定资产原值	实际使用房屋建筑面积（万平方米）	展览用房	文物库房	实际拥有产权面积（万平方米）
887769	**186605462**	**103019226**	**4335.29**	**1412.75**	**261.55**	**2581.99**
103023	5270956	1545585	80.67		9.41	19.95
56913	24703913	10844347	1362.51	106.98	18.07	329.67
660756	133834853	81185414	2790.95	1304.54	225.94	2174.05
	2199654	345167	14.99		6.63	9.35
67077	20596086	9098713	86.17	1.23	1.51	48.97
35808	8582476	4073900	53.60	10.74	6.08	30.78
290641	36756377	17911585	316.22	102.11	51.91	201.22
272299	58701757	34206186	996.37	406.53	68.20	637.57
289021	82564852	46827555	2969.10	893.36	135.37	1712.42
703150	141123612	75088771	3526.73	1049.54	193.08	2023.76
184619	45481850	27930455	808.56	363.20	68.47	558.23

2018年全国文物保护

	机构数(个)	从业人员(人)	专业技术人才			
				正高级职称	副高级职称	中级职称
总　计	**3550**	**32400**	**9151**	**174**	**986**	**3804**
按隶属关系分：						
中央	1	94	47	4	10	27
省区市	12	392	141	4	28	43
地市	311	10933	2929	119	472	1257
县市区	3226	20981	6034	47	476	2477
按部门分：						
文物部门	3473	29560	8717	158	893	3571
其他部门	77	2840	434	16	93	233
按机构类型分：						
区域性文物保护管理机构	1940	17743	6231	128	654	2612
专门为一处或几处文物保护单位设立的保护管理机构	1610	14657	2920	46	332	1192

续表 1

	在藏品数中(件/套)		本年修复文物数(件/套)			
	本年从有关部门接收文物数	本年藏品征集数		一级品	二级品	三级品
总　计	**18468**	**13393**	**4291**	**7**	**148**	**679**
按隶属关系分：						
中央						
省区市						
地市	14569	4400	964		13	47
县市区	3899	8993	3327	7	135	632
按部门分：						
文物部门	18468	13230	4289	5	148	679
其他部门		163	2	2		
按机构类型分：						
区域性文物保护管理机构	18433	10965	4186	4	145	607
专门为一处或几处文物保护单位设立的保护管理机构	35	2428	105	3	3	72

管理机构基本情况

安全保卫人员(人)	登记注册志愿者人数(人)	藏品数(件/套)	文物藏品	一级品	二级品	三级品	本年新增藏品
5536	**11682**	**2430379**	**594066**	**8405**	**27506**	**146910**	**39908**
7	96	16702					699
91		111589	438	372	1124	7744	
1468	2086	251109	65312	947	2399	12246	20141
3970	9500	2050979	528316	7086	23983	126920	19068
5303	11430	2412373	592837	8361	27392	146611	39046
233	252	18006	1229	44	114	299	862
2678	8873	1997557	493974	5646	18704	107884	35734
2858	2809	432822	100092	2759	8802	39026	4174

基本陈列(个)	临时展览(个)	参观人次(万人次)	未成年人参观人次	本地居民参观人次	境外观众参观人次	举办社会教育活动(次)	参加活动人次(万人次)
846	**606**	**17616.29**	**2668.84**	**5266.67**	**299.86**	**17062**	**350.77**
3	77	300.00	65.00	70.00	7.00	66	0.66
1	1	200.16	6.53	60.33	4.79	17	4.37
183	137	6060.30	580.55	1452.76	40.24	4091	109.59
659	391	11055.83	2016.76	3683.58	247.83	12888	236.16
836	523	14656.96	2511.97	4750.39	291.43	16898	345.88
10	83	2959.33	156.88	516.28	8.44	164	4.89
591	423	7494.79	1435.34	2233.39	164.12	13637	205.54
255	183	10121.50	1233.51	3033.28	135.74	3425	145.24

续表 2

			本年完成科研成果			
	未成年人参加人次	门票销售总额（千元）	省部级及以上科研课题数（个）	专利（个）	专著或图录（册）	论文数（篇）
总　计	**162.51**	**3308768**	**18**		**2059**	**295**
按隶属关系分：						
中央	0.37	81158				
省区市	1.16	152581			1	48
地市	56.25	1427596	13		30	106
县市区	104.73	1647433	5		2028	141
按部门分：						
文物部门	158.08	2538637	18		2058	293
其他部门	4.43	770131			1	2
按机构类型分：						
区域性文物保护管理机构	88.85	1697038	16		2037	153
专门为一处或几处文物保护单位设立的保护管理机构	73.66	1611730	2		22	142

续表 3

	附属单位上缴收入	其他收入	本年支出合计（千元）	基本支出	项目支出
总　计	**9397**	**595486**	**9466608**	**3982793**	**4646764**
按隶属关系分：					
中央	1552		105479	100559	4920
省区市		3859	192307	98998	93309
地市	398	154225	3692100	1612309	1919207
县市区	7447	437402	5476722	2170927	2629328
按部门分：					
文物部门	7845	500904	8600586	3686933	4077853
其他部门	1552	94582	866022	295860	568911
按机构类型分：					
区域性文物保护管理机构	451	310486	5930909	2306217	2986677
专门为一处或几处文物保护单位设立的保护管理机构	8946	285000	3535699	1676576	1660087

古建维修、考古发掘报告(册)	获国家奖(个)	获省、部奖(个)	本年收入合计(千元)	财政补助收入	上级补助收入	事业收入	经营收入
242	**9**	**8**	**10319411**	**7220198**	**488888**	**1542975**	**462467**
			111669	10497		99620	
	1		225155	128587	2240	90469	
220	6	4	3980263	2854624	66947	853022	51047
22	2	4	6002324	4226490	419701	499864	411420
242	9	8	9239680	6358076	468824	1441944	462087
			1079731	862122	20064	101031	380
241	6	5	6385348	4675950	316854	700089	381518
1	3	3	3934063	2544248	172034	842886	80949

经营支出	在支出合计中：							
	工资福利支出	商品和服务支出					对个人和家庭补助支出	
			差旅费	劳务费	福利费	各种税金支出		抚恤金和生活补贴
269454	**3142778**	**2723901**	**43618**	**307831**	**48403**	**40710**	**229260**	**22358**
	35279	53573	583	437	2041	962	5901	33
	59633	77975	1640	3524	231	233	2688	94
29211	1014128	1235742	19012	177862	21397	27500	108379	8909
240243	2033738	1356611	22383	126008	24734	12015	112292	13322
269444	2948762	2535571	39815	294603	44974	28510	205067	17787
10	194016	188330	3803	13228	3429	12200	24193	4571
223317	1875871	1833515	28138	220468	35794	31636	136070	13911
46137	1266907	890386	15480	87363	12609	9074	93190	8447

续表 4

	其他资本性支出	各种设备、交通工具、图书购置费	资产总计（千元）	固定资产原　值	实际使用房屋建筑面　积（万平方米）
总　计	**1327798**	**56913**	**24701548**	**10843013**	**1362.48**
按隶属关系分：					
中央	5709	4736	563070	417640	1.60
省区市	1941	729	333032	43399	1.32
地市	299260	18944	11178702	4786340	100.26
县市区	1020888	32504	12626744	5595634	1259.31
按部门分：					
文物部门	1286733	46155	21368358	9583262	1337.29
其他部门	41065	10758	3333190	1259751	25.20
按机构类型分：					
区域性文物保护管理机构	897499	34189	14852184	7110634	196.72
专门为一处或几处文物保护单位设立的保护管理机构	430299	22724	9849364	3732379	1165.77

续表 5

	进行考古发掘情况				主办刊物（种）
	考古发掘面　积（万平方米）	出土器物（件/套）	原址保护展示面积（万平方米）	异地保护展示面积（万平方米）	
总　计	**1398.00**	**33915**	**5.70**	**0.05**	**35**
按隶属关系分：					
中央					
省区市	0.31	1100			
地市	54.15	6583	1.01		13
县市区	1343.54	26232	4.68	0.05	22
按部门分：					
文物部门	1398.00	33915	5.70	0.05	35
其他部门					
按机构类型分：					
区域性文物保护管理机构	1394.84	30216	2.57	0.05	23
专门为一处或几处文物保护单位设立的保护管理机构	3.16	3699	3.13		12

展览用房	文物库房(含标本室)	实际拥有产权面积(万平方米)	文物保护规划和方案设计(个)	文物保护单位保护维修情况			
				国保单位保护维修项目数(个)	保护维修面积(平方米)	省保单位保护维修项目数(个)	市、县保单位保护维修项目数(个)
106.98	**18.07**	**329.67**	**972**	**698**	**135960976**	**534**	**598**
1.17	0.04			2	766		
0.39	0.04	4.20	1	8	5169		
25.22	3.15	104.29	97	119	1535285	69	31
80.20	14.83	221.17	874	569	134419756	465	567
104.29	17.81	323.11	965	681	135909189	532	597
2.69	0.26	6.56	7	17	51787	2	1
61.86	11.37	188.05	846	472	129100753	492	580
45.12	6.70	141.62	126	226	6860223	42	18

国际合作项目数(个)	文化创意产品情况			文博单位举办新媒体情况			
	文化创意产品种类(个)	文化创意产品销售收入(千元)	文化创意产品销售利润(千元)	举办网站(个)	网站年访问量(次)	举办微信公众号、微博(个)	举办微信公众号、微博关注人数(人)
6	**1159**	**61930**	**18037**	**152**	**5148122**	**331**	**7375231**
2	975	57738	17321	1	871737	3	172477
3	114	2802	266	113	2351742	186	5296749
1	70	1390	450	38	1924643	142	1906005
4	184	4192	716	150	3998255	320	7006046
2	975	57738	17321	2	1149867	11	369185
1	49	116	49	31	2672507	136	1610071
5	1110	61814	17988	121	2475615	195	5765160

2018年全国博物馆

	机构数（个）	从业人员（人）	专业技术人才	正高级职称	副高级职称	中级职称
总　　计	**4918**	**107506**	**38327**	**1990**	**5332**	**15167**
其中：免费开放	4169	80837	30866	1620	4267	12249
按机构类型分：						
综合性	1772	44234	18394	803	2655	7611
历史类	1709	40816	12214	495	1602	4752
艺术类	482	6193	2407	282	322	818
自然科技类	182	4786	1989	150	308	770
其他	773	11477	3323	260	445	1216
按隶属关系分：						
中央	3	2402	1606	142	399	658
省区市	146	14414	6637	473	1237	2655
地市	1078	31809	12894	575	1910	5400
县市区	3691	58881	17190	800	1786	6454
按系统分：						
文物部门	3374	84958	31678	1307	4394	12856
其他部门	551	12491	3867	240	536	1550
民办	993	10057	2782	443	402	761

续表 1

	在藏品数中(件/套)		本年修复文物数(件/套)			
	本年从有关部门接收文物数	本年藏品征集数		一级品	二级品	三级品
总　　计	**188377**	**356435**	**53477**	**201**	**1193**	**9266**
其中：免费开放	185066	288216	43884	165	967	8781
按机构类型分：						
综合性	165708	129794	32926	147	871	7679
历史类	17409	78001	13239	33	224	826
艺术类	402	10404	1662		23	507
自然科技类	253	68479	1643	5	27	20
其他	4605	69757	4007	16	48	234
按隶属关系分：						
中央	1625	1567	1126	10	153	759
省区市	124089	28638	8737	105	455	2657
地市	28849	117442	17951	22	348	3289
县市区	33814	208788	25663	64	237	2561
按系统分：						
文物部门	186555	212226	44241	187	1142	8644
其他部门	1246	27808	3433	11	30	252
民办	576	116401	5803	3	21	370

基本情况

安全保卫人员（人）	登记注册志愿者（人）	藏品数（件/套）	文物藏品	一级品	二级品	三级品	本年新增藏品
26587	**154663**	**37540740**	**20757033**	**84201**	**566177**	**2772980**	**671258**
20563	128981	29509604	15384506	63743	282449	2060095	591528
10971	61391	16387457	11625222	50326	171876	1617892	350319
10288	49640	8864766	6037548	24640	301614	861322	129485
1547	9704	2389777	197987	2441	46152	132234	18421
920	22082	3780872	235093	3035	13568	32460	73615
2861	11846	6117868	2661183	3759	32967	129072	99418
504	677	3303701	3302011	14941	282725	779591	3321
2878	20345	9909371	7044256	28879	148760	997759	159529
7574	63609	7656078	4344522	21710	74541	575460	176378
15631	70032	16671590	6066244	18671	60151	420170	332030
20978	111514	27729926	17903098	79442	549548	2704845	476478
2850	30400	2559461	455365	2346	8099	29696	46161
2759	12749	7251353	2398570	2413	8530	38439	148619

基本陈列（个）	临时展览（个）	参观人次（万人次）	未成年人参观人次	本地居民参观人次	境外观众参观人次	举办社会教育活动（次）	参加活动人次（万人次）
12723	**13623**	**104400.58**	**26965.63**	**47861.77**	**2724.07**	**325484**	**8158.47**
10883	12288	84348.21	23560.03	40816.59	2198.39	272350	7039.85
5122	7083	34616.92	10003.98	17044.94	1085.29	170936	3045.23
3796	3534	51165.61	12090.62	22894.89	1108.59	88109	3540.19
1133	1368	5055.53	1338.64	2295.57	199.29	11292	318.08
572	372	4804.79	1525.26	1877.15	96.04	39670	311.44
2100	1266	8757.74	2007.12	3749.22	234.86	15477	943.53
20	115	2638.39	298.98	365.23	195.06	4458	14.40
514	1018	12431.99	3070.19	6090.16	372.48	47876	918.29
2978	4606	33005.06	8357.33	16852.74	924.28	105772	2578.37
9211	7884	56325.14	15239.12	24553.63	1232.25	167378	4647.40
8737	11229	84433.30	21860.68	38044.25	2211.04	257392	6568.09
1489	927	12697.60	3211.34	6511.50	264.55	59429	1153.11
2497	1467	7269.68	1893.61	3306.02	248.48	8663	437.28

续表 2

	未成年人参加人次	门票销售总额（千元）	本年完成科研成果			
			省部级及以上科研课题数（个）	专利（个）	专著或图录（册）	论文数（篇）
总　计	**3778.78**	**28610561**	**497**	**162**	**1117**	**6051**
其中：免费开放	3352.24	493261	365	125	865	4949
按机构类型分：						
综合性	1589.07	1615494	207	40	432	3123
历史类	1573.53	3731998	122	25	328	1859
艺术类	171.21	25561	42	76	159	376
自然科技类	142.45	257608	60	13	70	363
其他	302.52	22979900	66	8	128	330
按隶属关系分：						
中央	13.10	736712	17		127	601
省区市	377.88	1487600	182	35	279	2071
地市	1166.96	1011577	100	18	341	2145
县市区	2220.84	25374672	198	109	370	1234
按系统分：						
文物部门	3089.49	5301952	355	75	862	5266
其他部门	459.60	23254635	109	9	104	631
民办	229.69	53974	33	78	151	154

续表 3

	附属单位上缴收入	其他收入		本年支出合计（千元）		
			捐赠收入		基本支出	项目支出
总　计	**6891**	**1453588**	**638026**	**30845857**	**13158001**	**14578838**
其中：免费开放	5264	1261383	624644	22484449	9527085	10907739
按机构类型分：						
综合性	5156	337956	11282	13006256	5576253	6502645
历史类	1361	238884	17376	10898727	4629420	5305660
艺术类		702754	591420	2138928	1021510	668169
自然科技类	120	77802	655	1767103	755359	853031
其他	254	96192	17293	3034843	1175459	1249333
按隶属关系分：						
中央		85574		1727947	655313	1072054
省区市		112784	5871	6547531	2465550	3984060
地市	280	212694	15881	9012034	3884061	4820548
县市区	6611	1042536	616274	13558345	6153077	4702176
按系统分：						
文物部门	5131	1201291	612493	25171174	10970130	12704489
其他部门	80	110571	3165	3714618	1597504	1613865
民办	1680	141726	22368	1960065	590367	260484

古建维修、考古发掘报告（册）	获国家奖（个）	获省、部奖（个）	本年收入合计（千元）	财政补助收入	上级补助收入	事业收入	经营收入
121	**114**	**361**	**30431798**	**24505482**	**860876**	**1902643**	**1702318**
92	98	323	21675793	18856185	733798	519755	299408
102	55	173	12426152	10806934	372665	696083	207358
13	19	49	11759830	9343634	269615	842582	1063754
1	32	62	2046708	1225824	19865	29616	68649
	1	44	1962816	1466051	54573	199056	165214
5	7	33	2236292	1663039	144158	135306	197343
4	6	5	1958951	1547958		279806	45613
41	31	60	6333282	5854282	33473	289089	43654
37	37	148	9424769	8234020	193116	520693	263966
39	40	148	12714796	8869222	634287	813055	1349085
118	76	243	25672294	21396682	554769	1669240	845181
3	10	60	4199014	3011110	272504	227996	576753
	28	58	560490	97690	33603	5407	280384

经营支出	在支出合计中：						
	工资福利支出	商品和服务支出	差旅费	劳务费	福利费	各种税金支出	对个人和家庭补助支出
1226358	**9290744**	**11369836**	**277197**	**1072830**	**116522**	**107929**	**825712**
446823	6859432	8019761	227429	880278	71464	36342	571169
293563	4132975	4852814	146292	541902	51034	32457	401307
629800	3168329	4561165	81181	372689	38477	55500	319318
81898	563797	440155	16524	38275	9129	4145	34753
77811	411496	740234	11362	35225	6192	4019	24018
143286	1014147	775468	21838	84739	11690	11808	46316
580	449677	971353	9109	70256	403	1915	92918
31280	1706276	3162414	81539	270804	22865	9380	152933
154866	2678835	3622599	79903	366552	26716	27781	352732
1039632	4455956	3613470	106646	365218	66538	68853	227129
556839	7444795	9900722	214025	974298	89015	46494	747685
313308	958445	1277665	27603	74444	16291	45095	69808
356211	887504	191449	35569	24088	11216	16340	8219

续表 4

	抚恤金和生活补贴	其他资本性支出	各种设备、交通工具、图书购置费	资产总计(千元)	固定资产原值	实际使用房屋建筑面积(万平方米)
总　计	**73398**	**3463698**	**660756**	**133834853**	**81185414**	**2790.95**
其中：免费开放	56578	2582864	457027	97285049	60125682	2248.18
按机构类型分：						
综合性	31417	1696147	351539	55263845	30062936	1347.84
历史类	26445	1060754	123460	40097972	25610667	801.02
艺术类	4609	236197	31593	10291709	6486337	157.03
自然科技类	5692	232620	121328	12264406	8986971	156.76
其他	5235	237980	32836	15916921	10038503	328.30
按隶属关系分：						
中央	4454	95923	21796	5979983	2517832	48.45
省区市	15036	863660	207979	28732712	16322627	275.10
地市	27403	1119889	202291	35516033	23998597	810.03
县市区	26505	1384226	228690	63606125	38346358	1657.37
按系统分：						
文物部门	63483	2841980	486895	92962000	54816838	2013.78
其他部门	7291	458316	125563	25507193	17532773	327.91
民办	2624	163402	48298	15365660	8835803	449.27

续表 5

	进行考古发掘情况				主办刊物(种)
	考古发掘面积(万平方米)	出土器物(件/套)	原址保护展示面积(万平方米)	异地保护展示面积(万平方米)	
总　计	**115.70**	**217899**	**10.97**	**16.97**	**222**
其中：免费开放	114.43	116151	9.84	0.30	163
按机构类型分：					
综合性	51.58	97867	7.83	0.10	61
历史类	62.64	11437	2.84	16.67	49
艺术类	0.58	1301	0.05		47
自然科技类			0.10		25
其他	0.90	107294	0.15	0.20	40
按隶属关系分：					
中央	0.31	1897			6
省区市	6.30	45405	1.17	0.07	49
地市	7.05	117327	1.92	0.25	44
县市区	102.05	53270	7.88	16.65	123
按系统分：					
文物部门	115.68	217795	10.10	16.77	118
其他部门			0.65		22
民办	0.03	104	0.23	0.20	82

				文物保护单位保护维修情况			
展览用房	文物库房（含标本室）面积	实际拥有产权面积（万平方米）	文物保护规划和方案设计（个）	国保单位保护维修项目数（个）	保护维修面积（平方米）	省保单位保护维修项目数（个）	市、县保单位保护维修项目数（个）
1304.54	**225.94**	**2174.05**	**1256**	**507**	**13641819**	**425**	**379**
1038.00	189.61	1723.53	1074	368	13061273	399	359
550.70	126.70	773.81	712	241	12418974	301	296
394.25	44.96	866.73	344	227	857259	102	54
85.95	16.42	88.68	80	7	12861	4	1
103.00	9.86	89.44	14	2	3025	1	6
170.65	27.99	355.40	106	30	349700	17	22
9.57	5.74	25.96	17	11	21460		
100.92	39.21	174.85	271	40	174738	22	4
381.31	60.75	513.38	236	145	516255	48	40
812.73	120.23	1459.86	732	311	12929366	355	335
944.02	159.25	1626.42	1051	480	13537810	417	371
171.76	15.66	274.13	56	25	99409	7	6
188.75	51.02	273.50	149	2	4600	1	2

	文化创意产品情况			文博单位举办新媒体情况			
国际合作项目数（个）	文化创意产品种类（个）	文化创意产品销售收入（千元）	文化创意产品销售利润（千元）	举办网站（个）	网站年访问量	举办微信公众号、微博	举办微信公众号、微博关注人数
387	**56143**	**3935390**	**1243556**	**1269**	**446718426**	**6676**	**1477916389**
320	37776	3228407	1010225	1088	300079615	5865	1440542920
137	20339	2368681	726234	513	165056817	3225	1216437821
142	16908	849245	424713	376	168857907	2132	38461723
41	12679	75325	5281	149	37946999	459	10368437
15	3109	553674	61579	78	44823054	212	2785575
52	3108	88465	25749	153	30033649	648	209862833
5	6496	598338	221390	3	36883557	11	11959757
37	24278	2722504	711246	96	108062003	354	211583392
118	15524	195542	52745	452	125893514	2542	1206692204
227	9845	419006	258175	718	175879352	3769	47681036
254	46487	3231945	1140853	895	363942015	5365	1458788910
58	5935	592869	69585	163	63674493	572	6970347
75	3721	110576	33118	211	19101918	739	12157132

2018年全国文物

	机构数(个)	从业人员(人)	专业技术人才	正高级职称	副高级职称	中级职称	库存文物数(件/套)	一级品
总　计	**64**	**1139**	**518**	**5**	**42**	**224**	**7513985**	**53**
按隶属关系分：								
中央								
省区市	20	621	296	4	27	122	6393221	27
地市	38	469	197	1	12	93	1048863	26
县市区	6	49	25		3	9	71901	
按系统分：								
文物部门	59	922	438	5	35	185	5157074	50
其他部门	5	217	80		7	39	2356911	3

续表

	主营业务收入	营业成本	养老、医疗、失业等各种社会保险费	住房公积金和住房补贴	差旅费	工会经费	营业利润	营业外收入
总　计	**498199**	**543747**	**33956**	**15143**	**5030**	**2291**	**-1810**	**39104**
按隶属关系分：								
中央								
省区市	240695	271782	23513	10923	2629	1563	-8512	30802
地市	245705	260476	9886	4037	2329	717	5993	8141
县市区	11799	11489	557	183	72	11	709	161
按系统分：								
文物部门	427705	464899	24778	11697	4727	1644	3915	26904
其他部门	70494	78848	9178	3446	303	647	-5725	12200

商店基本情况

二级品	三级品	资产、负债、所有者权益(千元) 资产总计	固定资产原价	当年提取的折旧总额	负债合计	所有者权益合计	实收资本	国家资本金	损益(千元) 营业收入
72	**2591**	**2199654**	**345167**	**17906**	**455371**	**1744283**	**211989**	**195030**	**541937**
14	503	1549659	223736	13010	266047	1283612	126768	126768	263270
58	2088	610616	110229	4864	182728	427888	71875	55135	266469
		39379	11202	32	6596	32783	13346	13127	12198
29	1878	1742129	194816	11496	429078	1313051	193599	187030	468814
43	713	457525	150351	6410	26293	431232	18390	8000	73123

政府补助(补贴收入)	营业外支出	利润总额	工资、福利费、税金(千元) 本年发放工资总额	本年支付的职工福利费	本年应交税金总额	实际使用房屋建筑面积(万平方米)	营业用房	库房	实际拥有产权面积(万平方米)
18795	**7736**	**29558**	**132124**	**6439**	**25481**	**14.99**	**6.32**	**6.63**	**9.35**
16106	7363	14927	78752	4142	13693	9.81	2.95	5.21	5.54
2658	373	13761	51105	2286	11461	4.85	3.22	1.32	3.67
31		870	2267	11	327	0.34	0.16	0.10	0.14
18795	5641	25178	99383	4869	21248	12.48	5.72	5.11	7.54
	2095	4380	32741	1570	4233	2.51	0.61	1.53	1.81

2018年文物保护科学

	机构数（个）	从业人员（人）	专业技术人才	正高级职称	副高级职称	中级职称	安全保卫人员	登记注册志愿者人数（人）
总　计	**122**	**4133**	**2691**	**319**	**588**	**992**	**341**	**258**
按性质分类：								
考古研究	80	2914	1886	241	403	717	191	182
古建研究	14	506	379	23	69	144	47	30
其他研究	28	713	426	55	116	131	103	46
按隶属关系分类：								
中央	1	126	119	24	53	31	5	
省区市	44	2226	1542	216	337	598	114	10
地市	66	1660	955	69	185	340	196	248
县市区	11	121	75	10	13	23	26	
按经费来源分类：								
文物经费	103	3549	2260	257	494	828	314	258
科研经费	11	476	378	58	82	140	19	
其他经费	8	108	53	4	12	24	8	

续表 1

	基本陈列（个）	临时展览（个）	参观人次（万人次）	未成年人参观人次	本地居民参观人次	境外观众参观人次	举办社会教育活动（次）	参加活动人次（万人次）	未成年人参加人次
总　计	**109**	**18**	**334.77**	**19.39**	**108.31**	**6.71**	**124**	**1.17**	**0.30**
按性质分类：									
考古研究	10	4	141.06	14.40	96.22	6.38	123	1.05	0.30
古建研究		9	0.60	0.40	0.60				
其他研究	99	5	193.11	4.60	11.48	0.33	1	0.12	
按隶属关系分类：									
中央	99								
省区市	7	7	100.56	8.54	76.86	1.66	91	0.73	0.20
地市	3	11	234.21	10.85	31.45	5.04	33	0.44	0.11
县市区									
按经费来源分类：									
文物经费	109	15	313.37	14.99	99.05	6.67	95	0.85	0.25
科研经费							28	0.20	0.05
其他经费		3	21.40	4.40	9.26	0.04	1	0.12	

研究机构基本情况

藏品数(件/套)	在藏品数中(件/套)							本年修复文物数(件/套)			
	文物藏品	一级品	二级品	三级品	本年新增藏品	本年从有关部门接收文物数	本年藏品征集数		一级品	二级品	三级品
1315659	**765075**	**1617**	**4039**	**28811**	**42686**	**452**		**21651**	**541**	**917**	**1045**
904612	357170	1576	3284	23287	33242	449		14515	404	648	338
399255	397417	34	696	4831	5025			802		98	46
11792	10488	7	59	693	4419	3		6334	137	171	661
4419	4419				4419	3		300	127	5	23
620096	171435	1321	2413	15719	23400	173		10337	59	324	771
685802	584205	230	1542	12183	14867	276		10397	355	588	251
5342	5016	66	84	909				617			
1041386	755862	1362	3638	27059	35369	452		16357	186	442	945
272814	9213	246	360	1384	7317			5264	355	475	100
1459		9	41	368				30			

门票销售总额(千元)	本年完成科研成果							本年收入合计(千元)		
	省部级及以上科研课题数(个)	专利(个)	专著或图录(册)	论文数(篇)	古建维修、考古发掘报告(册)	获国家奖(个)	获省、部奖(个)		财政补助收入	上级补助收入
151032	**116**	**5**	**89**	**981**	**180**	**23**	**51**	**3330701**	**2061912**	**27185**
25250	73	1	63	767	148	20	41	2658097	1635207	20635
	2	1	7	47	27	2	3	285332	174779	
125782	41	3	19	167	5	1	7	387272	251926	6550
	22	1	17	94	4		2	140942	41237	
30944	89	4	46	642	148	20	37	2094836	1074568	14150
120088	5		23	243	23	3	10	1049212	907727	11378
			3	2	5		2	45711	38380	1657
149432	113	4	74	835	159	13	37	2811768	1737432	26657
	2	1	14	136	20	10	14	483680	299682	528
1600	1		1	10	1			35253	24798	

续表 2

					本年支出合计（千元）			
	事业收入	经营收入	附属单位上缴收入	其他收入		基本支出	项目支出	经营支出
总　　计	**1129796**	**77817**		**33991**	**3128458**	**836762**	**2198791**	**61441**
按性质分类：								
考古研究	943737	29757		28761	2417830	573715	1797777	21489
古建研究	74536	35247		770	295341	74223	187675	27216
其他研究	111523	12813		4460	415287	188824	213339	12736
按隶属关系分类：								
中央	97377			2328	138382	121205	17177	
省区市	952551	37864		15703	1871735	435615	1379640	28252
地市	79868	34579		15660	1072099	267172	770702	31875
县市区		5374		300	46242	12770	31272	1314
按经费来源分类：								
文物经费	957039	65004		25636	2707816	752311	1875337	48705
科研经费	168257	12813		2400	401209	72762	315711	12736
其他经费	4500			5955	19433	11689	7743	

续表 3

							进行考古发掘情况	
	固定资产原　　值	公用房屋建筑面积（万平方米）	文物库房（含标本室）面积	实验室面积	实际拥有产权面积（万平方米）	文物保护规划和方案设计（个）	考古发掘面　　积（万平方米）	出土器物（件/套）
总　　计	**1545585**	**80.67**	**9.41**	**1.57**	**19.95**	**186**	**279.51**	**144347**
按性质分类：								
考古研究	964985	23.49	7.63	0.83	10.01	68	276.91	139322
古建研究	92431	46.37	0.64	0.03	0.80	98	2.59	5025
其他研究	488169	10.81	1.13	0.71	9.15	20		
按隶属关系分类：								
中央	212251	1.32	0.28	0.13	3.15			
省区市	957496	21.84	6.09	0.75	10.17	151	253.49	107841
地市	364455	56.79	2.90	0.61	6.42	35	24.89	34036
县市区	11383	0.72	0.13	0.07	0.21		1.13	2470
按经费来源分类：								
文物经费	1293631	30.69	8.43	1.33	14.48	162	263.68	119967
科研经费	246200	6.41	0.97	0.24	1.27	23	15.74	24380
其他经费	5754	43.57	0.00		4.20	1	0.09	

在支出合计中：										资产总计（千元）
工资福利支出	商品和服务支出					对个人和家庭补助支出		其他资本性支出		
		差旅费	劳务费	福利费	税金支出		抚恤金和生活补贴		各种设备购置费	
520934	**2125670**	**93921**	**524411**	**7580**	**38483**	**62912**	**5590**	**297062**	**103023**	**5270956**
362983	1736442	76142	447560	5829	33878	49961	4827	207631	93942	3847515
56239	165557	5447	32397	1366	1197	7109	585	2811	2099	423908
101712	223671	12332	44454	385	3408	5842	178	86620	6982	999533
32901	98523	8256	34022		773	4161	59	2797	2797	581099
314092	1259044	76760	305919	3660	32806	32981	4577	219442	75832	4048571
163145	739655	8141	170242	3826	4269	25499	950	72919	22696	597749
10796	28448	764	14228	94	635	271	4	1904	1698	43537
445687	1816747	81616	416737	7177	33495	54648	2200	267182	99117	4378326
65283	301508	11508	106698	343	4757	7977	3390	29539	3895	865427
9964	7415	797	976	60	231	287		341	11	27203

		国际合作项目数（个）	主办刊物（种）	文化创意产品情况			文博单位举办新媒体情况			
原址保护展示面积（万平方米）	异地保护展示面积（万平方米）			文化创意产品种类（个）	文化创意产品销售收入（千元）	文化创意产品销售利润（千元）	举办网站（个）	网站年访问量（次）	举办微信公众号、微博（个）	举办微信公众号、微博关注人数（人）
1.23	**0.10**	**16**	**15**	**14**	**12**		**27**	**2731508**	**51**	**3638309**
1.23	0.10	11	11	14	12		15	2602552	35	3220166
		5	2				4	14784	6	4475
			2				8	114172	10	413668
			1				5	60501	2	5337
0.71	0.06	10	11	14	12		13	564899	24	320694
0.46	0.04	6	3				9	2106108	25	3312278
0.06										
1.17	0.10	11	12	14	12		22	517024	47	781122
0.06		3	2				5	2214484	2	2855528
		2	1						2	1659

2018年全国各地区

地　　区	机构数（个）	从业人员（人）						登记注册志愿者（人）
			专业技术人才	正高级职称	副高级职称	中级职称	安全保卫人员	
总　　计	**10160**	**162638**	**51876**	**2575**	**7108**	**20685**	**32685**	**166769**
北　京	139	8116	1540	52	172	532	1186	9699
天　津	84	1612	705	28	116	290	276	1979
河　北	470	8711	2265	108	393	849	1864	3248
山　西	400	8875	2235	47	288	866	1718	3169
内蒙古	211	2565	1381	64	230	562	453	2430
辽　宁	144	3478	1384	70	225	685	539	2315
吉　林	170	1905	1008	66	214	356	304	2512
黑龙江	282	3008	1418	108	292	626	661	3531
上　海	111	3221	1783	59	163	738	495	10276
江　苏	439	8087	2773	159	399	1109	1937	17721
浙　江	528	10061	2890	202	463	1097	1769	18703
安　徽	306	3644	1566	72	167	581	891	5371
福　建	189	3062	1113	83	135	417	817	4634
江　西	244	4353	1421	88	158	572	1051	5307
山　东	710	12139	4204	230	601	1788	2103	11428
河　南	632	12186	2992	151	417	1232	2690	10738
湖　北	326	5557	2292	134	266	1047	1211	4018
湖　南	276	4906	1271	37	119	509	902	5691
广　东	276	4716	2152	45	194	903	848	7364
广　西	215	2855	1208	46	107	501	662	4172
海　南	47	969	179	1	14	44	270	310
重　庆	145	3157	1052	59	151	371	728	11012
四　川	488	8497	2225	99	203	826	1949	4946
贵　州	204	2390	651	22	80	194	428	927
云　南	277	2580	1588	57	301	755	538	1649
西　藏	1399	1290	184	2	20	58	205	65
陕　西	676	16040	3517	185	361	1300	3107	6928
甘　肃	378	7299	1710	48	196	657	1463	4394
青　海	108	673	231	6	35	89	121	77
宁　夏	80	1210	407	20	70	144	306	193
新　疆	194	2403	543	20	45	209	677	1189

文物业基本情况

文物藏品(件/套)				在藏品数中(件/套)			本年修复藏品数(件/套)	
	一级品	二级品	三级品	本年新增藏品数(件/套)	本年从有关部门接收文物数(件/套)	本年藏品征集数(件/套)		一级品
49604379	**95607**	**605834**	**2997610**	**768793**	**209517**	**382151**	**80390**	**750**
4422918	3435	12708	86472	23270	654	20418	4023	1
1049957	1050	5425	134874	8449	1139	6532	318	3
553930	1403	13623	46102	8670	789	2520	1300	10
1799227	3914	8778	59316	129452	126733	1486	3214	11
1009656	2642	7828	12562	30868	21644	8201	4816	
644488	1945	14616	128443	4328	531	2821	375	4
653784	568	6011	31508	11947	1061	10223	224	
990509	2698	5834	45831	32787	5	15481	581	
4692055	2304	49602	177336	18231	485	5086	758	4
2676969	3527	18265	84356	24281	1479	10624	3950	24
1504325	2372	10963	81230	25763	1981	16853	4292	14
1057972	2697	6141	61759	11023	1102	3463	1095	8
710838	1096	3063	103580	27789	563	22819	118	1
626591	1632	6007	47034	6828	251	1076	462	2
4506001	12182	15580	105941	63168	11129	31437	9501	12
2065508	2712	17389	266744	34654	5898	9440	5791	2
2112271	3073	8791	118940	39873	9934	19724	8908	16
1012975	1951	6922	67327	18575	349	7692	8631	1
1398121	1431	15703	67714	33804	2502	20149	2159	
379337	331	5373	39716	21568	942	18926	665	3
166662	150	464	2462	8150	12	8112	34	
625321	1213	2512	27558	15160	1930	7123	4199	38
4241906	5482	14905	129808	103020	1042	99765	3249	5
182108	647	1964	7004	6580	25	4244	434	
1518885	1027	2220	19208	5589	789	2989	3255	1
265886	5357	28576	58622	178	52	8	138	
4046736	7354	15119	86061	29893	13856	13569	3322	376
556849	4757	12439	105471	8558	862	5183	1053	2
93724	616	996	1542	172		154	1451	46
395521	367	3846	8798	3307		350	324	14
245892	733	1446	4700	4419	150	4116	270	15

续表 1

地区	二级品	三级品	基本陈列（个）	临时展览（个）	参观人次（万人次）	未成年人参观人次（万人次）	门票销售总额（千元）	本年收入合计（千元）
总计	**2268**	**11225**	**13678**	**14247**	**122351.64**	**29653.86**	**32070361**	**56211564**
北京	9	145	250	297	3781.93	696.64	495322	4370968
天津	13	11	195	242	1400.38	289.00	31797	475914
河北	93	651	346	491	4354.32	1144.63	212896	2002261
山西	119	1782	316	214	3360.52	756.02	451052	3062126
内蒙古	7	30	349	202	1296.82	451.48	2366	897665
辽宁	8	128	212	197	2117.75	445.02	181721	965384
吉林			205	360	1044.57	353.84	43660	506235
黑龙江	1	39	456	506	2153.66	609.88	2010	477733
上海	29	110	385	450	2597.73	627.20	22724858	2074076
江苏	27	291	908	1233	9783.21	2232.34	288498	3114269
浙江	32	234	1039	1469	10413.88	2348.49	395080	4058006
安徽	30	465	552	466	3279.68	1029.78	21456	835479
福建		35	354	797	3771.48	1086.65	2777	847472
江西	25	41	393	334	3978.74	1401.25	11257	936709
山东	230	1052	1784	1012	8652.77	2442.30	663264	2996864
河南	304	2350	684	763	7222.54	2010.62	452835	2463600
湖北	283	753	556	472	4499.32	1218.60	158561	2040474
湖南	57	385	273	274	6145.26	1914.68	33935	1651467
广东	40	34	541	1196	5829.91	1492.40	788479	3164022
广西	52	199	300	313	2033.99	512.27	1307	757032
海南			57	101	402.02	83.24	4017	635016
重庆	30	153	260	345	3797.99	871.58	149019	896188
四川	49	480	706	570	7884.18	1746.72	1430747	2370098
贵州	11	4	200	104	2070.39	352.44	480	522218
云南	17	401	560	389	2873.25	731.72	16173	739744
西藏	18	105	4	6	768.60	19.10	150508	1557308
陕西	553	217	813	479	8607.06	1175.61	2122054	5753562
甘肃	23	276	504	547	3203.62	840.91	325691	1914429
青海		1	39	32	189.03	39.18	540	323585
宁夏	6	8	151	91	1155.22	181.16	67067	385578
新疆	42	55	164	103	743.44	185.15	23064	634077

财政补助收入	上级补助收入	事业收入	经营收入	附属单位上缴收入	其他收入	本年支出合计(千元)	基本支出	项目支出
43823856	**1387767**	**4737815**	**2249011**	**16288**	**3996827**	**54711426**	**20434143**	**28353780**
2969709	23274	842282	351316		184387	4382532	1560377	2436122
357361	2616	34933	25752		55252	539980	321066	140231
1450110	7159	461086	17626	177	66103	1857279	844007	958811
2806414	40968	104272	42222		68250	2597358	700856	1749293
869662	12630	8643			6730	717178	334840	363464
916137	2529	24755			21963	872135	463447	389351
450330	7643	20379	718		27165	535154	194540	316785
408155	37817	6758	4395		20608	484042	228885	215535
1592431	18946	267317	62272		133110	2163310	844983	1179091
2566917	78268	109034	105178	1053	253819	2954545	1371165	1219552
2949348	105670	627866	112065	264	262793	4176116	1597695	1912373
611968	62102	89451	5794	220	65944	837346	320880	442105
712186	29927	8916	8367	100	87976	740364	272823	431832
781321	74218	27131	4050	53	49936	864382	320792	478701
1912687	42178	69733	503801	3600	464865	2702675	985293	998253
1915321	51964	337071	67908		91336	2413150	1124074	1128766
1485433	108953	120313	70127	7038	248610	1895934	612570	1145315
1357903	68165	106290	17452	374	101283	1628895	604123	948413
2778152	29869	60360	9673		285968	3141704	969652	2095055
570810	88185	36294	37102		24641	687179	191239	439186
605252	1884	5565	3645		18670	683129	76697	521332
757574	32702	56286	19577		30049	970257	330140	546958
1935626	26481	334992	36245		36754	2322260	709776	1536795
457655	36196	16782	4146	5	7434	937035	182227	439106
654501	11579	25756	5559		42349	743000	304927	396103
1099962	122628	67105	9824	308	257481	945319	160541	664070
4109231	75700	188655	610065	1434	768477	6150534	2452025	2432100
1656410	111380	99469	741		46429	1730550	950594	657570
264032	42390	10547			6616	268040	84984	169210
282297	6914	9839	64688	110	21730	382010	108407	230250
545912	26832	6898	3090		51345	883938	207946	372968

续表 2

地　区	经营支出	在支出合计中：工资福利支出	商品和服务支出	差旅费	劳务费	福利费	各种税金支出	对个人和家庭补助支出
总　计	**1561515**	**14373728**	**19696925**	**479835**	**2145119**	**184255**	**194183**	**1331281**
北　京	224024	1023966	1964770	8603	88819	37101	27342	84276
天　津	27189	210871	195456	2156	5932	3098	1433	10404
河　北	35768	604328	636885	11841	97398	5270	4294	89140
山　西	27749	526873	856532	16678	66696	4982	8662	30873
内蒙古	6403	200680	247212	9104	31172	1357	402	16834
辽　宁	770	292640	358953	7014	51409	699	379	17145
吉　林	2784	123043	232911	5724	35977	958	4479	33985
黑龙江	23853	178981	146488	5932	20714	2007	307	20659
上　海	31951	509870	886367	7257	16725	7502	2611	11596
江　苏	79162	988199	1290283	29393	126108	8147	3229	81641
浙　江	164897	1221025	1607046	39550	157733	36739	21262	55764
安　徽	26573	230621	295359	10066	38934	3191	1605	26021
福　建	7434	187415	226338	8247	34560	968	773	16668
江　西	5060	216532	279784	11924	24541	4535	257	37313
山　东	218333	669847	712544	17014	59892	8073	51966	68448
河　南	53090	681704	817120	25738	229672	8821	13697	54701
湖　北	50454	444917	600652	18541	72987	3193	8662	47785
湖　南	12540	377987	563348	20873	76545	4328	8552	36034
广　东	4456	620579	1267162	18113	75793	7252	1527	227010
广　西	29482	179039	219641	11531	16758	821	1878	9225
海　南	1631	58839	268324	5589	37108	122	479	5901
重　庆	31779	241110	379868	25711	82116	3759	1805	10456
四　川	24564	644048	990214	39287	184412	7659	13363	42750
贵　州	2421	141647	135959	7546	22076	888	890	13591
云　南	3201	209702	194745	11166	27598	1678	359	8587
西　藏	7951	704403	84380	4013	342	7		1535
陕　西	389768	1611612	1968326	31267	210192	11678	6089	59714
甘　肃	30532	427600	523028	27869	75958	5120	2697	75347
青　海	35	54673	57832	2622	6558	318	142	5543
宁　夏	36169	81611	86483	2457	19087	127	405	2527
新　疆	912	142244	182428	7575	36670	759	693	12772

抚恤金和生活补助	其他资本性支出	各种设备购置费	资产总计(千元)	固定资产原值	实际使用房屋建筑面积(万平方米)	展览用房	文物库房	实际拥有产权面积(万平方米)
126035	**6467616**	**887769**	**186605462**	**103019226**	**4335.29**	**1412.75**	**261.55**	**2581.99**
10955	457182	48681	11521525	6596870	115.69	44.25	7.53	74.81
1251	21273	6642	3866768	2405206	37.75	15.81	3.85	64.46
6880	396555	22087	4710541	2924465	96.33	49.28	6.24	75.22
5336	560853	25802	8727866	2390269	111.68	41.25	7.80	134.51
835	110968	23346	4106046	3331794	77.87	38.34	5.52	38.94
6501	22305	4178	2040295	1508532	52.40	25.27	4.43	103.29
1939	52412	27302	1445659	905616	44.76	23.31	3.16	18.62
1004	77310	9478	2558800	2287526	68.69	41.20	5.13	27.15
1728	239704	95866	11864999	7395376	84.20	35.58	8.67	40.46
2966	236580	28683	14990198	9997486	263.05	121.65	15.56	196.95
4958	435163	64109	12437508	7431565	205.56	98.76	14.25	97.53
6273	75619	9277	3470522	2384790	89.03	44.06	7.34	64.92
649	78208	14030	1565107	949789	97.93	31.64	5.55	62.95
2202	78812	6808	3097449	1514056	124.70	38.60	6.02	166.00
9584	286944	68913	12777433	6359634	300.78	152.51	28.08	389.93
3305	435799	52034	7573283	4177516	149.56	71.39	15.87	88.90
2943	348473	28447	4086989	2277893	287.30	96.48	25.55	71.42
3467	272279	54001	4490547	1966848	83.56	32.48	8.20	70.46
10548	233774	47892	7245213	5959302	145.54	53.40	9.69	145.43
2046	110642	9046	2076082	1255571	67.04	29.02	5.43	24.86
2068	146290	31087	1245059	296115	17.49	4.42	1.66	14.11
1593	108074	18197	2565912	1428257	72.89	36.90	5.84	36.59
9550	191058	43233	19203897	6744601	161.00	72.94	12.80	151.46
2022	323951	4767	3428228	843261	45.05	19.37	4.27	25.98
1741	112220	14390	3427119	1350281	81.21	31.64	6.35	53.60
50	47011		1173910	201761	1053.56	1.53	3.64	8.81
12132	414365	24936	13727004	8407498	173.90	67.64	13.78	158.65
5178	207814	46910	5450691	3877798	95.92	40.45	8.18	101.52
236	29113	931	431084	248244	11.57	5.41	0.85	11.70
131	32022	1053	1164231	613619	28.13	16.65	1.88	16.40
844	203452	19835	1553021	913787	37.57	20.79	2.37	15.60

2018年全国各地区文物

地　区	机构数（个）	从业人员（人）						登记注册志愿者（人）
			专业技术人才				安全保卫人员（人）	
				正高级职称	副高级职称	中级职称		
总　计	**3550**	**32400**	**9151**	**174**	**986**	**3804**	**5536**	**11682**
北　京	26	2580	191		5	63	157	37
天　津	8	65	48	2	13	17	4	
河　北	165	3661	850	28	129	337	960	1307
山　西	143	1857	537	2	32	180	465	137
内蒙古	94	690	403	7	62	155	76	70
辽　宁	61	1141	355	6	41	184	127	85
吉　林	52	177	125	6	29	58	6	20
黑龙江	86	258	208	20	40	94	20	22
上　海	6	64	50			17	4	124
江　苏	50	393	178	3	13	71	49	145
浙　江	96	2827	802	42	126	309	286	2860
安　徽	93	511	270	5	25	104	67	363
福　建	48	331	103	5	12	44	77	453
江　西	67	394	137	2	7	43	82	699
山　东	110	2529	803	8	102	426	129	95
河　南	125	2583	530	7	60	255	490	1015
湖　北	47	748	296	1	16	160	260	126
湖　南	83	928	226	4	8	86	171	612
广　东	32	275	73		1	26	37	70
广　西	70	381	188		10	83	55	227
海　南	11	282	23		3	4	84	26
重　庆	39	219	95		13	41	39	1418
四　川	172	1892	518	6	26	173	266	224
贵　州	69	339	166		15	49	38	75
云　南	130	765	575	5	111	303	102	405
西　藏	1259	859	87		8	24	182	
陕　西	216	3789	830	8	36	347	830	821
甘　肃	57	809	210	2	9	47	171	102
青　海	28	72	20	1	3	9	18	6
宁　夏	22	329	121		20	44	89	29
新　疆	84	558	86		1	24	188	13

保护管理机构基本情况

藏品数(件/套)	文物藏品				在藏品数中(件/套)			本年修复藏品数(件/套)
		一级品	二级品	三级品	本年新增藏品数(件/套)	本年从有关部门接收文物数(件/套)	本年藏品征集数(件/套)	
2430379	**594066**	**8405**	**27506**	**146910**	**39908**	**18468**	**13393**	**4291**
22701	9382	200	367	1507	184		181	
508	44		2	30				
91160	87148	256	1652	9585	585	22	177	190
118942	4636	341	655	2674	37			139
80500	16724	86	342	1160	1792	1631	25	8
44461	7558	111	715	9471	497		107	
5339	453	4	18	127				
13665	9188	24	208	853				
2970				10				
28394	18430	76	178	862	2315		1580	
110754	70320	169	462	4248	672	21	621	276
47412	13419	288	600	9227	309	7	14	80
4927	13	2	8	558				
32771	7462	63	362	1995	2070		10	5
807222	43988	422	2740	6522	208		199	285
211876	22859	303	1807	24185	4731	4170	183	15
33047	13560	85	226	1259	40	5	35	2
91175	36040	208	644	7182	1131	9	432	240
17840	9699		23	368	592		201	
24434	7954	24	355	3078	1387	500	739	126
541	46				3		3	
28766	23830	9	194	1647	598	299	299	262
136040	74498	851	1411	17842	1175	95	908	1156
8660	5060	50	202	615	276	10	258	
103736	35504	179	147	2110	948	2	783	1410
192537	34718	4289	12766	31679	39			
119632	21542	243	877	6125	19398	11694	6419	
2047	1406	32	64	107	3	3		96
3277	1570	36	62	59	33		33	
26425	16395	52	414	1780	185		185	
1918	620	2	5	45	1		1	1

续表 1

地　　区	一级品	二级品	三级品	基本陈列（个）	临时展览（个）	参观人次（万人次）	未成年人参观人次
总　　计	**7**	**148**	**679**	**846**	**606**	**17616.29**	**2668.84**
北　　京				16	15	1407.13	335.95
天　　津							
河　　北	3	2	22	40	12	1064.24	136.99
山　　西		57	44	10	2	663.52	127.19
内 蒙 古			8	15	9	120.41	34.43
辽　　宁				29	17	414.40	53.60
吉　　林				3	3	3.80	1.20
黑 龙 江				7	10	9.27	2.93
上　　海				1	8	13.93	6.00
江　　苏				29	17	264.38	47.32
浙　　江			5	134	97	3350.48	304.99
安　　徽	2		27	51	37	254.03	64.34
福　　建				4	12	56.10	14.65
江　　西		1	4	33	21	281.75	86.69
山　　东		8	54	50	19	1419.67	134.27
河　　南				20	16	1181.83	168.65
湖　　北				13	12	576.86	131.33
湖　　南				49	37	701.17	247.74
广　　东				40	41	317.93	44.68
广　　西		38	38	39	20	280.04	55.49
海　　南				12	1	167.56	22.71
重　　庆		6	48	9	10	110.89	4.70
四　　川	2	33	150	39	21	682.40	57.98
贵　　州				20	6	96.64	31.88
云　　南		2	211	43	39	550.62	145.29
西　　藏		1	68	1		748.62	17.10
陕　　西				103	26	1893.68	245.77
甘　　肃				8	2	217.29	31.95
青　　海						0.05	
宁　　夏				21	18	411.58	43.64
新　　疆				4	1	56.01	4.39

						本年完成科研成果		
本地居民参观人次	境外观众参观人次	举办社会教育活动(次)	参加活动人次(万人次)	未成年人参加人次	门票销售总额(千元)	省部级及以上科研课题数(个)	专著或图录(册)	论文数(篇)
5266.67	**299.86**	**17062**	**350.77**	**162.51**	**3308768**	**18**	**2059**	**295**
651.90	81.61	2039	1.58	0.87	431010		1	
		2	0.20	0.05		1		8
1049.49	13.75	122	12.55	8.15	114330		7	13
219.88	5.54	56	1.16	0.25	99892	1		5
33.84	4.58	27	4.27	0.79	100		3	35
41.34	0.86	22	4.85	2.97	48486		2	3
								1
9.27		6	1.52	1.19				
3.01	0.00	17	1.23	0.99			1	
69.61	1.54	104	3.78	2.00	3807			20
331.53	50.01	7272	48.50	18.71	339956	3	8	23
65.47	3.68	84	6.50	3.32	14000		3	12
26.49	5.25	126	1.22	0.85	408			4
89.17	2.45	158	36.70	12.11	3392			8
74.22	3.68	234	13.54	9.91	527410			8
244.89	4.52	177	24.05	5.98	374999		7	12
104.40	15.66	116	26.43	22.04	148294	1	1	3
261.21	31.10	255	20.99	11.25	22270		2	26
135.79	5.34	1426	10.38	4.91	500637			4
212.54	11.20	409	9.71	3.66		1		9
25.81	0.81	91	7.68	5.10	4017			
13.49	0.42	47	1.76	0.75	3570		1	2
120.57	5.86	652	6.91	3.34	281257	7	11	15
27.08	0.77	55	5.64	3.41	73	1	1	2
206.44	6.80	2340	43.88	18.52	12020	1	2000	8
59.98	5.16	47	0.52	0.08	150508		1	35
823.77	15.90	397	21.43	8.70	118209		4	12
183.76	11.85	41	3.19	1.66	22049	1	3	26
					540			
99.07	4.27	326	7.19	4.84	3157	1	3	1
12.66	0.27	348	22.76	5.77	3219			

续表 2

地　区	古建维修、考古发掘报告（册）	获国家奖（个）	获省、部奖（个）	本年收入合计（千元）	财政补助收入	上级补助收入	事业收入
总　计	**242**	**9**	**8**	**10319411**	**7220198**	**488888**	**1542975**
北　京				999901	457378	175	203358
天　津				38766	15455	220	22760
河　北				893464	560292	7039	310243
山　西			1	444888	358152	28589	46948
内蒙古	1			262493	256192	4800	727
辽　宁	1			191574	165624	1222	23613
吉　林				53412	51762	15	540
黑龙江				81717	81369	348	
上　海				50118	48891		970
江　苏	2	5	1	254031	223255		969
浙　江	1		2	1372137	720678	60191	480445
安　徽	2			155842	119676	34518	185
福　建	2			117542	74126	13318	1461
江　西				94825	67990	23595	2295
山　东				591642	563215	1555	8850
河　南	201			514286	351830	20736	90192
湖　北				202380	107134	29530	13509
湖　南	3	1		318233	259449	35846	3046
广　东				91340	65372	2351	20599
广　西	2			107735	91088	14199	2000
海　南				28847	20710	50	3945
重　庆				121280	104126	16669	215
四　川	17		2	724808	709173	9169	2509
贵　州	7			88765	62520	16036	10089
云　南	2	2		280440	257030	6972	
西　藏		1		711751	268592	122628	67105
陕　西			1	968842	761743	23817	112863
甘　肃				136849	123726	7612	4737
青　海	1			45539	42469	70	
宁　夏				171379	142482	5109	9182
新　疆			1	92916	78202	2509	

经营收入	附属单位上缴收入	其他收入	本年支出合计（千元）	基本支出	项目支出	经营支出	在支出合计中：工资福利支出	商品和服务支出
462467	**9397**	**595486**	**9466608**	**3982793**	**4646764**	**269454**	**3142778**	**2723901**
334126		4864	998674	426227	371406	198203	294237	327860
		331	31747	13082	18665		11235	18290
2680		13210	796034	386756	407751	1527	278010	174331
9047		2152	466213	155583	290741	2256	99436	84377
		774	199006	92211	97593		54220	73789
		1115	200459	176582	20769	570	74584	51691
		1095	43988	17102	26794		13226	14257
			75125	28418	46284		21874	29016
		257	45826	9722	31104		11815	32808
1994		27813	210966	87209	117722	3022	61490	99443
26044	74	84705	1195302	708090	450304	3382	373831	482037
		1463	142988	57787	76291	615	34968	31420
1353		27284	71234	26649	41571	440	19402	21842
	53	892	104822	30144	72202	70	18315	13315
14865		3157	494279	200941	276664	9274	122229	143721
43330		8198	445868	262407	153821	23234	159799	141576
6011	6688	39508	168965	64497	100744	3486	50334	26703
8280	324	11288	328319	103262	198392	6371	63345	96645
329		2689	89360	48816	39424	329	24114	40036
		448	108621	28330	77998	778	25123	20264
3645		497	29210	11646	11916	1521	13364	7864
		270	111485	27070	81199	220	19382	28492
		3957	638196	142303	487247		183758	258064
		120	395291	38959	63528		23570	14748
		16438	243865	125022	109187	70	78899	71471
9824	308	243294	287621	89265	164887	7951	647067	58211
869	288	69262	1003411	378760	526293	4582	239018	225136
		774	116242	70606	42600	922	37792	24246
		3000	32298	9074	23214	10	5734	2631
	110	14496	187361	26321	159908	509	21400	36385
70		12135	98353	39393	55625	112	25928	19659

续表 3

地　区	差旅费	劳务费	福利费	各种税金支出	对个人和家庭补助支出	抚恤金和生活补贴	其他资本性支出
总　计	**43618**	**307831**	**48403**	**40710**	**229260**	**22358**	**1327798**
北　京	194	14463	16467	3562	33706	6584	130496
天　津	256	1104	147	233	1466	54	756
河　北	1374	26033	2165	539	35645	1540	200249
山　西	1463	5619	495	847	4695	205	37020
内蒙古	1468	6889	264		6953	235	23896
辽　宁	1668	11913	673	370	8807	3426	11212
吉　林	367	292	1	5	1625	5	12596
黑龙江	458	2024	20		2268	283	7763
上　海	283	824	148		140		461
江　苏	1545	2481	366	3	6911	98	18673
浙　江	5867	37304	18351	11855	27721	1371	53604
安　徽	1121	4248	202	270	4468	1332	15943
福　建	443	2376	8	83	1581	8	16903
江　西	709	2498	375	29	2356	552	30933
山　东	1306	1951	180	5170	11036	1404	32749
河　南	2085	28694	751	3758	20340	1213	51882
湖　北	803	2988	273	558	3943	62	32286
湖　南	2831	9708	1129	2196	4643	518	61853
广　东	78	7726	622	14	3211	10	100
广　西	953	1250	283	2	569	297	6274
海　南	427	1027		379	296	70	3394
重　庆	1431	4134	111	24	762	40	17995
四　川	5004	82079	1256	9384	9443	638	26766
贵　州	1152	836	67	3	2045	113	291588
云　南	4288	6567	284	70	3852	867	50368
西　藏	932	71			1101		
陕　西	2272	20750	1481	103	11461	717	106994
甘　肃	1158	5447	157	268	8818	538	10687
青　海	81	495	35		267	18	21895
宁　夏	396	10668	4	23	947	35	7111
新　疆	622	4935	47		2283	92	39642

各种设备购置费	资产总计(千元)	固定资产原值	实际使用房屋建筑面积(万平方米)	展览用房	文物库房(含标本室)	实际拥有产权面积(万平方米)	文物保护规划和方案设计(个)	国保单位保护维修项目数(个)
56913	**24701548**	**10843013**	**1362.48**	**106.98**	**18.07**	**329.67**	**972**	**698**
13701	1078763	320018	10.01	1.51	0.23	3.88	4	19
752	57462	9421	0.10		0.03		4	
2204	1102209	396785	13.97	5.00	1.10	7.43	45	105
2457	547199	172892	15.78	5.82	0.83	46.26	20	23
3536	554653	416712	7.28	2.39	0.48	2.53	18	21
649	143671	75091	11.69	2.28	0.34	91.58	15	16
3899	30568	6363	0.32	0.04	0.03	0.02	12	13
232	35145	18301	1.59	0.44	0.16	0.28	3	10
320	56317	41150	1.06	0.65	0.05	0.17	81	
405	218579	106247	5.80	2.71	0.37	2.96	4	12
2636	4323277	2908181	40.20	22.20	0.92	11.23	135	58
869	653757	572374	8.21	3.28	0.63	2.12	68	16
208	84114	12171	2.74	0.75	0.09	0.63	69	22
138	175738	86149	10.66	4.37	0.27	2.09	27	24
5974	1731386	637327	32.31	10.70	0.78	7.72	48	44
1009	2232401	460285	22.04	8.34	1.71	14.57	34	27
1038	327659	194568	12.65	1.73	0.25	3.33	21	18
1608	644786	114961	11.91	4.58	1.00	17.43	78	30
29	404749	350031	7.08	3.37	0.15	0.13	7	3
1349	136133	34000	5.61	2.17	0.34	2.18	15	20
18	99115	77058	1.20	0.47	0.02	5.16	3	1
176	197788	24675	3.24	1.34	0.74	0.40	24	14
2721	6388448	2165311	22.10	3.35	1.52	37.57	70	50
288	131959	73347	4.16	2.01	0.33	2.72	31	19
168	348225	204467	20.07	4.08	0.57	9.41	49	37
	243590	24434	1051.06	0.95	3.57	0.77	3	2
5050	1327896	611416	27.17	6.85	0.87	42.57	47	34
158	263024	168331	4.35	1.70	0.07	9.12	11	15
30	8738	3837	0.69	0.34	0.02	3.00	10	10
528	396027	41751	3.95	1.90	0.50	2.06	13	15
27	195102	97719	1.92	0.49	0.06	0.36	3	18

续表 4

地区	文物保护单位保护维修情况			进行考古发掘情况			
	保护维修面积(平方米)	省保单位保护维修修目数(个)	市、县保单位保护维修项目数(个)	考古发掘面积(万平方米)	出土器物(件/套)	原址保护展示面积(万平方米)	异地保护展示面积(万平方米)
总计	**135960976**	**534**	**598**	**1398.00**	**33915**	**5.70**	**0.05**
北京	2418741	10	48	1.00			
天津		1	1	0.31	1100		
河北	318083	20	8	1025.06	625	0.03	0.01
山西	25673	22	18	0.13			
内蒙古	4606806	4	2	0.89	2148	0.40	
辽宁	509138	2	2	0.32	13	0.15	
吉林	148215	1	2				
黑龙江	25031	2	1				
上海		1	5				
江苏	5031375	16	11	0.58	774	0.15	
浙江	644982	97	169	47.28	1723		
安徽	3967702	28	40	0.50	10233	0.65	0.04
福建	20448	40	27	0.04	150	0.20	
江西	1584603	22	15	0.24	232	0.31	
山东	349842	31	6	39.79	30	0.04	
河南	1292388	18	7	24.23	1900		
湖北	984574	11	5	0.26	88	0.11	
湖南	356680	37	28	1.14	1731	2.71	
广东	2761	8	41	0.03	589	0.03	
广西	226051	24	19	0.07	2045	0.01	
海南							
重庆	32563	15	9	0.48	243	0.01	
四川	188181	53	43	248.52	5097		
贵州	82788	10	13				
云南	248108	33	72	0.36	651		
西藏	5122						
陕西	154576	18	5	0.58	1255		
甘肃	16630	2		0.03	180		
青海	16162	3		0.40	700		
宁夏	64049	1		0.12	200		
新疆	112638938	4	1	5.67	2208	0.90	

主办刊物（种）	国际合作项目数（个）	文化创意产品情况			文博单位举办新媒体情况			
		文化创意产品种类（个）	文化创意产品销售收入（千元）	文化创意产品销售利润（千元）	举办网站（个）	网站年访问量（次）	举办微信公众号、微博（个）	举办微信公众号、微博关注人数（人）
35	**6**	**1159**	**61930**	**18037**	**152**	**5148122**	**331**	**7375231**
					2	195666	4	200934
							1	1070
					2	36397	7	22363
1	1				5	193636	10	131569
3							4	2435
		3			2	11200	5	4400
							1	
					1	10000		
							1	3961
1	1	102	2599	129	2	150000	10	104194
6		7	109	49	8	1067719	33	1209675
		3			4	197113	17	3054
					2	35000	6	20642
1		2	7		4	719812	10	22713
					5	530620	10	187447
					1	65505	6	1788
					3	23647	14	24663
2		6	990	250	1	1000	7	170352
					2	10200	12	68060
1					1	284868	6	7601
			87	88	89	90	92	777
		1					1	
11	1	12			4	138300	11	26090
2	1	22	400	200			3	145502
1					1	26000	6	11861
1					4	561815	29	185088
2		4			3	14200	8	70458
1		13			2	3297	8	4571057
2		9			3	300	6	5000

2018年全国各地区

地　区	机构数（个）	从业人员（人）					
			专业技术人才	正高级职称	副高级职称	中级职称	安全保卫人员（人）
总　计	**4918**	**107506**	**38327**	**1990**	**5332**	**15167**	**26587**
北　京	82	4433	1177	49	137	391	1025
天　津	65	1473	616	26	94	254	272
河　北	134	4016	1271	63	228	458	890
山　西	152	4506	1355	29	191	548	1206
内蒙古	109	1782	908	43	157	378	375
辽　宁	65	1994	948	54	166	468	404
吉　林	107	1548	833	57	171	279	298
黑龙江	191	2691	1170	81	238	519	640
上　海	100	3036	1673	58	163	703	491
江　苏	329	6923	2453	150	360	989	1876
浙　江	337	5724	1890	137	302	724	1473
安　徽	201	2995	1229	63	128	449	822
福　建	128	2642	971	68	117	356	737
江　西	144	3418	1206	76	131	502	958
山　东	517	8059	2984	189	459	1161	1971
河　南	334	6959	1948	108	267	796	2090
湖　北	200	4032	1807	114	220	818	925
湖　南	121	3056	913	22	93	366	717
广　东	184	3670	1926	35	170	824	800
广　西	131	2255	915	33	85	359	602
海　南	19	526	151	1	11	39	186
重　庆	100	2738	887	52	131	307	678
四　川	252	6201	1579	86	160	592	1658
贵　州	91	1636	461	17	61	134	390
云　南	137	1719	950	41	175	426	436
西　藏	7	204	66	1	10	25	21
陕　西	294	9354	2283	129	257	808	2084
甘　肃	215	5017	1386	39	163	548	1285
青　海	24	366	172	3	25	66	99
宁　夏	54	812	235	15	34	77	217
新　疆	91	1319	358	9	29	145	457

博物馆基本情况

登记注册志愿者（人）	藏品数（件/套）	在藏品数中（件/套）							本年修复藏品数（件/套）
		文物藏品	一级品	二级品	三级品	本年新增藏品数（件/套）	本年从有关部门接收文物数（件/套）	本年藏品征集数（件/套）	
154663	**37540740**	**20757033**	**84201**	**566177**	**2772980**	**671258**	**188377**	**356435**	**53477**
9662	2020881	1443805	3041	7311	81586	23083	654	20237	4023
1979	704279	230008	1050	5423	134844	8449	1139	6532	318
1941	390913	266333	992	10921	29435	8085	767	2343	959
2927	1382097	838649	3051	7859	54566	129055	126471	1486	2181
2360	912078	645178	2351	7350	11252	29076	20013	8176	4808
2230	523463	284240	1704	13409	117791	3700	400	2714	253
2492	624402	292568	564	5968	31233	11947	1061	10223	224
3509	971658	304973	2663	5585	41721	32787	5	15481	501
10152	2010506	210245	2304	49602	177326	18231	485	5086	758
17496	1853112	943521	3451	18085	83419	18815	1479	8943	3160
15817	1353210	552805	2176	10297	74592	25076	1957	16220	4016
5008	787699	475744	2366	5510	51603	5847	1095	3439	1015
4181	670838	420241	1094	3055	103022	27789	563	22819	118
4598	444241	180501	1532	5544	43270	4684	201	1066	457
11333	3569646	1297717	11760	12835	99305	54624	11129	31238	6786
9594	1019373	324428	2155	14218	227496	17100	1577	6770	2876
3872	1694265	1176129	2791	7743	95962	30413	9350	11027	3421
5079	617645	365420	1559	5807	56267	17409	340	7260	4601
7278	1038580	560195	1414	15604	65990	29505	2332	19315	1517
3945	305269	77327	298	4967	34696	20176	442	18182	539
284	162529	103613	126	431	2242	8071	12	8034	34
9594	540005	387393	1204	2318	25910	9571	1630	6824	2031
4684	4026271	2966813	4615	13445	110452	101845	947	98857	1679
852	163996	48747	590	1686	6269	5740	15	3912	399
1244	1412696	484126	848	2073	17091	4641	787	2206	1604
65	67636	89	1068	15808	26928	139	52	8	138
6107	3810089	2061701	6497	13034	72045	8893	881	7147	1511
4292	509469	383520	4574	12050	104443	7733	859	4922	936
71	74491	42151	412	664	1036	121		121	895
164	363981	35838	315	3432	6997	955		165	324
1176	211721	51004	695	1418	4600	4377	109	4115	269

续表 1

地　　区				基本陈列（个）	临时展览（个）	参观人次（万人次）	未成年人参观人次
	一级品	二级品	三级品				
总　　计	**201**	**1193**	**9266**	**12723**	**13623**	**104400.58**	**26965.63**
北　　京	1	9	145	234	282	2374.80	360.70
天　　津	3	13	11	195	242	1400.38	289.00
河　　北	3	20	553	305	479	3289.21	1007.46
山　　西	11	36	1613	306	212	2533.00	628.83
内 蒙 古		7	22	332	193	1176.41	417.05
辽　　宁	4	8	128	183	180	1703.35	391.42
吉　　林				202	357	1040.77	352.64
黑 龙 江		1	39	449	496	2144.40	606.95
上　　海	4	29	110	384	442	2583.80	621.20
江　　苏	24	27	291	879	1216	9518.83	2185.02
浙　　江	14	32	229	904	1371	7005.39	2034.29
安　　徽	6	30	438	501	429	3025.65	965.44
福　　建	1		35	350	785	3715.38	1072.00
江　　西	2	24	37	360	313	3696.99	1314.57
山　　东	12	153	571	1733	992	7232.62	2307.78
河　　南	2	191	2099	664	738	6040.11	1841.58
湖　　北	16	163	547	543	460	3922.46	1087.27
湖　　南		49	328	224	237	5444.09	1666.94
广　　东		40	34	500	1155	5511.98	1447.71
广　　西	3	14	161	260	292	1753.65	456.77
海　　南				45	100	234.46	60.52
重　　庆	2	13	33	251	335	3687.10	866.87
四　　川	3	16	330	667	549	7189.09	1687.18
贵　　州		11	4	180	98	1973.75	320.56
云　　南	1	15	190	517	350	2322.63	586.43
西　　藏		17	37	3	6	19.97	2.00
陕　　西	15	51	182	710	453	6713.38	929.84
甘　　肃	2	23	276	496	544	2915.33	805.96
青　　海	33		1	39	32	188.98	39.18
宁　　夏	14	6	8	130	70	724.24	132.92
新　　疆	15	42	55	157	100	679.98	180.58

本地居民参观人次	境外观众参观人次	举办社会教育活动（次）	参加活动人次（万人次）	未成年人参加人次	门票销售总额（千元）	本年完成科研成果：省部级及以上科研课题数（个）	本年完成科研成果：专利（项）	本年完成科研成果：专著或图录（册）
47861.77	**2724.07**	**325484**	**8158.47**	**3778.78**	**28610561**	**497**	**162**	**1117**
978.48	93.26	8596	112.20	62.37	64312	32	4	59
1223.08	18.72	2009	142.04	67.80	31797	2	2	22
3264.98	24.05	2304	323.80	160.97	98566	1		17
1467.43	56.61	25563	335.01	168.24	232672	7		11
492.77	48.14	3088	101.59	55.24	2266	1		11
402.83	43.33	1116	89.05	50.10	133235			24
665.75	21.69	3442	124.44	75.36	43660	11		7
2058.27	76.86	2243	190.33	100.77	2010	9		18
726.32	54.28	38244	350.22	60.73	22724858	32	4	74
7075.62	260.01	28576	359.15	201.43	284691	9	10	81
2333.10	223.42	13532	591.33	137.38	55124	15	13	128
1119.82	94.89	2501	213.05	115.48	7456	2		5
1651.30	125.13	3853	190.40	103.61	2369	10	1	31
1379.00	103.72	10972	293.74	163.66	7865		5	6
2304.84	131.96	61126	481.52	279.10	135854	39	7	78
2318.13	151.93	17755	649.63	309.49	77836	34	5	30
1587.34	83.78	6461	515.90	269.88	10267	29	2	36
1727.93	100.31	6116	327.72	166.37	11665	15		26
2339.81	144.38	10427	471.19	204.04	287842	10	3	58
1261.34	70.32	3085	191.45	85.42	1307	16		17
98.11	52.11	289	15.64	11.07		1		3
1293.93	60.29	8787	436.80	159.40	145449	45	3	26
2654.76	149.01	11630	377.83	194.91	1147890	41	66	86
728.54	83.17	3058	63.58	24.36	407			5
1165.82	99.04	4166	200.53	80.94	4153	22	2	9
		64	11.50	10.30		1		1
1543.77	94.70	7434	431.37	166.17	2003845	23	9	68
2884.19	21.18	9969	384.52	215.15	278642	54	18	42
36.18	1.34	153	12.71	5.98				
437.77	15.24	1894	69.57	26.84	63660	16	8	10
275.32	26.19	22573	86.29	33.14	14151	3		1

续表 2

地　区	论文数（篇）	古建维修、考古发掘报告（册）	获国家奖（个）	获省、部奖（个）	本年收入合计（千元）	财政补助收入	上级补助收入
总　计	**6051**	**121**	**114**	**361**	**30431798**	**24505482**	**860876**
北　京	282		2	23	1762028	1335987	23099
天　津	79		1	3	388871	333960	2396
河　北	149	1	1	2	715242	572775	120
山　西	62			2	1205052	1100118	12229
内蒙古	92	1		3	603052	584440	7830
辽　宁	151			2	532691	529115	1307
吉　林	65				366401	337747	7628
黑龙江	198	1	2	20	376990	314566	37469
上　海	363	1	6	15	1890555	1472435	18946
江　苏	444	16	6	34	2322293	1986982	78268
浙　江	243	2	16	38	1636603	1351308	43908
安　徽	76	3	4	14	529261	433444	27584
福　建	102	5	1	5	574145	507724	16459
江　西	71	22	5	4	652830	577760	50623
山　东	325	6	14	39	1620069	1028432	40399
河　南	312	1	4	15	915365	778175	19633
湖　北	306	15	17	45	1217948	988351	79283
湖　南	261	7	1	6	885378	790898	32319
广　东	301	2		4	1761262	1690942	27518
广　西	233	1	3	27	532244	430100	73936
海　南	25	2		1	192198	187369	1834
重　庆	377	4		10	699833	600791	16033
四　川	213	6	8	18	1474232	1110842	17312
贵　州	25			2	271824	241548	20160
云　南	96	1	3	2	405214	376248	4607
西　藏	11		1	1	250930	250930	
陕　西	217			14	2922768	1586759	47435
甘　肃	288	20	12	3	1147477	988912	103703
青　海	1				200040	150107	42320
宁　夏	57		1	4	181698	112259	1805
新　疆	25				238353	206500	4713

事业收入	经营收入	附属单位上缴收入	其他收入	捐赠收入	本年支出合计（千元）	基本支出	项目支出	经营支出
1902643	**1702318**	**6891**	**1453588**	**638026**	**30845857**	**13158001**	**14578838**	**1226358**
333044	17190		52708	2504	1770727	902727	807839	25821
12173	25752		14590	1648	464164	307984	114009	27189
94636	14946	177	32588	1570	664374	342041	287992	34241
40807	19776		32122	1150	780378	279850	478246	14440
5000			5782		483791	226640	247659	6403
1142			1127		483795	234959	247352	200
7481	718		12827	1470	401237	167361	223073	2784
20	4395		20540	598	390802	188520	163084	23853
266347	62272		70555	3425	1984706	832484	1077602	31951
103951	103184	1053	48855	1868	2238446	1221251	829088	76140
98056	86021	190	57120	4673	2104419	719112	840850	161515
17045	5794	220	45174		588018	244910	294209	25958
4602	7014	100	38246	8695	533957	217107	300227	6994
8868	4031		11548	680	636760	265132	338307	5056
12281	488936	3600	46421	3719	1474868	658883	504529	209059
65793	9836		41928	1372	955748	554058	299236	17642
70930	51288	350	27746	3235	1138592	409072	623841	34232
12861	9172	50	40078		933521	386582	533276	6169
23904	9344		9554	2255	1764395	644198	1090258	4127
6418	1855		19935	720	455751	142538	288838	1488
1620			1375		200102	30933	166640	110
41090	19577		22342	205	773350	288879	402238	31559
284649	36245		25184	11008	1488742	518781	910720	24564
288	4146	5	5677	130	412237	95128	297486	2421
6279	5559		12521		445977	155460	273018	3131
					255533	29769	225764	
71248	603822	1146	612358	583450	3654244	1647590	924781	383672
27540	741		26581	3651	1009895	550239	382687	29610
2904			4709		162374	55825	96612	25
657	62071		4906		168139	69440	58084	34624
1203	3020		22917		298868	115235	179239	800

续表 3

地区	在支出合计中：						
	工资福利支出	商品和服务支出	差旅费	劳务费	福利费	各种税金支出	对个人和家庭补助支出
总计	**9290744**	**11369836**	**277197**	**1072830**	**116522**	**107929**	**825712**
北京	562210	773923	6699	59978	18885	4372	38445
天津	199636	177166	1900	4828	2951	1200	8938
河北	247560	259469	4664	24548	1488	2050	36483
山西	228431	234902	7083	32701	2505	6980	5727
内蒙古	135882	154626	5321	18221	1073	348	8997
辽宁	181820	246451	3118	32881	26	9	5669
吉林	103547	169485	4453	17365	953	1762	30094
黑龙江	149855	108522	4212	15684	1987	129	16656
上海	495278	853559	6974	15901	7354	2611	11456
江苏	877200	938422	26298	79652	7606	2864	71941
浙江	743487	716442	28351	78446	15405	7744	22788
安徽	182798	198332	6678	16152	2915	1335	16541
福建	163264	188614	6921	30474	960	690	14564
江西	176134	227999	6050	12733	4027	194	31972
山东	467165	414039	9883	36955	7642	45952	50333
河南	352998	288236	10769	35718	4414	2006	20653
湖北	295408	420897	10155	45650	2314	5034	34552
湖南	229660	337530	8468	32326	2436	6331	23009
广东	450276	844634	9534	32264	5307	1354	136815
广西	132751	137178	6876	4253	297	642	7776
海南	25980	104521	2907	30946	120	93	76
重庆	210503	306246	20969	63309	2900	1076	9179
四川	421192	618072	20015	84172	5985	3415	30572
贵州	88266	90262	3022	13820	630	359	8766
云南	121409	98109	4349	13414	1334	289	4213
西藏	27507	7157	1446	224			296
陕西	1126014	986898	17581	89091	9633	5015	35317
甘肃	290788	336740	18763	54603	4275	1320	40128
青海	33779	41590	930	3493	281	33	3135
宁夏	49348	36991	1571	4474	123	306	1061
新疆	70921	81471	2128	18298	293	501	6642

抚恤金和生活补贴	其他资本性支出	各种设备、交通工具、图书购置费	资产总计（千元）	固定资产原值	实际使用房屋建筑面积（万平方米）	展览用房	库房	实际拥有产权面积（万平方米）
73398	**3463698**	**660756**	**133834853**	**81185414**	**2790.95**	**1304.54**	**225.94**	**2174.05**
2283	33996	12630	6716817	5058628	99.44	42.74	5.74	67.18
1197	20517	5890	3527224	2386217	36.16	15.81	3.02	64.46
2002	119812	17102	2871200	2409034	79.85	44.29	4.15	66.32
1248	210236	15539	3868276	1896683	84.40	35.43	6.20	83.73
478	85345	19733	3472137	2875638	69.69	35.94	4.78	35.89
2212	8247	3357	1280218	1078615	39.03	22.99	3.90	9.11
1927	33686	17273	1338078	854136	42.63	23.28	3.03	17.12
703	69374	9073	2486045	2256838	66.79	40.76	4.92	26.77
1728	239243	95546	11431761	7349325	81.26	34.93	7.09	40.25
2842	192900	26492	14327325	9809085	252.71	118.94	14.39	191.69
2401	333244	49004	7490288	4200408	155.32	76.56	12.69	83.90
1599	59032	8303	2552847	1755041	77.71	40.79	6.59	62.55
641	59365	13822	1199901	686130	94.61	30.89	5.39	62.10
1572	43277	6083	2760114	1380753	65.91	34.23	5.28	158.52
7299	204193	51259	9770394	5513689	263.16	141.81	26.88	379.36
1172	128406	28498	4210741	3344784	113.31	62.92	11.94	69.92
1723	238431	22566	2942170	1773448	263.44	93.68	22.98	58.48
2350	179300	45509	3366036	1659414	66.65	27.91	6.70	49.95
7217	193847	37434	4624758	3965995	129.59	50.03	8.99	143.50
1690	85058	6795	1639703	1172419	59.61	26.85	4.62	21.45
1	42475	20102	912987	168823	14.92	3.95	1.63	8.92
1551	88808	18021	2226689	1351652	68.41	35.56	5.07	36.19
7502	153426	31064	12479726	4496203	135.89	69.59	10.62	108.12
1884	29707	2901	2837514	527770	36.91	17.37	3.78	20.37
870	60290	14222	2818267	1133255	60.83	27.55	5.75	43.92
50	90		124914	121607	1.60	0.58	0.06	7.51
8894	231196	14476	8345791	4917090	135.70	60.75	12.30	109.57
3164	105863	39335	4507211	3318673	81.16	38.75	7.65	84.48
218	5229	377	313079	216516	9.54	5.07	0.67	8.12
88	24701	335	718742	553309	23.97	14.75	1.37	14.34
438	88481	6219	693917	436404	32.28	20.30	2.02	14.33

续表 4

地　区	文物保护规划和方案设计(个)	文物保护单位保护维修情况				进行考古发掘情况	
		国保单位保护维修项目数(个)	保护维修面积(平方米)	省保单位保护维修项目数(个)	市、县保单位保护维修项目数(个)	考古发掘面积(万平方米)	出土器物(件/套)
总　计	**1256**	**507**	**13641819**	**425**	**379**	**115.70**	**217899**
北　京	56	10	22173			0.58	
天　津	17	3	2600	1	3	0.10	728
河　北	11	4	1599253	4	2		
山　西	120	14	18934	15	2	0.15	
内蒙古	22	5	11633	3	1	0.67	5500
辽　宁	5	14	475814	1	2		
吉　林	7	12	31453	4	2	0.25	10868
黑龙江	36	9	39640	3		0.03	100
上　海	33	1	4300	4	17	0.21	1300
江　苏	44	18	7532156	14	11	31.52	18323
浙　江	64	19	48126	24	63	4.96	1022
安　徽	45	24	306568	21	23	0.26	730
福　建	52	31	116799	32	27	1.01	3940
江　西	81	41	766423	53	51	0.26	147
山　东	122	28	173847	31	16	0.76	2513
河　南	31	20	160450	16	6	0.11	96
湖　北	73	37	1147993	50	21	4.43	26235
湖　南	47	25	51305	32	18	0.57	322
广　东	65	24	75429	34	35	0.05	100000
广　西	13	20	249280	2	6	0.13	7000
海　南	11	3		8	7	0.11	112
重　庆	48	26	187468	12	21	1.45	1021
四　川	79	28	78331	14	11	0.47	800
贵　州	4	4	3903	2	3		
云　南	23	6	24330	6	10	0.03	
西　藏							
陕　西	37	21	25638	8	6	58.21	2620
甘　肃	70	31	7734	18	14	0.65	30013
青　海	7	9	21715	10		0.01	28
宁　夏	4	4	426710			5.00	50
新　疆	12	5	10354	3	1	3.42	2534

主办刊物(种)	国际合作项目数(个)	文化创意产品情况			文博单位举办新媒体情况			
		文化创意产品种类(个)	文化创意产品销售收入(千元)	文化创意产品销售利润(千元)	举办网站(个)	网站年访问量(次)	举办微信公众号、微博(个)	举办微信公众号、微博关注人数(人)
222	**387**	**56143**	**3935390**	**1243556**	**1269**	**446718426**	**6676**	**1477916389**
28	13	1680	21663	4191	48	76112160	158	11962806
10	10	484	3016	900	27	3300781	58	292542
2	4	905	2056	820	34	4768227	301	3637326
	7	314	2722	483	16	4903286	55	1183186
2	3	760	76689	23030	15	2269096	30	102773
	7	1103	8540		15	7557534	32	333531
2	6	151	580	100	29	1713993	36	203889
4	8	502	1541	574	31	7439978	75	1907484
34	31	11851	55998	3555	62	38245913	122	8903585
7	31	12635	61915	22962	104	81321732	537	1195480565
2	31	1697	80801	31758	103	24510210	547	5164011
7	14	130	531478	59177	39	10884840	57	1073987
10	16	913	1193	153	55	15625276	99	196637303
5	8	263	2363	557	37	6386887	60	2286001
23	26	1419	18923	1340	76	4933891	328	1705431
1	20	247	4278	1402	68	7332938	140	7491326
5	15	786	29934	6581	54	6647167	85	1653157
11	9	925	19269	8693	25	11105391	40	1177539
8	13	1380	11686	1291	65	14759495	1975	1882890
10	8	145	1409	544	25	1119430	51	516678
	1	312	954	387	6	1451844	6	36695
9	17	1781	40853	7255	37	4440583	73	1624339
18	22	5022	16999	1944	68	12483541	1108	12248425
	5	628	56615	19626	9	613543	24	187912
3	7	909	3786	2661	21	2334128	42	274445
		612	1200	580	2	20329	3	6660
12	30	1271	23830	5241	68	39676213	171	5224537
3	17	399	202486	200087	82	17234079	357	1080501
		81	140	80	1	32762	6	27193
	1	129	200	30	10	487091	17	1592983
	2	213	2053935	616164	34	122531	72	56932

2018年全国各地区文物

地　区	机构数(个)	从业人员(人)	专业技术人才	正高级职称	副高级职称	中级职称	安全保卫人员(人)	登记注册志愿者(人)
总　计	**3374**	**84958**	**31678**	**1307**	**4394**	**12856**	**20978**	**111514**
北　京	65	3436	927	30	115	300	808	1464
天　津	65	1473	616	26	94	254	272	1979
河　北	81	2930	909	40	149	313	685	1481
山　西	137	4313	1287	23	182	527	1151	2487
内蒙古	100	1684	879	42	153	366	356	2133
辽　宁	62	1944	941	54	165	464	395	2199
吉　林	77	1188	663	34	147	227	196	2296
黑龙江	101	1641	744	41	161	326	379	2123
上　海	41	1298	819	38	88	318	191	6219
江　苏	211	5002	1965	95	287	821	1385	10270
浙　江	119	3902	1480	91	250	616	998	11810
安　徽	138	2057	874	26	93	350	553	3565
福　建	111	2472	923	54	112	345	689	3823
江　西	127	3172	1141	60	122	484	925	4491
山　东	252	4621	2144	98	324	901	1109	8457
河　南	207	5498	1524	47	194	661	1688	8260
湖　北	140	3387	1553	65	183	760	759	3129
湖　南	111	2422	741	16	82	302	525	4193
广　东	172	3497	1876	32	167	811	750	7252
广　西	96	2045	854	31	74	339	545	3350
海　南	19	526	151	1	11	39	186	284
重　庆	59	1836	627	30	92	217	441	5549
四　川	188	5268	1308	30	121	493	1378	2934
贵　州	86	1590	453	15	60	131	371	825
云　南	104	1239	784	25	144	364	317	1085
西　藏	7	204	66	1	10	25	21	65
陕　西	198	7582	1872	67	196	670	1655	3976
甘　肃	158	4242	1259	36	144	505	1086	3811
青　海	24	366	172	3	25	66	99	71
宁　夏	25	408	165	5	22	58	106	82
新　疆	90	1313	355	9	28	145	455	1174

系统博物馆基本情况

藏品数(件/套)	文物藏品				在藏品数中(件/套)			本年修复藏品数(件/套)
	文物藏品	一级品	二级品	三级品	本年新增藏品数(件/套)	本年从有关部门接收文物数(件/套)	本年藏品征集数(件/套)	
27729926	**17903098**	**79442**	**549548**	**2704845**	**476478**	**186555**	**212226**	**44241**
1905366	1430634	2983	7166	80555	18336	643	17327	3993
704279	230008	1050	5423	134844	8449	1139	6532	318
300351	223419	901	10809	28893	6558	767	1176	951
1286719	838282	3048	7855	54266	128749	126471	1262	2181
889404	641627	2351	7350	11252	28243	20013	7589	4710
512947	284240	1684	13379	117741	3670	400	2684	253
460215	283600	556	5953	30976	10795	1061	9728	88
595324	258312	2527	5137	38710	13764	5	12752	121
1320540	106271	1175	44730	164613	2829	224	542	632
1176636	902605	2880	16581	77176	14064	1040	6062	3093
1022871	502050	1915	10020	73127	21015	1952	14082	1578
558320	425509	2010	4993	48544	3687	1089	1875	543
630310	411533	1083	3017	102122	27349	563	22381	111
419645	179913	1510	5342	43155	4584	201	966	409
2338472	1243670	11691	12580	97121	38867	11113	19992	4028
807131	290116	1992	13863	225291	7045	1417	1643	2506
1361203	1100387	2776	7684	95390	27780	9350	9197	3296
569689	364517	1492	5601	55302	15141	340	5492	4407
970757	552068	1414	15595	65893	28386	2311	18783	1397
293679	77327	298	4967	34696	19365	321	17625	506
162529	103613	126	431	2242	8071	12	8034	34
480576	378041	1151	2167	24544	7887	1630	5657	1394
947682	752958	3082	6493	82310	5129	947	3179	910
159263	48747	578	1586	5959	5718	15	3890	399
1326320	454701	834	2046	16883	3280	573	1531	1487
67636	89	1068	15808	26928	139	52	8	138
2388999	2023170	6441	12869	71423	2897	473	2097	1402
419582	366909	4463	11868	102674	6700	699	4175	892
74491	42151	412	664	1036	121		121	895
65575	33616	315	3428	6988	165		165	174
209714	51004	695	1418	4600	4374	109	4112	269

续表 1

地　　区				基本陈列（个）	临时展览（个）	参观人次（万人次）		
	一级品	二级品	三级品				未成年人参观人次	本地居民参观人次
总　　计	**187**	**1142**	**8644**	**8737**	**11229**	**84433.30**	**21860.68**	**38044.25**
北　　京		7	139	200	224	2116.49	313.61	820.01
天　　津	3	13	11	195	242	1400.38	289.00	1223.08
河　　北	3	20	553	191	381	2702.52	848.40	2682.29
山　　西	11	36	1613	278	186	2330.97	608.66	1419.15
内 蒙 古		5	12	312	185	1126.82	395.21	477.81
辽　　宁	4	8	128	179	180	1669.87	384.73	395.13
吉　　林				124	317	856.46	297.42	580.22
黑 龙 江			3	268	358	1502.17	428.20	1425.93
上　　海		7	82	105	256	1286.55	194.46	493.78
江　　苏	23	27	284	640	1006	5522.36	1309.26	3707.38
浙　　江	13	27	217	367	1048	5077.00	1512.14	1640.91
安　　徽	4	18	249	350	370	2358.45	705.73	1012.46
福　　建	1		35	310	722	3566.68	1026.93	1584.33
江　　西	2	19	37	337	305	3466.32	1268.82	1353.01
山　　东	7	153	569	857	703	4670.36	1562.59	1565.60
河　　南	2	191	1898	399	545	5065.95	1524.76	1733.36
湖　　北	16	163	547	430	394	3384.31	970.22	1366.34
湖　　南		49	328	211	223	4134.21	1358.61	1484.08
广　　东		40	34	465	1128	5375.58	1408.14	2311.92
广　　西	3	14	161	221	251	1632.75	427.51	1142.58
海　　南				45	100	234.46	60.52	98.11
重　　庆	2	12	29	149	198	2584.51	688.08	926.00
四　　川	3	16	210	464	434	6247.34	1445.74	2302.68
贵　　州		11	4	175	98	1938.00	312.95	713.07
云　　南	1	14	186	363	331	2085.59	528.60	1097.31
西　　藏		17	37	3	6	19.97	2.00	
陕　　西	15	51	182	461	263	5899.18	714.89	1249.00
甘　　肃	2	23	273	364	471	2290.21	665.32	2265.54
青　　海	33		1	39	32	188.98	39.18	36.18
宁　　夏	14	6	8	59	57	380.59	89.46	296.51
新　　疆	15	42	55	156	100	679.90	180.56	275.26

境外观众参观人次	举办社会教育活动(次)	参加活动人次(万人次)		门票销售总额(千元)	本年完成科研成果			
			未成年人参加人次		省部级及以上科研课题数(个)	专利(项)	专著或图录(册)	论文数(篇)
2211.04	**257392**	**6568.09**	**3089.49**	**5301952**	**355**	**75**	**862**	**5266**
80.49	6148	88.48	51.42	54308	28	3	51	236
18.72	2009	142.04	67.80	31797	2	2	22	79
20.24	1564	195.74	104.22	94894			14	130
53.09	25402	324.94	161.41	232642	7		11	62
47.56	2749	92.22	50.87	2266	1		11	92
43.23	1109	88.75	50.00	133235			24	151
18.85	1962	91.47	55.93	41283	4		6	33
68.24	1436	153.71	77.36	315	5		12	63
36.94	5244	186.87	23.34	51239	10	2	40	231
111.65	23706	286.02	150.24	115434	8	4	50	355
139.00	10244	501.81	110.40	22703	15	3	118	220
78.91	1751	164.03	85.59	5796	1		3	73
120.60	3523	179.52	94.35	290	10		18	96
102.34	10963	293.32	163.40	7865		5	6	71
93.68	57411	287.24	177.44	40566	35	5	38	302
130.78	16592	554.79	261.88	77134	30	4	26	281
74.65	3601	487.10	258.30	4521	23	1	32	299
74.14	5435	291.66	154.09	11665	15		24	202
130.85	10317	461.81	198.75	77963	10	3	56	299
69.18	2538	173.19	73.06	1307	16		17	232
52.11	289	15.64	11.07		1		3	25
47.95	2748	253.51	92.33	137655	19	3	21	327
114.76	11061	323.26	165.37	1139229	12	13	41	148
82.30	3049	60.68	23.33	7			5	25
87.86	3846	178.72	68.08	552	7	2	4	88
	64	11.50	10.30		1		1	11
63.81	5475	204.63	98.84	1987933	19	7	34	179
17.44	8348	317.73	183.62	278490	54	18	39	279
1.34	153	12.71	5.98					1
9.11	1628	44.38	14.51		2		7	50
26.19	22569	86.27	33.13	14151	3		1	25

续表 2

地　区	古建维修、考古发掘报告（册）	获国家奖（个）	获省、部奖（个）	本年收入合计（千元）	财政补助收入	基建拨款	上级补助收入
总　计	**118**	**76**	**243**	**25672294**	**21396682**	**1120367**	**554769**
北　京		1	13	1459019	1084597	87089	1203
天　津		1	3	388871	333960	18688	2396
河　北	1	1	2	552582	431956		
山　西			2	1174911	1083214	26045	12229
内蒙古	1		3	564636	546419	60642	7830
辽　宁			2	497109	493533		1307
吉　林				324688	310852	2470	4403
黑龙江	1	2	18	258355	255245	3828	2241
上　海	1	3	1	855015	727850	28600	1277
江　苏	16	3	19	1573743	1379389	19936	22488
浙　江	2	1	15	1417693	1241215	96789	23136
安　徽		1	4	439787	377995	5323	24191
福　建	5	1	5	565657	507171	7000	15910
江　西	22	5	4	613334	540921	44245	50623
山　东	6	5	27	1003237	909499	5798	28887
河　南	1	1	15	836832	729395	88846	16746
湖　北	15	17	44	1169659	970210	103832	77242
湖　南	7	1	4	612322	545656	4330	25446
广　东	2		4	1734714	1666082	48344	26736
广　西	1	3	27	470968	428549	315	15874
海　南	2		1	192198	187369	27282	1834
重　庆	4		1	521824	442469	10000	14762
四　川	6	8	13	1419709	1098788	96852	14825
贵　州			2	269190	240964	621	18400
云　南	1	3	2	281115	262089		3927
西　藏		1	1	250930	250930	213978	
陕　西			3	2715656	1432020	6450	41418
甘　肃	20	11	2	1012447	921018	102700	50609
青　海				200040	150107	130	42320
宁　夏		1	1	98829	92762	8315	1796
新　疆				238273	206500	1919	4713

事业收入	经营收入	附属单位上缴收入	其他收入	捐赠收入	本年支出合计(千元)	基本支出	项目支出	经营支出
1669240	**845181**	**5131**	**1201291**	**612493**	**25171174**	**10970130**	**12704489**	**556839**
321228	16265		35726	553	1467679	747605	667339	24423
12173	25752		14590	1648	464164	307984	114009	27189
94289	2113	177	24047	18	458216	234048	223306	862
40807	6994		31667	1000	742207	266407	460645	9488
4605			5782		439648	220226	214206	3165
1142			1127		462416	228695	232437	
3802			5631		348582	134937	210014	78
			869		271447	122354	138089	385
76093	8729		41066	2179	1033897	406624	616811	7509
100508	38891	1053	31414	238	1756207	941394	704372	31864
97528	10545		45269	70	1443806	622763	786714	4156
16770	2344		18487		409547	198045	192000	8714
4602	3698		34276	6000	522382	211766	298901	4261
8568	3891		9331	680	598613	253131	312570	4950
10203	25953	2700	25995	2158	943359	463646	389483	20538
65793	931		23967	32	802567	495174	267634	3304
69711	27417		25079	3175	1083499	388325	613686	16976
12757	5569	50	22844		657566	287458	362283	2573
23904	8439		9553	2255	1734663	632777	1074190	3050
6218	1764		18563		441916	139855	281386	648
1620			1375		200102	30933	166640	110
37066	17210		10317	15	522665	215721	255572	23339
279738	5035		21323	9046	1418196	490612	899938	4110
288	3946	5	5587	130	409434	93285	296886	2061
6250	459		8390		316853	127824	181513	356
					255533	29769	225764	
62352	580462	1146	598258	580007	2833283	1328597	793248	348628
26775	50		13995	3289	853141	487290	325496	2064
2904			4709		162374	55825	96612	25
537	91		3643		90897	36812	51452	653
1203	3020		22837		298368	114935	179239	780

续表 3

地　区	在支出合计中：工资福利支出	商品和服务支出	差旅费	劳务费	福利费	各种税金支出	对个人和家庭补助支出
总　计	**7444795**	**9900722**	**214025**	**974298**	**89015**	**46494**	**747685**
北　京	481709	591381	5020	55633	17316	3778	33265
天　津	199636	177166	1900	4828	2951	1200	8938
河　北	167912	187075	2875	15872	946	100	25435
山　西	223925	213246	5682	28788	2200	6444	5727
内蒙古	133112	150820	5259	17966	966	248	8992
辽　宁	178464	245805	3088	32861	26	9	5668
吉　林	84162	156275	2989	14939	6	1346	27744
黑龙江	100936	82601	2900	11414	300	18	9559
上　海	252971	498595	4777	11420	4365	444	5184
江　苏	728084	696532	22107	73669	5307	1607	57792
浙　江	400537	654278	11229	75155	13673	6315	21121
安　徽	141163	167471	3992	9557	1579	263	12954
福　建	158364	186869	6685	30086	806	616	14556
江　西	167960	202398	5941	11406	4027	194	30783
山　东	328907	295412	5537	31834	2440	1338	45727
河　南	303091	262229	8131	30633	3097	1480	19782
湖　北	275303	405068	9518	44221	1779	3683	34015
湖　南	183137	243163	7209	24905	2015	4982	14078
广　东	440472	834524	9421	31444	5200	1331	135558
广　西	129335	136532	6760	4042	277	639	7776
海　南	25980	104521	2907	30946	120	93	76
重　庆	153527	255403	15904	51335	2254	741	7611
四　川	394560	608206	18661	80856	5103	686	29860
贵　州	86673	89932	2942	13700	530	329	8556
云　南	106229	87452	3284	12325	733	169	4057
西　藏	27507	7157	1446	224			296
陕　西	731553	931694	8821	80765	7463	4793	30967
甘　肃	259481	304884	15926	47282	2518	1066	37988
青　海	33779	41590	930	3493	281	33	3135
宁　夏	25908	29619	947	4145	41	133	925
新　疆	70741	81471	2128	18298	293	501	6642

抚恤金和生活补贴	其他资本性支出	各种设备、交通工具、图书购置费	资产总计（千元）	固定资产原值	实际使用房屋建筑面积（万平方米）	展览用房	库房	实际拥有产权面积（万平方米）
63483	**2841980**	**486895**	**92962000**	**54816838**	**2013.78**	**944.02**	**159.25**	**1626.42**
1136	19533	6824	4586838	3019029	80.44	35.65	5.16	49.27
1197	20517	5890	3527224	2386217	36.16	15.81	3.02	64.46
1086	77158	15065	1725008	1544026	56.47	31.92	3.40	43.91
1248	210124	15427	3674978	1784988	78.11	30.19	5.89	81.66
478	85211	19733	3135298	2574577	66.26	33.80	4.67	34.26
2212	8097	3207	1227177	1067719	38.40	22.82	3.88	9.11
1303	30083	15612	799031	542373	30.43	16.18	2.11	11.67
533	57343	8022	1023131	979929	31.42	21.33	2.35	13.36
1048	106700	18687	5194636	2323068	33.62	11.20	4.77	12.85
1766	155042	24937	5732589	4881667	197.16	86.57	11.27	130.33
2348	283021	32832	4495333	2780892	94.13	42.04	8.33	53.23
1144	25958	4232	1253260	905571	52.02	26.00	4.22	25.45
634	58186	12806	1110962	631560	90.48	28.35	4.89	60.68
1567	43047	6033	2670686	1285137	62.98	32.18	5.10	157.57
6839	110655	16352	5173957	3010261	134.40	73.62	11.05	221.74
1117	108283	11946	2787052	2391197	85.69	46.03	8.92	51.84
1537	234925	19983	2292069	1282176	107.10	70.90	7.33	50.68
2264	92831	44831	2459893	935055	55.94	24.26	5.80	41.73
7209	191325	36787	4035041	3500360	123.73	47.39	8.51	142.64
1690	84672	6745	1555004	1100906	46.40	24.53	4.30	18.93
1	42475	20102	912987	168823	14.92	3.95	1.63	8.92
1345	32430	15526	1340729	782986	47.39	22.23	3.15	21.24
7293	148340	29850	11009088	3814970	102.19	49.62	6.99	70.57
1754	29307	2531	2720314	496570	34.73	16.12	3.43	17.75
870	54511	13195	1389930	747086	43.95	20.10	4.15	34.24
50	90		124914	121607	1.60	0.58	0.06	7.51
5929	221446	13756	6380109	3889187	97.82	40.83	10.02	80.13
2734	97489	37370	3420387	2558416	65.53	28.00	5.52	53.42
218	5229	377	313079	216516	9.54	5.07	0.67	8.12
41	23548	222	297396	219733	15.06	7.88	0.92	11.22
438	88481	6219	613917	356404	31.28	19.31	2.01	11.99

续表 4

地　区	文物保护规划和方案设计(个)	文物保护单位保护维修情况				进行考古发掘情况	
		国保单位保护维修项目数(个)	保护维修面积(平方米)	省保单位保护维修项目数(个)	市、县保单位保护维修项目数(个)	考古发掘面积(万平方米)	出土器物(件/套)
总　计	**1051**	**480**	**13537810**	**417**	**371**	**115.68**	**217795**
北　京	49	10	22173			0.58	
天　津	17	3	2600	1	3	0.10	728
河　北	7	4	1599253	4	2		
山　西	120	13	15434	15	2	0.15	
内蒙古	20	5	11633	3	1	0.67	5500
辽　宁	5	14	475814	1	2		
吉　林	5	12	31453	4	2	0.25	10868
黑龙江	4	9	39640	3			
上　海	30			4	17	0.21	1300
江　苏	41	15	7529384	14	11	31.52	18323
浙　江	48	18	47430	24	62	4.96	1019
安　徽	36	19	289200	21	23	0.26	730
福　建	49	31	116799	32	27	1.01	3939
江　西	75	40	766423	53	51	0.26	147
山　东	82	26	146247	31	16	0.76	2513
河　南	19	17	153730	14	6	0.11	96
湖　北	60	37	1147993	48	20	4.43	26235
湖　南	42	24	48815	32	18	0.57	322
广　东	64	23	75231	34	35	0.05	100000
广　西	12	19	249280	2	5	0.13	7000
海　南	11	3		8	7	0.11	112
重　庆	41	21	149458	9	20	1.45	1021
四　川	68	28	78331	14	11	0.47	800
贵　州	4	4	3903	2	3		
云　南	21	6	24330	6	10	0.03	
西　藏							
陕　西	30	21	25638	7	4	58.21	2620
甘　肃	51	29	7379	18	12	0.65	30013
青　海	7	9	21715	10		0.01	28
宁　夏	4	4	426710			5.00	50
新　疆	12	5	10354	3	1	3.42	2534

主办刊物(种)	国际合作项目数(个)	文化创意产品情况			文博单位举办新媒体情况			
		文化创意产品种类(个)	文化创意产品销售收入(千元)	文化创意产品销售利润(千元)	举办网站(个)	网站年访问量(次)	举办微信公众号、微博(个)	举办微信公众号、微博关注人数(人)
118	**254**	**46487**	**3231945**	**1140853**	**895**	**363942015**	**5365**	**1458788910**
13	8	863	11734	4170	30	59964671	134	10975760
10	10	484	3016	900	27	3300781	58	292542
2	3	883	1331	713	24	4381307	40	3501275
	7	304	2722	483	14	4881986	51	1176131
2	3	760	76689	23030	14	2256506	27	99033
	7	1103	8540		15	7557534	32	333531
1	4	125	320		18	1280725	22	116823
	4	366	1425	573	15	5332810	30	818429
6	10	10388	38439	2581	25	15615738	59	6120326
3	23	9587	47753	20029	78	79139095	478	1193592490
2	23	1396	15981	4221	49	19365079	394	2955409
3	7	75	1448	633	30	10385746	36	822895
1	11	366	357	22	46	15078569	81	196191086
5	8	261	2363	557	37	6386887	60	2286001
6	11	810	1425	395	39	4088741	80	888676
1	11	192	3026	1274	42	6261498	96	2097509
4	8	685	29745	6563	37	6395567	58	1474651
11	6	773	5925	740	18	8310182	33	1058879
8	10	1374	11616	1270	62	14722068	1969	1868475
9	7	117	1379	534	19	1104330	35	441261
	1	312	954	387	6	1451844	6	36695
1	13	1397	21601	6830	23	2353699	45	581716
11	16	4850	10294	704	51	11976809	1060	11447311
	5	628	56615	19626	9	453543	21	99912
2	7	253	2484	2534	19	2251843	30	266078
		612	1200	580	2	20329	3	6660
8	13	384	18604	3796	33	25476507	95	4763187
3	10	235	202346	200044	68	6770040	232	858148
		81	140	80	1	32762	6	27193
	1	114	200	30	7	338731	11	1574139
	2	213	2053935	616164	34	122531	72	56932

2018年全国各地区

地　区	机构数（个）	从业人员（人）	专业技术人才	正高级职称	副高级职称	中级职称	库存文物数（件/套）	一级品
总　计	**64**	**1139**	**518**	**5**	**42**	**224**	**7513985**	**53**
北　京	2	202	66		6	30	2356152	
天　津	1	71	41		9	19	345170	
河　北	1	3						
山　西	1	16	11		2	4	130596	
内蒙古	1	4	3		1	2		
辽　宁	2	30	9			1	42810	5
吉　林	1	7					15843	
黑龙江								
上　海	1	61	48	1		16	2678579	
江　苏	8	172	71		5	30	782940	
浙　江	8	68	26		1	8	14269	
安　徽	1	37	21		2	8	203137	12
福　建	1	23	12		1	7	35073	
江　西	4	51	23		1	8	136730	
山　东	6	56	28		3	14	88313	
河　南	5	71	40	1	3	22	62547	12
湖　北								
湖　南	2	40	33	1	2	16	215824	11
广　东	3	62	31		1	12	225841	10
广　西	4	28	10			6	36638	1
海　南								
重　庆	2	15	1			1	36172	
四　川	2	35	1			1	66214	
贵　州	1							
云　南	2	35	27	2	4	11		
西　藏	1	9	2			2	5654	
陕　西	1	6					750	
甘　肃	1	6					6500	2
青　海	1	12	4			1	7098	
宁　夏								
新　疆	1	19	10		1	5	21135	

文物商店基本情况

		资产、负债、所有者权益(千元)							损益(千元)
二级品	三级品	资产总计	固定资产原价	当年提取的折旧总额	负债合计	所有者权益合计	实收资本	国家资本金	营业收入
72	**2591**	**2199654**	**345167**	**17906**	**455371**	**1744283**	**211989**	**195030**	**541937**
		491328	148030	7137	63085	428243	16870	16870	79471
		281744	9405	258	30829	250915	25188	25188	39896
		22			172	-150	80		330
		8792	1985	1764	566	8226	424	424	6372
		3717	703	146	453	3264	3264	3264	50
2	20	80931	10390	1210	27656	53275	6940	6940	16286
		7180	513	33	8928	-1748	1931	1931	6611
		313274			229	313045	14990	14990	33450
		365236	50644	2458	116605	248631	14260	14260	172699
13	400	78752	20184	290	14938	63814	12058	12058	19903
	439	25018	7001		3984	21034	996	996	10619
		11866	6527	365	1304	10562	2552	2552	17812
		12637	7899	105	6826	5811	7368	7368	15333
		130158	14159	252	101882	28276	7058	6239	7103
45	938	28073	7877	79	4805	23268	19751	3691	11395
7	2	132306	18324	425	26005	106301	12269	12269	30489
		98176	20424	386	8503	89673	18910	18910	41927
		9177	1721	157	5290	3887	6803	6803	852
		15602	6564	32	1880	13722	9883	9883	4695
		39814	3903	2586	17277	22537	6669	6669	7215
		42357	1069	66	4226	38131	14486	14486	11952
2	5	3210	3210		1734	1476	1476	1476	1322
	750	3666	382		1258	2408	2105	2105	1029
3	37	8099	729		5027	3072	1500	1500	1101
		1477	799	19	625	852	400	400	1628
		7042	2725	138	1284	5758	3758	3758	2397

续表

地　区	主营业务收入	营业成本	养老、医疗、失业等各种社会保险费	住房公积金和住房补贴	差旅费	工会经费	营业利润	营业外收入
总　计	**498199**	**543747**	**33956**	**15143**	**5030**	**2291**	**-1810**	**39104**
北　京	74736	88621	9303	3481	296	659	-9150	12197
天　津	39896	36216	3792	3612	234	244	3680	419
河　北	330	257					73	5
山　西	5890	5926	591	287	178	7	446	
内蒙古	50	15					35	
辽　宁	16086	13999	1498	670	472	26	2287	841
吉　林	6102	6673	188	47	361	9	-62	61
黑龙江								
上　海	31665	30116	2790	809	151	163	3334	
江　苏	164621	167871	5630	2229	1167	382	4828	2071
浙　江	16308	17880	1097	400	329	44	2023	323
安　徽	10083	16552	2615	485	267	20	-5933	3328
福　建	17812	16014	207	295	158	47	1798	164
江　西	14584	15365	853	423	60	60	-32	47
山　东	7103	11702	903	89	56	33	-4599	3940
河　南	11285	12005	748	200	262	14	-610	2046
湖　北								
湖　南	26717	29007	500	231	318	235	1482	6945
广　东	32499	42106	1293	856	363	203	-179	796
广　西	709	2773	272	81	12		-1921	473
海　南								
重　庆	4344	4457	25	3	14		238	56
四　川	3016	7536	-699	232	70	56	-321	58
贵　州								
云　南	8908	11968	879	337	174	59	-16	2788
西　藏	65	629	629				693	2517
陕　西	1029	686	89	38			343	13
甘　肃	1101	1200	135	20	37		-99	
青　海	982	2004	323	166	33	17	-376	13
宁　夏								
新　疆	2278	2169	295	152	18	13	228	3

			工资、福利费、税金(千元)						
政府补助(补贴收入)	营业外支出	利润总额	本年发放工资总额	本年支付的职工福利费	本年应交税金总额	实际使用房屋建筑面积(万平方米)	营业用房	库房	实际拥有产权面积(万平方米)
18795	**7736**	**29558**	**132124**	**6439**	**25481**	**14.99**	**6.32**	**6.63**	**9.35**
	2097	950	33811	1790	4902	2.43	0.56	1.51	1.77
389		4099	13133	366	1981	1.46	0.43	0.80	
		78	44			0.04	0.03	0.01	0.04
		446	2183		104	0.40	0.04	0.24	0.40
		35				0.01			
		3128	3754	337	1140	0.37	0.16	0.18	0.10
	9	-10	528	47	239	0.01	0.01	0.01	0.07
		3334	8158	1051	1675	1.85	0.28	1.53	0.05
	194	6705	26429	1489	6277	2.48	1.65	0.69	2.11
3	26	2320	4321	292	768	0.43	0.34	0.08	0.22
3201		-2605	2818	52	255	0.22	0.06	0.12	0.22
159		1962	2289	37	1131	0.22	0.16	0.05	0.22
	7	8	1662	243	559	0.80	0.33	0.47	0.78
	50	-709	3410	4	287	0.76	0.37	0.15	0.62
2046		1436	3675	38	122	0.39	0.14	0.25	0.14
6766	22	8405	3853	16	1178	0.66	0.41	0.11	0.63
668	33	584	10527	432	3439	1.03	0.79	0.24	0.92
297	96	-1544	1742		48	0.12	0.04	0.02	0.10
31		294	844	11	171	0.15	0.05	0.03	
		-263	2793	96	65	0.61	0.05	0.06	0.57
2718	2685	87	3322	53	780	0.06	0.03	0.03	0.04
2517	2517	693				0.07	0.07		0.03
		356	410	7	5	0.04	0.02	0.02	
		-99	225	8	66	0.05	0.03	0.02	
		-363	804	40	103	0.03	0.01	0.00	0.03
		231	1389	30	186	0.30	0.27	0.04	0.30

8 教育、科技、动漫及其他

2018年文化和旅游部门

	机构数（个）	从业人员（人）	双师型	专业技术人才	正高级职称	副高级职称	中级职称
总　计	**122**	**13037**	**2066**	**8373**	**366**	**1957**	**3719**
本科以上艺术学校	15	5731	1416	3468	226	855	1591
高等职业学院	87	6144	540	4258	120	1002	1882
中等专业学校	5	769	55	345	6	64	112
文化干部院校	15	393	55	302	14	36	134

续表 1

	在校生数（人）	影视类	戏剧戏曲类	音乐类	舞蹈类	美术设计类	杂技曲艺类	其他
总　计	**107424**	**4327**	**8136**	**19447**	**21319**	**15762**	**3186**	**35247**
本科以上艺术学校	50057	3144	2958	9835	8445	10743	351	14581
高等职业学院	49602	1136	4209	8681	11260	4651	2680	16985
中等专业学校	5533	47	534	491	889	227	31	3314
文化干部院校	2232		435	440	725	141	124	367

续表 2

	项目支出	经营支出	在支出合计中：				
			工资福利支出	商品和服务支出	差旅费	劳务费	福利费
总　计	**1366233**	**16984**	**1918731**	**1056732**	**40196**	**184030**	**21024**
本科以上艺术学校	644537	2798	836623	485043	16030	76318	11966
高等职业学院	603014	11443	925135	481959	20908	90674	8523
中等专业学校	96600	2743	110478	54241	2562	13161	352
文化干部院校	22082		46495	35489	696	3877	183

教育机构基本情况

毕业生数(人)	中职生人数	升学人数	就业人数	高职生人数	升学人数	就业人数	招生数(人)	中职生	高职生
27386	**10308**	**4255**	**3653**	**15014**	**1350**	**12359**	**36105**	**11342**	**16912**
12294	1753	1112	183	10010	698	8047	17277	2547	11120
12438	6689	2722	2338	4945	652	4253	16196	7225	5792
1816	1816	404	1099				2048	1367	
838	50	17	33	59		59	584	203	

在校生中高职生人数(人)	本年收入合计(千元)	财政补贴收入	上级补助收入	事业收入	经营收入	其他收入	本年支出合计(千元)	基本支出
52998	**4104467**	**3271221**	**14982**	**638371**	**19709**	**160184**	**4068439**	**2677030**
36413	1784951	1394818	3230	319060	4387	63456	1822064	1174729
16067	1907449	1595401	11560	200522	12526	87440	1873252	1251858
392	320380	193452		114959	2796	9173	280699	180102
126	91687	87550	192	3830		115	92424	70341

各种税金支出	对个人和家庭补助支出	抚恤金和生活补助	其他资本性支出	各种设备、交通工具、图书购置费	资产总计(千元)	固定资产原值	实际使用房屋建筑面积(万平方米)	教学用房面积	实际拥有产权面积(万平方米)
5935	**316171**	**16690**	**638793**	**188730**	**9384366**	**4835775**	**311.28**	**200.02**	**231.88**
1468	128631	6533	361064	108454	4030665	2149331	132.57	77.72	110.85
1245	166209	8616	238812	54029	4181212	2098309	150.07	99.17	104.48
3025	17274	631	33066	20795	1040018	532991	17.14	15.22	10.71
197	4057	910	5851	5452	132471	55144	11.50	7.91	5.84

2018年各地区文化和旅游

地区	机构数(个)	从业人员(人)						毕业生数(人)
			双师型	专业技术人才				
					正高级职称	副高级职称	中级职称	
总计	**122**	**13037**	**2066**	**8373**	**366**	**1957**	**3719**	**27386**
北京	2	511	75	360	21	55	166	458
天津	3	354	97	274	21	90	136	995
河北	4	526	120	426	17	92	189	1067
山西	19	1464	258	1062	15	269	459	2389
内蒙古	4	385	22	330	8	72	118	460
辽宁	4	198		157	6	30	84	232
吉林	1	6		3			2	
黑龙江	6	607	22	514	36	150	260	478
上海	1	71		31		4	14	3
江苏	13	757	48	654	27	141	272	982
浙江	7	1237	352	868	85	218	370	5909
安徽	4	140	4	50		9	30	222
福建	10	690	25	426	13	70	157	1063
江西	2	460	52	206	11	60	85	809
山东	3	304	27	245	5	58	145	633
河南	9	349	3	218	4	50	118	1043
湖北	6	688	167	386	19	87	148	1582
湖南	4	708	158	378	29	98	204	1431
广东	4	796	243	439	7	140	174	1175
广西	2	184	7	70	7	20	42	515
海南	1	154	7	95		22	45	197
重庆	2	538	157	271	5	41	126	1171
四川	3	1143	189	467	21	103	241	3011
贵州								
云南								
西藏								
陕西	3	130	3	101		16	38	151
甘肃								
青海	1	145		79	3	23	22	191
宁夏	2	220	24	167	3	20	40	1168
新疆	1	66	6	50		6	7	51

部门教育机构基本情况

中职生人数	升学人数	就业人数	高职生人数	升学人数	就业人数	招生数(人)	中职生	高职生	在校生人数(人)
10308	**4255**	**3653**	**15014**	**1350**	**12359**	**36105**	**11342**	**16912**	**107424**
304	217	87	154	6	145	491	312	179	2038
121	20	101	874	29	829	1077	88	989	3214
305	139	79	762	63	513	1476	246	1173	4475
1028	223	428	828	160	662	3475	1974	1050	10203
306	151	133				475	140		1491
232	176	56				369	369		1391
89	39	36	387	290	60	753	216	517	1671
3	1	2				22	22		78
449	95	352	379	93	285	1465	760	295	6133
800	630	151	4749	537	4164	7423	500	5874	21524
125	2	28	5	5		161	78		689
389	84	100	674		21	1890	284		4757
182	129	44	627		596	1270	450	820	3424
633	108	151				1069	1069		3046
600	16	27				2042	603		4442
765	381	204	817	9	768	1469	647	822	5145
343	114	122	1088		938	1995	523		7060
477	137	138	698	21	663	1545	563	957	4872
380	217	163				513	350		1309
197	109	71				234	234		749
308	190	29	863	23	829	2062	432	1630	5821
1154	529	625	1857	114	1634	3080	393	2006	8956
151	81	62				195	135		545
						196	196		665
916	434	446	252		252	1224	624	600	3102
51	33	18				134	134		624

续表 1

地区								在校生中高职生人数(人)
	影视类	戏剧戏曲类	音乐类	舞蹈类	美术设计类	杂技曲艺类	其他	
总　计	**4327**	**8136**	**19447**	**21319**	**15762**	**3186**	**35247**	**52998**
北　京	140	521	264	588	188	185	152	426
天　津	11	211	443	278	1009	124	1138	1741
河　北	162	314	670	1001	542	280	1506	3088
山　西	586	1301	2567	3184	1014	130	1421	3049
内蒙古	30	49	674	427	216		95	
辽　宁	144	149	336	690	24	48		
吉　林								
黑龙江	50	100	429	461	266	49	316	1621
上　海						78		
江　苏	124	707	1360	1418	1567	148	809	2103
浙　江	450	672	4071	1449	1064	15	13803	15325
安　徽			70	322	50		247	
福　建	169	330	938	1021	1177	101	1021	2815
江　西	89	205	537	1373	788	24	408	2143
山　东	116	573	488	1104	318		447	
河　南	60	865	770	528	52	1682	485	
湖　北	568	542	1154	1476	581	30	794	2607
湖　南	929	483	683	959	838		3168	4287
广　东	122	341	1288	1241	687		1193	2468
广　西		101	310	543	123	161	71	
海　南	71	119	168	261	130			
重　庆	138	149	682	620	935	31	3266	4664
四　川	301	201	697	988	3477	69	3223	5792
贵　州								
云　南								
西　藏								
陕　西		144	147	115	90		49	
甘　肃								
青　海			121	356	44		144	
宁　夏	67	59	412	532	510	31	1491	869
新　疆			168	384	72			

本年收入合计（千元）	财政补贴收入	上级补助收入	事业收入	经营收入	附属单位上缴收入	其他收入	本年支出合计（千元）	基本支出
4104467	**3271221**	**14982**	**638371**	**19709**		**160184**	**4068439**	**2677030**
235139	207752		21075	4287		2025	212506	172171
101658	97880	100	2026			1652	122241	109182
145204	112482	7321	25364			37	139717	106708
315103	273283	330	30762	2009		8719	288498	209860
75479	73477		1676			326	76958	54458
46065	40843		5222				45366	36152
656	645					11	657	650
86447	75581		10861			5	86351	75082
29364	13466	100	388			15410	30588	9439
321859	292272		16714	1368		11505	312408	196330
877527	650708		181147	18		45654	883839	588737
8155	5627	12	1764			752	8779	7274
187294	145694	811	18271	8151		14367	190962	112834
66668	49418		15100			2150	64961	42389
72971	62185		8863			1923	73110	59668
60646	57406	484	1005	408		1343	61308	57254
173505	145156	105	25583			2661	174058	122679
355641	282488	766	52237			20150	363558	107106
273566	229279	4773	37913	672		929	288305	214970
38103	36165	180	1304			454	40129	13854
59977	58828		237			912	59938	28755
139704	75006		57323			7375	121888	80112
181331	117395		51265	2526		10145	186177	115534
21398	19488		1035			875	21297	19067
33270	27572		2800			2898	42960	23320
82022	66952		13056	270		1744	54944	29366
27231	21462					5769	27543	12486

续表 2

地　区	项目支出	经营支出	在支出合计中：					
			工资福利支　出	商品和服务支出	差旅费	劳务费	福利费	各种税金支　出
总　计	**1366233**	**16984**	**1918731**	**1056732**	**40196**	**184030**	**21024**	**5935**
北　京	36744	3591	124211	62028	1242	10647	1412	169
天　津	13058		79128	30058	341	4644	500	357
河　北	33009		70044	43908	2031	5042	62	722
山　西	77954	683	162818	63294	4295	9451	2213	212
内蒙古	22500		42584	20727	1088	2796	251	
辽　宁	9213		29695	8043	166	2229	10	
吉　林	7		567	7				
黑龙江	11269		53120	13283	707	3714	1	
上　海	17197		8505	18637	265	1100	125	
江　苏	114710	1368	159259	74426	3170	14139	517	370
浙　江	295083	18	392284	287498	10211	53598	12688	12
安　徽	850		6200	1394	60	10		
福　建	70599	7501	83336	39299	517	4868	120	28
江　西	22572		45136	10296	1135	813	380	
山　东	13442		38410	22836	296	1639		
河　南	3646	408	38095	10716	1134	2041	387	2
湖　北	50727		77810	66038	2192	22758	738	582
湖　南	255965		74982	46536	1555	4196	272	54
广　东	72663	672	141759	57594	2162	6984	1023	212
广　西	26275		18511	16261	531	1195		55
海　南	30024		20717	18101	1065	6818		26
重　庆	41776		53924	34989	1326	1854	157	1134
四　川	68117	2526	93660	62074	3257	9448	114	88
贵　州								
云　南								
西　藏								
陕　西	2230		15422	5048	36	1929		
甘　肃								
青　海	19640		20335	4488	182	222		5
宁　夏	24107	217	26423	19133	991	3014		95
新　疆	15056		9444	12002	56	2860	54	

对个人和家庭补助支出	抚恤金和生活补助	其他资本性支出	各种设备购置费	资产总计(千元)	固定资产原值	实际使用房屋建筑面积(万平方米)	教学用房面积	实际拥有产权面积(万平方米)
316171	**16690**	**638793**	**188730**	**9384366**	**4835775**	**311.28**	**200.02**	**231.88**
8747	5	13929	12891	508234	351298	9.94	3.85	5.34
9895	811	3160	3109	506461	382840	7.31	4.10	4.05
16634	3095	9130	5148	197392	157440	6.49	4.38	6.32
23028	1510	19098	9203	342847	254709	20.27	12.54	10.41
8743	362	1710	96	125916	69476	6.31	4.27	2.64
892		3571	195	86378	81930	3.87	1.94	1.62
77		5		184	162	0.01	0.01	
19528	454	416	316	60430	57614	4.53	3.87	3.04
2607		839	716	79398	30387	0.58	0.26	0.58
21026	1624	56069	12304	657604	195263	22.78	16.27	9.54
44447	4135	159586	88938	1719062	1059376	91.88	52.65	83.05
688	11	496	36	15271	9267	1.92	1.21	1.11
9792	75	43903	46	461710	360154	9.79	4.68	10.80
5991	135	3537	2035	68353	43019	4.33	2.93	3.71
8306	36	3558	1853	73174	65139	5.32	3.36	4.42
3578	347	4468	532	57977	50408	12.95	7.45	2.41
14759	519	13048	7556	526118	382349	16.83	14.03	10.44
12407	373	223984	10747	1491407	103856	9.39	8.35	9.12
62116	442	26144	7030	336566	201744	15.63	8.95	13.04
3230	432	1980	1980	109333	85659	3.07	2.94	2.25
461	222	20659	2627	282301	75396	7.57	7.57	7.57
9833	183	10298	3874	399861	399861	9.12	4.51	8.77
11468	1089	624	446	569640	192065	24.93	17.57	18.70
613	39	213	21	44107	39954	3.33	1.97	3.39
3323	204	236	236	56574	56574	2.10	2.07	1.18
2291	138	4601	3264	394604	100482	7.33	5.17	4.69
6097	1			47554	13471	0.87	0.83	0.87

2018年艺术科研

	机构数(个)	从业人员(人)	专业技术人才	正高级职称	副高级职称	中级职称
总　计	**227**	**5195**	**4158**	**448**	**902**	**1801**
按行业分类:						
文化科技研究	74	1851	1490	117	274	710
综合性艺术研究	105	2497	2039	295	538	821
地方戏艺术研究	37	489	395	29	60	164
其他科研机构	11	358	234	7	30	106
按经费来源分类:						
科研经费	15	1010	771	116	229	323
文化经费	204	3666	2949	301	595	1210
其他经费	8	519	438	31	78	268
按隶属关系分类:						
中央	2	715	545	98	182	227
省级	34	1165	952	124	236	376
地级	142	2716	2332	224	461	1053
县级	49	599	329	2	23	145

续表 1

	所办刊物(种)	申请专利数(个)	论文及资料		本年收入合计(千元)	财政补贴收入
			专著数(册)	论文数(省级及以上刊物公开发表)(篇)		
总　计	**64**	**4**	**116**	**1316**	**1844658**	**1639269**
按行业分类:						
文化科技研究	21	2	21	243	456146	346301
综合性艺术研究	31	2	89	1055	1213208	1139101
地方戏艺术研究	11		6	16	118691	110169
其他科研机构	1			2	56613	43698
按经费来源分类:						
科研经费	3	2	43	644	893736	771554
文化经费	60	2	73	668	904339	839154
其他经费	1			4	46583	28561
按隶属关系分类:						
中央		2	42	595	817822	704902
省级	27	2	44	518	348580	294837
地级	33		22	200	631160	596775
县级	4		8	3	47096	42755

机构基本情况

本年完成科研项目（个）	国家级	省级	文化科研项目	本年度科研项目获奖情况（个）	获国家级奖	获省部级奖	本单位拥有知识产权数量（个）	主导技术标准数量（个）
241	**43**	**73**	**101**	**87**	**9**	**77**	**50**	**12**
63	7	21	34	16	2	13	15	12
163	33	48	59	59	4	55	35	
13	3	3	7	11	3	8		
2		1	1	1		1		
37	8	14	15				15	12
203	35	59	85	87	9	77	35	
1			1					
25	7	4	14				13	12
113	22	52	39	25	1	24	3	
102	14	17	47	61	8	52	34	
1			1	1		1		

上级补助收入	事业收入	经营收入	附属单位上缴收入	其他收入	本年支出合计（千元）	基本支出	项目支出	经营支出
11353	**89165**	**20298**	**1**	**84572**	**1813636**	**893256**	**823219**	**40032**
3271	27569	12836	1	66168	474071	271035	164828	36903
3148	48980	5202		16777	1163418	513676	595077	2233
4594	2191	443		1294	119155	63151	54854	113
340	10425	1817		333	56992	45394	8460	783
123	67767	1469		52823	844227	248203	594400	1296
11190	21398	7462	1	25134	904908	616341	228638	3129
40		11367		6615	64501	28712	181	35607
	63047			49873	755262	200686	554576	
1193	15805	18038		18707	369467	239360	90970	39136
9080	9313		1	15991	641742	417366	169560	
1080	1000	2260		1	47165	35844	8113	896

续表 2

	在支出合计中：						
	工资福利支出	商品和服务支出					对个人和家庭补助支出
			差旅费	劳务费	福利费	各种税金支出	
总计	**598063**	**536175**	**22174**	**79350**	**6161**	**2205**	**167419**
按行业分类：							
文化科技研究	168232	184046	5128	24592	1205	1497	44391
综合性艺术研究	342300	300817	12854	39796	4331	393	112436
地方戏艺术研究	52622	37108	3564	12227	478	41	7304
其他科研机构	34909	14204	628	2735	147	274	3288
按经费来源分类：							
科研经费	148507	235041	6757	34036	3295	246	49171
文化经费	425912	271421	14440	43593	2795	750	108404
其他经费	23644	29713	977	1721	71	1209	9844
按隶属关系分类：							
中央	111750	214021	5955	26295	2700	222	43114
省级	170935	126771	6860	16671	1404	1748	44492
地级	288792	182442	8513	30311	1970	234	76799
县级	26586	12941	846	6073	87	1	3014

抚恤金和生活补助	其他资本性支出	各种设备购置费	资产总计（千元）	固定资产原值	实际使用房屋建筑面积（万平方米）	科研房屋面积	实际拥有产权面积（万平方米）
13233	**59583**	**22854**	**2317195**	**956206**	**25.21**	**5.24**	**20.61**
3128	30941	14186	561515	193313	4.91	1.17	4.26
8524	20206	5596	1639514	677325	18.04	3.04	14.74
1063	8435	3072	79436	56723	1.43	0.72	1.22
518	1		36730	28845	0.84	0.32	0.40
2923	46698	16112	1532631	621844	11.54	1.08	11.18
9586	11992	5849	625469	277977	12.31	4.17	6.64
724	893	893	159095	56385	1.37	0.00	2.79
2369	26565	16071	1499161	598704	10.95	0.78	10.80
4258	5153	2903	371760	183222	6.75	3.45	5.39
5866	27798	3868	423301	152637	6.70	0.68	4.13
740	67	12	22973	21643	0.82	0.33	0.30

2018年各地区艺术

地区	机构数（个）	从业人员（人）	专业技术人才	正高级职称	副高级职称	中级职称	本年完成科研项目（个）
总计	227	5195	4158	448	902	1801	241
北京							
天津	1	21	17	3	4	5	1
河北	12	164	156	11	26	57	3
山西	35	1415	1041	61	186	499	10
内蒙古	10	124	106	12	25	47	
辽宁	8	100	88	10	16	44	1
吉林	7	209	190	57	61	46	7
黑龙江	3	85	72	14	20	24	5
上海	2	40	31	1	11	19	
江苏	7	93	76	14	20	28	35
浙江	7	151	101	23	12	30	6
安徽	11	143	105	6	17	45	1
福建	10	134	112	9	30	45	10
江西	14	293	284	10	44	155	4
山东	7	151	130	13	28	65	13
河南	17	171	151	13	30	56	10
湖北	11	138	108	19	25	39	6
湖南	8	96	72	9	16	37	10
广东	7	99	64	7	17	34	6
广西	9	167	150	13	36	70	15
海南	1	8	3	2		1	
重庆	1	37	30	2	9	13	12
四川	6	207	164	12	31	69	20
贵州	3	28	25	3	4	11	7
云南	11	98	89	8	16	35	5
西藏	1	18	5		2	3	
陕西	8	101	80	3	16	33	21
甘肃	3	90	81	6	4	31	3
青海	1	15	10	1	3	4	
宁夏	2	28	25	5	5	9	
新疆	2	56	47	3	6	20	5

科研机构基本情况

国家级	省级	文化科研项目	本年度科研项目获奖情况(个)	获国家级奖	获省部级奖	本单位拥有知识产权数量(个)	主导技术标准数量(个)
43	**73**	**101**	**87**	**9**	**77**	**50**	**12**
	1						
	1	2	1		1		
1	7	2	1		1		
		1	6		6		
1	6					2	
1	4		7		7		
6	3	10	3		3	34	
	2	4					
	1		1		1		
5	3	2	2	1	1		
1	3		14		13		
	6	7	17	3	14		
	1	8	4		4		
2	2	2	5		5		
1	1	8	11	3	8	1	
3	3		2	2			
1	3	11	4		4		
6	6						
1	5	14					
1	4	2					
1	1	3					
1	5	8	9		9		
1	1	1					
3		2					

续表 1

地　区	所办刊物(种)	申　请专利数(个)	论文及资料 专著数(册)	论文数(省级及以上刊物公开发表)(篇)	本年收入合　计(千元)	财政补贴收　入	上级补助收　入
总　计	**64**	**4**	**116**	**1316**	**1844658**	**1639269**	**11353**
北　京							
天　津					7908	7853	50
河　北	3		1	42	33779	32958	
山　西	8		1	54	138136	123087	371
内蒙古	3		1	36	29539	28742	560
辽　宁			2	7	16536	16536	
吉　林	1		1	24	115848	114243	
黑龙江	1			52	17686	17684	
上　海	1		5	23	19524	12747	
江　苏	2		2	48	35954	33311	220
浙　江	6		7	21	74424	48178	2195
安　徽	2		1	4	30136	24848	1853
福　建	4		5	30	34068	32011	575
江　西	2			7	47695	47680	
山　东	1		4	30	47720	46177	
河　南	5		11	37	37479	35410	20
湖　北	3		1	40	32341	31636	214
湖　南	2		5	25	32000	30149	782
广　东	1		6	43	50449	48974	938
广　西	5		4	50	63356	59350	3354
海　南					3956	3956	
重　庆	1		2	20	17870	14396	
四　川	3	2	8	6	55051	42087	
贵　州	1		1	21	5058	4873	
云　南	3		2	2	18836	16962	41
西　藏					4450	4450	
陕　西	3		3	55	17212	16912	
甘　肃	1			25	13365	13044	180
青　海	1			10	7399	7399	
宁　夏	1		1	6	6705	6555	
新　疆				3	12356	12159	

事业收入	经营收入	附属单位上缴收入	其他收入	本年支出合计(千元)	基本支出	项目支出	经营支出
89165	**20298**	**1**	**84572**	**1813636**	**893256**	**823219**	**40032**
			5	7615	5973	1642	
			821	32327	30130	2196	
	2869		11809	141081	100917	34647	1796
			237	31080	19247	11833	
				16557	15141	1416	
24	20		1561	112393	48610	13762	20
			2	17713	16898	815	
5736			1041	18302	14268	4034	
1653	417		353	32712	28549	3759	283
3929	11367		8755	88825	35558	17660	35607
2982	443		10	28862	22774	5975	113
178			1304	35541	24249	11292	
			15	45492	35785	6935	
			1543	60391	34378	26013	
			2049	35458	30647	4792	
487			4	33845	29058	4716	
974	31		64	32097	19250	12581	31
			537	51903	37491	14412	
111		1	540	65118	28728	36333	
				3956	2148	1808	
2605			869	21729	7903	13826	
7327	5151		486	54379	36564	15633	2182
			185	5928	3982	1946	
112			1721	18718	15680	3038	
				4463	4101	362	
			300	16982	13425	3443	
			141	12630	11690	940	
				12014	4648	7366	
			150	6733	5755	961	
			197	13530	9023	4507	

续表 2

地　区	在支出合计中：						
	工资福利支　出	商品和服务支出	差旅费	劳务费	福利费	各种税金支　出	对个人和家庭补助支　出
总　计	**598063**	**536175**	**22174**	**79350**	**6161**	**2205**	**167419**
北　京							
天　津	4707	2381	22	231	65		474
河　北	21193	4837	283	891	232		5885
山　西	64317	32321	1751	6335	511	24	12806
内 蒙 古	15606	7028	1038	2243	84		4148
辽　宁	11819	2318	230	6	7		1901
吉　林	20967	64301	381	2031	1	1	25512
黑 龙 江	12622	1518	204	193	9		3549
上　海	8090	8983	82	724	85	171	1140
江　苏	20538	7016	396	690	53	41	3853
浙　江	31863	45166	1276	5360	606	1209	4881
安　徽	16787	4351	194	423	119		4659
福　建	19641	8573	649	2319	174		2632
江　西	26531	2913	400	235	156	59	4171
山　东	27355	13630	416	6323			3557
河　南	22600	5721	487	742	197	23	5399
湖　北	21153	6896	153	639	101	2	4746
湖　南	11900	11616	837	5414	124	75	2289
广　东	17621	9095	400	681	172	14	17494
广　西	25588	23702	3273	7913	49		2657
海　南	1981	167					
重　庆	7156	13877	1098	2293	14	36	285
四　川	27493	18913	986	4732	240	256	4829
贵　州	3200	2257	281	415		19	340
云　南	13339	3479	347	468	18	1	672
西　藏	3672	77	9				
陕　西	11188	4614	196	753	51	4	941
甘　肃	5698	1558	94	71	186	21	3544
青　海	3242	7641	52	165			1131
宁　夏	1024	1466	181	369			453
新　疆	7422	5739	503	396	207	27	357

抚恤金和生活补助	其他资本性支出	各种设备购置费	资产总计(千元)	固定资产原值	实际使用房屋建筑面积(万平方米)	科研房屋面积	实际拥有产权面积(万平方米)
13233	**59583**	**22854**	**2317195**	**956206**	**25.21**	**5.24**	**20.61**
	52	52	4031	905	0.13	0.11	
436	76	7	13699	5783	0.29	0.16	
1026	439	8	117659	71111	3.76	0.82	3.22
230	2559	239	11555	8938	0.48		0.33
442	90	52	6782	4142	0.15	0.02	
1065	678	59	25337	13427	0.53	0.22	0.50
107	24	20	5893	5283	0.14		0.13
72	88	88	7775	3902	0.29	0.25	
362	126	46	13389	3784	0.33	0.02	0.04
868	2041	1428	318339	55287	0.92	0.09	2.79
300	41	41	7390	3472	0.33	0.07	0.27
406	4232	61	31549	13988	0.24	0.13	
590	655	583	13444	5167	0.67	0.14	0.28
343	15618	271	15175	12463	0.34	0.01	0.05
842	577	67	19757	14557	0.36	0.26	
45	170	170	13182	7281	0.56	0.17	0.23
218	143	18	12181	5950	0.27	0.00	0.24
13	322	42	12166	6674	0.38	0.01	0.08
895	3824	2632	16560	11029	0.13	0.00	
	18	18	1214	1029			
	411	411	40938	29636	1.55	1.55	
1757	295	113	45574	31869	0.61	0.09	0.44
3	46	25	2030	83	0.01	0.01	0.01
395	369	320	16372	9856	0.02		0.05
			920	920	0.27		
127	112		15033	9312	0.86	0.35	0.82
322			11234	11234	0.34		0.34
			6077	1049			
			3760	1702	0.07	0.00	0.02
	12	12	9019	7669	0.26		

2018年全国认定动漫

	机构数(个)	从业人员(人)		资产、负债、所有者权益(千元)			
			具有大专以上学历人员	资产总计	固定资产原值	当年提取的折旧总额	负债合计
总　计	**531**	**22378**	**18432**	**23050627**	**2881092**	**421927**	**8665833**
按城乡分:							
城市	513	21882	17953	22195830	2803034	404867	8220248
县城	17	496	479	854797	78058	17060	445585
县以下	1						
按登记注册类型分:							
内资企业	524	22055	18147	22412146	2606844	420974	8506728
港澳台商投资企业	3	273	236	623463	268160	685	151248
外商投资企业	4	50	49	15018	6088	268	7857
按部门分:							
文化部门	196	6686	5917	6716842	678709	120103	2259575
其他部门	335	15692	12515	16333785	2202383	301824	6406258
按机构类型分:							
漫画创作企业	48	1259	1147	1477581	80459	7864	351309
动画创作、制作企业	384	16409	13116	16620024	2084550	283940	6129654
网络动漫(含手机动漫)创作制作企业	31	1240	1091	1348465	39901	10132	453883
动漫舞台剧(节)目创作演出企业	4	100	78	23458	4711	571	42809
动漫软件开发企业	36	1868	1731	2699245	563982	97861	1345309
动漫衍生产品研发设计企业	28	1502	1269	881854	107489	21559	342869

企业基本情况

			损益(千元)						
所有者权益合计	实收资本(股本)	国家资本金	营业总收入	主营业务收入	自主开发生产动漫产品收入	营业总成本	养老、失业等保险费	住房公积金和住房补贴	差旅费
14384794	**7639871**	**1114049**	**10025780**	**9731773**	**6786243**	**9424748**	**254830**	**74462**	**115888**
13975582	7477187	1084049	9458498	9168703	6444406	8905063	248396	69084	113795
409212	162684	30000	567282	563070	341837	519685	6434	5378	2093
13905418	7347820	1114049	9953158	9664051	6775961	9336197	251880	73844	114835
472215	287051		55493	55493		77081	2526	554	1006
7161	5000		17129	12229	10282	11470	424	64	47
4457267	2491876	543169	2442683	2390766	1301063	2236174	70515	18039	26986
9927527	5147995	570880	7583097	7341007	5485180	7188574	184315	56423	88902
1126272	562291	88000	713226	698226	427074	601589	16825	5837	5625
10490370	5381481	266629	6786199	6600187	4555665	6109265	172371	47983	81441
894582	302125	10000	575142	529897	339351	859899	19964	5424	4965
-19351	10433		13452	13452		22725	552	58	224
1353936	1212995	746120	1083526	1061550	913123	1109483	31706	10961	16314
538985	170546	3300	854235	828461	551030	721787	13412	4199	7319

续表

	工会经费	动漫产品研究开发经费	营业利润	营业外收入	政府补助(补贴收入)	营业外支出	利润总额
总　　计	**15700**	**1082785**	**601032**	**271202**	**213433**	**32452**	**839782**
按城乡分：							
城市	15181	1023458	553435	250571	193683	29368	774638
县城	519	59327	47597	20631	19750	3084	65144
县以下							
按登记注册类型分：							
内资企业	15700	1079032	616961	262975	205548	32123	847813
港澳台商投资企业		2550	-21588	7714	7697	2	-13876
外商投资企业		1203	5659	513	188	327	5845
按部门分：							
文化部门	3686	291008	206509	75866	61543	11129	271246
其他部门	12014	791777	394523	195336	151890	21323	568536
按机构类型分：							
漫画创作企业	1061	57552	111637	11281	8540	2528	120390
动画创作、制作企业	10234	681229	676934	205137	161757	15196	866875
网络动漫(含手机动漫)创作制作企业	1311	61416	-284757	15426	13086	5120	-274451
动漫舞台剧(节)目创作演出企业	80	1887	-9273	34	24	145	-9384
动漫软件开发企业	2011	155760	-25957	27083	21775	5601	-4475
动漫衍生产品研发设计企业	1003	124941	132448	12241	8251	3862	140827

工资、福利费、税金(千元)			经营面积(万平方米)	本单位拥有知识产权数量(个)		原创漫画作品(部)	原创动画作品(部)	网络动漫(含手机动漫)下载次数(次)	动漫舞台剧演出场次(次)
本年发放工资总额	本年支付的职工福利费	本年应缴税金总额			自主知识产权动漫软件				
2162465	**72079**	**503973**	**59.77**	**53715**	**10160**	**65549**	**5617**	**106139588953**	**2584**
2064595	66435	484610	58.63	50438	9925	65503	5600	106139433372	2579
97870	5644	19363	1.13	3277	235	46	17	155581	5
2128289	70026	493899	59.20	53517	10084	65477	5493	106139588865	2010
30813	2041	9792	0.51	183	76	68	75	88	534
3363	12	282	0.07	15		4	49		40
492181	18053	115543	16.34	15530	3705	52251	1218	31353423687	1079
1670284	54026	388430	43.43	38185	6455	13298	4399	74786165266	1505
94679	5145	38708	2.77	6607	1769	1453	91	3932953056	
1576478	45790	355564	47.23	37046	6877	5971	4900	89073894950	1987
133425	4188	23902	1.75	1227	653	54794	191	11341199077	10
7956	238	1268	0.15	157	50	68	72	88	534
235454	12331	45384	4.39	1214	540	3115	186	71640550	
114473	4387	39147	3.48	7464	271	148	177	1719901232	53

2018年各地区认定

地区	机构数（个）	从业人员（人）	具有大专以上学历人员	资产、负债、所有者权益（千元）				
				资产总计	固定资产原值	当年提取的折旧总额	负债合计	所有者权益合计
总　计	**531**	**22378**	**18432**	**23050627**	**2881092**	**421927**	**8665833**	**14384794**
北　京	67	1390	1210	1134784	41051	4806	330522	804262
天　津	13	373	308	408226	109005	8787	117944	290282
河　北	11	284	209	196241	13501	2636	62192	134049
山　西	18	136	113	171375	3360	933	58383	112992
内蒙古	6	90	72	220786	5813	1213	52288	168498
辽　宁	13	380	295	235545	23101	4331	88018	147527
吉　林	9	215	204	729521	108703	38444	638560	90961
黑龙江	11	432	402	248063	57495	6875	118287	129776
上　海	26	1307	1024	1391248	209254	83821	510700	880548
江　苏	77	1213	1072	1197031	256824	16667	578625	618406
浙　江	18	981	815	1722585	64042	10383	615523	1107062
安　徽	21	1522	1432	767810	79174	8544	251798	516012
福　建	33	1649	1518	2695639	365206	66863	1474691	1220948
江　西	16	463	412	272892	74709	3174	108146	164746
山　东	13	587	526	270546	28059	5555	105367	165179
河　南	5	200	189	231748	34224	7861	23732	208016
湖　北	11	1308	1204	1400612	88321	13131	310734	1089878
湖　南	29	1201	1125	1192990	82544	15554	545724	647266
广　东	68	7349	5168	7286024	937497	66190	2303845	4982179
广　西	9	229	212	122629	11844	1172	12710	109919
海　南	1	19	19	37298	737	185	-313	37611
重　庆	5	171	142	180605	19179	1065	52368	128237
四　川	5	202	164	117621	18602	6845	77403	40218
贵　州	4	21	16	14631	5294	1360	5484	9147
云　南	9	25	23	11352	5475	258	3689	7663
西　藏	2	6	5	11651	363	60	1848	9803
陕　西	9	59	55	24967	4345	565	1795	23172
甘　肃	7	165	136	209213	20249	1687	134759	74454
青　海	1	6	6	1499	1238		31	1468
宁　夏	5	109	108	111975	46850	4664	36916	75059
新　疆	8	232	194	116232	11342	1575	35521	80711

动漫企业基本情况

		损益(千元)						
实收资本(股本)	国家资本金	营业总收入	主营业务收入	自主开发生产动漫产品收入	营业总成本	养老、失业等保险费	住房公积金和住房补贴	差旅费
7639871	**1114049**	**10025780**	**9731773**	**6786243**	**9424748**	**254830**	**74462**	**115888**
303777	41000	430186	394060	240513	693089	34467	10728	5926
188641		110143	110143	79092	84114	3162	830	1177
51023		49064	49015	13812	36210	3113	539	272
93477		10959	9727	2242	16997	308	21	294
158272		13112	12112	2235	13706	458	126	374
154690		54576	54435	37570	71621	4579	1271	1563
232200	31800	42787	42006	4507	62529	2991	780	386
106582	5636	120179	118847	64421	129304	4470	436	1147
493976	144777	715135	703511	490541	704630	39078	10453	5435
610265	3000	268267	260661	162719	301428	9256	3448	3916
289288		336477	333902	276116	333348	16022	5248	3180
208140	10000	433852	422553	165608	412416	8052	1380	3024
1058176	414300	1488016	1485638	1314607	1322263	21552	9501	12608
99574	3000	245446	237764	37184	206349	1573	1151	2030
89818	7918	200965	196352	70723	189756	7477	894	3523
106219	3000	113326	111848	87043	104249	1677	407	316
373845	33660	651226	614525	473101	584905	8251	1596	5848
243653	68000	816292	805874	524071	731395	10455	5978	6102
2000164		3563509	3409846	2546567	3069908	65863	17210	53067
85920		22899	21521	14246	27805	1332	187	1215
10000		5578	5578		10733	206	75	97
61800	14950	90363	89529	62788	73235	2049	679	341
27422		118317	118317	75847	92872	2904	140	1190
6229		2275	2173	829	2376	127	25	69
5000		4447	4434	13	5610	270	35	40
600		4310	4308		860	27		
22000		26438	26345	12244	25576	214	53	232
79400		4162	3395	1976	3455	326	11	89
1468	1468	1384	1384		2303	215	76	9
74046	2000	13028	12908	3393	20513	1065	321	1088
74666		44908	44908	22235	55682	1192	46	1258

续表

地区	工会经费	动漫产品研究开发经费	营业利润	营业外收入	政府补助(补贴收入)	营业外支出	利润总额
总计	**15700**	**1082785**	**601032**	**271202**	**213433**	**32452**	**839782**
北京	1446	55474	-262903	9238	4830	3509	-257174
天津	253	12986	26029	1503	955	760	26772
河北	33	2959	12854	3181	3064	10	16025
山西	116	909	-6038	1154	1148	615	-5499
内蒙古	129	200	-594	854		726	-466
辽宁	191	23948	-17045	2360	1713	1628	-16313
吉林	130	2008	-19742	1342	770	2390	-20790
黑龙江	232	7882	-9125	9264	2881	71	68
上海	2777	82922	10505	23902	21959	1941	32466
江苏	306	37462	-33161	26725	11876	2543	-8979
浙江	602	60174	3129	21016	19477	279	23866
安徽	115	56327	21436	16020	14798	1815	35641
福建	2932	132219	165753	20260	15195	6339	179674
江西	249	12353	39097	2339	692	1903	39533
山东		21423	11209	9156	7679	338	20027
河南	9	11007	9077	6690	5908	96	15671
湖北	1866	42577	66321	10267	10050	684	75904
湖南	560	103504	84897	10193	9005	1170	93920
广东	2610	370306	493601	65293	58084	3651	555243
广西	111	5736	-4906	6210	6131	142	1162
海南	72		-5155	6288	6142		1133
重庆	132	16616	17128	2404	1534	35	19497
四川	20	3118	25445	559	540	14	25990
贵州	40	175	-101	35		36	-102
云南		846	-1163	3166	3165	78	1925
西藏			3450				3450
陕西	1	10499	862	4517			5379
甘肃	16	699	707	125	116	37	795
青海	16		-919				-919
宁夏	531	4573	-7485	3539	3537	4	-3950
新疆	67	3883	-10774	3592	2184	796	-7978

工资、福利费、税金(千元)			经营面积(万平方米)	本单位拥有知识产权数量(个)		原创漫画作品(部)	原创动画作品(部)	网络动漫(含手机动漫)下载次数(次)	动漫舞台剧演出场次(次)
本年发放工资总额	本年支付的职工福利费	本年应缴税金总额			自主知识产权动漫软件				
2162465	**72079**	**503973**	**59.77**	**53715**	**10160**	**65549**	**5617**	**106139588953**	**2584**
169240	6678	22657	1.42	2464	394	54790	322	5749721353	33
20530	284	8452	0.89	277	71	111	21	5269282000	2
19234	135	1964	0.56	140	4	48	12	10600000000	350
5269	754	455	0.48	70	2	40	9	20000	
3353	103	576	0.26	19	8	4	2	308436	10
18727	462	2371	0.96	1559	1381	14	38	20000000	1
8011	230	1255	1.35	216	18	130	48	1924224984	1
21214	503	3669	2.30	137	22	452	763	13136967	8
202030	3627	37522	3.35	3790	718	349	124	3182100001	121
100569	1729	13081	9.66	8745	477	116	179	38026511	189
88739	3371	20532	2.11	1175	226	283	115	10001052707	22
111286	3003	22922	4.57	483	166	82	271	5326074	62
196339	10740	47668	3.28	8172	2529	4317	140	378272046	41
18181	2454	6312	1.42	108	86	5	10	16879880	5
43895	1710	12786	1.53	248	111	45	144	54200	135
15056	684	3073	0.40	526	149	505	14	500000	
92406	4820	31640	2.96	6635	160	23	98	58130480000	25
127882	6463	26642	1.84	4176	1826	564	430	2299027527	349
830031	21400	221958	14.50	13137	1472	3538	2646	8019537593	1226
8203	474	920	0.51	186	77	45	37	490058000	
3709	437	577	0.21	109	109				
10976	101	1776	0.34	335	36	1	8	123	
10970	350	5341	0.51	176	9		58		
623	75	96	0.06	10	3	2	2		1
2357	69	268	0.04	51	28	30	30	80550	
419		150							
4558	27	4490	0.13	367	9		21		
1582	28	326	2.04	144	24	49	53	1500001	1
900			0.08						
4707	271	364	0.63	152	24		10		2
9320	364	2528	0.92	86	21	6	12		

2018年文化和旅游行政

	机构数(个)	从业人员(人)	事业编制人员	本年收入合计(千元)	财政补贴收入	文化类经费	在文化类经费中		
							行政运行	一般行政管理事务	文化活动等经费
总　计	**3253**	**83225**	**33215**	**66381377**	**63170435**	**40865068**	**9397536**	**2536965**	**16432741**
中央	1	1329	1018	2036929	1713948	893101	92559	1939	66576
省区市	31	2518	198	6081456	5803794	3641533	625537	107080	1910767
地市	337	12837	1873	14128722	13347166	8756659	2410486	502845	3503420
县市区	2884	66541	30126	44134270	42305527	27573775	6268954	1925101	10951978

续表 1

	其他资本性支出	各种设备购置费	资产总计(千元)	固定资产原价	实际使用房屋建筑面积(万平方米)	实际拥有产权面积(万平方米)	国家级项目	保护单位	省级项目
总　计	**8129263**	**1391479**	**80733225**	**41896800**	**758.91**	**561.76**	**1372**		**11445**
中央	83512	2955	4543652	2731402	19.94		1372		
省区市	851848	297266	7348536	2896131	66.92	57.90	2440	2395	11445
地市	986168	154978	17673316	8161228	136.06	116.34	1462	1246	7665
县市区	6207735	936280	51167721	28108039	535.99	387.53	1719	1444	8534

主管部门基本情况

本年支出合计（千元）	基本支出	项目支出	在支出合计中：							
			工资福利支出	商品和服务支出	差旅费	劳务费	福利费	税金支出	对个人和家庭补助支出	抚恤金和生活补助
65553182	**17658473**	**44836312**	**9312169**	**23972854**	**488572**	**1368846**	**112802**	**25564**	**2478252**	**386030**
1769210	385264	1383945	146994	701019	21747	21137		1808	152123	3307
6065090	823833	5239365	552117	2391692	52238	42015	3588	440	137225	15940
13537342	3616073	9388174	2018095	5301214	117584	250755	17903	1321	705671	82081
44181540	12833303	28824828	6594963	15578929	297003	1054939	91311	21995	1483233	284702

本辖区内非物质文化遗产名录（个）					本辖区内非物质文化遗产代表性传承人（人）				
保护单位	市级项目	保护单位	县级项目	保护单位	国家级代表性传承人	学徒人数	省级代表性传承人	学徒人数	市级代表性传承人
10696	**22549**	**12267**	**63250**	**27258**	**3068**		**13574**	**56050**	**24211**
					3068				
10696					2449	10560	13574	56050	
5061	22549	12267			1155	35224	7101	72797	24211
5319	23656	11920	63250	27258	1277	46194	7659	148059	24842

续表 2

	学徒人数	县级代表性传承人	学徒人数	辖区内非物质文化遗产生态保护区（个）				非物质文化遗产保护专项经费投入（千元）	
				国家级	省级	市级	县级		中央财政投　　入
总　计	**105165**	**66977**	**330446**	**21**	**181**	**191**	**631**	**4415986**	**1643303**
中央				21				662980	662980
省区市				22	181			1188831	580291
地市	105165			17	119	191		530294	154397
县市区	196611	66977	330446	105	214	233	631	2033881	245635

续表 3

	培训学徒（人）	辖区内宣传展示培训活动							
		举办展览	参观人次（万人次）	举办演出	观众人次（万人次）	举办民俗活　　动	参与人次（万人次）	开展非遗工作人员培训班	培训人次（万人次）
总　计	**1355274**	**23350**	**4331.66**	**76736**	**10148.15**	**38883**	**8841.42**	**6414**	**30.35**
中央									
省区市	712021	3031	1361.36	9698	5946.05	2316	3591.98	778	5.07
地市	191829	9397	1093.74	19186	1418.68	5310	1674.64	1102	3.95
县市区	451424	10922	1876.56	47852	2783.43	31257	3574.80	4534	21.34

				辖区内展示传习场所					
省级财政投入	市级财政投入	县级财政投入	其他投入	非物质文化遗产博物馆（个）	收藏实物数（件）	展示及演出面积（万平方米）	培训学徒（人）	传习所（个）	使用面积（万平方米）
895460	**1420456**	**288216**	**168551**	**71857**	**1098608**	**685.41**	**311357**	**14929**	**1033.50**
406409	80700	54645	66786	57083	246369	39.94	90664	3821	76.50
144841	182440	42879	5737	3748	285463	541.13	82867	3927	458.94
344210	1157316	190692	96028	11026	566776	104.34	137826	7181	498.07

		调查成果							
开展传承人培训班	培训人次（万人次）	项目资源总量（累计）	征集实物（件/套）	征集文本资料（册）	录音资料（小时）	录像资料（小时）	调查报告（篇）	出版成果（册）	资源清单（册）
17414	**81.17**	**1167866**	**210330**	**273275**	**171969**	**133973**	**12298**	**310534**	**17044**
1780	10.24	510949	81857	232478	126470	67057	3357	24573	3317
4513	17.31	249046	32399	12176	17408	21560	2143	60278	6906
11121	53.62	407871	96074	28621	28091	45356	6798	225683	6821

2018年文物行政

	机构数(个)	从业人员(人)			藏品数(件/套)		
			在编文物从业人员数	其他文物从业人员数		文物藏品	
							一级品
总　计	**1311**	**14323**	**5482**	**1804**	**509297**	**232988**	**1083**
中央	1	84			61697	61652	
省区市	32	825	603	48			
独立编制文物局	18	643	539	44			
行政部门内设机构(不挂牌)	13	182	64	4			
合署办公(挂牌)	1						
地市	207	2832	1168	364	130470	109404	184
独立编制文物局	82	1330	760	303	98374	81383	163
行政部门内设机构(不挂牌)	117	1412	395	55	32096	28021	21
合署办公(挂牌)	8	90	13	6			
县市区	1071	10582	3711	1392	317130	61932	899
独立编制文物局	283	5078	2326	835	163342	37836	468
行政部门内设机构(不挂牌)	776	5417	1362	550	153788	24096	431
合署办公(挂牌)	12	87	23	7			

续表 1

	本年收入合计(千元)						本年支出合计(千元)
		财政补助收入					
			文物类经费	在文物类经费中			
				行政运行	一般行政管理事务	文物保护等经费	
总　计	**10224995**	**9578968**	**4199221**	**564844**	**218689**	**1662693**	**9516677**
中央	255970	255775	216017	21812	31695	136596	247894
省区市	698577	705120	492843	173792	41908	180430	989432
独立编制文物局	452609	460875	373013	173292	40908	145911	709187
行政部门内设机构(不挂牌)	238411	236688	112273	500	1000	34519	272688
合署办公(挂牌)	7557	7557	7557				7557
地市	3970877	3467071	1274661	162040	58112	365005	3512629
独立编制文物局	1053657	1008165	615326	107643	49184	183127	1083514
行政部门内设机构(不挂牌)	2864007	2406515	643612	53871	8294	179829	2366705
合署办公(挂牌)	53213	52391	15723	526	634	2049	62410
县市区	5299571	5151002	2215700	207200	86974	980662	4766722
独立编制文物局	2060914	2019031	1201729	120644	30963	419643	1837187
行政部门内设机构(不挂牌)	3194370	3101841	1003381	86556	56011	561019	2875569
合署办公(挂牌)	44287	30130	10590				53966

主管部门基本情况

		在藏品数中(件/套)			本年修复文物数(件/套)			
二级品	三级品	本年新增藏品	本年从有关部门接收文物数	本年藏品征集数		一级品	二级品	三级品
2856	**41354**	**14938**	**2220**	**12323**	**838**	**1**	**8**	**227**
690	20971	9424	579	8679	227			170
582	20015	9276	579	8657	227			170
108	956	148		22				
2166	20383	5514	1641	3644	611	1	8	57
1310	12691	1363	1281	51	88	1	8	45
856	7692	4151	360	3593	523			12

基本支出	项目支出	在支出合计中：工资福利支出	商品和服务支出	差旅费	劳务费	福利费	各种税金支出	对个人和家庭补助支出
2159918	**6701546**	**1244171**	**3229572**	**52543**	**174312**	**9532**	**1441**	**203035**
38125	209768	15505	206416	4191	1605			13198
181504	535294	145443	242089	12395	7512	729	30	13533
151302	285251	121410	181706	8810	6377	729	30	11649
30202	242486	24033	60383	3585	1135			1884
	7557							
772938	2485588	353150	1249285	16557	77433	3500	606	110067
238284	778263	153261	238173	7236	29984	2226	85	26052
526013	1666287	193203	983206	8143	47077	1200	521	83183
8641	41038	6686	27906	1178	372	74		832
1167351	3470896	730073	1531782	19400	87762	5303	805	66237
493308	1314953	340079	560831	9264	34228	1753	698	20797
669013	2107007	386524	969929	10070	53480	3458	107	45278
5030	48936	3470	1022	66	54	92		162

续表 2

	在支出合计中：			资产总计(千元)		实际使用房屋建筑面积(万平方米)	实际拥有产权面积(万平方米)
	抚恤金和生活补贴	其他资本性支出	各种设备购置费		固定资产原值		
总　计	**24113**	**1354235**	**59806**	**16795138**	**6945496**	**70.35**	**38.81**
中央	574	10675	608	446841	324723	0.75	0.75
省区市	3507	87833	5091	1335068	173861	3.41	4.38
独立编制文物局	3038	83983	5059	1171443	147555	3.38	2.35
行政部门内设机构(不挂牌)	469	3850	32	163625	26306	0.03	2.03
合署办公(挂牌)							
地市	10748	523465	28026	9430085	3746672	19.42	5.35
独立编制文物局	4897	354006	15794	5176202	755928	9.11	2.83
行政部门内设机构(不挂牌)	5696	169304	12174	4113073	2987338	10.28	2.52
合署办公(挂牌)	155	155	58	140810	3406	0.03	
县市区	9284	732262	26081	5583144	2700240	46.77	28.33
独立编制文物局	4497	206146	5227	2475605	1326081	22.09	13.68
行政部门内设机构(不挂牌)	4787	500848	20839	3058944	1358580	24.63	14.65
合署办公(挂牌)		25268	15	48595	15579	0.04	

续表 3

			本辖区对外开放的省级及以上文物保护单位数(个)	本级财政专项安排文物保护经费(千元)	本级出台地方性文物业法规、规章(部)	出入境文物审核数(件/套)
	省级重点文物保护单位	市县级文物保护单位				
总　计	**18634**	**100911**	**6811**	**1837196**	**45**	**164440**
中央						135900
省区市	18634	100911	6067	1001181	3	28519
独立编制文物局	12835	73631	5232	849864	1	23558
行政部门内设机构(不挂牌)	5587	27125	835	143760	2	4961
合署办公(挂牌)	212	155		7557		
地市			325	511319	19	15
独立编制文物局			55	277874	8	15
行政部门内设机构(不挂牌)			253	232445	10	
合署办公(挂牌)			17	1000	1	
县市区			419	324696	23	6
独立编制文物局			122	167251	7	6
行政部门内设机构(不挂牌)			297	151885	16	
合署办公(挂牌)				5560		

对外交流情况					本级举办业务培训情况			
与国外文博机构合作项目数（个）	与国外文博机构签署协议或备忘录数（个）	赴港澳台人员数（人次）	对港澳台交流项目数（个）	参加国际组织活动数（个）	举办业务培训班（个）	培训业务人员数（人）	本辖区文物点（处）	全国重点文物保护单位
152	**38**	**153**	**19**	**770**	**1111**	**58614**	**572057**	**4296**
98	4	13	4	6	48	3300		
53	33	16	10	8	138	10373	572057	4296
51	30	16	10	8	116	8485	426576	3012
2	3				22	1888	143399	1257
							2082	27
		6	5	14	217	14168		
		6	3	13	115	7319		
			2	1	97	6608		
					5	241		
1	1	118		742	708	30773		
		1			286	13010		
1	1	117		742	419	17695		
					3	68		

					文物保护单位保护维修情况			
禁止出境文物数	临时入境文物审核数	临时出境文物审核数	文物拍卖标的审核数（个）	禁止上拍文物标的数	国保单位保护维修项目数（个）	保护维修面积（万平方米）	省保单位保护维修项目数（个）	市、县保单位保护维修项目数（个）
673	**19503**	**9056**	**640795**	**3046**	**232**	**8844371**	**317**	**284**
356	10477	5126	235368	884				
317	9026	3924	405427	2162			25	17
204	6677	2838	262146	975				
113	2349	1086	143281	1187			23	17
							2	
					38	654971	42	29
					34	436178	19	9
					3	217807	23	20
					1	986		
		6			194	8189400	250	238
		6			105	1542838	112	83
					89	6646562	138	155

2018年对外、对港澳台文化交流活动项目基本情况

单位：个

地　区	合计	按交流活动性质		按交流活动分类				按交流活动范围分类			
		出访	来访	演出	展览	国际会议	其他	国外	香港	澳门	台湾
总　计	**4184**	**2307**	**1877**	**2395**	**618**	**240**	**931**	**3383**	**357**	**133**	**311**
北　京	182	144	38	115	54	1	12	151	12	2	17
天　津	46	46		25	3	3	15	35	8		3
河　北	13	13		9	4			8	1	1	3
山　西	10	10		5	2		3	8	1	1	
内蒙古	5	3	2	2	1		2	2	2	1	
辽　宁	6	6		4	1		1	6			
吉　林	11	10	1	3		4	4	11			
黑龙江	96	34	62	65			31	96			
上　海	85	67	18	35	39	7	4	67	8	1	9
江　苏	72	62	10	18	18	2	34	48	8	1	15
浙　江	137	107	30	35	40	7	55	107	10	3	17
安　徽	57	35	22	17	7		33	42	7		8
福　建	100	76	24	59	8	3	30	48	32	6	14
江　西	10	8	2	7	1		2	10			
山　东	93	74	19	36	25		32	80	7	3	3
河　南	16	16		13		3		15		1	
湖　北	18	15	3	9	6		3	15	2	1	
湖　南	53	50	3	17	10	13	13	48	1		4
广　东	1662	346	1316	1352	154		156	1223	165	78	196
广　西	70	62	8	42	2	1	25	63	4	1	2
海　南	19	17	2	9	2	2	6	17	2		
重　庆	66	66		17	19	7	23	58	6		2
四　川	135	79	56	69	24	10	32	122	10		3
贵　州	41	20	21	8	4	1	28	30	5	2	4
云　南	76	46	30	29	8	5	34	64	5	1	6
西　藏											
陕　西	10	10		3	1		6	10			
甘　肃	20	20		4	14		2	12	3	1	4
青　海	3	3		1	2			3			
宁　夏	11	9	2	6			5	9	1		1
新　疆	1	1		1					1		

2018年对外、对港澳台文化交流活动参与交流人员项目基本情况

单位：个

地区	合计	按交流活动性质		按交流活动分类				按交流活动范围分类			
		出访	来访	演出	展览	国际会议	其他	国外	香港	澳门	台湾
总计	**81787**	**39256**	**42531**	**60716**	**5255**	**2607**	**13209**	**66734**	**8432**	**2979**	**3642**
北京	4189	2461	1728	3765	292	4	128	3755	207	2	225
天津	633	633		588	7	4	34	498	132		3
河北	194	194		167	27			101	26	16	51
山西	194	194		167	14		13	101	13	80	
内蒙古	314	270	44	222	48		44	222	44	48	
辽宁	66	66		63			3	66			
吉林	270	200	70	185		6	79	270			
黑龙江	2560	811	1749	1921			639	2560			
上海	2088	1383	705	973	711	399	5	1600	311	13	164
江苏	861	820	41	554	84	5	218	253	135	4	469
浙江	2888	1615	1273	1019	957	300	612	2246	99	52	491
安徽	904	491	413	437	45		422	760	44		100
福建	2472	1692	780	1738	80	7	647	724	1233	28	487
江西	5327	83	5244	75	8		5244	5327			
山东	1030	738	292	729	179		122	936	70	21	3
河南	264	264		255		9		238		26	
湖北	610	384	226	319	138		153	352	250	8	
湖南	498	487	11	369	62	25	42	441	4		53
广东	25035	6503	18532	23642	700		693	18908	3302	1721	1104
广西	2353	772	1581	2223	6	2	122	2209	109	19	16
海南	325	212	113	295	6	3	21	249	76		
重庆	320	320		191	88	19	22	296	21		3
四川	3409	1484	1925	1457	721	570	661	3213	104		92
贵州	602	273	329	189	33	5	375	317	83	52	150
云南	1411	735	676	807	50	33	521	935	335	7	134
西藏											
陕西	162	162		148	6		8	162			
甘肃	433	433		127	144		162	258	69	19	87
青海	47	47		30	17			47			
宁夏	165	146	19	133			32	105	50		10
新疆	34	34		34					34		

2018年艺术展览创作

	机构数（个）	从业人员（人）	专业技术人才	正高级职称	副高级职称	中级职称	藏品（件/套）	文物藏品数	非文物藏品数
总计	**714**	**5988**	**3979**	**399**	**702**	**1468**	**542489**	**10241**	**520908**
其中：免费开放	567	4951	3145	248	521	1173	523817	10064	503409
按登记注册类型分：									
国有	688	5753	3834	396	696	1436	530165	9333	509968
集体	5	48	23	1	1	10	3147	601	2161
其他	21	187	122	2	5	22	9177	307	8779
按隶属关系分：									
中央	2	204	145	57	36	41	120562		120562
省区市	43	1391	899	178	184	293	160258	411	159777
地市	230	2350	1587	137	329	638	106939	1941	95484
县市区	439	2043	1348	27	153	496	154730	7889	145085
按部门分：									
文化部门	699	5768	3831	393	686	1445	521192	10241	499612
其他部门	15	220	148	6	16	23	21297		21296
按机构类型分：									
美术馆	439	3689	2302	145	353	845	442853	9205	423836
画院	71	624	488	79	107	167	28068	581	27417
美术馆(画院)	89	1055	674	121	138	244	71263	455	69360
剧目创作室	115	620	515	54	104	212	305		295

机构基本情况

国画	油画	版画	雕塑	水粉、水彩	设计	连环画、漫画	民间艺术	书法	摄影、多媒体	漆艺
103517	**21216**	**55123**	**6402**	**12742**	**4338**	**12304**	**99227**	**61922**	**53440**	**3733**
92836	20960	54575	6287	12684	4337	12203	98817	59453	53385	3725
98735	20844	55078	6167	12626	4303	12264	98391	59762	53210	3733
484	42	18	16	55	5	20	36	1480		
4298	330	27	219	61	30	20	800	680	230	
14418	3555	8241	2049	1055		4195	68202	1782	1387	283
30509	6382	22323	1867	5929	681	6033	14025	10020	31692	1037
29303	5005	20122	1409	2079	3206	575	2734	15449	6451	62
29287	6274	4437	1077	3679	451	1501	14266	34671	13910	2351
98647	20523	48245	5621	12442	4338	12280	98222	61205	53064	3718
4870	693	6878	781	300		24	1005	717	376	15
64162	18340	49330	5636	9531	4228	10973	92067	40842	51876	3653
17141	860	1457	138	195	4	99	361	3982	517	6
22202	2016	4286	628	3016	106	1232	6613	17098	1030	74
12		50					186		17	

续表 1

							学术成果		
	陶艺	其他	年度展览总量(个)	自主办展数量	参观人次(万人次)	未成年人参观人次	专著或图录(册)	论文数(篇)	学术活动(次)
总　计	**4745**	**42258**	**7109**	**4360**	**3733.62**	**932.09**	**12058**	**863**	**1460**
其中：免费开放	4630	42247	6928	4281	3704.29	920.51	11966	592	1256
按登记注册类型分：									
国有	3477	41437	6878	4209	3484.94	874.86	12055	861	1402
集体		5	59	49	160.67	50.31			38
其他	1268	816	172	102	88.01	6.92	3	2	20
按隶属关系分：									
中央	407	13825	132	41	115.00	1.20	14	97	23
省区市	315	18007	685	313	1009.55	181.91	4149	222	249
地市	1015	4661	2791	1711	1409.11	366.27	213	242	604
县市区	3008	5765	3501	2295	1199.96	382.71	7682	302	584
按部门分：									
文化部门	3470	40912	6892	4232	3671.46	923.92	12052	858	1417
其他部门	1275	1346	217	128	62.16	8.17	6	5	43
按机构类型分：									
美术馆	3469	40012	5778	3647	3234.39	797.51	6814	376	958
画院	178	700					36	80	88
美术馆(画院)	1098	1546	1243	666	486.58	129.68	5158	254	257
剧目创作室			88	47	12.66	4.90	50	153	157

本年收入合计（千元）	财政补贴收入	免费开放	中央资金	收藏专项经费	上级补助收入	事业收入	经营收入	附属单位上缴收入	其他收入
2652200	**2439217**	**182948**	**53075**	**231509**	**21901**	**142845**	**8433**	**10**	**39794**
2133922	1952141	169326	52665	160499	19370	118498	8433	10	35470
2615112	2412597	172350	52150	231509	21801	142222	2542	10	35940
17387	16131	9133	200				1256		
19701	10489	1465	725		100	623	4635		3854
437164	364331			68000		72749			84
1038541	955583	62151	1400	115750	3333	61984	2402		15239
823555	791359	62915	26087	42674	12492	3950	20		15734
352940	327944	57882	25588	5085	6076	4162	6011	10	8737
2612853	2403757	181469	52315	226409	21901	142845	8433	10	35907
39347	35460	1479	760	5100					3887
1581068	1419487	132227	42607	127680	15818	109955	5914		29894
331195	325948	15049	6	6782	340	1696			3211
578663	538851	34618	9408	95315	3310	29396	2519	10	4577
161274	154931	1054	1054	1732	2433	1798			2112

续表 2

	本年支出合计(千元)	基本支出	项目支出		经营支出	在支出合计中：			
				收藏经费		工资福利支出	商品和服务支出	差旅费	劳务费
总　计	**2515990**	**1081026**	**1387629**	**219207**	**12327**	**711143**	**1067134**	**31589**	**104911**
其中：免费开放	2093325	849695	1200769	215122	12315	558370	940410	21550	85343
按登记注册类型分：									
国有	2478726	1064494	1377676	219079	2686	699991	1056431	31424	103707
集体	16233	6902	2909		6106	3659	8618	69	1059
其他	21031	9630	7044	128	3535	7493	2085	96	145
按隶属关系分：									
中央	352083	112393	239690	51432		64529	126352	2987	13727
省区市	987473	332406	647596	112355	1186	230013	469401	12467	51524
地市	812977	394021	414303	49893	72	272603	348018	12539	28173
县市区	363457	242206	86040	5527	11069	143998	123363	3596	11487
按部门分：									
文化部门	2477865	1065301	1365646	213699	12182	699645	1052469	30862	103805
其他部门	38125	15725	21983	5508	145	11498	14665	727	1106
按机构类型分：									
美术馆	1595949	631691	930067	181319	10919	393212	761748	15596	65691
画院	302546	123918	173328	8145		97928	89369	5593	5421
美术馆(画院)	466146	209665	252901	29733	1396	142309	173745	7378	26246
剧目创作室	151349	115752	31333	10	12	77694	42272	3022	7553

福利费	各种税金支　　出	对个人和家庭补助支　　出	抚恤金和生活补助	其他资本性支出	各种设备、交通工具、图书购置费	资产总计（千元）	固定资产原　　值	实际使用公用房屋建筑面积（万平方米）	展览用房
6544	**4491**	**111426**	**5746**	**207497**	**50161**	**8122062**	**5135203**	**192.89**	**75.98**
4271	4225	85285	4195	186370	45511	7198947	4874725	180.97	73.09
6389	3370	111310	5746	203162	47330	7472223	4508494	182.12	71.74
1	5	61		3605	2781	223126	210451	2.79	0.50
154	1116	55		730	50	426713	416258	7.98	3.75
1503	2	14026	478	1226	1226	1497539	609386	3.80	0.98
2865	1334	32335	1935	128043	16998	3573819	2351828	57.67	21.51
1294	1573	55721	2863	58242	25432	1367077	1075305	64.00	26.75
882	1582	9344	470	19986	6505	1683627	1098684	67.42	26.75
6522	4491	110249	5680	200809	49080	7630401	4683685	184.60	70.62
22		1177	66	6688	1081	491661	451518	8.29	5.36
3080	3437	61840	2124	143494	35613	5644887	4097161	154.49	58.98
483	195	15288	664	21376	3958	950426	282662	11.79	4.49
2503	758	17997	1675	38695	10424	1460353	725978	24.86	12.22
478	101	16301	1283	3932	166	66396	29402	1.75	0.30

续表 3

				公共教育活动			创作情况(个)		
	库房面积	画室面积	实际拥有产权面积(万平方米)	讲座(次)	教育活动(次)	出版物(种)	创作项目数量	参加展览数量	获省部级以上奖项的作品数
总　计	**11.34**	**10.67**	**80.59**	**3144**	**6112**	**2288**	**14007**	**9408**	**2948**
其中：免费开放	10.43	9.35	77.45	3006	6076	2267	9608	7435	2652
按登记注册类型分：									
国有	10.62	9.89	74.60	3091	6027	2276	13951	9386	2945
集体	0.07	0.06	2.55	24	18		5	8	1
其他	0.66	0.72	3.44	29	67	12	51	14	2
按隶属关系分：									
中央	0.48	0.77	3.57	22	25		42	22	
省区市	4.58	1.48	12.87	449	2533	79	2197	793	54
地市	2.85	3.63	39.23	1387	2228	146	7048	4268	2602
县市区	3.43	4.80	24.93	1286	1326	2063	4720	4325	292
按部门分：									
文化部门	10.67	10.08	77.99	3034	6036	2269	13994	9395	2945
其他部门	0.67	0.59	2.60	110	76	19	13	13	3
按机构类型分：									
美术馆	8.90	5.95	60.02	2414	5271	2183	28	19	3
画院	0.70	1.57	4.76				4022	2946	264
美术馆(画院)	1.70	3.04	15.62	634	816	87	7036	6130	2505
剧目创作室	0.04	0.11	0.19	96	25	18	2921	313	176

培训情况		志愿者服务队伍个数	志愿者服务队伍人数	学术研究情况(个)			文化创意产品情况		
组织培训次数(次)	培训人次(万人次)			本年承担课题、项目数	省部级以上课题项目数	结项课题项目数	文化创意产品种类(个)	文化创意产品销售收入(千元)	文化创意产品销售利润(千元)
13600	**6.79**	**599**	**22611**	**120**	**91**	**30**	**1179**	**5763**	**3166**
13088	5.60	572	22380	88	70	23	1155	5362	3489
13596	6.78	586	22440	117	91	27	1169	5762	3166
1	0.00	1	4						
3	0.01	12	167	3		3	10	1	
255	0.04	1	80	4	2	1	783	4194	2669
95	0.37	77	4297	45	42	12	218	1142	640
12636	3.46	268	12670	37	25	6	110	427	-315
614	2.93	253	5564	34	22	11	68		172
13598	6.78	587	22103	118	89	29	1168	5762	3166
2	0.01	12	508	2	2	1	11	1	
4	0.03	409	20234	63	46	19	1144	5362	3489
313	1.06	18	216	14	13	3			
13101	3.77	122	1905	18	16	3	11		
182	1.93	50	256	25	16	5	24	401	-323

2018年各地区艺术展览

地区	机构数(个)	从业人员(人)	专业技术人才	正高级职称	副高级职称	中级职称	藏品(件/套)	文物藏品数	非文物藏品数
总计	**714**	**5988**	**3979**	**399**	**702**	**1468**	**542489**	**10241**	**520908**
北京	1	72	36	12	9	14	9991	382	9609
天津	6	54	24	1	2	11	2680		2680
河北	19	178	101	9	23	39	4832		4832
山西	42	316	215	11	17	61	32801	652	30980
内蒙古	32	282	157	14	28	53	12015	5	12010
辽宁	2	15	7		3	2	251		251
吉林	23	152	113	13	27	49	4268	1	4267
黑龙江	23	123	92	13	25	29	15330	216	15114
上海	12	354	208	18	14	62	29965	880	28170
江苏	88	871	664	85	129	217	41427	258	40637
浙江	12	152	73	7	14	36	28692	307	28385
安徽	24	190	85	7	18	31	7151	115	6910
福建	11	73	50	5	8	24	6439	324	6218
江西	40	288	172	8	29	64	7454	106	6997
山东	91	587	479	27	81	201	42554	3317	30120
河南	9	108	47	4	12	20	9383		9383
湖北	15	186	132	23	15	49	15881	37	15844
湖南	33	165	124	4	21	61	8050	33	7988
广东	17	317	183	14	31	77	69260	932	68348
广西	5	74	35	5	6	13	2694		2694
海南									
重庆	10	105	72	5	18	30	3888	16	3872
四川	59	275	189	12	27	81	14832	960	13608
贵州	3	79	33	4	9	12	384		384
云南	11	65	57	7	14	24	1467		1467
西藏									
陕西	4	111	63	2	4	16	19898		19763
甘肃	61	366	254	24	56	91	19559	800	19199
青海									
宁夏	1	9	8	2	2	2	13		13
新疆	58	217	161	6	24	58	10768	900	10603

创作机构基本情况

国画	油画	版画	雕塑	水粉、水彩	设计	连环画、漫画	民间艺术	书法	摄影、多媒体	漆艺
103517	**21216**	**55123**	**6402**	**12742**	**4338**	**12304**	**99227**	**61922**	**53440**	**3733**
4288	420	658	18	2211		1065	44	735	170	
294	107	832	33	9		4	24	522	396	15
1209	377	841	125	273	26	50	328	592	539	
3899	619	702	577	198		130	6381	9613	981	33
2099	620	578	62	216	33	109	429	4354	2058	
30	50	66	1	84				4	2	
1490	230	60	25	122			71	1791	400	
1389	480	6980	29	404		44	1148	547	109	
7551	1916	2323	267	583	39	3005	3965	2451	3900	43
17774	1231	3561	319	714	181	239	4129	5681	136	9
4700	1006	3793	454	671	1126	341	1056	3187	761	4
3703	128	160	400	137	2	150	21	1577	434	
1957	208	905	115	96	25	143	157	722	128	795
1895	213	556	55	250		10	483	2019	458	7
9934	1458	2056	291	1191	19	144	1232	7514	2937	176
1407	441	897	117	351	165	5	2203	1123	374	16
1743	777	1095	297	889	35	202	2243	1460	1248	232
2349	767	184	29	396	69	157	650	1839	396	3
6652	2325	17601	632	1290	2447	1787	649	1817	28551	80
920	311	58	8	101			3	777	44	1
681	205	1033	61	254	3	33	205	521	597	12
5321	732	266	118	247	14	326	275	3497	2502	17
154	47	15	1					167		
167	95	640	4	40	4		55	306	155	
888	348	250	46	123			2266	477	60	
5468	886	207	198	392	145	90	1826	4805	2145	2005
3	2	7						1		
1134	1662	558	71	445	5	75	1182	2041	2572	2

续表 1

地　区	陶艺	其他	年度展览总量（个）	自主办展数量	参观人次（万人次）	未成年人参观人次	学术成果		
							专著或图录（册）	论文数（篇）	学术活动（次）
总　计	**4745**	**42258**	**7109**	**4360**	**3733.62**	**932.09**	**12058**	**863**	**1460**
北　京			25	15	12.91	7.40	1	70	12
天　津	10	434	152	55	240.48	38.31	5	4	12
河　北	22	30	109	58	136.70	46.37	2		4
山　西		108	367	206	190.06	62.19	8	19	45
内蒙古	110	1241	238	113	82.41	15.00	5	5	165
辽　宁	14		16	16	7.79	1.16			2
吉　林	1	14	139	127	29.31	5.91	14	10	6
黑龙江	5	979	92	36	46.78	15.60	28	12	42
上　海	63	2061	248	137	363.42	38.65	40	25	91
江　苏	1270	3710	765	482	438.55	128.52	57	121	180
浙　江	34	11152	167	99	135.56	17.05	20	10	34
安　徽	104	6	310	184	91.76	29.88	25	30	27
福　建	3	564	88	54	29.91	8.32	2		7
江　西	944	27	322	267	99.64	22.36	27	27	40
山　东	403	962	819	504	350.44	113.54	6638	175	231
河　南	36	2248	111	70	55.10	14.30	8	18	24
湖　北	69	399	203	90	120.25	43.33	215	15	20
湖　南	367	146	171	126	97.69	22.18	808	3	44
广　东	159	3528	469	320	295.98	113.22	42	41	138
广　西	24	444	79	43	39.00	10.60	5	16	41
海　南									
重　庆	172	58	212	154	117.26	28.73	4008	9	47
四　川	16	9	413	297	322.63	69.84	19	54	76
贵　州			12	1	2.00	0.60		10	1
云　南		1	45	35	12.47	4.41		6	10
西　藏									
陕　西			62	12	72.25	8.60	3	4	1
甘　肃	469	141	649	359	128.62	32.25	61	69	110
青　海									
宁　夏			25	14	2.50	0.30			4
新　疆	43	171	669	445	97.16	32.28	3	13	23

本年收入合计(千元)	财政补贴收入				上级补助收入	事业收入	经营收入	附属单位上缴收入	其他收入
		免费开放资金	中央资金	收藏专项经费					
2652200	**2439217**	**182948**	**53075**	**231509**	**21901**	**142845**	**8433**	**10**	**39794**
89490	85490			17142		1500	2399		101
14063	14007								56
38355	36593	6253	1650	4000		1760			2
62415	60973	5768	3428	60	42				1400
52007	51862	6600	4980		110				35
5025	5025	425	100	500					
27407	27205	3825	1500	5800	49	21			132
26250	25648	2719	2050	5230	121				481
485346	443994	480	100	5110		37115			4237
336696	317545	25621		15099	7846	1769	1449		8087
107328	95508	12082		15242	100	9516			2204
29594	26756	5352	1935	520	1689	286			863
25100	23125	1700	80	5000	1576	368			31
38536	35265	8259	775	70	1660	10			1601
196123	188195	19557	1090	24493	1891	100	123		5814
21607	19489	2342	800	2650		2112			6
57821	53189	3825	816	9581	2623	898			1111
37498	29683	5715	3075	1280	1389	160			6266
293012	284165	4727	540	45799	270	6806			1771
13517	12063	1020	860	70	420				1034
30823	28531	10365	2940	1530		1439			853
59728	57216	13147	8576	70	619	1610			283
22668	22642	10500	400						26
27472	25133	2900	1520	50		425			1914
20932	14567	2850		1500		1601	4462		302
47524	43378	13679	4672	810	1031	2580			535
2024	2024	400	400	100					
46675	45615	12837	10788	1803	465	20		10	565

续表 2

地　　区	本年支出合　计(千元)	基本支出	项目支出		经营支出	在支出合计中：			
				收藏经费		工资福利支　出	商品和服务支出		
								差旅费	劳务费
总　　计	**2515990**	**1081026**	**1387629**	**219207**	**12327**	**711143**	**1067134**	**31589**	**104911**
北　京	72218	29649	41386	18132	1183	18937	23989	287	1434
天　津	13969	13969				1924	11691	5	
河　北	43352	21422	21541	4000		20525	12994	940	1449
山　西	58481	26568	30076			20813	28755	584	1998
内蒙古	64373	42085	21989	20	50	21739	22430	551	1515
辽　宁	4698	2843	1854	500		2449	1542	95	38
吉　林	27673	14530	12452	5800		10632	4714	1041	440
黑龙江	27120	14873	11401	5340		11952	6161	684	315
上　海	443573	130748	303140	3990		68816	260364	2089	20828
江　苏	326799	207223	109452	15361	6471	136903	126706	4029	6248
浙　江	101916	43384	58520	15549	10	19774	49092	797	8713
安　徽	28901	15629	12541	703		12359	10260	704	1188
福　建	18855	10104	8440	424		8208	7473	317	823
江　西	40570	21173	18414	1150	102	18392	14693	1533	2332
山　东	200984	96355	102515	25554	151	68581	74088	1210	5001
河　南	25462	11184	14178	2650		8545	15051	148	1468
湖　北	59842	28696	29672	9748	990	17760	26076	439	6390
湖　南	33285	17522	13574	2992		14106	10342	871	1622
广　东	292026	84064	207780	50721		61722	131038	4230	5530
广　西	15090	8003	7087	108		7040	5088	248	83
海　南									
重　庆	29115	15043	13443	1275		11489	11551	1460	4251
四　川	58968	26127	32400	223		20377	27094	2007	5003
贵　州	34851	7184	27667	500		6504	13467	354	1972
云　南	29046	13156	15890			7012	17385	352	7240
西　藏									
陕　西	20392	8326	8872	1500	3180	7079	4576	152	74
甘　肃	56259	35865	12443	1275	22	24356	13631	1389	3402
青　海									
宁　夏	2249	1388	861	100		1436	565	56	109
新　疆	33840	21520	10351	160	168	17184	9966	2030	1718

福利费	各种税金支出	对个人和家庭补助支出	抚恤金和生活补助	其他资本性支出	各种设备、交通工具、图书购置费	资产总计(千元)	固定资产原值	实际使用公用房屋建筑面积(万平方米)	展览用房
6544	**4491**	**111426**	**5746**	**207497**	**50161**	**8122062**	**5135203**	**192.89**	**75.98**
144	11	2411	363	18760	1117	255509	204792	1.15	0.44
12	7	354				1305	521	5.48	1.88
154	44	4509	627	4528		135812	41424	4.46	2.40
170	4	1177	110	3028	1253	62278	31232	9.77	5.25
146		6269	61	5599	3591	137308	128478	7.07	3.79
		143		62	20	15680	14660	0.20	0.05
14	467	1622	345	7670	2284	56171	52765	1.50	0.84
3	2	1482	75	5378	187	67754	56559	1.68	0.79
990	106	2737	113	13267	8045	1442934	540041	25.81	10.30
379	111	24671	555	19953	3818	1249456	1165112	33.09	10.34
517	844	198	15	12424	749	659460	587608	8.41	2.76
115		1652	176	795	64	102459	24590	3.25	2.09
6		570	62	1642	132	47126	30077	1.68	0.70
121	341	1140	83	3277	1446	106008	73165	6.52	3.21
140	25	11097	925	33380	1605	488457	431196	25.82	9.27
264	26	776		157	147	114089	108583	3.00	1.15
431	184	2563	307	10704	690	342024	321818	5.62	2.00
163	422	1270	41	3025	245	109640	71175	3.10	2.00
486	581	20626	652	46456	17217	461091	444828	11.47	3.76
33		515	114	334	177	44483	25849	1.04	0.34
62	6	1125	46	2510	1551	33321	21598	2.15	1.10
325	66	1953	87	4836	42	63197	42817	4.40	1.90
5		722	144	3371	3122	34264	5824	4.90	1.29
	72	697	43	855	787	18349	12106	2.88	1.69
100	1136	14		1648		105063	10716	3.18	1.09
178	13	4924	315	1632	420	432692	56919	6.79	2.28
				248		4326	3680	0.28	0.25
83	21	2183	9	732	226	34267	17684	4.42	2.03

续表 3

地区			实际拥有产权面积(万平方米)	公共教育活动			创作情况(个)		
	库房面积	画室面积		讲座(次)	教育活动(次)	出版物(种)	创作项目数量	参加展览数量	获省部级以上奖项的作品数
总计	**11.34**	**10.67**	**80.59**	**3144**	**6112**	**2288**	**14007**	**9408**	**2948**
北京	0.02	0.06	1.05	20	16	15	1195	276	13
天津	0.27	0.04	2.69	43	81	8			
河北	0.17	0.23	2.69	58	43	6	10	45	2
山西	0.31	0.46	4.11	133	121	10	541	73	12
内蒙古	0.20	0.67	11.16	144	113	4	1653	925	2153
辽宁			0.14	15			4		
吉林	0.14	0.16	0.48	43	35	6	105	29	23
黑龙江	0.10	0.56	0.36	46	49	6	320	183	31
上海	2.12	0.10	1.67	203	964	13	1	15	1
江苏	1.19	2.03	10.16	264	247	31	3010	1579	173
浙江	0.61	0.17	3.40	81	519	13	237	650	5
安徽	0.16	0.23	0.92	83	91	16	61	90	25
福建	0.10	0.17	0.47	19	23	5	19	5	2
江西	0.50	0.42	2.80	93	100	16	300	69	16
山东	1.51	1.10	8.73	213	511	43	926	309	89
河南	0.07	0.04	0.11	88	141	3			
湖北	0.25	0.71	4.61	143	478	1889	598	258	35
湖南	0.35	0.30	1.25	50	39	11	205	379	184
广东	0.66	0.31	5.22	107	446	27	35	570	41
广西	0.03	0.01	2.43	20	982	13	20	15	6
海南									
重庆	0.16	0.13	0.56	114	469	3	150	73	9
四川	0.31	0.43	1.35	231	190	31	855	238	44
贵州	0.25		3.60	15	6	3	37	20	3
云南	0.45	0.25	1.93	12	136	2	553	28	29
西藏									
陕西	0.26	0.02	1.22	29	107	5			
甘肃	0.31	0.86	1.93	144	128	34	3035	3254	38
青海									
宁夏	0.01	0.01		576					
新疆	0.33	0.46	2.02	135	52	75	95	303	14

培训情况		志愿者服务队伍个数	志愿者服务队伍人数	学术研究情况(个)			文化创意产品情况		
组织培训次数(次)	培训人次(万人次)			本年承担课题、项目数	省部级以上课题项目数	结项课题项目数	文化创意产品种类(个)	文化创意产品销售收入(千元)	文化创意产品销售利润(千元)
13600	**6.79**	**599**	**22611**	**120**	**91**	**30**	**1179**	**5763**	**3166**
3	0.01			2	2				
		4	149	2	1	1	6	1	
2	0.01	16	609	2	2		4		
25	0.06	24	2278	11	9	4	13	26	8
12115	0.64	60	380	1	1				
2	0.01								
11	0.03	3	37						
17	0.13	10	612	2	2	1			
15	0.00	20	2647	2	1		58	1138	640
123	0.44	46	1445	30	22	13	29	401	-323
9	0.02	28	1075				11		
15	0.08	20	424	1	1				
1	0.00	12	87						
		50	1133	1	1		3		
438	1.28	60	6369	26	24	1	151	3	
146	1.00	17	268	3	2	1	12		
18	0.04	16	394	11	9	4	5		
34	0.15	27	626	3		1			
42	0.06	15	769	3	1	1	11		
5	0.00	11	238	3	2		6		
101	0.30	21	231	1	1		11		
85	0.86	63	1056	7	5	2	38		172
5	0.00	1	10				38		
4	0.05	3	91	1	1				
		11	730						
93	0.30	30	500	4	2				
36	1.30	30	373						

2018年各地区

地　　区	机构数（个）	从业人员（人）	专业技术人才	正高级职称	副高级职称	中级职称	藏品（件/套）	文物藏品数	非文物藏品数
总　　计	**528**	**4744**	**2976**	**266**	**491**	**1089**	**514116**	**9660**	**493196**
北　　京	1	72	36	12	9	14	9991	382	9609
天　　津	5	52	23	1	2	11	2680		2680
河　　北	16	162	86	8	19	32	4760		4760
山　　西	39	259	166	4	3	43	32119	652	30298
内 蒙 古	23	246	124	9	24	40	9834	5	9829
辽　　宁	1	8	4		1	1	251		251
吉　　林	12	100	70	7	19	35	4268	1	4267
黑 龙 江	13	83	56	9	18	13	15210	216	14994
上　　海	11	331	192	15	13	60	24805	880	23010
江　　苏	39	534	370	41	63	125	31632	258	30842
浙　　江	9	134	69	7	12	34	28476	307	28169
安　　徽	22	185	81	7	17	28	7151	115	6910
福　　建	9	58	35	1	6	19	5702	324	5481
江　　西	37	266	153	7	25	57	7138	106	6681
山　　东	55	374	298	9	52	115	41125	2737	29271
河　　南	7	104	45	4	12	19	9383		9383
湖　　北	14	185	131	23	14	49	15681	37	15644
湖　　南	25	121	91	3	12	43	8040	32	7979
广　　东	15	285	161	10	25	70	66357	932	65445
广　　西	3	51	16		3	10	2675		2675
海　　南									
重　　庆	9	82	63	4	16	25	3888	16	3872
四　　川	41	161	101	3	12	41	12406	960	11252
贵　　州	1	30	6		1	5	329		329
云　　南	6	43	36	7	6	16	1448		1448
西　　藏									
陕　　西	4	111	63	2	4	16	19898		19763
甘　　肃	52	303	208	12	47	76	17832	800	17472
青　　海									
宁　　夏	1	9	8	2	2	2	13		13
新　　疆	56	191	139	2	18	49	10462	900	10307

美术馆基本情况

国画	油画	版画	雕塑	水粉、水彩	设计	连环画、漫画	民间艺术	书法	摄影、多媒体	漆艺
86364	**20356**	**53616**	**6264**	**12547**	**4334**	**12205**	**98680**	**57940**	**52906**	**3727**
4288	420	658	18	2211		1065	44	735	170	
294	107	832	33	9		4	24	522	396	15
1179	359	833	125	273	26	50	328	576	539	
3467	619	452	577	198		130	6381	9613	981	33
1682	559	497	60	161	30	58	387	3370	1654	
30	50	66	1	84				4	2	
1490	230	60	25	122			71	1791	400	
1299	480	6980	29	404		44	1148	517	109	
3562	1910	2322	266	583	39	3005	3961	1990	3900	43
11199	1187	3503	319	679	180	193	3752	4522	119	9
4506	1006	3793	454	671	1126	341	1052	3169	761	4
3703	128	160	400	137	2	150	21	1577	434	
1220	208	905	115	96	25	143	157	722	128	795
1794	190	535	55	240		10	483	1951	458	1
9685	1369	2050	282	1182	19	142	1232	7364	2897	176
1407	441	897	117	351	165	5	2203	1123	374	16
1743	777	1095	297	889	35	202	2123	1380	1248	232
2349	767	184	29	396	69	157	650	1839	396	3
5342	2142	16618	506	1275	2447	1787	649	1573	28509	80
912	311	58	8	100			3	767	44	1
681	205	1033	61	254	3	33	205	521	597	12
3529	555	217	118	246	14	326	275	3195	2471	17
99	47	15	1					167		
154	95	640	4	40	4		55	300	155	
888	348	250	46	123			2266	477	60	
4411	716	191	198	323	145	90	1826	4390	2145	2005
3	2	7						1		
1030	1573	524	71	445	5	75	1182	2002	2572	2

续表 1

地　　区			年度展览总量（个）		参观人次（万人次）		学术成果		
				自主办展数量		未成年人参观人次	专著或图录（册）	论文数（篇）	学术活动（次）
	陶艺	其他							
总　　计	**4567**	**41558**	**7021**	**4313**	**3720.96**	**927.19**	**11972**	**630**	**1215**
北　　京			25	15	12.91	7.40	1	70	12
天　　津	10	434	152	55	240.48	38.31	5	4	12
河　　北	22	30	109	58	136.70	46.37	2		4
山　　西		108	352	191	188.06	61.69	6	19	32
内 蒙 古	30	1241	237	112	82.11	14.80	3	2	163
辽　　宁	14		16	16	7.79	1.16			
吉　　林	1	14	139	127	29.31	5.91	8	5	3
黑 龙 江	5	979	92	36	46.78	15.60	28	10	40
上　　海	50	1376	248	137	363.42	38.65	40	25	91
江　　苏	1270	3710	757	481	438.09	128.43	38	48	124
浙　　江	34	11152	167	99	135.56	17.05	18	10	23
安　　徽	104	6	310	184	91.76	29.88	25	30	27
福　　建	3	564	88	54	29.91	8.32	2		7
江　　西	868	16	322	267	99.64	22.36	21	26	33
山　　东	394	962	792	504	349.44	113.44	6612	90	141
河　　南	36	2248	111	70	55.10	14.30	8	18	24
湖　　北	69	399	203	90	120.25	43.33	215	15	20
湖　　南	367	146	171	126	97.69	22.18	803	3	44
广　　东	159	3528	469	320	295.98	113.22	42	36	135
广　　西	24	444	79	43	39.00	10.60	5	16	41
海　　南									
重　　庆	172	58	212	154	117.26	28.73	4008	9	47
四　　川	16	5	390	281	315.23	66.23	4	20	31
贵　　州			12	1	2.00	0.60		10	1
云　　南		1	45	35	12.47	4.41			7
西　　藏									
陕　　西			62	12	72.25	8.60	3	4	1
甘　　肃	469	141	649	359	128.62	32.25	58	50	102
青　　海									
宁　　夏			25	14	2.50	0.30			4
新　　疆	43	171	655	431	95.66	31.88	3	13	23

本年收入合计(千元)	财政补贴收入	免费开放资金	中央资金	收藏专项经费	上级补助收入	事业收入	经营收入	附属单位上缴收入	其他收入
2159731	**1958338**	**166845**	**52015**	**222995**	**19128**	**139351**	**8433**	**10**	**34471**
89490	85490			17142		1500	2399		101
12770	12714								56
35168	33406	6253	1650	4000		1760			2
52099	50735	5768	3428	60	42				1322
46325	46180	6600	4980		110				35
3394	3394	425	100	500					
20928	20841	3825	1500	5800					87
21232	20790	2719	2050	5230	121				321
342683	302562	480	100	5110		36907			3214
207282	191324	24502		12099	6846	472	1449		7191
102637	91120	12082		14642		9314			2203
29239	26401	5352	1935	520	1689	286			863
21364	19769	1700	80	5000	1516	48			31
32987	31076	8259	775	70	1660	10			241
150431	144464	19357	1090	24483	397	100	123		5347
21482	19364	2342	800	2650		2112			6
57635	53003	3819	810	9581	2623	898			1111
28540	20820	5715	3075	1280	1389	160			6171
262109	253262	4727	540	42617	270	6806			1771
7221	5776	1020	860	70	420				1025
26911	24951	10365	2940	1530		1439			521
27400	26180	11448	8576	70	619	514			87
8420	8420	500	400						
21620	19657	2900	1520	50		425			1538
20932	14567	2850		1500		1601	4462		302
40277	36551	11654	4672	810	961	2230			535
2024	2024	400	400	100					
29967	29166	11783	9734	81	465	20		10	306

续表 2

地　区	本年支出合计(千元)	基本支出	项目支出		经营支出	在支出合计中：			
				收藏经费		工资福利支出	商品和服务支出	差旅费	劳务费
总　计	**2062095**	**841356**	**1182968**	**211052**	**12315**	**535521**	**935493**	**22974**	**91937**
北　京	72218	29649	41386	18132	1183	18937	23989	287	1434
天　津	12861	12861				1285	11506	5	
河　北	40190	18337	21464	4000		18102	12593	916	1448
山　西	48262	18186	28239			14242	25979	214	1657
内蒙古	58336	36621	21416	20	50	18223	20776	477	1218
辽　宁	3067	1312	1754	500		1150	1353	40	25
吉　林	20572	8168	12404	5800		6260	3681	358	419
黑龙江	22179	10323	11010	5340		7956	5513	658	303
上　海	346908	122078	215145	3990		63549	236047	2077	20806
江　苏	204470	119061	78089	12534	6471	74357	92939	2029	2433
浙　江	97597	42133	55453	14641	10	18548	47268	770	8491
安　徽	28556	15299	12526	703		12094	10237	701	1179
福　建	15035	6692	8082	424		5410	7061	296	817
江　西	34980	17657	16340	160	102	15302	12239	1005	1422
山　东	149104	59370	88563	25544	151	41036	65341	793	4601
河　南	25337	11059	14178	2650		8420	15051	148	1468
湖　北	59656	28600	29582	9748	990	17677	26006	419	6390
湖　南	24804	10326	12289	2992		8463	9202	691	1470
广　东	261123	65601	195340	47539		49516	116491	3570	4896
广　西	8630	3811	4819	70		3241	2710	97	38
海　南									
重　庆	25203	12543	12032	1275		9646	10457	1289	3841
四　川	26286	10431	15415	223		8314	12465	989	1920
贵　州	8420	2270	6150	300		2870	575	50	520
云　南	22828	8389	14439			5425	15435	325	6772
西　藏									
陕　西	20392	8326	8872	1500	3180	7079	4576	152	74
甘　肃	43033	31761	8394	1275	10	19160	10686	865	2828
青　海									
宁　夏	2249	1388	861	100		1436	565	56	109
新　疆	27716	16711	9036	160	168	13294	8400	710	1631

福利费	各种税金支出	对个人和家庭补助支出	抚恤金和生活补助	其他资本性支出	各种设备、交通工具、图书购置费	资产总计(千元)	固定资产原值	实际使用公用房屋建筑面积(万平方米)	展览用房
5583	**4195**	**79837**	**3799**	**182189**	**46037**	**7105240**	**4823139**	**179.35**	**71.20**
144	11	2411	363	18760	1117	255509	204792	1.15	0.44
2		70				1086	510	5.48	1.88
149	44	4189	337	4510		135467	41357	4.44	2.39
91	4	366	3	2967	1228	56378	29667	9.57	5.25
135		5850	25	5187	3286	126605	117872	6.54	3.50
				62	20	15118	14239	0.14	0.05
14	467	746	193	7644	2284	55354	52260	1.38	0.83
3	2	1239	66	5324	133	67053	56105	1.63	0.78
895	106	1977		12924	7702	829733	457439	25.23	10.21
210	83	12996	192	10516	3782	1144232	1099919	29.33	9.11
475	812	191	15	12019	749	615138	580389	7.01	2.20
115		1597	155	793	64	102323	24533	3.25	2.09
6		456	62	1628	118	32922	21180	1.18	0.47
78	184	1123	83	3248	1446	96173	65988	6.26	3.17
140	25	6266	441	25696	1574	443263	423950	24.46	8.82
264	26	776		157	147	114089	108583	3.00	1.15
431	184	2550	307	10704	690	342024	321818	5.60	1.98
84	422	413		2929	149	95931	61286	2.99	1.99
461	581	16798	652	46411	17172	402603	387180	10.66	3.53
16		330	90	236	124	42800	25111	0.87	0.34
62	6	702	46	1960	1551	32344	20816	2.10	1.10
33		298		1986	42	40492	22766	3.47	1.74
5				190				3.60	0.25
	72	65	43	853	787	15400	9478	2.69	1.60
100	1136	14		1648		105063	10716	3.18	1.09
122	13	2873	239	1631	420	415896	40214	6.06	2.13
				248		4326	3680	0.28	0.25
45	15	1515	9	732	226	20379	11905	4.03	1.87

续表 3

地　　区			实际拥有产权面积(万平方米)	公共教育活动			创作情况(个)		
	库房面积	画室面积		讲座(次)	教育活动(次)	出版物(种)	创作项目数　量	参加展览数　量	获省部级以上奖项的作品数
总　　计	**10.60**	**8.99**	**75.64**	**3048**	**6087**	**2270**	**7064**	**6149**	**2508**
北　　京	0.02	0.06	1.05	20	16	15	1195	276	13
天　　津	0.27	0.04	2.69	43	81	8			
河　　北	0.17	0.23	2.69	58	43	6	10	45	2
山　　西	0.30	0.42	4.11	133	121	10	53	45	9
内 蒙 古	0.16	0.55	11.16	144	113	4	1433	607	2098
辽　　宁			0.14	15					
吉　　林	0.14	0.15	0.47	43	35	6	50	28	8
黑 龙 江	0.10	0.55	0.36	46	49	6	221	138	29
上　　海	2.09	0.08	1.29	203	964	13	1	2	
江　　苏	0.97	1.21	8.77	234	240	28	22	56	24
浙　　江	0.61	0.15	2.70	81	519	13	173	623	
安　　徽	0.16	0.23	0.92	83	91	16	61	90	25
福　　建	0.09	0.13	0.06	19	23	5	4	5	
江　　西	0.50	0.42	2.53	93	100	16	280	41	15
山　　东	1.41	0.81	8.72	211	511	42	51	70	23
河　　南	0.07	0.04	0.11	88	141	3			
湖　　北	0.25	0.71	4.61	143	478	1889	538	198	35
湖　　南	0.35	0.30	1.25	50	39	11	88	379	175
广　　东	0.63	0.24	4.57	107	446	27		70	3
广　　西	0.03	0.01	2.43	20	982	13	5	15	
海　　南									
重　　庆	0.16	0.13	0.56	114	469	3	150	73	9
四　　川	0.31	0.43	0.77	171	177	20	42	33	
贵　　州			3.60	15	6	2			
云　　南	0.45	0.24	1.86	12	135	1			
西　　藏									
陕　　西	0.26	0.02	1.22	29	107	5			
甘　　肃	0.30	0.68	1.53	144	128	34	2551	3110	36
青　　海									
宁　　夏	0.01	0.01		576					
新　　疆	0.31	0.40	1.91	131	48	74	94	223	4

培训情况		志愿者服务队伍个数	志愿者服务队伍人数	学术研究情况(个)			文化创意产品情况		
组织培训次数(次)	培训人次(万人次)			本年承担课题、项目数	省部级以上课题项目数	结项课题项目数	文化创意产品种类(个)	文化创意产品销售收入(千元)	文化创意产品销售利润(千元)
13105	**3.80**	**531**	**22139**	**81**	**62**	**22**	**1155**	**5362**	**3489**
3	0.01			2	2				
		4	149	2	1	1	6	1	
1	0.01	15	598	2	2		4		
15	0.04	23	2273	7	5	3	13	26	8
12087	0.57	59	330	1	1				
9	0.03	3	37						
10	0.11	9	594	2	2	1			
		20	2647	2	1		58	1138	640
3	0.04	33	1323	15	13	9	5		
6	0.01	27	1070				11		
15	0.08	20	424	1	1				
		11	80						
		48	1129	1	1		3		
344	0.81	55	6334	16	14		151	3	
146	1.00	17	268	3	2	1	12		
15	0.02	16	394	11	9	4	5		
26	0.12	26	623	3		1			
29	0.06	14	759	2		1	11		
		11	238	3	2		6		
69	0.18	21	231	1	1		11		
10	0.07	26	872				38		172
		1	10				38		
		2	79	1	1				
		11	730						
46	0.26	28	494	2	2				
16	0.38	30	373						

附录资料

分地区行政区划(一)

(2017年)

单位：个

区划名称	地 级	#地级市	县 级	#市辖区	#县级市	#县	#自治县
全　国	**333**	**293**	**2851**	**970**	**375**	**1335**	**117**
北　京			16	16			
天　津			16	16			
河　北	11	11	168	47	21	94	6
山　西	11	11	119	25	11	81	
内蒙古	12	9	103	23	11	17	
辽　宁	14	14	100	59	16	17	8
吉　林	9	8	60	21	20	16	3
黑龙江	13	12	128	65	20	42	1
上　海			16	16			
江　苏	13	13	96	55	22	19	
浙　江	11	11	89	37	19	32	1
安　徽	16	16	105	44	7	54	
福　建	9	9	85	29	12	44	
江　西	11	11	100	26	11	63	
山　东	16	16	137	56	27	54	
河　南	17	17	158	52	21	85	
湖　北	13	12	103	39	25	36	2
湖　南	14	13	122	36	17	62	7
广　东	21	21	121	65	20	34	3
广　西	14	14	111	40	8	51	12
海　南	4	4	23	8	5	4	6
重　庆			38	26		8	4
四　川	21	18	183	54	17	108	4
贵　州	9	6	88	15	9	52	11
云　南	16	8	129	17	16	67	29
西　藏	7	6	74	8		66	
陕　西	10	10	107	30	5	72	
甘　肃	14	12	86	17	5	57	7
青　海	8	2	43	6	4	27	7
宁　夏	5	5	22	9	2	11	
新　疆	14	4	105	13	24	62	6
香港特别行政区							
澳门特别行政区							
台湾省							

分地区行政区划(二)

(2017年)　　　　单位：个

区划名称	乡镇级	#镇数	#乡数	#民族乡	#街道办事处
全　国	**39945**	**21297**	**10253**	**981**	**8393**
北　京	333	143	38	5	152
天　津	249	126	3	1	120
河　北	2254	1156	790	46	308
山　西	1398	564	632		202
内蒙古	1024	508	270	17	246
辽　宁	1531	640	201	54	690
吉　林	933	426	182	28	325
黑龙江	1196	541	347	52	308
上　海	214	107	2		105
江　苏	1258	723	44	1	491
浙　江	1375	639	269	14	467
安　徽	1488	968	271	9	249
福　建	1106	651	272	19	183
江　西	1567	827	578	8	162
山　东	1824	1092	68		664
河　南	2451	1173	618	12	660
湖　北	1235	762	163	10	310
湖　南	1933	1138	392	83	403
广　东	1601	1123	11	7	467
广　西	1251	806	312	59	133
海　南	218	175	21		22
重　庆	1030	627	177	14	226
四　川	4612	2232	2027	98	353
贵　州	1381	837	317	193	227
云　南	1400	682	543	140	175
西　藏	697	138	539	9	20
陕　西	1311	975	21		315
甘　肃	1355	886	343	32	126
青　海	403	143	223	28	37
宁　夏	240	103	90		47
新　疆	1075	386	489	42	200
香港特别行政区					
澳门特别行政区					
台湾省					

注：乡镇级总数包含河北省、新疆维吾尔自治区的各一个区公所。

国民经济与社会发展总量指标(一)

指　标	单　位	1978年	1990年	2000年	2017年	2018年
人口						
年末总人口	万人	96259	114333	126743	139008	139538
城镇人口	万人	17245	30195	45906	81347	83137
乡村人口	万人	79014	84138	80837	57661	56401
就业和失业						
就业人员	万人	40152	64749	72085	77640	77586
#城镇就业人员	万人	9514	17041	23151	42462	43419
城镇登记失业人员	万人	530	383	595	972	974
国民经济核算						
国内生产总值	亿元	3678.7	18872.9	100280.1	820754.3	900309.5
第一产业	亿元	1018.5	5017.2	14717.4	62099.5	64734
第二产业	亿元	1755.2	7744.3	45664.8	332742.7	366000.9
第三产业	亿元	905.1	6111.4	39897.9	425912.1	469574.6
人均国内生产总值	元	385	1663	7942	59201	64644
居民收入						
全国居民人均可支配收入	元				25974	28228
城镇居民人均可支配收入	元	343	1510	6280	36396	39251
农村居民人均可支配收入	元	134	686	2253	13432	14617
财政						
一般公共预算收入	亿元	1132.3	2937.1	13395.2	172592.8	183351.8
一般公共预算支出	亿元	1122.1	3083.6	15886.5	203085.5	220906.1
能源						
能源生产总量	万吨标准煤	62770	103922	138570	359000	377000
能源消费总量	万吨标准煤	57144	98703	146964	448529	464000
固定资产投资						
全社会固定资产投资总额	亿元		4517.0	32917.7	641238.4	645675
#房地产开发	亿元		253.3	4984.1	109798.5	120263.5
对外贸易和实际利用外资						
货物进出口总额	亿元	355.0	5560.1	39273.2	278099.2	305050.4
出口额	亿元	167.6	2985.8	20634.4	153309.4	164176.7
进口额	亿元	187.4	2574.3	18638.8	124789.8	140873.7
外商直接投资	亿美元		34.9	407.2	1310.4	1349.7
主要农业、工业产品产量						
粮食	万吨	30476.5	44624.3	46217.5	66160.7	65789.2
油料	万吨	521.8	1613.2	2954.8	565.3	610.3
棉花	万吨	216.7	450.8	441.7	3475.2	3433.4
肉类	万吨		2857.0	6013.9	8654.4	8624.6
原煤	亿吨	6.18	10.80	13.84	35.24	36.83
原油	万吨	10405	13831	16300	19151	18911
水泥	万吨	6524	20971	59700	233084	220771
粗钢	万吨	3178	6635	12850	87074	92801
发电量	亿千瓦小时	2566	6212	13556	66044	71118

国民经济与社会发展总量指标(二)

指　标	单位	1978年	1990年	2000年	2017年	2018年
建筑业						
建筑业总产值	亿元		1345	12498	213954	235086
消费品零售和旅游						
社会消费品零售总额	亿元	1559	8300	39106	366262	380987
入境游客	万人次	180.9	2746.2	8344.4	13948.0	14119.8
国际旅游收入	亿美元	2.6	22.2	162.2	1234.0	1271.0
运输和邮电						
沿海主要港口货物吞吐量	万吨	19834	48321	125603	865464.0	922392.0
邮政业务总量	亿元	14.9	46.0	232.8	9763.7	12345.2
电信业务总量	亿元	19.2	109.6	4559.9	27596.7	65555.7
移动电话用户	万户		1.8	8453.3	141748.7	156609.8
固定电话用户	万户	192.5	685.0	14482.9	19375.7	18224.8
金融						
金融机构人民币各项	亿元					
存款余额		1155	13943	123804	1641044	1775226
金融机构人民币各项	亿元					
贷款余额		1890	17511	99371	1201320.99	1362967
科技、教育、卫生、文化						
研究与试验发展经费支出	亿元			895.7	17606	19657
技术市场成交额	亿元			651	13424	17697
在校学生数						
#普通本、专科	万人	85.6	206.3	556.1	2753.6	2831.0
普通高中	万人	1553.1	717.3	1201.3	2374.5	2375.4
初中	万人	4995.2	3916.6	6256.3	4442.1	4652.6
普通小学	万人	14624.0	12241.4	13013.3	10093.7	10339.3
医院数	个	9293	14377	16318	31056	33009.0
医院床位数	万张	110.0	186.9	216.7	612.0	652.0
执业(助理)医师	万人	97.8	176.3	207.6	339.0	360.7
社会保障						
参加基本养老保险人数	万人		6166	13617	91548	94240
参加基本医疗保险人数	万人			3787	117681	134452
参加失业保险人数	万人			10408	18784	19643
参加工伤保险人数	万人			4350	22724	23868
参加生育保险人数	万人			3002	19300	20435
社会保险基金收入	亿元		187	2645	67154	77850

注：1.由于计算误差的影响，按支出法计算的国内生产总值不等于按生产法计算的国内生产总值。
　　2.本表2014、2015年居民人均可支配收入为城乡一体化住户收支与生活状况调查数据，与此前分城镇和农村住户调查的统计口径有所不同。
　　3.因与农业普查数据衔接工作尚未完成，油料数据暂无法提供。
　　4.本表价值量指标中，邮电业务总量2000年及以前按1990年不变价格计算，2001—2010年按2000年不变价格计算，2011年起按2010年不变价格计算。其余指标按当年价格计算。
　　5.2017年社会保障数据为快报数，最终数据以当年公报为准。2017年大部分省份参加新兴农村合作医疗的人员并入城乡居民基本医疗保险参保人数中；2016年及以前主要为城镇基本医疗保险参保人数。

分地区年末常住人口

单位：万人

地 区	2011年	2012年	2013年	2014年	2015年	2016年	2017年	2018年
全 国	**134735**	**135404**	**136072**	**136782**	**137462**	**138271**	**139008**	**139538**
北 京	2019	2069	2115	2152	2171	2173	2171	2154
天 津	1355	1413	1472	1517	1547	1562	1557	1560
河 北	7241	7288	7333	7384	7425	7470	7520	7556
山 西	3593	3611	3630	3648	3664	3682	3702	3718
内蒙古	2482	2490	2498	2505	2511	2520	2529	2534
辽 宁	4383	4389	4390	4391	4382	4378	4369	4359
吉 林	2749	2750	2751	2752	2753	2733	2717	2704
黑龙江	3834	3834	3835	3833	3812	3799	3789	3773
上 海	2347	2380	2415	2426	2415	2420	2418	2424
江 苏	7899	7920	7939	7960	7976	7999	8029	8051
浙 江	5463	5477	5498	5508	5539	5590	5657	5737
安 徽	5968	5988	6030	6083	6144	6196	6255	6324
福 建	3720	3748	3774	3806	3839	3874	3911	3941
江 西	4488	4504	4522	4542	4566	4592	4622	4648
山 东	9637	9685	9733	9789	9847	9947	10006	10047
河 南	9388	9406	9413	9436	9480	9532	9559	9605
湖 北	5758	5779	5799	5816	5852	5885	5902	5917
湖 南	6596	6639	6691	6737	6783	6822	6860	6899
广 东	10505	10594	10644	10724	10849	10999	11169	11346
广 西	4645	4682	4719	4754	4796	4838	4885	4926
海 南	877	887	895	903	911	917	926	934
重 庆	2919	2945	2970	2991	3017	3048	3075	3102
四 川	8050	8076	8107	8140	8204	8262	8302	8341
贵 州	3469	3484	3502	3508	3530	3555	3580	3600
云 南	4631	4659	4687	4714	4742	4771	4801	4830
西 藏	303	308	312	318	324	331	337	344
陕 西	3743	3753	3764	3775	3793	3813	3835	3864
甘 肃	2564	2578	2582	2591	2600	2610	2626	2637
青 海	568	573	578	583	588	593	598	603
宁 夏	639	647	654	662	668	675	682	688
新 疆	2209	2233	2264	2298	2360	2398	2445	2487

注：本表数据根据年度人口抽样调查推算。全国数据包括中国人民解放军现役军人数，但不包括香港、澳门特别行政区和台湾地区数据；分省数据中未包括中国人民解放军现役军人数。

国民总收入和国内生产总值(一)

年 份	国 民 总收入 (亿元)	国内生产 总 值 (亿元)	第一产业	第二产业	第三产业
1978	3678.7	3678.7	1018.5	1755.2	905.1
1979	4100.5	4100.5	1259.0	1925.4	916.1
1980	4587.6	4587.6	1359.5	2204.7	1023.4
"六五"时期	**32795.8**	**32707.5**	**10105.6**	**14341.1**	**8260.9**
1981	4933.7	4935.8	1545.7	2269.1	1121.1
1982	5380.5	5373.4	1761.7	2397.7	1214.0
1983	6043.8	6020.9	1960.9	2663.0	1397.0
1984	7314.2	7278.5	2295.6	3124.8	1858.1
1985	9123.6	9098.9	2541.7	3886.5	2670.7
"七五"时期	**73828.1**	**73783.8**	**19045.2**	**31441.8**	**23296.9**
1986	10375.4	10376.2	2764.1	4515.2	3096.9
1987	12166.6	12174.6	3204.5	5274.0	3696.2
1988	15174.4	15180.4	3831.2	6607.4	4741.8
1989	17188.4	17179.7	4228.2	7300.9	5650.6
1990	18923.3	18872.9	5017.2	7744.3	6111.4
"八五"时期	**193762.5**	**194850.7**	**39469.0**	**88458.8**	**66922.9**
1991	22050.3	22005.6	5288.8	9129.8	7587.0
1992	27208.2	27194.5	5800.3	11725.3	9668.9
1993	35599.2	35673.2	6887.6	16473.1	12312.6
1994	48548.2	48637.5	9471.8	22453.1	16712.5
1995	60356.6	61339.9	12020.5	28677.5	20641.9
"九五"时期	**421832.7**	**427568.6**	**72028.6**	**197138.3**	**158401.7**
1996	70779.6	71813.6	13878.3	33828.1	24107.2
1997	78802.9	79715.0	14265.2	37546.0	27903.8
1998	83817.6	85195.5	14618.7	39018.5	31558.3
1999	89366.5	90564.4	14549.0	41080.9	34934.5
2000	99066.1	100280.1	14717.4	45664.8	39897.9
"十五"时期	**713747.2**	**719161.6**	**91373.9**	**328834.9**	**298952.8**
2001	109276.2	110863.1	15502.5	49660.7	45700.0
2002	120480.4	121717.4	16190.2	54105.5	51421.7
2003	136576.3	137422.0	16970.2	62697.4	57754.4
2004	161415.4	161840.2	20904.3	74286.9	66648.9
2005	185998.9	187318.9	21806.7	88084.4	77427.8
"十一五"时期	**1571136.7**	**1571298.0**	**157382.6**	**732753.5**	**681162.1**
2006	219028.5	219438.5	23317.0	104361.8	91759.7
2007	270844.0	270232.3	27788.0	126633.6	115810.7
2008	321500.5	319515.5	32753.2	149956.6	136805.8
2009	348498.5	349081.4	34161.8	160171.7	154747.9
2010	411265.2	413030.3	39362.6	191629.8	182038.0
"十二五"时期	**2945532.8**	**2957938.5**	**271600.1**	**1293250.3**	**1393088.1**
2011	484753.2	489300.6	46163.1	227038.8	216098.6
2012	539116.5	540367.4	50902.3	244643.3	244821.9
2013	590422.4	595244.4	55329.1	261956.1	277959.3
2014	644791.1	643974.0	58343.5	277571.8	308058.6
2015	686449.6	689052.1	60862.1	282040.3	346149.7
"十三五"时期					
2016	740598.7	743585.5	63672.8	296547.7	383365.0
2017	820099.5	820754.3	62099.5	332742.7	425912.1
2018	896915.6	900309.5	64734.0	366000.9	469574.6

注：1.本表按当年价格计算。
2.三次产业分类依据国家统计局2012年制定的《三次产业划分规定》(以下相关表同)。

国民总收入和国内生产总值(二)

年　份	#工业	#建筑业	#批发和零售业	#交通运输、仓储和邮政业	人均国内生产总值(元)
1978	1621.5	138.9	242.3	182.0	385
1979	1786.5	144.6	200.9	193.7	423
1980	2014.9	196.3	193.8	213.4	468
“六五”时期	**12944.0**	**1438.5**	**1767.1**	**1503.1**	**637**
1981	2067.7	208.0	231.1	220.8	497
1982	2183.0	221.6	171.4	246.9	533
1983	2399.1	271.7	198.7	275.0	588
1984	2815.9	317.9	363.5	338.6	702
1985	3478.3	419.3	802.4	421.8	866
“七五”时期	**27866.6**	**3664.4**	**6200.7**	**3733.5**	**1335**
1986	4000.8	527.3	852.6	499.0	973
1987	4621.3	667.5	1059.6	568.5	1123
1988	5814.1	811.8	1483.4	685.9	1378
1989	6525.7	796.1	1536.2	812.9	1536
1990	6904.7	861.7	1268.9	1167.2	1663
“八五”时期	**77298.3**	**11408.0**	**15608.2**	**11316.9**	**3289**
1991	8138.2	1017.7	1834.6	1420.5	1912
1992	10340.5	1417.9	2405.0	1689.2	2334
1993	14248.8	2269.9	2816.6	2174.3	3027
1994	19546.9	2968.8	3773.4	2788.2	4081
1995	25023.9	3733.7	4778.6	3244.7	5091
“九五”时期	**172963.3**	**24729.2**	**34490.0**	**23931.0**	**6882**
1996	29529.8	4393.0	5599.7	3782.6	5898
1997	33023.5	4628.3	6327.4	4149.1	6481
1998	34134.9	4993.0	6913.2	4661.5	6860
1999	36015.4	5180.9	7491.1	5175.9	7229
2000	40259.7	5534.0	8158.6	6161.9	7942
“十五”时期	**290733.0**	**39059.4**	**56704.3**	**42255.7**	**11149**
2001	43855.6	5945.5	9119.4	6871.3	8717
2002	47776.3	6482.1	9995.4	7494.3	9506
2003	55363.8	7510.8	11169.5	7914.8	10666
2004	65776.8	8720.5	12453.8	9306.5	12487
2005	77960.5	10400.5	13966.2	10668.8	14368
“十一五”时期	**638881.8**	**96546.5**	**128556.7**	**78465.0**	**23692**
2006	92238.4	12450.1	16530.7	12186.3	16738
2007	111693.9	15348.0	20937.8	14605.1	20505
2008	131727.6	18807.6	26182.3	16367.6	24121
2009	138095.5	22681.5	29001.5	16522.4	26222
2010	165126.4	27259.3	35904.4	18783.6	30876
“十二五”时期	**1096748.7**	**202226.6**	**278455.8**	**130636.6**	**43543**
2011	195142.8	32926.5	43730.5	21842.0	36403
2012	208905.6	36896.1	49831.0	23763.2	40007
2013	222337.6	40896.8	56284.1	26042.7	43852
2014	233856.4	44880.5	62423.5	28500.9	47203
2015	236506.3	46626.7	66186.7	30487.8	50251
“十三五”时期					
2016	247877.7	49702.9	71290.7	33058.8	53935
2017	278328.2	55313.8	77658.2	37172.6	59201
2018	305160.2	61808.0	84200.8	40550.2	64644

注：1.行业分类采用《国民经济行业分类(GB/T 4754－2011)》，其中工业包括采矿业，制造业，电力、热力、燃气及水生产和供应业(以下相关表同)。
2.各时期人均国内生产总值为该时期各年的平均数。

居民人均可支配收入

单位：元

指　　标	2013年	2014年	2015年	2016年	2017年	2018年
一、全国居民可支配收入	**18310.8**	**20167.1**	**21966.2**	**23821.0**	**25973.8**	**28228.0**
1.工资性收入	10410.8	11420.6	12459.0	13455.2	14620.3	15829.0
2.经营净收入	3434.7	3732.0	3955.6	4217.7	4501.8	4852.4
3.财产净收入	1423.3	1587.8	1739.6	1889.0	2107.4	2378.5
4.转移净收入	3042.1	3426.8	3811.9	4259.1	4744.3	5168.1
二、城镇居民可支配收入	**26467.0**	**28843.9**	**31194.8**	**33616.2**	**36396.2**	**39250.8**
1.工资性收入	16617.4	17936.8	19337.1	20665.0	22200.9	23792.2
2.经营净收入	2975.3	3279.0	3476.1	3770.1	4064.7	4442.6
3.财产净收入	2551.5	2812.1	3041.9	3271.3	3606.9	4027.7
4.转移净收入	4322.8	4815.9	5339.7	5909.8	6523.6	6988.3
三、农村居民可支配收入	**9429.6**	**10488.9**	**11421.7**	**12363.4**	**13432.4**	**14617.0**
1.工资性收入	3652.5	4152.2	4600.3	5021.8	5498.4	5996.1
2.经营净收入	3934.8	4237.4	4503.6	4741.3	5027.8	5358.4
3.财产净收入	194.7	222.1	251.5	272.1	303.0	342.1
4.转移净收入	1647.5	1877.2	2066.3	2328.2	2603.2	2920.5

注：从2013年起，国家统计局开展了全国住户收支与生活状况调查，2013年及以后年份的数据来源于此调查，与2013年前的分城镇和农村住户调查的调查范围、调查方法、指标口径有所不同。

居民人均消费支出

单位：元

指　　标	2013年	2014年	2015年	2016年	2017年	2018年
一、全国居民消费支出	**13220.4**	**14491.4**	**15712.4**	**17110.7**	**18322.1**	**19853.1**
1.食品烟酒	4126.7	4493.9	4814.0	5151.0	5373.6	5631.1
2.衣着	1027.1	1099.3	1164.1	1202.7	1237.6	1288.9
3.居住	2998.5	3200.5	3419.2	3746.4	4106.9	4646.6
4.生活用品及服务	806.5	889.7	951.4	1043.7	1120.7	1222.7
5.交通通信	1627.1	1869.3	2086.9	2337.8	2498.9	2675.4
6.教育文化娱乐	1397.7	1535.9	1723.1	1915.3	2086.2	2225.7
7.医疗保健	912.1	1044.8	1164.5	1307.5	1451.2	1685.2
8.其他用品及服务	324.7	358.0	389.2	406.3	447.0	477.5
二、城镇居民消费支出	**18487.5**	**19968.1**	**21392.4**	**23078.9**	**24445.0**	**26112.3**
1.食品烟酒	5570.7	6000.0	6359.7	6762.4	7001.0	7239.0
2.衣着	1553.7	1627.2	1701.1	1739.0	1757.9	1808.2
3.居住	4301.4	4489.6	4726.0	5113.7	5564.0	6255.0
4.生活用品及服务	1129.2	1233.2	1306.5	1426.8	1525.0	1629.4
5.交通通信	2317.8	2637.3	2895.4	3173.9	3321.5	3473.5
6.教育文化娱乐	1988.3	2142.3	2382.8	2637.6	2846.6	2974.1
7.医疗保健	1136.1	1305.6	1443.4	1630.8	1777.4	2045.7
8.其他用品及服务	490.4	532.9	577.5	594.7	651.5	687.4
三、农村居民消费支出	**7485.1**	**8382.6**	**9222.6**	**10129.8**	**10954.5**	**12124.3**
1.食品烟酒	2554.4	2814.0	3048.0	3266.1	3415.4	3645.6
2.衣着	453.8	510.4	550.5	575.4	611.6	647.7
3.居住	1579.8	1762.7	1926.2	2147.1	2353.5	2660.6
4.生活用品及服务	455.1	506.5	545.6	595.7	634.0	720.5
5.交通通信	874.9	1012.6	1163.1	1359.9	1509.1	1690.0
6.教育文化娱乐	754.6	859.5	969.3	1070.3	1171.3	1301.6
7.医疗保健	668.2	753.9	846.0	929.2	1058.7	1240.1
8.其他用品及服务	144.2	163.0	174.0	186.0	200.9	218.3

农村贫困状况

年　份	1978年标准		2008年标准		2010年标准	
	贫困人口（万人）	贫困发生率（%）	贫困人口（万人）	贫困发生率（%）	贫困人口（万人）	贫困发生率（%）
1978	25000	30.7			77039	97.5
1980	22000	26.8			76542	96.2
1981	15200	18.5				
1982	14500	17.5				
1983	13500	16.2				
1984	12800	15.1				
1985	12500	14.8			66101	78.3
1986	13100	15.5				
1987	12200	14.3				
1988	9600	11.1				
1989	10200	11.6				
1990	8500	9.4			65849	73.5
1991	9400	10.4				
1992	8000	8.8				
1994	7000	7.7				
1995	6540	7.1			55463	60.5
1997	4962	5.4				
1998	4210	4.6				
1999	3412	3.7				
2000	3209	3.5	9422	10.2	46224	49.8
2001	2927	3.2	9029	9.8		
2002	2820	3.0	8645	9.2		
2003	2900	3.1	8517	9.1		
2004	2610	2.8	7587	8.1		
2005	2365	2.5	6432	6.8	28662	30.2
2006	2148	2.3	5698	6.0		
2007	1479	1.6	4320	4.6		
2008			4007	4.2		
2009			3597	3.8		
2010			2688	2.8	16567	17.2
2011					12238	12.7
2012					9899	10.2
2013					8249	8.5
2014					7017	7.2
2015					5575	5.7
2016					4335	4.5
2017					3046	3.1
2018					1660	1.7

注：1.1978年标准：1978—1999年称为农村贫困标准，2000—2007年称为农村绝对贫困标准。
2.2008年标准：2000—2007年称为农村低收入标准，2008—2010年称为农村贫困标准。
3.2010年标准：即现行农村贫困标准。现行农村贫困标准为每人每年2300元(2010年不变价)。

分地区农村贫困人口

(2010年标准)　　　　　　　　单位：万人

地　区	2011年	2012年	2013年	2014年	2015年	2016年	2017年	2018年
全　国	**12238**	**9899**	**8249**	**7017**	**5575**	**4335**	**3046**	**1660**
北　京	2	1	.	.	.	.	.	.
天　津	5	1	.	.	.	.	.	.
河　北	561	437	366	320	241	188	124	63
山　西	444	359	299	269	223	186	133	74
内蒙古	160	139	114	98	76	53	37	14
辽　宁	157	146	126	117	86	59	39	24
吉　林	140	103	89	81	69	57	41	26
黑龙江	155	130	111	96	86	69	50	27
上　海	.	.	.	.	.	.	.	.
江　苏	123	106	95	61	.	.	.	.
浙　江	94	83	72	45	.	.	.	.
安　徽	710	543	440	371	309	237	158	67
福　建	114	87	73	50	36	23	.	.
江　西	438	385	328	276	208	155	107	63
山　东	345	313	264	231	172	140	60	.
河　南	955	764	639	565	463	371	277	168
湖　北	488	395	323	271	216	176	114	67
湖　南	908	767	640	532	434	343	232	105
广　东	166	128	115	82	47	.	.	.
广　西	950	755	634	540	452	341	246	140
海　南	88	65	60	50	41	32	23	7
重　庆	202	162	139	119	88	45	21	13
四　川	912	724	602	509	400	306	212	98
贵　州	1149	923	745	623	507	402	295	173
云　南	1014	804	661	574	471	373	279	179
西　藏	106	85	72	61	48	34	20	13
陕　西	592	483	410	350	288	226	169	83
甘　肃	722	596	496	417	325	262	200	121
青　海	108	82	63	52	42	31	23	10
宁　夏	77	60	51	45	37	30	19	9
新　疆	353	273	222	212	180	147	113	64

注：“.”表示数值较小，统计上不显著。